韓國古代佛教外交史研究

한국고대불교외교사연구

韓國古代佛教外交史研究

한국고대불교외교사연구

김선숙 지음

KSi 한국학술정보(주)

서/序/문/文

    한국사에 대한 관심은 고등학교 시절로 거슬러 올라간다. 그러나 중학교 때에는 수학과 음악수업을 훨씬 더 좋아하여 그 분야의 학자가 되고 싶었다. 그런데 고등학교에 들어와 국사과목에 좀 더 재미와 흥미를 느끼면서 결국 장래의 꿈이 역사학자로 바뀌게 되었다.

    대학교 전공을 역사학과로 택하여 그 분야에만 전념하였다. 대학교에서는 한국사 외에 동양사와 서양사도 배웠지만 역시 관심은 한국사였고 졸업논문도 오성 교수님의 지도하에 작성한 조선시대 유학자인 신숙주의 대일관(對日觀)이었다. 1993년경 한국학중앙연구원(구 한국정신문화연구원) 한국학대학원 석사과정에 진학한 뒤에는 다양한 수업과 연구모임 등을 통해 한국고대사에 대한 지식과 매력을 갖게 되었다.

    특히 필자의 관심을 끈 것은 당시 영문학자인 이영희 씨가 고대 일본의 시가집인 「萬葉集」을 해석한 내용을 토대로 고대 한반도에서 건너간 인물들이 당시 일본 정계에서 활약하는 모습을 흥미진진하게 쓴 글이었다. 더구나 고대 한국과 일본의 관계에 있어서는 여전히 밝혀지지 않은 많은 문제들이 남겨져 있었다. 그래서 필자는 이를 탐구해 보아야겠다는 생각을 갖게 되었고 이후 필자의 논문 주제는 고대 한일관계와 관련한 것이었으며 석사학위와 박사학위논문 주제를 일단 기원후 7세기에서 8세기대인 신라 중대의 대일외교관계사로 잡았다. 그러면서 평소 한국의 고대 사회나 불교사 및 불교미술사 등과 관련한 문제에도 관심을 가지며 틈틈이 작성한 논문을 학계에 발표하기도 하였다.

1995년의 석사학위 취득 이후 본격적인 활동은 박사과정이 끝난 2001년 이후에 와서야 이루어졌다. 그 첫 번째 성과가 2001년에 발표한 「통일신라시대 지방통치체제하의 고구려·백제지역민에 대한 고찰」이었다. 이는 당시 지도교수였던 강인구 선생님의 수업을 통해 얻어진 결과물이었다.

이를 발판으로 자신감을 얻은 필자는 2002년에 강인구 선생님의 정년퇴임기념논총으로 「고대 불교신앙행위로서의 創寺에 대한 검토」를 작성하였다. 이어서 불상조각을 중심으로 한 「고대 불교신앙행위에 대한 역사적 고찰」(2003), 「三國遺事 遼東城育王塔條의 '聖王'에 대한 一考」(2004), 「三國遺事 阿道基羅條의 女僧 史氏에 대한 一考」(2009) 등 고대 불교문화와 관련한 학술논문 등을 발표하였고 백제 무왕에 관한 이야기로 알려져 있는 서동설화와 관련한 논문도 작성해보았다.

이외에도 전공과 관련하여 신라의 정치외교관계에 대한 논문을 발표하였다. 박사학위논문의 대상 시기는 다르지만 「4세기 신라 정치외교관계의 형성과 그 배경」(2003)이란 주제였는데, 특히 고구려 및 왜와의 관계를 중심으로 살펴보았다. 그러다가 결국 2007년에 「신라 중대 대일외교사 연구」란 주제로 박사학위를 받았다. 본서에서는 2007년에 앞서 이미 발표한 연구성과물 가운데 신라 성덕왕과 효성왕대의 대일외교(2005)와 경덕왕대의 대일외교, 혜공왕대의 대일외교만을 소개하려고 한다.

   마지막으로 이 기회를 빌려 석사과정과 박사과정에서 많은 가르침과 조언을 해주셨던 학문적 스승이신 강인구 선생님께 감사의 말씀을 올립니다. 아울러 박사학위논문을 지도해주시느라 수고하신 신종원 선생님과 항상 걱정해주시고 응원해주신 부모님, 형제들에게도 고마운 마음을 전합니다. 그리고 출판의 기회를 열어주신 한국학술정보(주) 담당자 여러분께도 감사의 말씀을 올립니다.

2012년 6월 메마르고 뜨거운 어느 여름날에
김선숙

목/目/차/次

본서 수록 논문 발표지 및 연월

(발표 연대순)

◎ 「통일신라시대 지방통치체제하의 고구려・백제지역민에 대한 고찰」『청계사학』 15, 청계사학회, 2001.

◎ 「古代 佛教信仰行爲로서의 創寺에 대한 검토」『청계사학』 16・17합집, 청계사학회, 2002.

◎ 「4세기 신라 정치외교관계의 형성과 그 배경 - 고구려・왜와의 관계를 중심으로 - 」『경주문화연구』 6, 경주대학교 문화재연구소, 2003.

◎ 「고대 불교신앙행위에 대한 역사적 고찰 - 造像을 중심으로 - 」『백산학보』 65, 백산학회, 2003.

◎ 「≪三國遺事≫ 遼東城育王塔條의 '聖王'에 대한 一考」『신라사학보』 창간호, 신라사학회, 2004.

◎ 「新羅 聖德王・孝成王代의 對日外交」『대동문화연구』 51집, 성균관대학교 대동문화연구원, 2005.

◎ 「≪三國遺事≫ 武王條의 薯童說話에 대한 검토」『한국학논집』 42, 한양대학교 한국학연구소, 2007.

◎ 「新羅 景德王代(742~765)의 국내외정세와 對日外交」『軍史』 62호, 국방부 군사편찬연구소, 2007.

◎ 「≪三國遺事≫ <阿道基羅>條의 女僧 史氏에 대한 一考」『동방학』 16, 한서대학교 동양고전연구소, 2009.

◎ 「新羅 惠恭王代(765~780)의 국내외정세와 對日外交」『정신문화연구』 30-4호, 한국학중앙연구원, 2007.

제1부

한국 고대의 불교와 사회

제1장 『三國遺事』 遼東城育王塔條의 '聖王'

제1절 머리말

인도에서부터 중국을 거쳐 우리나라에 들어온 불교는 고대사회 전반에 걸쳐 큰 영향을 미쳤다. 즉, 불교가 들어오면서 점차 국가적 신앙으로 대체되었고 그 과정에서 불교는 고대인의 정신세계를 이끌었던 것이다. 결국 불교는 토착화에 성공하여 우리나라 고대문화 형성에 밑바탕이 될 수 있었다. 이는 고대국가 형성에 필수적인 律令에 살생을 금하는 불교적 계율이 첨가되고 있는 점, 고대 정치제도라든가 王名에 불교적인 요소가 가미된 점, 그리고 현재까지 발굴·발견되어 전해지고 있는 고대의 유적 유물들 대개가 불교와 밀접한 관련을 갖는다는 사실만으로도 알 수 있다.

그런데 『三國遺事』 卷3 塔像 遼東城育王塔條 인용의 『三寶感通錄』에는 우리나라 불교(문화) 전래시기와 관련하여 다음과 같은 내용을 전하고 있다.

> "『三寶感通錄』에 이렇게 실려 있다. 고려(고구려) 요동성 옆에 있는 탑은 古老가 전하는 말에 의하면 옛날에 고려 성왕이 국경을 순행

하다가 이 성에 이르렀는데 오색구름이 땅을 덮는 것을 보고는 그 구름 속을 찾아가 보았다. 거기엔 어떤 중이 지팡이를 짚고 서 있었는데 가까이 가려하면 곧 없어지고 멀리서 보면 다시 나타나 있는 것이다. 그 곁에는 三重의 土塔이 있어 위는 솥을 덮은 것 같았으나 그것이 무엇인지 알 수가 없었다. 이에 다시 가서 중을 찾아보았으나 다만 황량한 풀이 있을 뿐이었고 그곳을 한 길이나 깊이 파보았더니 지팡이와 신이 나오고 또 파보았더니 그 위에 梵書가 있어 侍臣이 그 글을 해독하고 佛塔이라 하였다. 왕이 자세히 물어보자 시신이 답하여 이르기를 '이것은 한나라 때에 있었던 것으로 그 이름은 蒲圖王이라 합니다'라고 하니 聖王이 이로 인하여 신앙심이 생겨 七重木塔을 세웠으며 불법이 비로소 전해오자 그 시말을 자세히 알게 되었다. 지금 다시 그 탑의 높이를 줄이다가 목탑이 썩어서 무너졌다. 아육왕이 통일한 뒤에 閻浮提洲 곳곳에 탑을 세웠으니 이는 이상할 것이 없다."

위 사료에서도 알 수 있듯이 고구려 소유의 요동지역에는 이미 漢나라 때에 전해진 인도식 覆鉢形 土塔이 존재하고 있었고 이 탑이 발견된 당시 고구려에서는 覆鉢形 土塔과 같은 인도식 佛塔을 이해하지는 못했으나 梵書라든가 漢式의 多層木塔 등이 일부라도 고구려인들에게 알려져 있었던 것으로 전하고 있다.

더구나 위 기사에서 특히 눈에 띄는 것은 고구려의 '聖王'에 관한 언급이다. 『三國遺事』의 撰者는 아래와 같이 말하고 있다. 즉,

"西漢과 三國의 지리지를 살펴보면 요동성은 압록강 밖에 있으며 漢의 幽州에 속해 있었다. 고(구)려 성왕은 어느 임금인지 알 수가 없다. 혹 동명성제라고 하나 그렇지 않다. 동명왕이 前漢 元帝 建昭 2年(B.C. 37)에 즉위, 成帝 鴻嘉 壬寅(B.C. 19)에 승하하셨고 이때는 아직 漢에도 불경(貝葉)이 들어오지 못했는데 어찌 해외의 陪臣이 梵書를 알 수 있겠는가. 西漢시대 서역문자를 아는 자가 그렇게 말했을 것이다."

라고 하여 그는 고구려의 성왕을 '東明聖王'으로 보고 있는 일부의 시각에 대해 요동성의 지리적 배경과 시대적 정황 등을 근거로 부정적 견해를 표출하고 있는 것이다.[1]

이 같은 『三國遺事』 遼東城育王塔條의 내용에 대해 지금까지 우리 학계에서는 황당한 설화로 치부해버림으로써 이를 합리적으로 해석하는 일에 소홀히 해왔다.[2] 필자는 이 같은 학계의 태도에 대해 다소 문제가 있다고 생각한다. 왜냐하면 사서의 기록에 약간의 문제점이 보인다고 해서 그 역사성을 부인한다거나 사료적 가치를 마음대로 폐기하는 자세는 매우 위험한 일이며 또한 아무리 새로운 객관적 여건을 부여받지 않았다 하더라도 이미 굳어버린 학설이나 옛 사료들을 다시금 검토하고 고증 확인해 보는 일은 학자로서의 당연한 임무라고 여겨지기 때문이다.[3]

따라서 본고에서는 『三國遺事』 遼東城育王塔條 인용의 『三寶感通錄』 기사와 이에 대한 撰者의 해석을 좀 더 면밀히 검토하여 高句麗의 聖王에 대한 역사적 해명을 시도해 보고자 한다. 이를 위해 아래에서는 다음과 같은 두 가지 항목을 중심으로 논의를 진행시켜 보기로 하겠다.

---

1) 『신편 삼국유사』(리상호 옮김, 신서원, 1994)에서도 성왕을 동명성왕으로 해석하고 있다. 또한 일찍이 『朝鮮日報』 1995년 10월 17일자 21면에 기고된 신영훈 씨의 글에서도 성왕을 동명성왕으로 이해하고 있는데, 이것은 동명왕대에 목조건물이 축조될 수 있는 기술을 보유하고 있었고 서역과 연락이 있었을 것이란 인식에 따른 것이다.

2) 고유섭은 일찍이 그의 글 속에서 『삼국유사』 요동성육왕탑조의 기사내용을 황당한 설화로 치부한 적이 있고(「朝鮮塔婆의 研究」 『震檀學報』 6, 진단학회, 1936, 3쪽) 기껏해야 渤海代 사실의 誤傳에 불과한 것으로 보았다.(같은 논문, 6쪽)

3) 김영태, 「高句麗 佛敎傳來의 諸問題」 『佛敎學報』 23, 동국대학교 불교문화연구소, 1986, 1~2쪽.

제2절 遼東地域의 情勢와 高句麗

기록상으로 현재까지 전해오는 고구려 建塔經營의 초기지역은 遼東城 育王塔[4]의 소재지인 遼東이다. 역사적으로 볼 때 이곳은 古朝鮮의 초기 중심지가 있었던 곳이며 고구려의 대륙진출에 있어서 지정학적으로 매우 중요한 지역이었다. 따라서 고구려는 건국초기부터 이 지역을 차지하고 있었던 漢·魏와의 攻防은 물론이고 이후 이 지역으로 세력을 뻗치던 慕容氏의 燕 등 북방세력들과도 그 소유권을 놓고 각축전을 벌여야만 했던 것이다. 물론 고구려는 後漢 光武帝 建武 8年(32)에 사신을 보내어 王號를 회복시키는 등[5] 한편으로 우호적인 관계를 유지하려 노력하기도 하였는데 이러한 고구려의 강온양면정책은 고구려가 요동지역을 완전히 차지할 때까지 지속된다.

일찍이 漢의 幽州에 속해 있던[6] 요동은 魏代이래 平州에 귀속되어 東夷校尉府가 관할하도록 되어있었다. 그런데 이 지역으로 남하한 鮮卑의 慕容廆가 284년(晋 太康 5)에 燕을 건국하면서 요동은 연에 귀속되고 말았다. 이에 따라 고구려의 요동진출은 그리 용이해 보이지 않았다.[7] 그것은 晋의 平州刺史東夷校尉 崔毖와 고구려 및 宇文·段氏 등이 서로 모의하여 모용외를 공격하려고 하였다. 그런데 그 계획이

---

4) 育王塔은 불교신자이던 아쇼카왕, 즉 育王이 인도의 諸國을 통일하고 난 후 전국 곳곳에 塔을 세우게 됨에 따라(『三國遺事』卷3, 塔像, 遼東城育王塔條, "育王所統一閻浮提洲 處處立塔") 佛塔을 그렇게 부르게 된 것이다.

5)『後漢書』卷85, 東夷列傳, 句驪條

6)『三國遺事』卷3, 塔像, 遼東城育王塔條, "按西漢與三國地理志 遼東城在鴨綠之外 屬漢幽州"

7) 고고학상으로도 前燕 초기에 있어서 고구려와 한군현과의 남쪽 경계선은 지금의 太子河 중상류지역으로 제한되는데 지금의 本溪를 중심으로 하는 요동산지와 평원이 접하는 지역, 즉 태자하 상류의 양맥이 있던 곳에 해당되므로 동쪽으로도 요동성지역까지는 이르지 못하였다고 한다.(王綿厚, 「高句麗 古城의 築城에 대한 시대구분 및 그 역사적 배경」『고구려산성연구』, 학연문화사, 1999, 98쪽)

수포로 돌아가자 崴가 고구려로 도망해 버리면서 이를 계기로 고구려와 연의 전면전이 시작되었고 말았던 것이다.

그리하여 고구려는 미천왕 20년(319)과 21년(320)에 요동을 공격했고 전연의 모용외는 아들 翰과 仁을 시켜 고구려를 진압하는 데 성공하였다.[8] 그리고 337년에는 慕容皝이 아버지의 왕위를 계승하여 龍城(지금의 朝陽)에 수도를 정한 뒤 342년에 대군을 거느리고 西晉 이후 고구려에 정복당한 新城 등 현토군의 옛 땅을 수복하려고 기도하였는데 전연의 대군은 新城·木底 등의 성을 점령한 후 고구려의 환도성에 침입하여 약탈과 방화를 자행하고 龍城으로 돌아가 버렸던 것이다.[9] 이것은 魏의 公孫康과 幽州刺史 毌丘儉이 고구려 도성을 공격한 이후 전연이 고구려에게 준 가장 큰 타격이었고 이로써 전연이 요동에 대한 안정적인 통치를 확보한 대신 고구려는 이 지역으로의 진출을 일시 저지당해야만 했다.

그러다가 고구려가 요동지역을 차지할 수 있었던 시기는 불교공인을 전후로 한 고국양왕 2년(385) 무렵이었다. 하지만 곧 그해(385) 겨울 11월 후연의 慕容垂가 그의 동생 慕容農에게 3만의 군사를 거느리게 하여 고구려를 다시 공격케 하였고, 農이 요동과 현토 2군을 회복하면서 후연의 소유로 돌아가 버리고 말았던 것이다.[10] 그 후 고구려가 다시 요동지역을 점령한 시기는 392년 무렵이었다. 이때부터 요동지역은 廣開土大王(永樂太王·國罡上廣開土境平安好太王; 391∼412)에

---

8) 『三國史記』 卷17, 高句麗本紀, 美川王 20年 冬12月 및 21年 冬12月條

9) 『三國史記』 卷18, 高句麗本紀, 故國原王 12年條
　金毓黻 『東北通史』, 白山, 197∼236쪽.

10) 『三國史記』 卷18, 高句麗本紀, 故國壤王 2年條, "夏6月 王出兵四萬 襲遼東 先是燕王垂命帶方王佐 鎭龍城 佐聞我軍襲遼東 (……) 我軍擊敗之 遂陷遼東玄菟 虜男女一萬口而還 冬十一月 燕慕容農將兵來侵 復遼東玄菟二郡 (……)"

의해 고구려의 영역으로 자리매김될 수 있었던 것이다.[11]

결국 위와 같은 요동지역의 역사적 배경으로 인해 그곳에는 漢·魏·晋代이래 燕 등이 차지하고 있었던 시절과 관련된 유물·유적 등이 남을 수 있었으며 고구려가 이 지역을 점령한 후에도 요동지역의 유적·유물들을 파괴하지 않고 그대로 계속 사용할 수 있었던 것이다.[12]

그렇다면 요동지역에는 언제부터 불교와 그 문화가 전래되었던 것일까. 중국의 경우 불교초전시기에 대해서는 '伊存口授浮屠經說'·後漢 明帝 연간의 '永平求法說' 등 모두 10가지설로 집약된다. 그 가운데에서 후한 명제시대의 소위 '永平求法說'이 가장 신빙성있는 설로 받아들여지고 있다.[13] 또한 그동안 요동지역과 가까운 山東地域의 경우 일반적으로 晋代(265~316)에 와서야 불교가 유포되기 시작한 것으로 알려져 있었다. 그런데 이곳에서는 최근 東(後)漢時代의 것으로 추정되는 石佛像이 발견된 일이 있고 『感通錄』 卷上 石趙青州東城塔緣과 『高僧傳』 卷9 佛圖澄傳에 의하면 石趙時代 이전에 이미 阿育王塔·寺와 佛像이 있었던 것으로 되어 있기 때문에 晋代 이전시기부터 불교문화의 수용이 이루어지고 있었던 것으로 보인다.[14]

---

11) 『三國史記』 卷18, 高句麗本紀, 廣開土王 14年(404)·15年(405)條, "春正月 燕王熙來攻遼東城 且 陷 熙 命將士 (……) 由是 城中得嚴備 卒不克而還", "冬十二月 燕王熙襲契丹 (……) 經兵襲我 燕軍行三千餘里 (……) 攻我木底城 不克而還"; 金毓黻 『東北通史』, 234~235쪽("考高句麗於晋太元十年(385)六月初陷遼東玄菟二郡 至是年十一月 燕復二郡 是卽高句麗故國壤王二年也 又後十九年 爲晋元興三年(404) 而遼東再陷 玄菟郡亦同時淪陷 是卽廣開土王之十四年 而終致於不能復")

12) 고고학상으로 漢魏이래 遼河 中·하류의 左岸과 右岸의 여러 지류를 따라 축조된 대형산성을 고구려가 그대로 사용한 흔적이 남아 있다고 한다.(王綿厚, 앞의 책, 1999, 102~103쪽)

13) 『弘明集』 卷1, "昔孝明皇帝夢見神人 身有日光 飛在殿前 欣然悅之 明日 博士君臣 此爲何神 有通人 傳毅曰 臣聞天竺有得道者 號之曰佛 飛行虛空 身有日光 殆將其神也 於是上悟 遣使者張騫 羽林郎秦景 博士弟子王遵等十二人 於大月支(氏)寫佛經四十二章 (……) 時於洛陽城西雍門外起佛寺 (……)", 『洛陽城西伽藍記』 "白馬寺 漢明帝所立也 佛入中國之始寺 (……) 遣使向西域求之 乃得經像焉 時白馬負而來 因以爲名 (……)"(蔡日新, 『漢魏六朝佛敎槪說』, 文津出版社, 2001, 11쪽에서 재인용)

14) 金文經, 「山東佛敎의 性格」 『숭실사학』 24, 숭실사학회, 1984, 78~79쪽.

따라서 중국의 불교초전 시기와 산동지역의 예로 볼 때 『三國遺事』 遼東城育王塔條의 배경이 되는 요동지역에도 이미 후한시대 무렵부터 불교의 전래와 함께 그 문화까지도 수용되고 있었던 상황을 예측해 볼 수 있지 않을까 한다.[15]

아울러 『三國遺事』 遼東城育王塔條의 줄거리에는 다분히 道敎的 또는 神異的 요소가 풍겨지고 있음을 느끼게 되는데, 이는 중국의 불교초전 시기에 불교와 도교가 결합되어 발전[16]해간 양상을 반영하고 있는 것으로, 後漢末 三國期의 중국학계는 老莊思想의 淸談玄義的 풍조가 성행하였다. 그리고 魏晋時代에도 그러한 풍조가 귀족사회에 크게 풍미하였으며 그러한 玄學思潮는 불교에도 영향을 주게 되어 '格義佛敎'라고 하는 소위 道家的 淸談佛敎의 성립을 보게 되었던 것이다.[17] 이와 같은 성격을 띤 중국북조의 불교문화는 인접국인 고구려에도 영향을 주지 않을 수 없었을 것으로 보인다.[18]

일찍이 前秦王 符堅은 小獸林王 2年(372)에 僧 順道를 고구려에 파견하여 佛像과 經을 전한 일이 있고 同王 4年에도 僧 阿道가 入麗하자 고구려정부에서는 두 개의 거대한 사찰을 지어 순도와 아도를 각각 안치한 일이 있다.[19] 이는 고구려 불교 내지 불교문화의 전래시기 및

---

15) 前燕의 경우도 고구려의 불교전래에 영향을 주었던 것으로 보인다.(池培善, 「高句麗 佛敎傳來의 一考」 『漢城大學論文集』, 1987 참조)

16) 蔡日新, 앞의 책, 2001, 20~21쪽.

17) 김영태, 앞의 논문, 1986, 23쪽.

18) 김영태, 앞의 논문, 1986, 23~24쪽.

19) 『三國史記』 卷18, 高句麗本紀, 小獸林王 2年 및 4年條, "僧阿道來"; 『三國遺事』 卷3, 興法, 順道肇麗條, "(……) 又四年甲戌 阿道來自晉 (……) 僧傳作二道來自魏云者誤矣 實自前秦而來 (……)"
그런데 양 사서에서는 阿道의 出來國에 대해서 약간의 차이를 보이고 있다. 즉, 『三國史記』에서는 阿道의 出來國에 대해 언급하고 있지 않지만 『三國遺事』에서는 阿道를 前秦에서 온 것으로 설명하고 있는 것이다. 필자는 370년대와 380년대 무렵 고구려와 동진 사이에 사신왕래가 없었던 점과 僧 阿道보다 2년 앞서 入麗한 僧 順道의 出來國이 前秦이란 점 등을 근거로 『三國遺事』 撰者의 해석처럼 僧 阿道가

성격 문제와 밀접한 관련이 있는 사건으로 이해되는데, 『三國史記』와 『三國遺事』 등에서는 沙門이나 佛像, 佛經 등의 전래만이 아니라 사찰이 세워지고 僧이 안주하는 것에서 불법의 시작(海東佛法之始)으로 보고 있는 것이다.

한편 최치원 著의 『曦陽山鳳巖寺智證大師寂照塔碑銘』과 『三國遺事』 인용의 高僧傳 등에서는 소수림왕 2년의 順道入麗 사실을 언급함이 없이 晋의 曇始가 東晉孝武帝 太元 末年에 入麗한 일을 高句麗 佛教의 開始期으로 인식하고 있다.[20] 이는 아마도 曇始 이전에 이미 고구려에 불교가 전래된 지 오래되었으나 그에 의해서 비로소 본격적인 불교가 전해져 불교 본연의 면목을 지니게 되었다는 뜻에서 표현된 말일 수도 있을 것이다.[21]

따라서 이들 견해는 고구려에 있어서 불교의 初傳時期 내지 전래 시기를 언급한 것이 아니라 단지 고구려 불교의 改時期를 말했을 뿐이다. 만일 고구려불교의 전래시기를 문제 삼는다면 중국의 불교가 전 지역에 걸쳐 영향을 줄 만큼 활발하게 전개되던 2세기 중엽에서 3세기 초쯤의 사이로부터 적어도 1세기쯤 뒤에는 불법이 알려졌을 가능성이 짙다. 그리고 고구려의 일부 지방에서는 이미 불교가 들어왔을 것으로 보아 順道의 불교전법 사실은 국가적 公傳일 따름이며 불교의 初傳은 아니라고 파악된다.

그런데 『三國遺事』 卷3 塔像 遼東城育王塔條에 의하면 聖王의 재위를

東晉에서 왔던 것이 아니라 前秦에서 왔을 것으로 생각한다.

20) 『曦陽山鳳巖寺智證大師寂照塔碑銘』 "(……) 波及海隅(東國)之始 昔當東表鼎峙之秋 有百濟蘇塗之 儀 若甘泉金人之祀 厥後西晉曇始 始之貊 亦攝騰東入 句驪阿度 度于我 (……)"; 『三國遺事』 卷3. 興法. 阿道基羅條, "(……) 又按元魏釋曇始(一云惠始)傳云 始關中人 自出家已後 多有異迹 晉孝武大元年末 齎經律數十部 往遼東宣化 現授三乘 立以歸戒 蓋高麗聞道之始也 (……)"

21) 김영태, 「高句麗佛教思想」 『韓國佛教思想史』, 원불교사상연구원, 1975, 34쪽.

전후로 한 시기의 요동지역에는 建塔과 관련된 西域經傳[22)]이 전래되고 있었음을 예측해 볼 수 있다. 특히 건탑의 사상적 근거가 되는『法華經』은 기원 전후 인도 서북지역에서 성립하여 중앙아시아를 거쳐 중국에 전해진 것으로 중앙아시아지역에서 경전간행이 매우 성행했었고 중국에서도 모두 6차례에 걸쳐 漢譯될 정도로 중시된 경전인데 286년의 竺法護 譯『正法華經』과 406년의 鳩摩羅什 譯『妙法蓮華經』등이 잘 알려져 있다.[23)]

『法華經』의 序品과 見寶塔品에는 각각 塔과 관련된 다음과 같은 내용이 실려 있다.

序品: "(생략) 또 보니 어떤 불자들은 향하의 보배같은 무수한 탑을 세워 나라마다 장엄하니, 아름다운 그 보배탑 높이가 5천 유순(由旬[24)]), (생략) 이러한 탑묘마다 幢과 幡이 1천이요 진주로 된 交露幔에 보배방울 올려오니 (생략)"

見寶塔品: "그 부처님께서 도를 이루신 뒤 멸도할 때에 이르러 하늘과 인간 가운데서 여러 비구들에게 말씀하셨느니라. '내가 멸도한 후 나의 전신에 공양을 하려는 이는 마땅히 하나의 큰 탑을 일

---

22) 서역지방이란 중국의 서북쪽에 위치한 新疆省 소재 천산산맥의 남쪽 타크라마칸 사막을 중심으로 곤륜산맥, 천산산맥, 총령산맥 등에 의해 남·북·서의 3면이 둘러싸인 지역으로서 漢代에 있어서는 서역 36국으로 불리던 동서교통의 요로에 위치하고 있었다. 이리하여 중국의 초기불교는 인도불교 그대로가 아니라 당시에 이미 서역지방에 전해져 있던 서역불교가 전래된 것이고 인도불교의 경전 등도 서역어로 번역되어 중국에 전해진 것이다. 물론 중국불교의 초기에는 서역의 불교가 중국에 영향을 끼쳤지만 인도불교와 중국불교의 직접적인 교섭이 없었던 것은 아니다. 중국에 불교가 전하여진 후 200여 년이 지난 동진시대에 이르러 인도로부터 직접 梵僧이 도래해 온다든가 또는 중국으로부터 많은 入竺求法僧이 나옴에 따라 중국불교는 인도불교와 직접적인 교섭을 가질 수 있었다고 한다.(교양교재편찬위원회 편,『불교문화사』, 동국대학교출판부, 1988, 77~78쪽) 따라서 이 같은 중국의 초기불교와 관련하여 미루어 짐작하건데 우리 측 사료에 등장하는 胡僧 등은 바로 이 서역지방에서 온 승려들일 가능성이 크다고 생각된다. 아울러『三國遺事』卷3 塔像 遼東城育王塔條의 '西域'은 인도를, 그리고 '西域文字'는 곧 인도의 문자를 각각 가리키는 것으로 해석되기도 하지만(이민수 역,『三國遺事』, 을유문화사, 1983, 217쪽 주②) 엄밀히 따지면 서역과 서역문자는 각각 중앙아시아지역과 그 지역어로 보아야 할 것이다.

23) 이운허 옮김,『妙法蓮華經』, 동국역경원, 1990, 4~5쪽.

24) 인도의 거리단위로 '聖王'이 하루 동안 가는 거리를 말한다.

으켜 세우라'고 하였느니라. 그 부처님께서 신통한 원력을 가져 시
방세계 어느 곳에나 『法華經』을 설하는 이가 있으면 그 보배탑이
모두 그 앞에 솟아나서 탑 가운데 전신이 있어 한탄하여 거룩하다
고 말하느니라. (생략)"

따라서 고구려 성왕의 재위기간에는 건탑의 사상적 근거인 『法華經』
의 유입을 예상할 수 있다.[25]

이와 관련하여 동진 효무제 태원말년(396)에 僧 曇始가 經律 수십부
를 갖고 요동에 와서 三乘과 歸戒를 설한 일이 있다. 그런데 당시 고
구려에서는 三乘과 歸戒와 같은 불교의 규율확립 및 그 정리가 시행
되고 있었을 것으로 보인다. 이때 당시 중국의 불교계는 기존의 淸談
格義風의 불교에서 벗어나 불교 본연의 자세로 돌아가고자 하는 분위
기였고 般若를 중심으로 한 대승불교는 물론 소승의 經論도 연구되어
불교교리의 學的 연구가 이루어졌다고 하겠다. 따라서 고구려에 전해
진 불교는 당시 중국에서 유행하던 諸 經典이 무차별적으로 함께 전
해졌을 가능성이 있다.[26]

그렇게 볼 때 '불교를 믿고 복을 구하라'고 하는 고국양왕 8년의
下敎 내용이나, 백제 아신왕 즉위년에 있었던 하교 내용이라든지, 신라
법흥왕대에 사찰창건을 둘러싼 설화 속의 '願爲蒼生 欲造修福滅罪之處'
라고 한 내용[27] 등에서 불교의 '因果禍福之說'인 業說과 관련된 불교
경전도 수용되고 있었음을 알 수 있다.[28]

---

25) 이이화는 순도가 고구려에 가져온 經文에 대해 이 당시 『법화경』이 번역되어 있지 않았기 때문에 「綜理
衆經目錄」일 것으로 보았다.(『역사 속의 한국불교』, 역사비평사, 2002, 16쪽) 그러나 이미 西晉代인 3세
기 후반 竺法護에 의해 般若經類를 비롯해 華嚴經類・法華經類・涅槃經類 등 다양한 경전이 번역되고
있었고 중국전역에 걸쳐 널리 보급(蔡日新, 앞의 책, 2001, 52~56쪽)되고 있었기 때문에 전진에서도 이
같은 譯經文을 고구려에 보냈을 가능성은 매우 크다고 하겠다.

26) 김영태, 앞의 책, 1975, 31~33쪽.

27) 『三國史記』 卷18, 高句麗本紀, 故國壤王 8年條; 『三國遺事』 卷3, 興法 難陁闢濟 및 原宗興法厭髑滅身條

또한 고구려에서는 『涅槃經』 40餘卷이 강독되어진 사실이 있다.[29] 『열반경』은 『법화경』과 함께 중국의 북방지역에서 佛敎義學의 중심 경전으로써 중시되고 있었다. 따라서 고구려에서도 4세기 후반 이후 『법화경』 외에 『열반경』 등이 널리 수용되고 있었을 것이고, 이밖에 『인왕반야경』과 같은 또 다른 佛經 등도 받아들여지고 신봉되어졌을 것이다.[30]

그런데 고구려에서 佛塔이 건립되기 시작한 것은 불교의 공전 무렵인 4세기 후반으로 추정될 수 있겠다.[31] 그러나 불탑의 존재가 고구려에 알려지게 된 것은 이보다 훨씬 앞선 시기의 일로 생각된다. 그것은 앞서 인용한 『三國遺事』遼東城育王塔條의 대화 내용 속에서 살펴볼 수 있다.

먼저 고구려의 臣下가 梵語로 쓰인 佛塔관련 經典을 해독할 수 있었다는 점이다. 다음으로 '蒲圖王'이라고 하는 중국식 탑의 칭호와 건립시기를 이미 알고 있었다는 사실이다. 이로 미루어 볼 때 '聖王'이 즉시 多層木塔을 세울 수 있었다고 한다면, 고구려의 불교공인 이전부터 중국에서 漢譯된 불교경전이 이미 요동지역에까지 널리 확산되고 있었을 것이며, 당시 고구려 내의 일부 지역 내지 일부 계층에게도 암암리에 佛經과 佛塔 등이 전래되었거나 최소한 그의 존재가 알려져 있었을 것으로 추측된다.[32]

---

28) 고익진, 『古代佛敎思想史』, 동국대학교출판부, 1989, 31쪽.

29) 『三國遺事』 卷3, 塔像, 高麗 靈塔寺條, "僧傳云 釋普德 字智法 前高麗龍岡縣人也 詳見下本傳 常居平壤城 有山方老僧 來請講經 師固辭不免 赴講涅槃經四十餘卷 (……)"

30) 김영태, 『삼국시대 불교신앙 연구』, 불광출판부, 1990.

31) 고유섭은 소수림왕 2년 전후부터 고국양왕 말년까지(A.D. 372~392) 20년간 적어도 造塔經營이 있었을 것으로 보고 있다.(앞의 논문, 1936, 4쪽)

32) 『海東高僧傳』 卷1, 流通 1 釋亡名條에 따르면 4세기 중반 무렵 晋僧 支遁이 亡名의 고구려 道人에게

따라서 '聖王이 이로 인하여 신앙심이 생겨 七重木塔을 세웠으며 불법이 비로소 전해오자 그 시말을 알게 되었다'는 것은 다음과 같은 의미를 지닌다고 볼 수 있다. 즉, 聖王代 이전까지만 해도 불교는 고구려의 민간에서 일부 극소수만이 믿고 있었던 종교였던 터라 당연히 고구려에서는 佛教思想이나 佛塔 등과 같은 불교문화에 대한 이해가 부족했을 것이다. 비록 불교문화가 고구려에 일찍부터 알려졌었고 소수림왕 2년에 공식적인 외교경로를 통해 전진으로부터 고구려에 전래되었다 하더라도 여전히 불교 내지 그의 문화에 대한 폭넓은 지식을 습득하기란 좀 어려웠을 것이다.

그런데 聖王代에 이르러서야 비로소 왕의 신앙심으로 인해 불교문화가 광범위하게 성행할 수 있었고 요동지역의 고구려인들에게도 佛法이 전해지면서(高麗聞道之始) 불탑의 건립 연유를 비로소 알게 되었던 것으로 여겨진다. 다만 重層木塔과 같은 중국식 불탑이 성왕대에 바로 건립될 수 있었던 것은 2~3세기에 발생하여 중국 전역에서 활발히 건립되던 重層樓閣塔[33]의 실체가 고구려 내에서도 성왕대 이전부터 알려져 있었기 때문에 가능했던 것이라 생각된다.

제3절 '聖王'의 實體와 그 意味

그렇다면 위와 같은 역사적 배경으로 볼 때 도대체 '聖王'은 과연

편지를 보낸 사실이 있다.

33) 『後漢書』 卷73, 陶謙傳, "(……) 大起浮屠寺 上累金盤 下爲層樓 又堂閣周回 可容三千許人 (……)"(蔡日新, 앞의 책, 2001, 30쪽에서 재인용)

고구려의 어느 왕에 비정될 수 있을까. 이에 대한 추론을 하자면 다음과 같다.

즉, 高句麗史上 외교적인 경로를 통해 처음 불교문물을 받아들이고 불교가 고구려에서 성행할 수 있는 계기를 마련한 장본인은 바로 소수림왕이었다.[34] 그러나 고구려의 대중들에게 널리 불교를 믿을 수 있도록 권장한 왕은 그의 弟로서 왕위에 오른 고국양왕(384~391)이었다.[35] 고구려에서는 고국원왕의 조치 이후 불교를 믿고 신앙행위를 할 수 있는 공식적이고 대중적인 토대가 마련될 수 있었다.

이처럼 그가 대중들에게 널리 불교를 홍포한 배경 내지 신앙심을 유발시킨 계기가 있었을 것이다. 그것은 바로 앞장에서 살펴본 遼東城 育王塔의 實見 및 『法華經』 기타 建塔과 관련된 불교사상에 대한 이해가 있었기 때문에 가능했을 것이라 생각된다. 고국양왕은 재위 2년 만에 그렇게도 염원하던 요동지역을 차지할 수 있었고, 그곳의 지정학적 중요성에 비추어 볼 때 고국양왕은 요동지역을 점령하자마자 곧 그곳의 여러 城을 순행했을 것이며, 이때 그들 일행의 눈에 띈 것이 育王塔과 같은 불탑 및 佛敎經典 등의 불교문화였을 것이다. 그리하여 왕은 그 직후 불교에 대한 깊은 신앙심이 생겼던 것이고, 그것의 일환으로써 功德行爲인 탑을 건립하고 왕은 승하하기 전 백성들에게 불법을 믿고 복을 구하라는 유지를 남길 수 있었던 것이라 하겠다.

따라서 위와 같은 고국양왕의 치적을 고려해 볼 때 高句麗史上에

---

34) 『三國史記』 卷18, 高句麗本紀, 小獸林王 2年 및 5年條, "夏六月 秦王苻堅 遣使及浮屠順道 送佛像經之 (……)", "春二月 始創肖門寺 以置順道 又創伊弗蘭寺 以置阿道 此海東佛法之始"

35) 『三國史記』 卷18, 高句麗本紀, 故國壤王 8年 3月條, "下敎 崇信佛求福"

있어서 불교식 칭호인 '聖王'에 해당되는 인물로는 최초로 佛敎弘布를 대중들에게 널리 선언한 고국양왕을 들지 않을 수 없다.

그런데 『賢愚經』에 의하면 弗沙如來時代에 담마유지라는 '轉輪聖王'이 이웃의 바세기왕을 정벌하러 갔다가 慈心三昧의 光明을 보고 발심하여 정벌하기를 그만둔 후 부처님을 그 나라로 모셔왔다고 하는 설화가 전한다.[36] 여기에서의 전륜성왕은 護法明王으로서 미륵신앙과 밀접한 관련을 갖는다. 즉, 미륵은 閻浮提에서 석가 다음에 來王한 미래불로서 현재는 도솔천에서 법을 설하고 있는 補處菩薩이며 미륵이 항생할 미래의 龍華世界를 전륜성왕이 正法으로 다스리고 있다는 사실이다.[37]

그러기에 장지훈은 백제의 성왕이란 廟號가 미륵신앙의 전륜성왕과 밀접한 관련을 갖는 것으로 보고 正法治國이 이루어질 때 비로소 미륵불이 출현한다는 의미에서의 王名으로 사용했을 가능성이 있다고 하였다.[38] 그러나 廟號란 생존 시에는 사용할 수 없을 것이기 때문에 백제의 성왕이 재위하고 있었을 때에도 과연 성왕이란 칭호가 쓰였을지 의문스럽다. 다만 백제의 제26대 왕인 '聖王'은 생존 시 그의 이름을 '明穠'이라 하였고 일본 측 사료에도 대개 '聖明王' 내지 '明王'으로 기록하고 있는 사실로 볼 때 생존 시에는 明穠王 내지 明王이라 하거나 聖王을 존칭하기 위해 그의 왕명 앞에 '聖'자가 관칭되어 일본 측 사료와 같은 칭호가 쓰였을 것으로 보인다.

또한 신라에서도 '성왕'과 관련한 불교설화가 전해지고 있고,[39] 진

---

36) 장지훈, 『한국고대미륵신앙연구』, 집문당, 1997, 43쪽에서 재인용.
37) 高翊晋, 앞의 책, 1989, 36쪽.
38) 장지훈, 같은 책, 1997, 70쪽.

흥왕 5년에 완성된 大王興輪寺의 '輪'이 전륜성왕의 金輪이나 法王(부처)의 法輪을 가리키고 있다는 점, 그리고 왕의 두 아들인 銅輪이나 舍輪의 이름이 전륜성왕과 관련된다는 점 등에서 신라의 경우도 전륜성왕사상을 엿볼 수 있다.[40] 그렇다면 백제나 신라의 경우와 마찬가지로 고구려의 성왕도 미륵신앙의 전륜성왕에서 차용된 호칭일 수도 있겠다.

그러나 고구려에서 미륵신앙이 유입되고 성행한 시점은 5세기 무렵 이후에 와서야 가능했던 점[41]으로 볼 때 '聖王'이란 호칭은 후대에 붙여진 존칭일 가능성이 짙다. 굳이 미륵신앙의 전륜성왕과 결부시키지 않더라도 706년 작인 「皇福寺金銅舍利函」 명문에 의하면 신라 중대의 神文王이 '聖人'과 동일시되고 있는 사례[42]로 볼 때 고구려의 聖王이란 칭호도 고구려왕을 불교식으로 존칭하기 위해 사용된 것이 아닐까 한다. 다만 고구려의 '성왕'이 '동명성왕(제)'과 결부된 것은 고구려의 초기불교관계 설화가 전승되는 과정에서 후세인들이 『三國遺事』 遼東城育王塔條 설화 속의 聖王과 '동명성왕(제)'의 聖王을 동일시한 데서 비롯된 착오라고 생각된다.

이와 관련하여 '聖王' 칭호의 또 다른 예가 『廣開土王陵碑』[43)]에서나 『三國遺事』 卷2 紀異 駕洛國記條[44)]에서도 보이고 있다. 그러나 이때의

---

39) 『三國遺事』 卷3 興法 阿道基羅條 "(……) 按我道本碑云 我道高麗人也 母高道寧 正始間曺魏人我崛摩 奉使勾麗 私之而還 因而有娠 師生五歲 其母令出家 年十六歸魏 省覲崛摩 投玄彰和尙講下就業 年十九 又歸寧於母 母謂曰 此國于今 不知佛法 爾後三千餘月 雞林有聖王出 大興佛敎 其京都內 有七處伽藍之 墟 (……)"

40) 고익진, 앞의 책, 1989, 45~46쪽.

41) 金三龍, 「백제불교와 미륵신앙」 『백제의 종교와 사상』, 충청남도, 1994, 195~196쪽.

42) "夫聖人垂投處濁世而育蒼生至德無爲應闇浮而濟群有神文大王五戒應世十善御民治定功成 (……)"(국립 경주박물관, 『문자로 본 신라』, 2002)

43) "好太聖王元出北夫餘 河泊之孫 日月之子"

호칭은 앞서의 경우와 같은 불교식 의미를 내포하고 있다기보다는 각각 고구려 개국의 시조인 동명왕처럼 고구려의 중흥을 이끈 광개토왕이나 금관가야의 시조인 수로왕 등의 성스러움과 위대함을 드러내기 위한 목적에서 붙여진 순수 한자식 보통명사의 표현이라 생각된다.

제4절 맺음말

이상으로 본고에서는 『三國遺事』 遼東城育王塔條의 '聖王'과 관련해서 4세기 요동지역의 정세 및 고구려와의 관계, 高句麗 '聖王'의 실체와 그 의미 등을 살펴보았다.

遼東은 일찍이 古朝鮮의 초기 중심지가 있었던 곳이며 고구려의 대륙진출에 있어서 지정학적으로 매우 중요한 지역이었다. 따라서 고구려는 건국초기부터 이 지역을 차지하고 있었던 漢·魏와의 攻防은 물론이고 이후 이 지역으로 세력을 뻗치던 慕容氏의 燕 등 북방세력들과도 그 소유권을 놓고 각축전을 벌여야만 했던 것이다. 이와 같은 고구려와 이들 국가 간의 정치·군사적인 접촉으로 볼 때 일찍부터 고구려에서도 불교에 대한 인식이 어느 정도 있었을 것으로 보인다.

그러나 聖王代 이전까지만 해도 불교는 고구려의 민간에서 일부 극소수만이 믿고 있었던 종교였던 터라 당연히 고구려에서는 佛敎思想이나 佛塔 등과 같은 불교문화에 대한 이해가 부족했을 것이다. 비록 불교가 고구려에도 일찍부터 알려졌었고 공식적인 외교관계를 통해

---

44) "(……) 爰有英規阿干 假威於將軍 奪廟享而淫祀 當端午而致告祠 堂梁無故折墜 因覆壓而死焉 於是將軍 自謂宿因多幸 辱爲聖王所御國城之奠 (……)"

전진으로부터 고구려에 전래되었다 하여도 여전히 불교 내지 그 문화에 대한 폭넓은 지식을 습득하지는 못했을 것이다.

그런데 聖王代에 이르러서야 고구려에서는 왕의 신앙심으로 인해 불교문화가 광범위하게 성행할 수 있었고 佛塔이 바로 건립될 수 있었던 것이다. 이것은 2~3세기에 발생하여 중국 전역에서 성행하던 重層樓閣塔의 실체가 성왕대 이전부터 이미 고구려 내에서도 알려져 있었기 때문에 가능했을 것이다. 그리고 요동지역의 고구려인들에게도 본격적으로 佛法이 전해지면서(高麗聞道之始) 점차 佛塔 建立의 연유를 알게 되었던 것으로 여겨진다.

이러한 역사적 시대적 배경을 검토해 볼 때 高句麗史上에 있어서 '聖王'에 해당되는 인물로 고국양왕을 들 수 있다. 고국양왕은 재위 2년 만에 요동지역을 차지할 수 있었는데, 그곳의 지정학적 중요성에 비추어 볼 때 그는 요동지역을 점령하자마자 곧 그곳의 여러 성을 순행했을 것이며, 이때 그들 일행의 눈에 띈 것이 育王塔과 같은 불탑 및 佛敎經典 등의 불교문화였을 것이다. 이를 계기로 고국양왕은 그 직후 불교에 대한 깊은 신앙심이 생겼던 것이고 승하하기 전 백성들에게 불법을 믿고 복을 구하라는 유지를 남길 수 있었던 것이라 하겠다.

제2장 『三國遺事』 武王條의 薯童說話

제1절 머리말

백제의 제30대왕인 武王은 『三國遺事』 武王條에 실린 薯童說話의 주인공으로서 신라 진평왕의 셋째 딸인 善花公主와 혼인한 薯童으로 잘 알려져 있다. 그런데 『三國遺事』 撰者는 서동과 선화공주 이야기를 전하면서, "『三國史』에 이르기를 '이(무왕)는 법왕의 아들이다'라 했는데 여기에 전하기를 (서동이) 홀어미의 자식이라 했으니 모를 일이다"라고 하여 다르게 전하는 무왕과 서동의 출신에 대해 의문을 제기하고 있다. 그래서 이 같은 『三國遺事』 찬자의 인식에 따라 서동을 역사적 인물인 무왕과 연결시키는 태도에 대해 문제를 제기하는 학자들도 있다.

이병도는 『三國遺事』 무왕조의 각주에 "백제의 옛 책에 武王을 武康이라고 하였는데 백제에는 武康王이 없다"라고 언급된 사실에 대하여 무강왕은 곧 武寧王의 다른 표기이며 그의 혼인관계설화는 백제의 제29대왕인 東城王과 혼동된 것으로 동성왕이 『日本書紀』에 의하면 '末多王'이라고 하여 서동의 이름 '맏동'과 발음소리가 가까운 점, 그리고 동성왕의 諱가 '牟大'·'摩帝'로 되어 있다는 점 등을 들며 강하게 비판한 바 있다.[1]

황패강은 서동을 신라의 인물로 파악하고 있다. 그는 서동의 출생이나 서동의 계략에 의한 혼인은 역사성이 없는 어디까지나 설화적 구성이며 백제의 무왕일 수 없다고 하였다. 즉, 서민출신의 미천한 신라소년 서동이 타고 난 꾀와 야심으로 하여 공주를 아내 삼는데 성공하고 출세와 신분상승을 이루게 되었다는 이야기 위에 백제 미륵사의 연기설화가 결합된 것이라고 하여 신라의 설화와 백제의 설화가 결합되는 과정에서 생겨난 결과물이라는 것이다. 그러면서 그는 역사적 인물인 무왕과 설화적 인물인 서동을 동일시하기 어렵다는 점을 지적하였다.[2]

그러나 서동을 무왕으로 인정한 견해도 있다. 김영태는 『三國史記』에 의하면 무왕은 법왕의 아들로서 그 이름이 璋이라 하였으니 무왕은 법왕의 뒤를 이어 왕이 되었음에 틀림없고 그가 어렸을 때 마를 캐어 생활하였다는 것에는 무슨 곡절이 있었을 것인데 그 까닭이란 무왕 璋이 남쪽 연못가에서 혼자 살던 여인과 관계하여 낳은 법왕의 庶子로서 龍이란 왕을 가리키는 것이기는 하지만 당시 계급이 엄격했던 백제에서 왕자가 서민출신의 여인과 情을 통하면서 그 사실을 숨기지 않을 수 없었기 때문에 아이의 아버지를 감추기 위해 池龍과의 교통을 주장하였을 것이라고 보았다.[3]

홍석영은 무왕이 그의 옛 고향인 익산 지역에 왕궁을 짓고 천도하여 또 미륵사 및 帝釋精舍를 짓는 등 마한의 옛 땅을 일으켰기 때문에 『新增東國輿地勝覽』에는 그 지역 사람들이 그를 칭송하여 마한의 무

1) 李丙燾, 「薯童說話에 대한 新考察」 『韓國古代史研究』, 박영사, 1976.
2) 황패강, 「서동요 연구」 『신라문화』 3~4합집, 신라문화연구소, 동국대학교, 1987.
3) 김영태, 「미륵사 창건 연기설화고」 『마한·백제문화』 1, 마한·백제문화연구소, 원광대학교, 1975.

강(광)왕 또는 末通大王이라 하였는데 이 지역에서는 예부터 말통대
왕, 즉 무왕을 무강(광)왕이라 불렀고 무강(광)왕은 바로 무왕을 높여
서 지칭한 이름이었던 것 같다고 하였다.[4]

　노중국은 武康王·武廣王·薯童을 모두 武王으로 인정하였는데, 「觀世
音應驗記」에 보이는 貞觀 13년이 무왕 40년에 해당한다는 점, 무광왕
의 '廣'과 무강왕의 '康'이 통하기 때문에 무령왕의 '寧'으로 볼 필요가
없다는 점, 무왕은 무강왕의 축약형일 수 있다는 점, 『高麗史』地理志
益山郡條에 무왕은 '一云末通大王'으로 불리고 서동은 말통의 音轉이
라 하고 있어 무왕=薯童으로 파악될 수 있다는 점 등을 들고 있다.[5]
그러면서도 그는 무왕과 선화공주의 결혼설화는 마를 캐던 서동시절
이 아니라 왕으로 옹립된 이후의 일이라 하여 결혼스토리의 극적전
개를 위해 윤색된 결과이며 백제와 신라 양국의 필요에 의한, 즉 무
왕은 왕권을 강화하고 신라 진평왕은 고구려의 침략을 효과적으로
제어하기 위한 정략적 목적에서 무왕과 선화공주의 결혼이 성사된
것으로 보았다.[6]

　최근에는 『삼국유사』 무왕조의 미륵사 창건설화 외에 실제의 역사
적 사실이라 보기 어렵다는 견해도 제시된 바 있다. 즉, 서동설화는
무왕의 미륵사 창건이라는 주제를 위해 정교하게 설정된 보조장치에
불과하며 서동설화의 흐름은 백제불교의 보편적인 성격과 맥락을 같
이한다는 것이다.[7]

---

4) 홍석영, 「마륵사지의 연기설화고」 『마한·백제문화』 1, 마한·백제문화연구소, 원광대학교, 1975.

5) 盧重國, 『百濟政治史研究』, 일조각, 1988, 192쪽.

6) 盧重國, 앞의 책, 204~207쪽.

7) 李乃沃, 「미륵사와 서동설화」 『歷史學報』 188, 역사학회, 2005.

이처럼『삼국유사』무왕조에 등장하는 서동과 역사적 인물인 백제의 무왕을 서로 연결시키는 데에는 여러 견해들이 상존하고 있다. 또한『삼국유사』무왕조의 기사내용이 설화의 형태로 기술되어 있고 고대가요가 실려 있기 때문에 그동안 국문학계에서도 상당한 관심을 보여주었다. 아울러 彌勒寺의 발굴이 본격화되고 발굴성과도 축적되면서『삼국유사』무왕조에 등장하는 미륵사 창건설화에 대해 그의 역사성을 밝히기 위한 연구작업도 함께 이루어지고 있다.[8]

필자 역시 최근에 서동과 선화공주 혼인관계설화와 관련된 글을 쓰다가 서동설화 전반에 대한 관심을 본격적으로 갖게 되면서 그러한 움직임에 동참하게 되었다. 설화는 고대사회에서 일어나는 어떤 사건 내지 사실 등에 대해 이야기 형식을 빌려 전하는 典據의 하나로서 이해될 수 있다. 그러므로 서동설화는 전승과정에서 첨삭이나 과장, 윤색 등이 이루어지기도 했겠지만 당대의 역사적 사실을 어느 정도 반영한다고 볼 수 있다. 이에 본고에서는『삼국유사』무왕조의 서동설화 내용을 전반적으로 검토하여 역사적 사실을 도출해 보고자 한다.

제2절 武王의 출생과 혼인 그리고 登極

1. 武王의 출생과 성장

『삼국유사』무왕조에 의하면 제30대 백제 임금인 무왕의 어머니는 서울의 남쪽 연못 가까이에 집을 짓고 홀로 살다가 연못 속의 용과

---

8) 길기태, 「彌勒寺의 創建과 薯童說話」, 제114차 한국사상사학회 월례발표회, 2007.

상관하여 그를 낳았다고 한다.[9] 여기에서 서동의 어머니가 연못 속의 용과 상관하였다는 모티브는 전설·민담 등에 널리 퍼져 있는 것으로 이는 곧 무왕이 왕의 아들이란 사실을 암시한다.

동아시아 고대사회에 있어서 龍은 한 나라의 최고 수장인 왕을 상징한다. 용은 天命思想에서 유래하는데 天은 왕을 상징한다. 왕은 백성의 父, 民의 君인 것으로 天은 인격적 생명인 것이고 全智全德한 점에서 神이며 도덕·정치·종교·생명상에 있어서 유일절대적 대상이다. 그래서 용은 인간수양의 목표로 天과 합치하려는 데 있는 것인데,[10] 왕의 신변에 변화가 생길 때 용이 나타나는 조짐은 그러한 용의 상징성과 밀접히 연관된다.[11]

『삼국유사』 무왕조에서는 무왕이 출생한 곳을 '京師의 남쪽 연못 부근'이라 하였다. 여기에서 京師는 당시 백제의 서울인 사비, 즉 부여를 의미한다. 따라서 京師의 남쪽이란 부여지역 내의 남쪽을 가리킨다고 볼 수 있다. 그러나 무왕과 서동설화를 연계시켜 본다면 부여로부터 남쪽으로 떨어져 있는 지역으로서 무왕이 왕위에 오르기 전까지 젊은 시절을 보내고 후에 미륵사를 창건했던 金馬渚, 즉 익산지역을 말한다고 보는 것이 옳다.

익산은 백제의 南遷 이후 그 배후지역으로서 매우 중요한 위치에 있었다. 즉, 익산은 북으로 진출하는 통로이자 가야지역으로 진출할 수 있는 거점지역이었다.[12] 뿐만 아니라 익산은 선사시대이래 중국

---

9) 『三國遺事』卷2, 武王條, "第三十武王 名璋 母寡居 築室於京師南池邊 池龍交通而生 (……)"

10) 尹敬洙, 「龍의 象徵論」 『현대문학』 9-4(통권 100호), 1963.

11) 김문태, 「삼국유사 소재 '용' 전승연구」, 성균관대학교 박사학위논문, 1990, 23∼26쪽.

12) 俞元載, 「百濟史에서 益山文化遺蹟의 性格」 『馬韓·百濟文化』 14, 1999.

대륙의 왕조 및 일본열도의 왜국과 교류를 원활히 추진할 수 있는 수로교통의 중심지였다.[13]

이러한 익산의 역사지리적 중요성으로 볼 때 백제의 왕이나 왕자들은 당연히 이곳에 큰 관심을 둘 수밖에 없었을 것이며 측근들과 함께 익산으로 순행을 나가기도 했을 것이다.[14] 무왕의 모후 역시 지방호족의 女息으로서 이러한 왕이나 왕자들의 순행과정에서 무왕의 아버지를 만나게 되었을 것이고 무왕을 잉태하였을 가능성이 충분하다.

그러나 무왕의 모후는 지방호족 출신이었기 때문에 당시 백제의 정치적인 역학관계나 사정 등으로 인해 왕실로부터 받아들여지지 못했을 것이다. 그렇기 때문에 무왕의 모후는 자신의 세력기반이 있는 익산에서 무왕을 낳을 수밖에 없었을 것이라 생각된다. 이것이 무왕의 모후를 혼자 사는 여인, 혹은 가난하게 사는 여인 등으로 묘사한 것이 아닌가 한다.

『新增東國輿地勝覽』 益山郡 佛宇條에 의하면 익산에는 五金寺가 있는데 지극한 효성으로 어머니를 섬긴 서동이 마를 판 땅에서 문득 다섯 개의 금을 얻었고 후에 왕이 된 그가 그 땅에 사찰을 지었기 때문에 그 같은 寺名이 생긴 것이라 하였다. 또한 같은 책 山川條에 의하면 익산에는 馬龍池라는 연못이 있는데 이 연못은 오금사 남쪽에 위치해 있으며 대대로 서동대왕, 즉 무왕의 어머니가 집을 짓고 살았던 장소라 하였다. 이는 무왕 璋이 익산에 소재한 민가에서 성장했음을

---

13) 金三龍, 「地政學的인 측면에서 본 益山」 『馬韓·百濟文化』 15, 2001.

14) 東城王은 武珍州까지 내려간 적이 있는데 이때 익산을 경유했을 것으로 추측되거나 익산 왕궁평에서는 성왕대 말에서 위덕왕대 초기로 편년되는 청자가 출토된 바 있어 이를 근거로 무왕대 이전부터 익산은 왕들의 관심지역으로 보는 견해가 있다.(조경철, 「百濟佛敎史의 展開와 政治活動」, 한국학중앙연구원 한국학대학원 역사전공 박사학위논문, 2006, 145~147쪽)

보여주는 이야기이다.

그런데 무왕의 출생지를 당시의 수도인 사비, 즉 부여로 보고 그의 어린 시절 어떤 정치적 음모에 의해 몰락했거나 음모를 피해 익산지역으로 도피한 데서 무왕이 마를 캐어 活業하는 빈한한 생활을 영위한 것이며 비록 무왕이 지방으로 도피한 왕족이긴 하지만 법왕과 계보를 달리한다고 하여 무왕을 법왕의 아들로서 인정하지 않는 견해가 있다.[15]

그러나 고대사회에서 농부나 가난한 백성이 자기 터전을 떠나 다른 곳으로 이주하는 일은 피정복민이나 遊民 등이 아니라면 특별히 권력 차원의 강제 명령이 없는 한 자유로울 수 없었다. 그런 점에서 무왕 역시 왕위에 오르기 전까지 줄곧 익산에서 어머니와 함께 살았다고 볼 수 있다.

2. 武王의 혼인과 등극

『삼국유사』 무왕조에 의하면 그는 평소에 마(薯蕷)를 팔아서 생계를 꾸려 나갔으며 이로 인해 나라 사람들이 그를 薯童이라 이름하였다고 한다.[16] 결국 무왕의 어린 시절 별명은 마를 캐다가 시장에 파는 아이라는 뜻의 서동으로 무왕 璋의 어린 시절에 백제인들이 붙여준 일종의 별칭에서 유래된 것임을 알 수 있다.

이와 같이 서동이란 이름의 유래에서 알 수 있듯이 왕위에 오르기 전 마를 파는 장사꾼이었다. 그런데 그는 헤아리기 어려울 정도로 기

---

15) 노중국, 앞의 책, 1988, 193~194쪽.
16) 『三國遺事』 卷2, 武王, "(……) 小名薯童 器量難測 常掘薯蕷 賣爲活業 國人爲名 (……)"

량이 뛰어난 인물이었다고 한다. 마[薯蕷]는 고대사회에서 식용과 약용에 모두 쓰이는 매우 중요한 식물로 알려져 있다. 따라서 그는 자신의 능력을 발휘하여 재산을 축적할 수 있었을 것이고 전국 방방곡곡을 돌아다니며 일반백성들의 삶을 직접 목도하거나 민간에서 일어나는 여러 가지 사건이나 소문들을 직접 보고 들으면서 정치적 야심을 키워 나갔을 것이다.

무왕은 왕위에 등극하기 전부터 백제뿐만 신라 내의 상황에도 관심이 많았다. 서동설화에 의하면 서동은 신라 진평왕의 셋째 딸인 선화공주가 매우 아름답다는 소문을 듣고 신라의 서울로 들어가 그녀를 꾀로 유인하여 그녀와 결혼하는 데 성공하였다.[17] 그런데 여기에서 백제인인 서동이 신라인인 선화공주의 소문을 백제지역 내에서 들었다는 것은 상식적으로 납득이 되지 않는다. 따라서 위의 이야기는 아마도 서동이 신라 내의 정황을 살펴보기 위해 일단 신라에 들어갔다가 신라 진평왕의 셋째 딸이 매우 아름답다는 소문을 듣고 그녀와 결혼하기 위한 작업을 벌인 것으로 볼 수 있다.

서동은 장사꾼이 아닌 머리 깎은 승려의 모습으로 변장하여 신라의 서울에 들어갔다. 이는 당시 승려만이 백제와 신라 사이를 자유롭게 왕래할 수 있었기 때문이다. 그러한 예는 신라의 居柒夫가 젊어서 승려의 모습으로 고구려에 들어간 일이나 고구려 승 德昌이 신라에 머물렀던 사실 등에서도 엿볼 수 있다.[18]

선화공주와 결혼에 성공한 서동은 그녀와 앞으로의 생계대책을 서

---

17) 『三國遺事』卷2, 武王, "聞新羅眞平王第三公主善花(一作善化) 美艷無雙 削髮來京師 以薯蕷餉閭里 羣童 羣童親附之 (……)"

18) 『三國史記』卷44, 列傳 居柒夫, "(……) 居柒夫少 斲弛有遠志 祝髮爲僧 遊觀四方 便欲覘高句麗 入其境 (……)"; 同書 卷41, 列傳 金庾信, "(……) 時高句麗諜者浮屠德昌 使告於王 (……)"

로 논의하는 과정에서 자신의 주변에 황금이 널려 있었음에도 불구하고 황금의 가치에 대해 전혀 모르는 것처럼 말하였다.[19] 그러나 선화공주와 결혼하기 전 마를 팔아 생계를 유지해야만 했던 그가 시장에서 거래되는 물건들의 가치를 전혀 알지 못했을 리 없다. 그리고 매우 높은 가격에 거래되는 황금의 존재를 전혀 알지 못했을 것이라 보기도 어렵다.[20] 신라뿐만 아니라 백제에서도 황금은 매우 귀한 보물로 취급되어 대개 왕족 이외에는 그 소유가 엄격히 제한되어 있었다.

따라서 서동의 주변에 황금이 있었다는 모티브는 그가 장사를 통해 부를 축적한 사실을 암시한다고 볼 수 있다. 서동이 황금의 가치를 모르는 것처럼 선화공주에게 말한 것은 그가 황금을 몰랐기 때문이 아니라 그만큼 자신의 주변에 황금이 널려 있다는 사실과 황금의 소유자로서 자신의 존재를 공주에게 은근히 과시하고자 일부러 모르는 척 했을 것으로 판단된다.[21]

또한 서동과 선화공주는 龍華山 師子寺 知命法師의 도움을 받아 신라 진평왕의 존경과 인심을 얻을 수 있었다.[22] 이런 사실로 미루어

---

19) 『三國遺事』卷2, 武王, "(……) 同至百濟 出母后所贈金 將謀計活 薯童大笑曰 此何物也 主曰此是黃金 可致百年之富 薯童曰 吾自小掘薯之地 委積如泥土 主聞大驚曰 此是天下之寶 君今知金之所在 則此寶 輸送父母宮殿何如 薯童曰可 (……)"

20) 금을 종교적 측면에서 바라본 견해가 있다. 즉, 가난한 서동이 황금을 얻은 과정은 무왕의 출신을 불교적으로 미화한 내용이며 황금을 몰라본 것은 그 자신이 지니고 있던 佛性을 자각하지 못한 것이라고 하여 금을 불성으로 파악하기도 한다.(鄭璟喜,『韓國古代社會文化硏究』, 일지사, 1990, 288~291쪽) 그밖에 금은 전륜성왕과 연계시켜 金輪 轉輪聖王의 金輪을 상징하는 것으로, 선화공주는 중생을 깨달음으로 인도하는 彌勒仙花 또는 仙花菩薩로 이해하기도 한다.(趙景徹, 앞의 논문, 2006, 152~153쪽)

21) 盧重國은 서동시절에 무왕이 황금을 얻은 것처럼 서술하고 있지만 마를 캐며 가난한 생활을 하던 서동시절에 많은 금을 모았다는 것은 현실적으로 불가능하기 때문에 상당량의 금을 확보한 것은 무왕의 즉위 이후에나 가능했을 것이며 금광개발을 적극적으로 추진한 사실을 반영한 것이라고 보았다.(「百濟 武王과 知命法師」『韓國史硏究』107, 한국사학회, 1999, 11쪽)

22) 『三國遺事』卷2, 武王, "(……) 於是聚金 積如丘陵 詣龍華山師子寺知命法師所 問輸金之計 師曰吾以神力可輸 將金來矣 主作書幷金 置於師子前 師以神力 一夜輸置新羅宮中 眞平王異其神變 尊敬尤甚 常馳書問安否 薯童由此得人心 卽王位 (……)"

본다면 지명법사는 아마도 오래 전부터 무왕과 알고 지내던 혹은 깊은 관련을 지닌 인물이 아니었을까 한다.[23] 결국 황금과 같은 富나 지명법사와 같은 인물은 무왕이 왕위에 오르는 데 정치적 경제적으로 큰 힘이 되었을 것이며 진평왕 역시 자신의 딸과 결혼한 무왕의 등극을 적극적으로 바랬을 것이다.[24]

제3절 益山 彌勒寺의 창건과 그 배경

익산 미륵사의 창건에 대해서 『삼국유사』 무왕조의 서동설화에는 다음과 같은 내용이 실려 있다.

어느 날 왕이 부인과 함께 師子寺로 가고자 龍華山 밑 큰 못까지 왔더니 세 명의 彌勒佛이 못 속으로부터 나타나므로 왕이 수레를

---

23) 이 지명법사를 신라 승 智明으로 보는 견해가 있다. 즉, 知命法師가 신라 승 智明과 漢字만 다를 뿐 같은 진평왕대의 인물로, 둘 다 진평왕과 관계를 맺고 있던 동일인물로서 무왕의 등극 전 적국인 신라에 금이나 편지를 보내는 일은 그가 신라 승이었기에 가능한 일이었으며 또한 그가 백제 무왕으로 하여금 미륵사 창건이라는 대역사를 일으키게 한 장본인으로서 사원건립이라는 미명하에 백제의 국력을 소진시키려는 임무를 부여받은 신라의 첩자라는 주장이다.(金福順, 「三國의 諜報戰과 僧侶」 『한국고대불교사연구』, 민족사, 2002) 그러나 백제 승 知命을 신라 승 智明과 연결시키고 신라의 첩자로 보는 것은 지나친 확대해석이다. 그는 일찍이 진평왕 7년(585)에 求法을 위해 陳으로 동왕 24년(602)에 귀국한 인물이었다. 따라서 그는 무왕의 등극을 전후로 하여 귀국하지 않은 상황이었기 때문에 서동과 연결시키는 것이 과연 타당할지 의문이며 백제 승 知命과 한자가 다를 뿐 불리는 이름이 같고 진평왕대의 인물이었다고 하여 무왕과 신라 승 지명을 연결시키는 데에는 좀 문제가 있다. 더구나 미륵사 창건과 같은 사찰건립을 백제의 국력 소진으로 볼 수 있을지 의문스럽다. 오히려 무왕은 미륵사를 창건하는 과정에서 강력한 왕권 하에 신라를 압도하며 여러 성을 차지하는 성과까지 올리고 있었기 때문이다.

24) 노중국은 지명법사가 무왕과 선화공주의 결혼에 일정한 역할을 하는 과정에서 신라 진평왕의 신뢰를 얻어 성사시킬 수 있었다고 추정한 바 있다.(앞의 논문, 1999, 21쪽) 그런데 그는 무왕의 즉위과정에 있어서 지명법사의 정치적 역할이나 모후의 구체적인 배경에 대해 아무런 설명을 하지 않았다. 다만 그는 무왕의 즉위과정에 대해 성왕대 관산성전투 이후 귀족중심의 정치운영체제의 단면을 보여주는 것으로서 당시 지배귀족들은 관산성전투 패전 이후 약해진 왕권을 대신해 자신들의 정치적 영향력을 확대하기 위해 비록 법왕의 후계자는 아니지만 왕족으로서 어떠한 정치적 사건에 연루되어 가문이 몰락하고 그 결과 익산지역으로 救命逃避하여 빈한한 생활을 하면서 流寓하고 있던 서동을 후계자로 선택하여 왕위에 오르게 한 것이라 하였다.(앞의 책, 1988, 194~197쪽)

멈추고 치성을 드렸다. 부인이 왕에게 말하기를 '이곳에 반드시 큰 절을 짓도록 하십시오. 저의 진정한 소원입니다'라고 하였다. 왕이 이를 받아들여 지명법사를 찾아가서 못 메울 일을 물었더니 법사가 신력으로 하룻밤 사이에 산을 무너뜨려 못을 메워 평지를 만들었다. 이리하여 3개의 미륵상을 모실 殿閣과 塔과 행랑채(廊廡)를 각각 세 곳에 따로 짓고 미륵사라는 현판을 달았는데 진평왕이 온갖 종류의 장인들을 보내와서 돕게 했다.

위의 기사에 의하면 미륵사는 무왕이 어느 날 부인과 함께 사자사[25]란 절로 가던 중 용화산 아래 큰 연못 속에서 미륵불이 나타난 인연으로 미륵삼존불을 각각 따로 모신 거대한 사찰로 창건되었으며 서동과 선화공주의 결혼에 큰 역할을 담당한 지명법사의 주도 및 진평왕의 도움이 컸던 것으로 전하고 있다.

그런데『삼국유사』무왕조의 각주에 의하면 "미륵사는 王興寺라고도 한다"고 하였다. 이와 관련하여『삼국사기』백제본기 법왕 2년조에는 "정월에 왕흥사를 세우고 승려 30여 명을 두었다"라고 함으로써 법왕대에 왕흥사가 완공되어 승려가 주석한 것으로 기술되어 있으나 『三國遺事』法王禁殺條[26]에는 "왕 2년에 수도인 사비성(부여)에 왕흥사를 세웠다. 처음 왕이 절을 짓기 시작하여 끝내 이루지 못하고 돌아가매 무왕이 왕위를 계승하여 법왕이 시작한 일을 이어서 몇 년을 지나 완성하니 그 사찰의 이름을 또한 미륵사라고 하였다"라고 하여 왕흥사가 무왕대에 완성된 사실을 전하고 있다.

---

25) 師子寺라는 이름은 도솔천 내의 師子床座에서 유래한 것으로 미륵보살이 상생하여 도솔천 七寶臺 안의 摩尼殿上에 있는 사자상좌에 앉아 설법하고는 化生한다고 하는데 사자사가 바로 미륵의 출현과 얽힌 신앙을 담고 있다.(金杜珍,「百濟의 彌勒信仰과 戒律」『百濟史의 比較研究』, 충남대학교 백제연구소, 1992, 65쪽)

26)『三國史記』卷27, 百濟本紀, 法王 卽位年 12月條에 의하면 "명령을 내려 살생을 금지하고 ……."란 사실이 전한다.

이는 『삼국사기』 백제본기 법왕 2년조와 같은 책 무왕 35년조에 각각 실린 "정월에 왕흥사를 세우고 승려 30여 명을 두었다", "2월에 왕흥사가 완성되었다"라고 짤막하게 기술한 내용을 좀 더 보충설명한 것으로 볼 수 있다. 따라서 부여의 왕흥사는 무왕대에 지어진 것으로 알려진 익산의 미륵사와 동일한 이름을 가지게 된 셈이며 부여의 왕흥사와 익산의 미륵사를 동일한 사찰로 혼동한 것인지 아니면 서로 다른 지역에 동일한 이름의 사찰이 동시에 존재한 것인지 매우 혼란스럽게 하고 있다.

이와 관련하여 일본에 소재한 「觀世音應驗記」에는 백제의 武廣王이 枳慕蜜地에 수도를 옮겨 사찰을 세웠다고 하는 기사가 실려 있다.[27] 여기에서 무광왕은 『三國遺事』 무왕조에 "옛 책에는 武康이라 하였는데 백제에 武康은 없다"라고 기술된 武康王으로서 모두 무왕을 가리킨다. 그리고 지모밀지는 백제 멸망 후 唐이 설치한 九州의 하나인 魯山州에 속한 支牟縣의 支牟와 연결되며,[28] 또한 今麻只라고도 하는데 金馬渚인 익산을 가리킨다.

따라서 「관세음응험기」에 의하는 한 백제의 무왕은 익산에 수도를 옮겼다고 볼 수 있다. 그러나 『三國史記』에는 무왕대에 익산으로 遷都한 사실이 보이지 않는다. 이로 인해 기존의 연구자들 간에도 익산으로의 천도 여부에 대해 의견이 매우 분분한 실정이다.

조선시대의 지리학자 김정호는 일찍이 익산을 別都로 보았다.[29] 황

---

27) "百濟武廣王遷都 枳慕蜜地 新營精舍"(牧田諦亮, 『六朝古逸觀世音應驗記の硏究』, 1970)
　　이 觀世音應驗記는 六朝時代 宋傳亮의 「光世音應驗記」와 宋張演의 「續光世音應驗記」, 齊陸杲의 「繫觀世音應驗記」등 3책이 합해서 1책으로 구성된 것인데 소유자 혹은 서사자가 良祐로 알려져 있다.(牧田諦亮, 「百濟益山遷都에 對한 文獻資料」『馬韓·百濟文化』 2, 1977, 146쪽)

28) 李道學, 「百濟 武王代 益山 遷都說의 재검토」『慶州史學』 22, 2003, 73쪽.

29) 『大東地志』 卷11, 全羅道 益山, "本百濟今麻只 武康王時築城 置別都 秤金馬渚 唐滅百濟 置馬韓都督府

수영은 「관세음응험기」의 천도기사와 익산지역에서 조사된 古蹟들을 근거로 천도설을 주장하였다.[30) 노중국은 익산에 남아 있는 왕궁지나 왕성지 등의 유적으로 볼 때 무왕이 왕권중심체제의 확립을 위해 교통 및 문화의 중심지이며 군사적 요충지로서 자신의 물적 기반과 지지세력이 있는 익산에 별도가 아닌 왕궁을 조영하는 등의 천도계획을 세워 추진하였으나 천도 자체를 단행하지 못한 것으로 파악하였다.[31)

김주성은 『三國史記』에 의하는 한 백제의 수도인 부여에서 익산으로 천도한 사실이 없고 중국 측 사료의 "別部將沙吒相如"란 구절과 익산지역의 중요성을 들어서 별부로 이해하였다. 그러면서 그는 무왕이 익산지역을 별부로 편성한 점에 대해 귀족들을 익산으로 이주시켜 그 세력을 약화시키고 왕권을 강화하고자 했기 때문이라 주장한 바 있다.[32) 이외에도 대동소이한 설들이 제기되어 있고 최근에는 神都說까지 등장하였다.[33) 여기에서 神都란 사찰이 표방하는 이념을 중시하고 궁궐이나 성곽, 고분 등은 상대적으로 약화된 도시, 즉 종교의 기능을 중시한 도시로서 익산이 바로 여기에 해당된다는 것이다.

그런데 중국 측 사서에는 백제에 東西兩城 또는 東西二城이 존재한 사실을 적기하고 있다. 이와 함께 621년경에는 백제의 무왕(扶餘璋)이 唐에 遣使한 사실도 보인다.[34) 이는 적어도 백제 무왕

(……)"

30) 황수영, 「百濟帝釋寺址의 研究」『百濟研究』 4, 1973, 5쪽.

31) 盧重國, 앞의 책, 1988, 198~200쪽 ; 「金山지역 정치체의 史的전개와 百濟史上의 金山勢力」『마한・백제문화』 15, 2001, 36~39쪽.

32) 김주성, 「백제 무왕의 사찰건립과 권력강화」『한국고대연구사』 6, 1992 ; 「백제사비시대의 익산」『한국고대연구사』 21, 한국고대사학회, 2001.

33) 趙景徹, 앞의 논문, 2006, 139~145쪽.

34) 『舊唐書』 卷199, 百濟傳, "(……) 其王所居有東西兩城 (……) 武德四年 其王扶餘璋遣使來獻果馬 (……)" ; 『新唐書』 卷220, 百濟傳, "(……) 王居東西二城 (……) 武德四年 王扶餘璋始遣使獻果下馬 自是數朝貢

대에 두 개의 王都가 경영되고 있었음을 보여주는데, 곧 무왕대에 왕이 거주하는, 또는 王城에 준하는 또 하나의 都城, 즉 別都가 건립된 사실을 전하고 있는 것이다.[35]

그렇다면 여기에서 東西兩城이란 어느 지역의 도성을 가리키고 있는 것일까. 이와 관련하여 『三國史記』 百濟本紀에는 武王이 재위한 지 31년(630)에 이르러 泗沘宮을 重修하면서 熊津으로 행차한 사실을 전하고 있다.[36] 그래서 중국 측 사서에서 전하는 백제의 東西兩城 또는 二城을 사비와 웅진으로 보기도 한다.[37]

그러나 웅진은 성왕이 왕 16년(538) 사비로 이전하기 전까지 백제의 수도로서 기능하였다.[38] 따라서 웅진에는 그 이전에 사용하던 왕궁이 고스란히 남아 있었을 것이고 웅진은 사비성의 중수 때문에 불가피하게 왕족을 비롯한 많은 인원이 대거 이동할 수밖에 없는 최단거리 지역이었을 것이다. 이는 무왕이 사비성중수로 인해 불가피하게 웅진에 행차했을 뿐 그곳이 무왕대에 실질적으로 기능하는 또 하나의 도성 또는 별도였던 사실과는 별 상관없음을 말해준다.

현재 익산지역에는 수도에 버금가는 都城으로서 왕궁리 유적이 남아 있다. 이 유적은 국립부여문화재연구소에서 1989년부터 본격적이고도 전면적인 발굴조사를 실시하였다. 그런데 이곳에서는 공주나 부여에서 흔히 보이는 수막새라든가 토기편, 銘文印章瓦, 평기와편, 청

(……)"

35) 崔孟植, 「王宮里遺蹟 發掘의 最近成果」 『마한·백제문화』 15, 2001.

36) 『三國史記』 卷27, 百濟本紀, 武王 31年條, "春二月 重修泗沘之宮 王幸熊津城 夏旱 停泗沘之役 秋七月 王至自熊津"

37) 윤무병, 「백제왕도 사비성연구」 『학술원논문집』 33, 1994, 92~93쪽; 金壽泰, 앞의 논문, 1999, 126쪽.

38) 『三國史記』 卷26, 百濟本紀, 聖王 16年 春

자편 등 많은 유물이 출토됨으로써 백제왕실과 관련되었거나 국가 최고관부와 밀접하게 관련되어 있었을 것으로 보고 있다.

그런 점에서 중국 측 사서가 전하는 東西兩城 또는 二城이란 唐國의 지리적 위치에서 바라볼 때 당시 백제의 수도인 사비와 그 서쪽에 해당하는 익산을 각각 東城과 西城으로 기록하고 있다는 인식에 별 무리가 없을 것으로 본다.[39] 『三國遺事』와 『三國史記』에 사비의 왕흥사와 익산 미륵사를 혼동하여 동일한 사찰로 기록된 것은 사비와 익산에 존재하던 두 개의 王城을 제대로 이해하지 못한 데에서 비롯되었다고 볼 수 있다.[40]

그러므로 부여의 왕흥사와 익산의 미륵사는 별개의 사찰로서 이해된다. 그런데 기록에 의하면 부여의 왕흥사는 法王 2년(599)에 착공되어 무왕 35년(634)에 완성된 사찰로서 전해지고 있다.[41] 이와 관련하여 2000년부터 본격적인 조사가 실시된 부여의 왕흥사지에서는 최근 목탑지 내에 봉안된 사리장엄구가 출토되었고, 그 가운데 청동사리함 몸체에서는 5자 6행의 명문 29자가 확인되었는데,[42] 명문의 대체적인

---

39) 이도학은 『舊唐書』 기록인 二城體制와 대동지지의 別都란 기사 등을 지지하면서도 「관세음응험기」의 익산 천도설을 사실로 받아들여 익산을 백제 무왕대의 초기 왕도로 보았다. 다만 그는 무왕 집권초기에 신라로의 영역확장에 성공하면서 익산으로 천도하였다가 후반기인 630년 이후에 신라의 강한 공세에 직면하면서 방어기능이 익산보다 상대적으로 큰 부여의 사비성으로 옮겼을 것이라 추정한 바 있다.(앞의 논문, 2003)

40) 노중국은 『三國史記』 법왕 2년조의 '創王興寺' 기사를 부여의 왕흥사 창건사실로, 같은 책 무왕 35년조의 '成王興寺' 기사를 익산의 미륵사 창건 사실로 받아들였다.(앞의 책, 1988, 200쪽. 김주성은 왕흥사와 미륵사가 서로 다른 사찰인 것을 인정하고 있지만 왕권의 상징인 왕흥사가 건재한 大姓八族의 입김 때문에 미륵사라고도 불렸을 가능성이 있다고 하였다.(앞의 논문, 1992, 279~280쪽) 金杜珍은 법왕대에 창건된 왕흥사와 무왕대에 창건된 미륵사가 혼동된 사실에 대해 미륵과 관련된 절이 왕권의 상징인 듯한 왕흥사라는 이름이 붙여진 데서 비롯된 것으로 보았다.(앞의 논문, 1992, 64~65쪽) 조경철은 법왕이 명명한 석가의 왕흥사를 미륵의 미륵사로 개명함으로써 법왕이 이루지 못한 願을 풀어준 것이라 추론하였는데(앞의 논문, 2006, 156~157쪽) 부여와 익산의 서로 다른 지역에 동일한 이름을 가진 사찰이 존재한 것으로 여기는 우를 범하고 말았다.

41) 『三國遺事』 卷3, 興法, 法王禁殺, "百濟二十九主法王 諱宣 (……) 明年庚申 度僧三十人 創王興寺 於是 都泗沘城(今扶餘) 始立裁而升遐 武王繼統 父基子構 曆數紀而畢成 (……)"; 『三國史記』 卷27, 百濟本紀, 武王 35年條, "春二月 王興寺成 其寺臨水 彩飾壯麗 王每乘舟 入寺行香"

내용은 위덕왕이 재위 24년(577)에 죽은 왕자를 위해 사찰을 짓고 사리 2매를 묻는다는 것이다.

여기에서 특히 논란이 되는 부분은 죠칡이라는 글귀에 있다. 즉, 국립부여문화재연구소에서는 명문에 새겨진 죠칡이란 의미를 '사찰을 세우다'라고 해석하여 기록상의 왕흥사 창건시기를 부정하고 명문의 내용에 따라 위덕왕 24년으로 단정하였으나, 일부에서는 죠칡을 '사찰을 짓다'가 아닌 '刹柱를 세우다'로 이해함으로써 왕흥사를 위덕왕대에 세운 사찰로 볼 수 없으며 기록상의 왕흥사 창건시기를 부정할 이유도 없다는 견해를 제시하였다.43) 이외에 왕흥사지에서는 '王興' 銘瓦가 출토된 바도 있는데 이 절터는 백제시대로부터 고려말까지 이어져오다가 조선시대에 이르러 폐사된 사실이 밝혀졌다.44)

익산 미륵사지는 1970년대부터 몇 차례에 걸쳐 발굴조사가 실시되었다. 그런데 미륵사가 『三國遺事』의 찬자 일연의 생존시기인 고려시대까지도 존재했던 사실,45) 그리고 『新增東國輿地勝覽』에 미륵사탑이 동방에서 가장 큰 석탑이라고 기술된 점46) 등으로 미루어볼 때 비록 그 창건시기와 완성시기를 명확히 알 수 없지만 미륵사는 백제 무왕대로부터47) 고려시대까지 이어져오다가 어느 시기에 폐사된 것으로

---

42) "丁酉年二月/十五日百濟/王昌爲亡王/子立刹本舍/利二枚葬時/神化爲三"(연합뉴스 2007년 10월 24일자)

43) 김태식, 「부여 왕흥사지 昌王銘 사리구에 관한 고찰 -舍利函 銘文을 중심으로-」, 신라사학회 제66차 학술발표회 요지문, 2007, 10~11쪽.

44) 국립문화재연구소, 『王興寺』, 2002.

45) 『三國遺事』 卷2, 武王, "(……) 額曰彌勒寺(國史云王興寺) 眞平王遣百工助之 至今存其寺"

46) 『新增東國輿地勝覽』 全羅道 益山郡 彌勒寺 "(……) 有石塔極大高數丈東方 石塔之崔 (……)"

47) 이병도는 미륵사의 창건연대에 대해 武王의 高祖인 東城王代에 건립되기 시작하여 武寧王代에 완성된 것으로 보았는데 이는 서동을 무왕이 아닌 동성왕으로 추정한 때문이다.(「百濟 彌勒寺의 創建年代에 대하여」『馬韓·百濟文化』 창간호, 1975) 盧重國은 미륵사지에서 출토된 간지명 명문와를 검토한 뒤 적어도 무왕 30년(629) 己丑年에 완공된 것으로 보았다.(앞의 논문, 1999, 5~9쪽)

추정된다.

그렇다면 무왕은 왜 익산에 別都를 세우고 彌勒寺를 창건하려 했던 것일까. 미륵사 건립의 중요한 사상적 배경은 사찰명에서도 알 수 있듯이 彌勒思想이다. 미륵사상의 主佛인 彌勒佛은 彌勒菩薩이라고도 한다. 불교경전에 의하면 미륵불은 석가모니 생존 시에 그의 제자였으나 죽은 뒤 도솔천에 태어나 여러 天衆을 위해 說法敎化하고 來世에 이르러서는 轉輪聖王의 치세에 태어나 龍華樹 밑에서 부처가 되었고 三會의 설법을 통해 중생을 교화제도하는 임무를 띠고 있었는데 이를 龍華三會라 한다.

위와 같은 미륵사상에 의거하여 백제인들은 三塔三金堂 三院竝列이라는 미륵사만의 독특한 가람양식을 만들어냈다는 것이 이미 여러 연구자들에 의해 지적된 바 있다.[48] 특히 3개의 미륵사탑이 신라의 황룡사 9층탑과 같은 9층탑이고 미륵사탑보다 뒤에 만들어진 황룡사 9층탑이 주변국의 복속을 기원하는 목적으로 백제인에 의해 건립된 사실에 주목하여 미륵사의 창건배경 역시 주변국을 복속시키고 미륵 불국토를 구현하고자 하는 신앙적인 염원에서 발현된 것이라고 보기도 한다.[49]

백제에서 이 같은 미륵신앙이 성행하던 때는 6세기 후반에서 7세기대에 이르고 바로 서동과 선화공주의 혼인관계설화의 배경이 되는 시점에 해당된다. 그런데 백제에 불교가 수용된 초기에는 율령제도가 확고하지 않은 상태였다.[50] 이 같은 상황은 聖王代에 와서야 전제왕

---

48) 이내옥, 앞의 논문, 2005, 32쪽.
　　조경철, 앞의 논문, 2006, 155쪽.
　　길기태, 앞의 논문, 2007, 2~6쪽.
49) 길기태, 앞의 논문, 2007, 2~6쪽.

권을 확립[51]하려는 노력에 의해 극복될 수 있었다. 그러나 성왕이 관산성전투에서 죽음을 맞이한 뒤 백제의 왕권은 매우 불안정하게 되었고 무왕대 이전까지만 해도 불교는 여전히 귀족불교로서 아직 토착화·대중화에 성공하지 못했다.[52]

그러다가 6세기 말과 7세기 초인 法王代에 살생을 금하는 불교식 사회법이 공포되면서 불교사상은 점차 대중 속으로 파고들 수 있게 되었다. 이 같은 대세는 법왕의 뒤를 이은 무왕에 이르러서 무르익게 되는데 기존 마한문화의 잔재가 농후하고[53] 무왕의 출생 및 성장과 관련이 깊은 익산지역에 거대한 목조사찰인 미륵사가 창건된 것이다.[54]

익산지역에는 龍信仰이 강하게 유존하고 있었다. 그런데 이 지역의 용신앙이 당시 백제에 유행하던 미륵사상과 접합되었던 것이다.[55] 미륵사상에는 彌勒上生思想과 彌勒下生思想 등이 있고 내세적 성격을 갖는 上生思想은 성왕대에 왕족 등의 일부 계층에 의해 수용되어졌으며 현세적 성격을 갖는 下生思想은 무왕대에 주로 하위계층에 의해 수용되었는데 이 하생사상이 미륵사 창건의 사상적 배경이 되었다.[56] 그리하여 미륵사 창건을 계기로 불교사상과 이에 수반된 공덕행위가 일반백성들의 생활에 뿌리를 내릴 수 있었다.[57]

---

50) 洪潤植, 「益山彌勒寺創建背景을 通해 본 百濟文化의 性格」『馬韓·百濟文化』6, 1983, 20쪽.

51) 金壽泰, 「百濟 威德王代 扶餘陵山里寺院의 創建」『百濟文化』27, 공주대학교 백제문화연구소, 1998, 42쪽.

52) 홍윤식, 앞의 논문, 1983, 21쪽.

53) 『新增東國輿地勝覽』全羅道 益山郡 建置沿革 "本金馬國 (後朝鮮王箕準 箕子四十一代孫也 避衛滿之亂 浮海而南至韓地 開國仍號馬韓) (……)"
崔完奎, 「益山地域의 最近 考古學的 成果」『馬韓·百濟文化』14, 1999.

54) 『高麗史』卷57, 地理志, 金馬郡條;『世宗實錄地理志』卷33, 佛宇條;『新增東國輿地勝覽』卷33, 全羅道 益山郡 建置沿革·佛宇條 등에 서동 곧 무왕 또는 무강왕과 관련된 내용이 전한다.

55) 홍윤식, 앞의 논문, 1983, 13쪽.

56) 金煐泰, 『百濟佛敎思想硏究』, 동국대학교출판부, 1985, 36쪽.

이로써 익산지역에는 불교문화를 정착시킬 수 있는 토대가 마련되었다고 볼 수 있다. 이 같은 익산지역의 역사적·사상적 배경으로 볼 때 이 지역에 거주하던 토착세력의 활발한 중앙정계로의 움직임 및 이들의 왕권과의 밀착을 예상해 볼 수 있다. 서동설화를 통해서 볼 때 무왕의 어머니는 익산출신이며 마한계통의 호족세력으로서 前王인 법왕과 관계를 가졌던 것으로 판단된다.

따라서 비왕족이며 일개 지방호족의 어머니를 둔 무왕으로서는 당시의 왕위계승에서 등극하기가 매우 힘들었을 것이다. 그런 그가 왕위를 차지할 수 있었던 것은 법왕의 후원과 모친세력 및 이들과 연계된 중앙세력, 신라 진평왕의 지원 등에 힘입은 바 크며 그의 등극을 계기로 익산지역의 호족세력은 중앙정계로 적극 진출하려 했을 것으로 보인다.[58] 백제지역 가운데 익산에만 보이는 용신앙과 불교신앙과의 결합은 바로 그러한 백제정계의 상황을 반영하고 있었던 것이며 무왕이 익산지역에 別都를 경영한 이유도 遷都를 염두에 둔 것이라고 볼 수 있다.[59]

그런데 『삼국사기』에 의하는 한 백제와 신라는 이미 6세기대로부터 한강 유역을 둘러싸고 치열한 쟁탈전을 벌여 왔다. 그러다가 한강 유역은 결국 신라의 차지가 되었고 그런 와중에서 백제의 성왕이 신라군의 기습을 받아 전사하는 비상사태를 맞기도 하였다.[60] 이 같은

---

57) 金善淑, 「古代 佛敎信仰行爲로서의 創寺에 대한 검토」 『淸溪史學』 16·17합집, 2002, 741~742쪽.

58) 김수태 역시 무왕의 모후가 익산지방을 중심으로 하는 귀족세력과 관련있고 무왕의 즉위와 함께 익산을 기반으로 하는 귀족세력은 무왕의 모후를 통해 그들의 정치세력을 크게 성장시키려 했던 것으로 추측한 바 있다.(앞의 논문, 1999, 123~124쪽)

59) 金善淑, 위의 논문, 2002, 741~742쪽.

60) 『三國史記』 卷4, 新羅本紀, 眞興王 14年條, "秋七月 取百濟東北鄙 置新州 以金武力爲軍主", 同王 15年條, "秋七月 修築明活城 百濟王明禯與加良 來攻管山城 軍主角干于德伊浪耽知等 逆戰失利 新州軍主金武力 以州兵赴之 及交戰 裨將三年山郡高干都刀 急擊殺百濟王 於是 諸軍乘勝 大克之 斬佐平四人 士

일련의 사건으로 인해 두 나라는 돌이킬 수 없는 절천지 원수의 관계로 변모하고 말았다.

백제와 신라의 군사적 충돌은 무왕대에도 계속되었다. 그러므로 서동과 선화공주의 혼인관계설화를 무왕의 일로 받아들인다면 무왕 즉위 이후에 백제와 신라의 관계는 상당히 호전되어야 마땅하다. 그러나 무왕대 백제와 신라의 관계는 그와 정반대로 서로 상대국을 공격하는 등의 극한 상황이 벌어졌던 것이다.

이로 인해 무왕과 선화공주의 혼인시기에 대해서는 약간의 논란이 존재하고 있다. 무왕과 선화공주의 혼인시기를 대체로 무왕 즉위 이후의 일로 보고 있다.[61] 이는 무왕대 백제의 대신라외교정책과 관련시켜 이해한 것이다. 즉, 백제의 경우 무왕이 약화된 왕권을 강화하기 위해 익산경영과 미륵사 창건을 추진하면서 신라왕녀와의 결혼도 꾀하였다고 한다면 신라의 경우 한강 유역을 둘러싼 고구려와의 공방에 대처하고 백제와의 긴장관계를 해소하기 위해 무왕과의 결혼을 추진한 것으로 설명하고 있다.

그러나 백제와 신라 사이에 한창 군사적 충돌이 일어나고 있었을 때 행해진 결혼은 554년 신라가 백제의 동북지역을 공격하여 그 땅을 차지하고 新州를 설치한 뒤 신라에 귀화한 금관가야국의 왕자 金武力을 軍主로 삼은 그해 10월에 백제의 왕녀가 신라 진흥왕에게 시집와 小妃가 된 사례가 있다.[62] 이는 신라 측의 칼날을 누그러뜨리면서 백제 측의 대대적인 공세를 위한 전략차원이었다. 비록 백제 성왕이 신

卒二萬九千六百人 匹馬無反者"

61) 노중국, 앞의 책, 1988, 203~205쪽; 金壽泰, 「百濟 武王代의 政治勢力」『馬韓·百濟文化』 14, 1999, 131쪽.
62) 『三國史記』 卷4, 新羅本紀, 眞興王 14年 秋7月 및 10月條

라군의 기습으로 말미암아 불행히도 전사하고 말았지만 자신의 딸을 신라에 시집보낸 그 다음 해에 직접 군사를 이끌고 신라를 대대적으로 습격했던 것이다.[63]

따라서 무왕이 즉위하기 전 신라의 공주와 결혼했다고 해서 그의 즉위 이후 백제와 신라 사이에 평화적인 관계만이 존재하리라 생각하는 것은 당시의 국제적 상황을 이해하지 못한 소치라 볼 수 있다. 『삼국유사』에 의하는 한 무왕은 서동시절부터 강한 권력욕을 지닌 인물이었다. 그는 승려로 변장해서 신라 중심부에까지 잠입하여 신라 내의 상황을 탐색했을 뿐만 아니라 장사를 통해 자신의 기반을 확립해 나갈 수 있었다. 그러한 사정이 바로 무왕의 즉위 이전에 벌어진 서동과 선화공주의 혼인설화에 반영된 것이다.[64]

그런데 무왕이 즉위하던 무렵에는 신라가 한강 유역의 점령은 물론 익산과 가까운 지역까지 밀고 올라오는 추세였다.[65] 무왕대 당시에 신라와 집중적으로 공방을 벌인 지역이 익산과 가까운 오늘날의 전라도지역인 운봉·함양 등이었다.[66] 이처럼 무왕은 즉위하자마자 신라의 예봉을 효과적으로 막는 정책을 펼쳐야만 했다.

무왕은 바로 백제의 수도 사비성으로 쳐들어오고자 하는 적이 반드시 거쳐 가야만 하는 익산에 別都를 경영함으로써 신라의 공격에 효과적으로 방어함과 동시에 신라를 공격하는 최전방지역으로 삼은 것이다. 이처럼 무왕은 지리적으로 매우 중요한 위치에 있었던 익산

---

63) 『三國史記』 卷26 百濟本紀 聖王 32年 秋7月條
64) 김주성은 서동과 선화공주의 혼인설화에 대해 일종의 영웅설화로서 관산성 패전 이후 백제인들의 상처받은 자존심을 회복시켜 주기 위해 만들어진 것이라 봄으로써 역사적 사실로 인정하지 않았다.(「백제 법왕과 무왕의 불교정책」『마한·백제문화』15, 2001, 49~54쪽)
65) 서영일, 『신라육상교통로연구』, 학연문화사, 1999, 120~127쪽.
66) 유원재, 앞의 논문, 1999, 118쪽.

을 자신의 지지기반이기도 했기 때문에 이곳을 불교적으로 미화하고 신성시할 필요가 있었으며 그러한 목적에서 탄생한 것이 미륵사 창건설화라고 볼 수 있다.

제4절 맺음말

이상으로 본고에서는 고대 설화가 당대의 역사를 반영한다고 보는 입장에서『삼국유사』무왕조에 실려 있는 서동설화를 검토해 보았다.

서동설화는 대체로 무왕의 출생과 성장, 신라 선화공주와의 혼인 및 등극, 미륵사 창건에 관한 내용으로 짜여 있다. 무왕의 출생과 관련하여 설화상에는 그를 신성한 용과 연결시킴으로써 그가 왕의 아들이란 사실을 암시하고 있다. 그런데 그의 탄생지에 대해서는 단지 서울의 남쪽이라고 전할 뿐 구체적인 지명을 밝히고 있진 않다. 그러나 지금까지 익산지역에서 전해 내려오는 여러 전승이나 기록 등을 고려한다면 익산이 서동, 곧 무왕의 탄생지였다고 보는 데 큰 무리는 없을 것이다. 아울러 그의 어머니에 대해서 간략하게 혼자 사는 여인, 혹은 가난하게 사는 여인 등으로 묘사한 것을 보면 무왕의 모후가 왕족출신은 아니라 해도 적어도 익산지역의 재지세력출신이었을 것으로 판단된다.

무왕의 혼인 및 등극과 관련하여 설화상에서는 서동이 왕위에 오르기 전 마를 팔아 생계를 유지하였고 이로 인해 주변 사람들로부터 서동이란 별명을 얻었다고 한다. 또한 그는 헤아리기 어려울 정도로 뛰어난 기량을 지닌 인물이었다고 한다. 따라서 서동은 장사꾼으로서 전국곡곡을 돌아다니며 많은 재산을 모을 수 있었고 백제뿐만 아니라 신라의 정세를 접하면서 정치적 야심을 키워나갔다고 볼 수 있다. 그 과정에서 서동은 신라의 선화공주를 꾀로 유인하여 그녀와 결혼하는 데 성공하였으며 선화공주의 내조 및 지지세력들의 성원에 힘입어 결국 왕위에 오를 수 있었다.

무왕이 미륵사를 창건한 배경과 관련하여 설화상에서는 용화산 아래 큰 연못 속에서 미륵불이 나타난 인연으로 창건되었다고 한다. 그런데 무왕대 이전까지만 해도 불교는 여전히 귀족불교로서 아직 토착화 대중화되지 못했다. 그러다가 미륵사 창건을 계기로 불교사상과 이에 수반된 신앙행위가 일반백성들의 생활에 뿌리를 내릴 수 있게 되었다. 또한 무왕은 자신의 출생 및 성장과정과 관련이 깊은 익산지역에 別都를 경영함으로써 그 지역 토착세력과 왕권과의 밀착을 예상해 볼 수 있고 그곳에 미륵사를 창건함으로써 익산을 불교적으로 미화하고 신성시할 수 있었다.

무왕이 신라의 공주와 결혼했다고 해서 반드시 양국 사이에 평화적인 관계가 형성되었다고 보기 어렵다. 이보다 앞서 백제의 성왕과 신라의 진흥왕 사이에도 전략적인 차원에서 혼인관계가 성사된 일이 있었으나 양국 사이의 분쟁은 여전히 사라지지 않았다. 실제로 무왕대 역시 백제와 신라 사이에는 군사적 충돌이 빈번하였다. 무왕이 즉위하던 시기는 신라가 한강 유역의 점령은 물론 익산과 가까운 지역까지 밀고 올라오는 추세였다. 따라서 무왕은 즉위하자마자 신라의 예봉을 꺾는 정책을 펼쳐야만 했다. 익산에 별도를 경영한 또 하나의 이유도 신라의 공격에 효과적으로 방어함과 동시에 신라를 공격하는 최전방전선지역으로 삼기 위함이었다.

제3장 『三國遺事』 「阿道基羅」 條의 女僧 史氏

제1절 머리말

『三國遺事』「阿道基羅」條에 의하면 신라에 불교가 들어오던 무렵 史氏라고 불리던 한 여성이 있었고 그녀는 신라 一善郡(경북 선산) 사람으로 毛禮(毛祿)라고 하는 인물의 누이동생이며 불교에 귀의하여 女僧이 된 후 영흥사라는 절을 짓고 살았다고 한다. 여기에서 비록 그녀가 어떤 여성이었는지 구체적인 이름이나 인물 됨됨이, 활동 등에 대해서 거의 소개하고 있지 않지만 그녀에 대한 단편적인 기록으로나마 신라의 불교전래 초기시절 여성이 불교문화의 전파나 수용에 적극적이고 능동적인 역할을 수행하고 있었던 하나의 사례로서 주목된다.

우리나라에서 여성은 고대사회로 접어드는 과정에서 女神으로서 숭배의 대상이 되었다. 이는 곧 古朝鮮의 檀君神話에 보이는 阿斯達의 聖母와 고구려의 시조 東明聖王(朱蒙)의 母가 河伯女로서 夫餘神母라는 것, 그리고 신라의 仙桃聖母와 雲梯山 聖母, 가야의 正見母主 등 聖母·神母 등에서 엿볼 수 있다. 이는 인간사회가 형성된 이래 여성도 남성과 마찬가지로 종교적 제사장이 될 수 있었던 당시의 사회적 배경과 밀접한 관련을 갖는다. 신라의 경우 제2대왕인 南解次次雄은

次次雄(慈充)이 바로 제사장[巫]을 의미하는데 그의 親妹인 阿老가 역시 始祖廟의 제사를 이끌었다고 한다.

더구나 고대여성은 현실세계에서도 자유로운 활동으로 남성 못지 않은 두각을 나타내면서 사회적으로 존경의 대상이 되었다. 백제의 시조 溫祚와 沸流의 어머니 召西奴가 남편 優台의 사망 후 머물러 있던 卒本地域으로 도망 온 주몽과 함께 고구려를 세우고 그의 妃가 되어 건국의 기틀을 다지는 데 큰 공을 세운 일화나 新羅始祖 朴赫居世의 妃 閼英이 혁거세를 따라 현명한 행동과 활발한 사회사업을 벌이면서 신라백성들에게 聖人으로 추앙받았던 점 등에서 알 수 있다.

이처럼 고대여성은 비록 王位를 차지하진 않았으나 정치적, 종교적, 사회적으로 아무런 제약 없이 활발한 활동을 벌일 수 있었고 결혼이나 再嫁도 비교적 자유로웠다. 그러나 차츰 엄격한 계급사회와 강력한 국가권력이 갖추어지면서 남성들의 속박을 받아야만 했다. 여성은 모든 생산수단과 막대한 노동력을 지배하며 발달된 무기에 힘입어 강력한 집권체제를 확립한 남성들에 의해 권력에서 소외될 수밖에 없었고 역사의 주도적인 세력으로 자리 잡지 못했다.

우리나라 古代史上에서 중앙집권적 국가로 진행해 나가는 가운데 등장한 종교는 불교였다. 사료에 의하는 한 불교는 북방대륙을 통해 가장 먼저 고구려와 백제에 전해졌고 곧 신라지역에까지 이르게 되었다. 그런데 이처럼 외래종교인 불교를 삼국이 모두 동일하게 받아들였으면서도 고구려나 백제와 달리 신라에서는 불교수용과정에서 사회적으로 큰 파장을 불러일으키기도 했다.

『三國遺事』「阿道基羅」條에는 신라의 초기불교전래 및 그 수용과정과 관련한 몇몇 사료들이 인용, 제시되면서 여러 설들이 전해지고 있다. 여기에는 신라의 불교전래 및 수용시기 史氏란 신라 최초의 여승이 영흥사를 창건한 주체세력으로서 등장하고 있다. 이는 신라여성이 종교적으로나 사회적으로 그다지 제약을 받지 않았던 당시의 분위기와도 밀접한 관련을 갖는다.

그런데 신라 최초의 여승 사씨에 대한 지금까지의 연구성과로는 김영태의 論考 정도를 꼽을 수 있다. 그나마 김영태의 글에서는 결론적으로 사씨를 설화 속 인물로 파악할 뿐 그녀의 실존여부에 대해서 부정적으로 보고 있다. 이에 대해서는 좀 더 비판적으로 검토해 볼 여지가 있다. 따라서 본고의 제1장에서는 신라여성 史氏가 불교에 귀의하게 된 법흥왕대 전후시기의 신라사회에 대해, 제2장에서는 사씨와 관련한 영흥사 창건기사와 창건배경 등에 대해 각각 고찰해 보기로 하겠다.

제2절 불교수용 전후시기의 신라사회

1. 법흥왕대 이전시기의 신라사회

신라에서는 불교를 수용하기 전인 訥祗麻立干代(417~458)에 沙門 墨胡子가 고구려에서 신라로 들어온 적이 있었다.[1] 그리고 毗處麻立干 또는 炤知麻立干代(479~500)에도 阿道 또는 阿頭, 我道和尚 등으로 불리는 승려가 신라에 들어와 불교문화를 민간에 전파한 사실이 있었

---

1) 『三國史記』 卷4, 「新羅本紀」 法興王 15年條

으며,[2] 炤知(毗處)麻立干代에는 신라궁중의 內殿에 焚香修道할 수 있
는 장소가 따로 마련되기까지 하였다.[3]

그러나 신라에서의 초기불교수용과정은 사회 전반적으로 그다지
순탄치 못했다. 예를 들면, 고구려의 僧 正方과 滅坵玭란 두 사람이 신
라에 들어와서 죽임을 당한 사건이나,[4] 我道의 경우 그가 가르침을
받아 신라에 이르러 王城의 서쪽마을에서 지내다가 대궐에 나아가 교
법을 행하기를 청하였으나 세상에서는 전에 보지 못한 것이라고 하
여 꺼리고 심지어 그를 죽이려는 사람까지 있자 곧 毛祿家로 도망가
숨어버리기도 하고,[5] 묵호자의 경우 역시 불교가 신라사회에 쉽게 받
아들여지지 않자 그가 무덤을 만들어 문을 닫아 버리고 스스로 목숨
을 끊었다고 하는 이야기들 속에서 엿볼 수 있다.[6]

그 근본 원인은 낯선 사상이나 문화에 대한 두려움이 크게 작용했
을 것이다. 아울러 기존 종교세력들의 반발 역시 만만치 않았을 것이
다.[7] 이는 『三國遺事』의 射琴匣條에서 엿볼 수 있다.

그 대략적인 내용은 다음과 같다. 즉, 炤知王(炤智王, 毗處王)이 즉위
10년쯤에 天泉亭에 行幸했을 때 까마귀와 쥐가 울었고 쥐가 사람의
말로서 까마귀가 있는 곳을 찾으라 하여 왕이 남쪽 避村에 이르렀는

---

2) 『三國史記』卷4, 「新羅本紀」法興王 15年條

3) 『三國遺事』卷1, 紀異 射琴匣條

4) 『海東高僧傳』卷1, 釋阿道傳 "然按古記 (……) 禮出見驚愕而言曰 曩者高麗僧正方來入我國 君臣怪爲不
祥 議而殺之 又有滅坵玭從彼復來 殺戮如前 汝尙何求而來耶"

5) 『三國遺事』卷3, 興法 阿道基羅(一作我道 又阿頭)條, "道稟敎至雞林 寓止王城西里 今嚴莊寺 于時味鄒王
卽位二年癸未也 詣闕請行敎法 世以前所未見爲嫌 至有將殺之者 乃逃隱于續林(今一善縣毛祿家"

6) 『三國遺事』卷3, 興法 阿道基羅(一作我道 又阿頭)條, "未幾 味鄒王卽世 國人將害之 師還毛祿家 自作塚
閉戶自絶 遂不復現 因此大敎亦廢"

7) 재래의 종교전문가를 '샤머니즘 승려'라 명명하고 이들이 불교초전기에 전업적 종교가로서 활동하였다는
견해가 있다.(辛鍾遠, 『新羅初期佛敎史硏究』, 민족사, 1992, 151쪽)

데 老翁이 연못 가운데에서 나와 왕에게 글을 올렸고 왕이 日官을 시켜 그 글의 의미를 파악하고 난 뒤 琴匣을 쏘아 그 안에서 潛通하던 焚修僧과 宮主를 발견하고 이들을 모두 죽였다고 한다. 비록 이 이야기가 표면적으로는 설화의 형식을 빌리고 있긴 하지만 그 이면에는 당시 기존신앙세력과 불교와 같은 새로운 신앙세력 간의 軋轢을 잘 보여주는 것이 아닌가 한다. 여기에서 까마귀와 쥐, 老翁, 日官 등은 아마도 기존신앙세력으로 상징되고 天泉亭은 바로 이들이 숭상하는 토착신앙의 성스러운 곳일 개연성이 있다.[8]

신라왕권은 토착신앙을 발판으로 新羅政界를 좌지우지하던 6部[9]세력들의 강력한 영향력에서 자유롭지 못했다. 정치적으로는 신라의 始祖王이 6부의 모테가 되는 6촌세력의 기반 위에서 왕위에 올랐으며,[10] 건국초기시절부터 신라왕은 그들 세력과의 합의정치에 의거하여 신라사회를 이끌어 나가고 있었다.[11] 종교적으로는 始祖廟[12]·神宮[13] 및

---

8) 金在庚, 「新羅 土着信仰의 分化進展」『역사학보』174, 2002, 21쪽.

9) 新羅 6部의 성립시기와 관련하여 『三國史記』卷1 「新羅本紀」儒理尼師今 9年(32)조에는 각 部에 대한 賜姓과 함께 6部名의 개칭사실을 전하고 있다.("春 改六部之名 仍賜姓 楊山部爲梁部 姓李 高墟部爲沙梁部 姓崔 大樹部爲漸梁部 一云牟梁 姓孫 干(于)珍部爲本彼部 姓鄭 加利部爲漢祇部 姓裴 明活部爲習比部 姓薛") 그러나 이 같은 『三國史記』의 신라초기 기사에 대해서는 末松保和(「新羅六部考」『新羅史의 諸問題』, 1954)를 비롯한 학계의 대다수 연구자들이 그다지 신뢰하지 않고 있다. 다만 李鍾旭의 경우 賜姓과 6부명의 개칭사실에 대해 한자의 村이나 部名은 사용하지 않았더라도 일정한 정치적 변동이 있었던 것으로 보고 있다.(「新羅上代의 王京六部」『역사학보』161, 1999, 11쪽) 신라 6부의 성립시기에 대해서는 1970년대까지만 해도 최소한 6세기 중반으로 내려잡았으나(末松保和, 「新羅六部考」『新羅史의 諸問題』, 1954) 1980년대에 발견된 「영일냉수리비」나 「울진봉평(거벌모라)비」와 같은 신라금석문에 의거하여 마립간시기인 4세기에서 5세기대로 올려 보게 되었다. 이에 대한 학계의 견해 및 좀 더 상세한 설명은 다음의 논고가 참조된다. 全德在, 『新羅六部體制硏究』, 일조각, 1996, 10~37쪽; 강종훈, 『신라상고사연구』, 서울대출판부, 2000, 157~212쪽; 주보돈, 「迎日冷水里新羅碑에 대한 기초적 검토」『금석문과 신라사』, 지식산업사, 2002, 81~82쪽.

10) 『三國史記』卷1, 「新羅本紀」赫居世居西干 元年(B.C. 5)條

11) 『三國史記』卷1, 「新羅本紀」逸聖尼師今 5年(138)條, "春二月 置政事堂於金城"; 沾解尼師今 5年(251)條, "春正月 始聽政於南堂"; 「迎日冷水里碑」"癸未年九月立五日沙喙至都盧葛文王徙德智阿干支子宿智居伐干支喙尓夫智壹干支只心智居伐干支本彼頭腹智干支斯彼暮徙智干支此七王等公論敎用"

12) 『三國史記』卷1, 「新羅本紀」南解次次雄 3年(6)條, "春正月 立始祖廟"

13) 『三國史記』卷3, 「新羅本紀」炤知(毗處)麻立干 9年(487)條, "春二月 置神宮於奈乙 奈乙始祖初生之處

각 6부 소속의 山川과 天地 등에 제사하는 신앙을 갖고 있었다.[14]

이 같은 신앙은 鬼神을 제사하는 모습으로 나타났는데,[15] 신라에서는 國祖인 赫居世와 閼英을 동등하게 聖人으로서 추앙하였으며,[16] 남해왕대에는 시조묘 제사에 왕의 누이가 주관하기도 하였다.[17] 이처럼 신라에서는 왕을 대신하여 제사를 주관하는 자로서 왕족의 여성이 될 수 있었는데 그녀는 巫의 역할을 수행하였다. 신라에서 巫는 남성뿐 아니라 여성 역시도 귀신을 섬기고 제사를 지내는 역할을 수행하였으며 백성들로부터 경외하는 존장자로서 받들어졌다.

신라에서는 상고시기까지 三姓인 박·석·김씨가 교대로 왕위에 올랐는데,[18] 최초의 김씨 왕은 味鄒尼師今(262~283)이었다.[19] 그러나

也"; 同書 卷32, 雜志 祭祀條, "第二十二代智證王 於始祖誕降之地奈乙創立神宮 以享之"

14) 『三國史記』 卷1, 「新羅本紀」 婆娑尼師今 30年條, "秋七月 蝗害穀 王遍祭山川 以祈禳之 蝗滅 有年" 상고시기에 신라에서 天地에 제사지냈다는 구체적인 기사는 없다. 다만 『三國遺事』 卷1 紀異 延烏郎細烏女條에 연오랑세오녀가 일본으로 건너가자 해와 빛을 잃었고 이에 세오녀가 짠 비단으로 하늘에 제사지내자 해와 달이 본래와 같이 되었다는 내용이 있다. 이에 의거한다면 신라에서도 하늘에 제사지내고 있었다는 사실을 간접적으로 시사받을 수 있다. 아울러 신라의 시조묘에 대한 제사는 시조 혁거세(거슬한)를 하늘에서 내려온 天神으로 숭배하던 일을 의미하는 것인데 이는 신라의 제천의례였던 것이다.(전덕재, 『한국고대사회의 왕경인과 지방인』, 태학사, 2002, 125~126쪽) 地神에 대한 제사는 『三國遺事』 卷5, 感通 仙桃聖母隨喜佛事條에 등장하는 仙桃聖母가 地神으로서 신라인들에게 숭앙을 받고 있는 점이나 眞興王巡狩碑인 黃草嶺碑에 神祇라는 글귀가 보이고 있는 점 등에서 신라에서도 土地神에 대한 숭배가 있었음을 짐작해볼 수 있다. 또한 「蔚珍鳳坪(居伐牟羅)碑」에 "甲辰年正月十五日喙部牟卽智寐錦王 (……) 新羅六部煞斑牛謂 (……) 大兮村使人奈尒利杖六十 (……) 男彌只村使人 (……) 杖百悉支軍主喙部尒夫智奈麻 (……) 立石碑人喙部博士于時敎之 若此者□罪於天 (……)"라고 하여 법흥왕대에 왕과 신라 6부를 비롯한 여러 신하들이 모여 소를 죽이고 하늘에 죄를 알리는 의식을 취한 사실이 있다. 그런데 신라의 국가제사는 모두 국내의 산천에만 지낼 뿐 천지에는 미치지 못한다는 『三國史記』 찬자의 해설이 있으나 이는 신라 중대이후 중국식 祀典制度를 수용한 후에 갖추어진 제사체계를 반영한 것일 뿐이다.(辛鍾遠, 앞의 책, 민족사, 1992, 84~88쪽)

15) 『三國史記』 卷1, 「新羅本紀」 南解次次雄 卽位年條, "立 次次雄(或云慈充 金大問云 '方言謂巫也 世人以巫事鬼神 尙祭祀 故畏敬之 逐稱尊長者爲慈充')"; 『三國志』 魏志東夷傳 辨辰條, "祠祭鬼神"

16) 『三國史記』 卷1, 「新羅本紀」 赫居世居西干 5年(1)條, "始祖聞之 納以爲妃 有賢行 能內輔 時人謂之二聖"

17) 『三國史記』 卷32, 雜志 祭祀條, "第二代南解王三年 春 始立始祖赫居世廟 四時祭之 以親妹阿老主祭"

18) 『三國史記』 卷1, 「新羅本紀」 儒理尼師今條, "昔南解將死 謂男儒理埕脫解曰 '吾死後 汝朴昔二姓 以年長而嗣位焉' 其後金姓亦興 三姓以齒長相嗣 故稱尼師今"
신라 상고시기 왕위계승에 대해서는 다음과 같은 글이 참조된다.
李鍾旭, 『新羅上代王位繼承研究』, 영남대학교 출판부, 1980; 李仁哲, 「新羅의 社會構造」 『新羅村落社會史硏究』, 일지사, 1996.

김씨가 계속 왕위를 유지한 시점은 奈勿尼師今代(356~401)부터였다. 이 王代에 이르러 신라는 김씨가 지배적인 지위를 차지하고 통합을 해 나가는[20] 큰 변화를 겪게 된다.[21]

　이러한 시기에 신라는 왜의 침략으로 인해 사회가 불안해지게 된다.[22] 신라는 이를 타개하기 위한 방편으로 동북아의 강자인 고구려에 조공하고 實聖을 인질로 보내게 된다.[23] 이후 백제 주도의 왜 및 가야연합병이 신라의 왕도를 침략하는 등 국가적 위험에 처하게 되자 고구려에 대규모 군사원조를 요청하여 이들 세력을 몰아내고 이에 대한 감사의 뜻으로 신라왕이 직접 고구려에 조공하는 등 신라는 고구려의 속국이 되기에 이른다.[24]

　당시 고구려에서는 소수림왕대 불교의 유입 이후 그 문화가 사회 전체로 확산되어 가는 추세였다.[25] 그 여파는 신라에까지 미쳐 고구려에 인질로 갔던 實聖의 즉위 이후 訥祗·慈悲麻立干을 거쳐 炤知麻

---

19) 『三國史記』 卷3, 「新羅本紀」 味鄒尼師今條, "立 一云味照 姓金氏 母朴氏 葛文王伊柒之女 妃昔氏光明夫人 助賁王之女 其先閼智 出於雞林 脫解王得之 養於宮中 後拜爲大輔 閼智生勢漢 勢漢生阿道 阿道生首留 首留生郁甫 郁甫生仇道 仇道則味鄒之考也 沾解無子 國人立味鄒 此金氏有國之始也"

20) 李弘稙, 『韓國古代史의 研究』, 신구문화사, 1971, 434쪽.

21) 『三國史記』 卷3, 「新羅本紀」 奈勿尼師今 26年(381)條, "遣衛頭入符秦 貢方物 符堅問衛頭曰 '卿言海東之事與古不同 何耶' 答曰 '亦猶中國 時代變革 名號改易 今焉得同'"

22) 『三國史記』 卷3, 「新羅本紀」 奈勿尼師今 9年(364)條, "倭兵大至 王聞之 恐不可敵 (下略)"

23) 『三國史記』 卷3, 「新羅本紀」 奈勿尼師今 37年(392)條, "春正月 高句麗遣使 王以高句麗強盛 送伊湌大西知子實聖爲質"

24) 『三國史記』 卷3, 「新羅本紀」 奈勿尼師今 38年(393)條, "夏五月 倭人來圍金城 五日不解 將士皆請出戰 王曰 今賊棄舟深入 在於死地 鋒不可當 乃閉城門 賊無功而退 (……)"; 「廣開土王陵碑」 "百殘新羅 舊是屬民 由來朝貢 (……) 九年己亥 百殘違誓 與倭和通 王巡下平壤 以新羅遣使白王云 倭人滿其國境 潰破城池 以奴客爲民 歸王請命 太王□後稱其忠 □遣使還告以□□ 十年庚子 敎遣步騎五萬 住救新羅 從男居城 至新羅城 倭滿其中 官兵方至 倭賊退□□□□□□□□來背急 追至任那加羅從拔城 城卽歸服 (……) 昔新羅□錦 未有身來朝□□□□□□土境好太□□□□□□□僕勾□□□朝貢"

25) 『三國史記』 卷18, 「高句麗本紀」 小獸林王 2年(372)條, "秦王符堅 遣使及浮屠順道 送佛像經文 王遣使廻謝 以貢方物"; 同五年(375)條, "春二月始創肖門寺 以置順道 又創伊弗蘭寺 以置阿道 此海東佛法之始"; 同書 故國壤王 8年(391)條, "春 遣使新羅修好 新羅王遣姪實聖爲質 三月 下敎 崇信佛法求福"; 同書 廣開土王 2年(392)條, "秋八月 (……) 創九寺於平壤"

효干代에는 고구려에 있던 승려들이 신라지역으로 들어와 본격적으로 불교문화를 알리는 데 힘을 기울이고 있었다.[26)

그러나 신라와 고구려의 친밀한 관계는 눌지마립간대 중·후반부터 변화를 보이기 시작한다. 奈勿尼師今의 아들 訥祗는 고구려의 도움으로 자신을 죽이려던 實聖尼師今을 살해하고 왕위에 오른 뒤 왕호를 니사금 대신 麻효干으로 바꾸면서 상징적으로나마 신하들 위에 군림하는 진정한 왕좌를 차지하게 되었다.[27)

그는 재위 17년에 백제와 화친관계를 맺었으며 그 이듬해에는 백제왕이 좋은 말 2필과 흰 송골매를 보내자 그 답례로써 황금과 명주를 보내기도 하였다.[28) 이러한 신라와 백제의 동향을 감지한 고구려 장수왕이 중원지역까지 순행하면서 신라왕과 회맹을 맺는다.[29) 이러한 고구려의 노력에도 불구하고 訥祗麻효干은 재위 34년(450)에 일어난 高句麗邊將 살인사건을 계기로 그들의 영향력에서 벗어나려는 움직임을 보이게 된다.[30) 이 일을 기화로 신라는 점차 고구려의 잦은

---

26) 『三國史記』卷4,「新羅本紀」法興王 15年(528)條, "肇行佛法 初訥祗王時 沙門墨胡子 自高句麗至一善郡 郡人毛禮 於家中作窟室安置 於時 梁遣使 賜衣着香物 君臣不知 其香名與所用 遣人賷香徧問 墨胡子見之 稱其名曰曰 '此焚之則 香氣芬馥 所以達誠於神聖 (……) 至毗處王時 有阿道(一云我道)和尚 與侍者三人 亦來毛禮家 儀表似墨胡子 住數年 無病而死 其侍者三人留住 講讀經律 往往有信奉者 (……)"

27) 『三國史記』卷3,「新羅本紀」訥祗麻立干條, "立 金大問云 '麻立者方言謂橛也 橛謂誠操 准位而置 則王橛爲主 臣橛列於下 因以名之'"

28) 『三國史記』卷3,「新羅本紀」訥祗麻立干 17年 秋7月 및 18年 春2月·秋9月·冬10月條

29) 1979년에 발견된「中原高句麗碑」에는 고구려와 신라의 종속적 관계가 잘 나타나 있다.["五月中高麗太(大)王祖(相)王令(公)口 新羅寐錦世世爲願如兄如弟上下相和天守東來之 (……) 東夷寐錦之衣服建立處用者賜之隨 (……) 奴客人口敎諸位賜上下衣服]"이 비의 건립연대에 대해서는 449년설과 480년설로 의견이 분분하지만 비문의 내용과 당시의 역사적 배경을 따져볼 때 449년설이 타당한 듯하다.(林起煥,「중원고구려비를 통해 본 고구려와 신라의 관계」,『高句麗研究 -中原高句麗碑研究-』10, 학연문화사, 2000, 427~430쪽)

30) 『三國史記』卷3,「新羅本紀」訥祗麻立干 34年條, "秋七月 高句麗邊將 獵於悉直之原 何瑟羅城主三直 出兵掩殺之 麗王聞之怒 使來告曰 '孤與大王 修好至歡也 今出兵殺我邊將 是何義耶' 乃興師侵我西邊 王卑辭謝之 乃歸"; 同書 卷18,「高句麗本紀」長壽王 38年條, "新羅人襲我邊將 王怒 將擧兵討之 羅遣使謝罪 乃止"

침략을 받게 되고 대신 백제와 연합하여 고구려에 대항하게 된다.

그런데 신라가 북방대륙과 같은 국가체계를 받아들이게 된 시점은 智證王代(500~514)부터다. 즉, 지증왕은 즉위한 이후 麻立干이란 부족적 색채가 짙은 존칭을 버리고 新羅國王이란 공식 칭호를 사용하였으며,[31] 斯羅・新羅 등 여러 개로 불리던 國號를 '新羅'로 단일화하는 조치를 취하였다.[32] 또한 지증왕은 喪服法을 제정하여 반포하였으며 정복군주로서 신라의 영토를 넓혀나갔는데, 그는 이들 지역을 주・군・현으로 나누고 처음으로 悉直州에 軍主를 파견하여 통치권을 강화하였으며 殉葬을 금지하고 백성들을 진휼하는 조치를 취하였다.[33] 더구나 지증왕대에는 처음으로 阿尸村에 小京이 설치되어 일부 6部人과 남부지역의 백성들이 옮겨와 살게 되었으며 漢式 謚號가 사용되기도 하였다.[34]

---

31) 503년에 제작된 「迎日冷水里碑」에는 지증왕을 가리키는 至都盧葛文王이 기술되어 있다. 그런데 이 비가 만들어진 시기는 史記에 의하는 한 바로 지증왕 4년에 해당된다. 그러므로 史記와 이 비문 사이에는 지증왕의 즉위 이후 4년이란 공백 기간이 발생하게 된다. 사기와 비문의 내용을 모두 사실로서 인정한다면 이는 이때까지도 지증왕이 왕위에 오르지 못했으며 비문의 前世 二王이 이전의 두 왕인 자비왕과 소지왕을 가리킨다는 점에서 이때 생존해 있지 않았음을 의미한다고 볼 수 있다. 또한 이는 이 시기 소지왕의 갑작스러운 죽음으로 인해 신라정계 내에서는 아직 정식 후계자를 정하지 못한 상태 속에서 원래 왕위계승자가 아닌 갈문왕으로서의 소지왕의 再從弟인 지증왕이 왕을 대신해 국정을 운영하고 있었을 것이라 해석해볼 수 있다. [“癸未年九月立五日沙喙至都盧葛文王徙德智阿干支子宿智居伐干支喙尒夫智壹干支只心智居伐干支本彼頭腹智干支斯彼暮徙智干支此七王等公論敎用 前世二王”] 소지왕의 죽음이 비정상적이었다는 사실은 왕 재위 22년 秋9月에 捺已郡에 행차한 뒤 아들 하나를 두었는데 바로 그해 冬 11月에 갑자기 사망한 사실이 이를 뒷받침한다.(『三國史記』 卷3 「新羅本紀」 炤知麻立干 22年條) 그런데 이 비문에는 이미 왕이란 칭호가 쓰이고 있었으며 왕이 아닌 갈문왕이 간지층과 공론을 통해 의사를 결정한 모습을 엿볼 수 있다. 이는 당시 신라왕이 비록 정치적으로 상당한 제약을 받을 수 있었을 것이나 상징적으로나마 6부세력 위에 존재하고 있었음을 의미한다. 따라서 지증왕 즉위 전의 지도로갈문왕이 干支層과 함께 공론한 일을 두고 신라왕은 이들의 대표자에 불과하며 간지층을 초월한 권력을 획득하지 않았다(木村誠, 『古代朝鮮の國家と社會』, 吉川弘文館, 2004, 20~23쪽)고 볼 수 없다.

32) 『三國史記』 卷4, 「新羅本紀」 智證麻立干 4年條

33) 『三國史記』 卷4, 「新羅本紀」 智證麻立干 5年・6年・7年・13年條

34) 『三國史記』 卷4, 「新羅本紀」 智證麻立干 15年條

2. 법흥왕대의 신라사회

지증왕의 뒤를 이어 즉위한 法興王(514~540) 역시 律令을 반포하고[35] 百官의 公服을 제정, 위계질서를 확립하였으며 年號를 제정하고 堤防을 修理하는 등 왕권강화책과 통치체제정비 및 사회 안정책에 힘을 기울이고 있었다.[36] 당시 신라사회의 모습은 524년(법흥왕 11)에 건립된 「蔚珍鳳坪(居伐牟羅)碑」의 내용 속에서 엿볼 수 있다.[37] 이 碑文에는 부분적으로 판독하기 어려운 글자들이 간혹 눈에 띄어 연구자마다 판독과 해석을 약간씩 달리하기도 하지만[38] 이 비문을 통해 법흥왕대 신라 6부의 존재는 물론 새로이 편입된 지역민에 대한 정책 및 촌락의 구조나 지배실태, 관등과 관직제, 종교신앙 등을 살펴볼 수 있다.

이 비문에는 특히 '使人'과 '博士'라는 官名이 새롭게 등장하고 있는 것이 주목된다. 使人은 중앙에서 지방에 파견된 道使나 幢主, 軍主 등을 보좌하는 직책으로[39] 도사가 파견되지 않은 곳에 존재하는 재

---

35) 율령반포에 대해서는 이를 부정적으로 보는 일부의 견해도 있었으나 긍정하는 의견이 대체적인 추세며 율령은 신라사회에서 처음 반포된 것으로 전통적인 사회를 벗어나 새로운 중앙집권적 왕권을 수립하기 위한 기틀이 되고 율령의 구체적인 내용은 알 수 없지만 아마도 신라 고유법과 함께 새로운 법령들이 조화롭게 들어 있었을 것으로 추측된다.(金龍善, 「新羅 法興王代의 律令頒布를 둘러싼 몇 가지 問題」『加羅文化』 1, 1982, 113~121쪽)

36) 『三國史記』 卷4, 「新羅本紀」 法興王 7·18·23年條

37) 「蔚珍鳳坪(居伐牟羅)碑」 "甲辰年正月十五日㖨部牟卽智寐錦王沙㖨部徙夫智葛文王 (……) 悉尒智奈麻等 所敎事別敎令居伐牟羅男彌只本是奴人口是奴人前時王大敎法道俠阼隘爾耶城失火逴城大軍起若有 者一行口之 (……) 其餘事種種奴人法 新羅六部煞牛 (……) 居伐牟羅道使卒次小舍帝智悉支道使烏婁 次大舍帝智居伐牟羅尼牟利一伐 (……) 大兮村使人奈尒利杖六十 (……) 男彌只村使人 (……) 杖百悉支 軍主㖨部尒夫智奈麻 (……) 立石碑人㖨部博士于時敎之若此者口罪於天"

38) 1988년에 발견된 「울진봉평(거벌모라)비」의 성격에 대해서는 釃祭碑·巡行碑·律令碑·誓盟碑 등으로 그간 다양한 논의가 있어 왔는데 律令碑로 보는 견해가 다수를 이룬다.(박희택, 「신라의 불교수용과 정치발전 연구」, 서울대학교 정치학과 박사학위논문, 2003, 46~62쪽) 율령비로 보는 근거는 敎(令)·法·杖·罪 등의 관련용어가 등장하기 때문이다.(주보돈, 「蔚珍鳳坪新羅碑와 法興王代 律令」 앞의 책, 지식산업사, 2002, 94쪽)

39) 李仁哲, 『新羅政治制度史研究』, 일지사, 1993, 180쪽.

지세력이다.[40] 주로 군사와 행정상의 연락임무를 맡았던 것으로 보인다.[41] 博士는 보통 학문적 전문가를 지칭하는데 여기에서는 일종의 율령전문가로 볼 수 있다.[42] 아울러 비를 세우는데 공사를 책임진 사람,[43] 또는 立碑儀式이라는 종교의례를 담당하던 종교전문가 내지 종교적 사제로 보는 견해 등도 있다.[44]

이처럼 법흥왕대에는 관직이나 관등이 좀 더 세분화되고 외위제가 확대되어 가고 있었다.[45] 그러나 이때까지도 중앙에서 파견된 지방관은 가족을 거느리고 부임지역에 상주하지는 못했다. 이는 538년(法興王 25)에 이르러서야 外官이 가족을 데리고 任地에 부임할 수 있도록 허락하는 슈을 내린 사실에서 알 수 있다.[46]

법흥왕은 재위한 지 15년이 되는 해인 528년에 興佛을 놓고 공식적으로 신하들과 격렬한 논의를 벌이게 되며[47] 그 이듬해인 529년에 殺生을 금지하는 슈을 내리게 된다.[48] 그런데 이러한 일련의 정치사회적 변혁은 기존에 왕권을 제약하던 6부세력들의 정치적 입지에 상당한 변

---

40) 주보돈, 「蔚珍鳳坪新羅碑와 法興王代 律令」 앞의 책, 지식산업사, 2002, 67쪽.

41) 李宇泰, 「蔚珍鳳坪新羅碑를 통해 본 新羅의 地方統治體制」 『한국고대사연구』 2, 지식산업사, 1989, 193쪽.

42) 율령을 지방민에게 주지시킬 목적에서 임시로 파견된 관리로 보고 있는데 이는 『三國史記』 職官志 律令典에 博士 6인이 두어져 있는 사실에 의거한 것이다.(주보돈, 「蔚珍鳳坪新羅碑와 法興王代 律令」 앞의 책, 2002, 112~113쪽)

43) 李宇泰, 앞의 논문, 1989, 197쪽.

44) 姜鳳龍, 「新羅地方統治體制研究」, 서울대학교 대학원 국사학과, 1994, 48쪽 ; 박희택, 앞의 논문, 2003, 56~57쪽.

45) 주보돈, 『신라지방통치체제의 정비과정과 촌락』, 신서원, 1998, 160~163쪽 ; 「迎日冷水里新羅碑에 대한 기초적 검토」, 앞의 책, 지식산업사, 2002, 80쪽.

46) 『三國史記』 卷4, 「新羅本紀」 法興王 25年條, "春正月 敎許外官携家之任"

47) 학계에서는 『三國遺事』 原宗興法厭髑滅身條("新羅本記法興大王卽位十四年 小臣異次頓爲法滅身 卽蕭梁普通八年丁未 西竺達摩來金陵之歲也")의 기사에 의거하여 신라의 불교공인시기를 대체로 527년(丁未)으로 보고 있다.

48) 『三國史記』 卷4, 「新羅本紀」 法興王 15·16年條

화가 불가피하였다. 531년에 상대등이 설치된 것은 바로 그러한 정치 환경의 변화와 무관하지 않는데,[49] 이에 따라 그들의 정치적 영향력은 크게 약화될 수밖에 없었다.

법흥왕은 공식적으로 신라식 칭호가 아닌 漢式 칭호로서의 왕을 칭하였다. 그러나 「울진봉평비」에서 볼 수 있듯이 법흥왕은 생전에 新羅式 왕호와 漢式 왕호가 결합된 寐錦王으로 불렸다. 또한 국왕 역시 6부의 하나인 喙部 소속이었고 국왕의 단독명령이 아닌 왕 이하 葛文王[50] 및 6부세력과의 합의에 의해 결정되고 있었다는 사실에서 왕은 여전히 초월적 존재가 아니었음을 알 수 있다.

그런데 불교의 수용과 상대등의 설치는 초월적 존재로서의 신라왕의 위치가 자리매김하는 결정적 계기가 되었다.[51] 이는 6세기 무렵 제작의 蔚州 川前里書石 追銘[52] 己未年(539)에 法興王을 '另卽(郞)知太王'이라 하여 太王으로 기술한 점이나 乙卯年(535)[53]에 '聖法興大王'으로 칭한 사실에서 알 수 있다.

이와 관련하여 『三國史記』에는 법흥왕이 죽은 뒤에 '法興'이란 시호가 주어졌다고 하는 사실을 전하고 있다.[54] 그런데 이 같은 史記의 기사를 부정하고 川前里書石의 명문을 근거로 법흥왕이 시호가 아닌 생전에 사용하던 왕명으로 보는 견해가 있다. 즉, 법흥왕은 신라식 왕

---

49) 『三國史記』 卷4, 「新羅本紀」 法興王 18年條

50) 葛文王은 신라의 독특한 제도로 왕족 및 왕비족의 씨족 및 가계의 長이 되었는데 왕에 버금가는 지위를 차지하며 외국사신의 응대나 국내 귀족세력의 회합에 배석하는 존재였다.(李基白, 「新羅時代의 葛文王」 『新羅政治社會史硏究』, 일조각, 1974)

51) 주보돈, 앞의 책, 2002, 101~103쪽: 박희택, 앞의 논문, 2003, 62~64쪽.

52) "過去乙巳年六月十八日昧 沙喙 部徙夫知ㅁㅁ王妹於史鄒女郎 王共遊來以後ㅁㅁ八ㅁ年過去妹王考 妹王過人丁巳年王過去其王妃只沒尸兮妃 愛自思己未年七月三日其王與妹共見書石 (……) 共作之"

53) "乙卯年八月 四 聖法興大王節道人比丘僧 及以沙彌僧道首乃至 居智伐村衆士ㅁ人等見記"

54) 『三國史記』 卷4, 「新羅本紀」 法興王 27年 秋7月條

명과 한문식 왕명을 동시에 사용하고 있었는데 당시로서는 공식적인 왕명이 법흥이 아니라 오히려 牟(另)卽智(知)였고 법흥왕은 승려들이나 불교도들 사이에서만 사용되다가 신라식 왕명은 사용하지 않게 되고 법흥왕이 공식적인 왕명으로 정착하게 된 것이라는 해석이다.[55] 또 하나는 법흥왕이 왕의 불교에 대한 행적을 칭송하여 부를 때 쓰인 것으로 재위기간 중에 이미 사용된 왕명이었다는 견해도 있다.[56]

그러나 천전리서석의 명문이 시간을 달리하여 순서대로 작성된 점이나 史記의 기사를 감안한다면 오히려 乙卯年의 기사는 그 앞의 己未年(539)과 달리 법흥왕의 사후 얼마 지나지 않은 시점에 작성된 것으로 보는 것이 타당하다. 이는 기미년의 기사에 법흥왕의 생전에 부르던 太王이란 신라식 왕명이 기술된 반면 을묘년 기사에는 갑자기 法興이란 그의 사후 주어진 왕명이 '성법흥대왕'으로서 등장하고 있다는 점에서 찾아진다. 만일 이 을묘년(535)의 기사가 법흥왕의 생전에 작성된 것이라 한다면 이는 불교에 귀의한[57] 모즉지태왕 곧 법흥왕 생전에 존호를 붙인 '聖法興大王'으로 불려지고 있었음을 보여주는 것이라 생각된다. 이러한 사실은 『三國遺事』 原宗興法 厭髑滅身條에 법흥왕을 존칭하여 '大聖法王'이라 한 예에서 찾아볼 수 있다.[58]

『三國遺事』 原宗興法 厭髑滅身條에서 遺事 撰者는 법흥왕이 불교에 귀의하여 法名을 法雲, 字를 法空이라 하였다고 전하는데 僧傳이나 다

---

55) 주보돈, 앞의 책, 1998, 139~140쪽.

56) 辛鍾遠, 앞의 책, 민족사, 1992, 175쪽.

57) 『三國史記』 卷4, 法興王 15年(528)條에는 '肇行佛法'이란 기사가 있다. 이는 법흥왕이 불교에 귀의한 사실을 시사하는 것이다. 이와 관련하여 『三國遺事』 卷3, 「阿道基羅」條와 原宗興法厭髑滅身條에는 법흥왕 14년에 절을 창건한 사실이 있는데 개창한 이 해에 왕이 捨身한 것으로 보인다.(辛鍾遠, 앞의 책, 민족사, 1992, 186쪽)

58) 『三國遺事』 卷3, 原宗興法厭髑滅身條, "鄕傳云 舍人誓曰 大聖法王 欲興佛法 不顧身命 多却結緣 天垂瑞祥 遍示人庶 於是其頭飛出 落於金剛山頂云云"

른 설에 王妃와 眞興王 역시 출가하면서 법흥왕과 마찬가지로 法雲이라 했다고 하니 의심스럽고 혼동된 것이 많음을 지적하였다.[59] 이는 법흥왕 생전에 가진 법명이 혼동되어 전해지고 있었거나 법흥이란 시호가 법명으로 사용되었기 때문에 혼동되어 전해질 수도 있다. 따라서 法典이란 존호가 사후에 그의 업적을 추모하고자 그대로 諡號로서 사용되었을 가능성도 있기 때문에 굳이 史記의 기사를 부정할 필요는 없다고 본다.

제3절 永興寺 창건과 史氏

1. 영흥사 창건 관련기사검토

1) 『三國遺事』

가. "我道本碑를 살펴보면, '道는 高麗人이다. 어머니는 高道寧으로 正始 연간에 曹魏 사람 我(姓이 我다)崛摩가 사신으로 句麗에 갔다가 고도령과 私通하고 돌아갔는데 이로 인해서 임신하게 되었다. 아도가 태어나 다섯 살에 그 어머니가 출가시켰다. 열여섯 살에 위나라에 가서 굴마를 뵙고 玄彰和尙의 강독자리에 나아가 배웠다. 열아홉 살에 돌아와 어머니를 뵈니 어머니는 이 나라가 아직 佛法을 모르지만 이후 3천여 달이 지나면 계림에 聖王이 출현하여 불교를 크게 일으킬 것이며 그 서울에는 일곱 곳에 절터가 있는데 첫째는 金橋 동쪽의 天鏡林(지금의 흥륜사이다. 금교는 西川의 다리를 말하는데 세간에서는 松橋로 잘못 부르고 있다. 이 절은 아도가 처음 터를 잡았으나 중간에 폐지되었다. 법흥왕 丁未에 이르러

59) 『三國遺事』 卷3, 原宗興法厭髑滅身條, "前王姓金氏 出家法雲 字法空(僧傳與諸說亦以王妃出家名法雲 又 眞興王爲法雲 又以爲眞興之妃名法雲 頗多疑混)"

처음 창건되었고 乙卯에 크게 공사를 벌여 진흥왕 때 마쳤다)이요 둘째는 三川岐(지금의 영흥사다. 흥륜사와 같은 시기에 창건되었다)요 셋째는 龍宮 남쪽(지금의 황룡사다. 진흥왕 癸酉에 처음 개창되었다)이요 넷째는 용궁 북쪽(지금의 분황사다. 善德王 甲午에 처음 개창되었다)이요 …… 毛祿의 누이 史氏가 스님에게 귀의하여 비구니가 되었고 역시 삼천기에 절을 짓고 살았다. 이름을 영흥사라고 하였다."(卷3 阿道基羅)

나. "『冊府元龜』에 이르기를, '姓은 募이며 이름은 秦이다. 처음 役事를 일으켰던 을묘년 해에 왕비 역시 영흥사를 창건하였는데 사씨의 유풍을 흠모하여 왕과 함께 머리를 깎고 비구니가 되었다. 이름을 妙法이라 하고 역시 영흥사에 주지하였는데 몇 년 후 세상을 떠났다'라고 하였다. 국사에 이르기를, '建福 31년에 영흥사의 塑像이 저절로 무너지더니 얼마 후 진흥왕비인 비구니가 죽었다'라고 하였다. 살펴보면, 진흥왕은 법흥왕의 조카이고 비는 思刀夫人 박씨니 牟梁里 英失角干의 딸이다. 아마도 眞字를 法字로 써야 할 것 같다. 법흥왕의 비 巴刁夫人이 출가하여 비구니가 되었다가 죽은 것을 말하니 곧 절을 짓고 불상을 세운 주인이기 때문이다."(卷3 原宗興法厭髑滅身)

2) 『海東高僧傳』

"朴寅亮의 殊異傳에 이르기를, '아도의 아버지는 위나라 사신이었던 堀摩다. …… 아도가 天鏡林에 創寺하길 청하니 왕이 이를 허락하였다. 그러나 세상 사람들이 완고하여 불법을 믿으려하지 않았는데 7년 후 출가하려는 사람이 있어서 찾아와 佛法을 받았다. 毛祿의 누이 이름이 史侍인데 역시 귀의하여 비구니가 되었다. 곧 三川岐에 절을 짓고 이름을 永興이라 하여 거기에 머물렀다'고 한다." (卷1 釋阿道)

위의 사료 1)-가에 인용된 '我道本碑'는 신라인 金用行이 지은 「我道和尚碑」 또는 「阿道碑」를 말하며,[60] 我道(阿道)는 신라에 최초로 入國

---

60) 『三國史記』卷4, 法興王 15年(528)條, "此據金大問鷄林雜傳所記書之與韓奈麻金用行所撰我道和尚碑所

한 인물로 알려져 왔다. 그런데 그의 入國時期에 대해서는 계통을 달리하는 관련 사료들이 다소 차이를 보여주고 있어 의견이 분분한 상태다.

먼저, 味鄒王代說을 들 수 있다. 이는 我道本碑의 기술내용에 따른 것이다. 위의 사료 2)의 朴寅亮의 「殊異傳」을 인용한 『海東高僧傳』에서도 이를 그대로 따르고 있다. 我道碑에서는 아도가 미추왕 2년(263)에 고구려에서 신라왕경에 들어왔다는 점을 기술하고 있다.

이에 대해서는 遺事 撰者의 비판에 수긍하면서 대체로 믿기 어렵다는 반응을 보이고 있다. 그 주된 이유로는 아도가 고구려불교의 정식 전래(374년)보다도 백년 이전에 고구려에서 신라로 들어왔다고 본다면 이때 신라에 아직 文物禮敎도 없었고 국호도 정해지지 않았던 신라에 아도가 넘어갔다는 것은 이치에 맞지 않아 역사적 사실로서 받아들일 수 없다는 점을 들고 있다.[61] 아울러 당시 고구려와 백제의 관계가 적대관계에 있었기 때문에 아도가 고구려에서 쉽사리 백제를 통과하여 신라영역 내인 一善地方에 침투해 들어올 수 없다는 점 등을 지적하고 있다.[62]

그러나 이러한 遺事 撰者 등의 비판은 설득력이 매우 떨어진다. 그것은 학계에서도 공감하고 있는 사실이지만 고구려에 공식적인 불교 전래가 있기 전부터 민간에서 불교가 유입되고 있었다. 그리고 傳來라는 과정이 반드시 문물예교나 국호가 갖추어진 나라에서만 성립되는 것은 아니다.

錄殊異”;『三國遺事』卷3, 原宗興法 厭髑滅身條, “又按金用行撰阿道碑”

61) 『三國遺事』卷3,「阿道基羅」條, “又若在味鄒之世 則却超先於到麗甲戌百餘年矣 于時鷄林未有文物禮敎 國號猶未定 何暇阿道來請奉佛之事”

62) 李丙燾,「新羅佛敎의 浸透過程과 異次頓殉敎問題의 新考察」『韓國古代史研究』, 박영사, 1971, 647~649쪽.

동서고금을 막론하고 국가 간 또는 지역 간에 교류가 있거나 서로 국경을 접하고 있으면 문화의 유입은 자연스럽게 이루어지기 마련이다. 불교 역시 여기에서 예외일 수 없다. 비록 미추왕대 당시 고구려와 백제의 관계가 적대적이었다 해도 양국 사이에 사람의 이동이 전혀 없었다고 볼 수 없으며 특히 종교인은 일반인보다 이동이 훨씬 자유로웠을 것이다.

따라서 아도와 같은 승려가 고구려에서 신라로 넘어오지 못했다고 볼 만한 근거는 없다. 그리고 미추왕대 당시 신라에 문물예교나 국호가 갖추어지지 않았다고 보는 것은 선입견에 불과하다. 비록 신라의 문물수준이 후대와 같이 높지 않았다고 할지라도 국가로서의 모습은 기본적으로 갖추고 있었다.

아울러 신라의 국호 역시 斯羅·斯盧·雞林 등 여러 가지로 불리고 있었지만 미추왕대에도 엄연히 국호를 갖고 있었다. 또한 一善郡이었던 善山地域(현재의 경북 구미)은 미추왕대 이전부터 고구려 및 백제와 접촉 가능한 신라의 주요 교통로로서 인식하고 있었다.[63] 따라서 미추왕대 당시 처음으로 불교문화의 유입 가능성을 배제할 수 없다.

다음으로 訥祗王代說과 炤知王(毗處王)代說을 들 수 있다.[64] 이 두 가지 설은 金大問의 「雞林雜傳」에서 인용한 것으로 『三國史記』 法興王 15년조에도 실려 있다. 遺事 撰者는 눌지왕대에 입국한 墨胡子를 아도

63) 서영일, 『신라육상교통로연구』, 학연문화사, 1999, 319쪽.

64) 『三國遺事』 卷3, 「阿道基羅」條, "新羅本記第四云 第十九訥祗王時 沙門墨胡子 自高麗至一善郡 郡人毛禮(或作毛祿) 於家中作堀室安置 時梁遣使賜衣著香物(高得相詠史云 梁遣使僧曰元表 宣送溟檀及經像) 君臣不知其香名與其所用 遣人齎香 遍問國中 墨胡子見之曰 此之謂香也 (……) (訥祗在晉宋之世 而云梁遣使 恐誤) 時王女病革 使召墨胡子 焚香表誓 王女之病尋愈 王喜 (……) 又至毗處王時 有我道和尚 與侍者三人 亦來毛禮家 儀表似墨胡子 住數年 無疾而終 其侍者三人留住 講讀經律 往往有信奉者(有注云 與本碑及諸傳記殊異 又高僧傳云西竺人 或云從吳來)"

의 別名으로 보고 그와 동일인물로 추정하고 있다.

이는 아도의 모양이 묵호자와 같다는 점, 그리고 아도가 왕녀의 병을 고쳤다는 것이나 아도가 모례의 집에서 생을 마감했다는 이야기 등이 묵호자의 그것과 비슷하다고 보기 때문이다.[65] 이 같은 遺事 撰者의 견해에 대해 이를 동조하면서도 고구려입국의 아도로 보는 데에는 반대의 입장을 취하는 의견이 있다. 그것은 묵호자가 아도와 동일인물이라면 그는 인도나 서역계통의 인물로서 고구려 혹은 백제를 거쳐 들어왔다고 보아야 하는데 소지왕대의 신라가 백제와 친선관계를 맺고 있었던 때이므로 아도는 백제를 거쳐 이곳과 접경지인 一善郡에 들어올 수 있었다고 보아야 한다는 것이다.[66]

마지막으로 法興王代說을 들 수 있다. 이는 古記와 高得相의 詠史詩를 인용한 『海東高僧傳』 釋阿道傳에 따른 것이다. 이에 의하면 아도가 법흥왕 14년경 一善郡에 오자 천지가 진동하였는데 모례의 집에 이르자 모례가 나와 보고 그를 안내하여 밀실에 두고 공양하였으며 마침 吳使가 와서 향을 바치자 왕이 국내에 두루 다니며 그 소용을 묻다가 법사가 향의 용도를 대답해주고 吳使와 예를 갖추어 인사하니 왕이 이로 인해 佛僧을 존경하게 되고 불교를 시행케 했다는 것이다. 이에 대해 吳使는 梁使를 지칭하는 것이지만 당시 梁나라가 신라에 사신을 파견했다는 기록이 없고 불교공인의 해라는 왕 14년에 아도가 입국하였다는 것은 사리에 맞지 않는다고 하여 부정하는 견해도 있다.[67]

---

65) 『三國遺事』 卷3, 「阿道基羅」條, "又王女救病 皆傳爲阿道之事 則所謂墨胡子非眞名也 乃指目之辭 如梁人指達摩 爲碧眼胡 (……) 蓋國人隨其所聞 以墨胡阿道二名 分作二人爲傳爾 況云阿道儀表似墨胡 則以此可驗其一人也"

66) 李丙燾, 앞의 책, 박영사, 1971, 652~653쪽.

67) 李丙燾, 앞의 책, 박영사, 651쪽.

그러나 묵호자와 아도의 모습이 비슷하다고 해서 이들을 반드시 동일인물로 보기는 어렵다. 왜냐하면 당시 두 사람의 외모가 승려로 서 같았던 모습에서 연유한 것이라고 볼 수 있기 때문이다.[68] 또한 묵호자와 아도 모두 왕녀의 병을 고친 일이나 불교를 후원하는 세력[69]으로서 모례(모록)의 집에 머문 일 등이 비슷한 것은 당시 승려들이 佛法을 전하면서 巫를 대신하여 治病活動을 활발히 했음을 보여주는 것으로서 모례(모록)의 집이 있는 선산지역이 승려들의 중요 거점지역이었고 각자의 이야기 속에 모례(모록)가 등장한 것이라 볼 수 있기 때문이다. 이는 炤知王代 焚修僧과 宮主간의 사통관계를 보여주는 射琴匣 사건[70]으로 미루어 볼 때 적어도 소지왕대보다 앞선 시기에 이미 불교가 어느 정도 신라 깊숙이 침투해 들어와 있었음을 보여주는 것이다.

다만 법흥왕 14년에 아도가 일선군 모례의 집에 이르렀다는 이야기는 佛敎 初傳時期의 아도가 될 수 없으며[71] 승려들이 毛禮家의 터에 자리 잡은 암자에 와서 머물고 갔던 사실이나 법흥왕 역시 후에 진흥왕대에 大王興輪寺가 되는 大王寺[72]라는 절을 初創한 승려였다는 점 등을 고려해 볼 때 왕이 당시 毛禮家의 암자에 머물던 승려를 초청하여 불교에 귀의하고 그가 모례가로 돌아간 뒤 그곳에 桃李寺[73]란

---

68) 金煐泰, 『新羅佛敎 初傳者攷』, 민족문화사, 1993, 16~21쪽.

69) 辛鍾遠, 앞의 책, 민족사, 1992, 150쪽.

70) 『三國遺事』 卷1, 紀異 射琴匣條

71) 신라불교의 최초 傳來를 訥祗王代로 보면서 국가적 불교수용 이전까지 모두 신라에서는 3단계로 나뉘어 불교가 유입된 것으로 파악하여 그 첫 번째가 눌지왕대의 묵호자, 두 번째가 비처왕대의 아도, 세 번째가 법흥왕대의 아도가 그것으로서 이때의 아도를 고구려의 아도와는 별개의 인물로 보는 견해가 있다.(末松 保和, 「新羅佛敎傳來傳說」, 앞의 책, 1954)

72) 「葛州川前里書石」 "甲寅大王寺中安藏許作"

73) 『新增東國輿地勝覽』 卷29, 慶尙道 善山 佛宇條, "桃李寺 在冷山新羅沙門阿道所居新羅無佛法 訥祗王

절을 창건한 일을 가리키는 것으로 보인다.

그런데 영흥사창건기사에서는 三川岐에 모례의 누이인 비구니 사씨와 法興王后가 각각 영흥사를 건립한 주체로서 기록되어 있다. 이는 신라의 불교초전시기와 마찬가지로 다소 혼선을 보여주고 있는 듯하다. 그러나 이는 비구니 사씨에 의해 창건된 절이 아도가 처음 모례의 집에 온 눌지왕대로부터 얼마 지나지 않은 시점에 지어졌다가 소지왕대 무렵에 射琴匣事件을 계기로 폐사된 뒤 공식적인 불교수용이 이루어지던 법흥왕대에 사씨의 유풍을 흠모한 왕후가 이를 계승하여 동일한 지역에 영흥사란 사찰을 크게 일으킨 것으로 해석할 수 있지 않을까 한다.

2. 신라 최초의 女僧 史氏(史侍)

신라 최초의 여승으로 알려진 史氏(史侍)는 앞서 살펴보았지만 신라시대의 一善郡, 지금의 경북 구미지역의 토착세력가[74]인 毛禮(毛祿)의 누이였다. 毛禮는 墨胡子와 阿道 등과 같은 외부 승려들을 지원하면서 이들과 인연을 맺고 있었는데 그러한 집안 배경 덕분에 사씨 역시 신라 七處伽藍地의 하나인 三川岐에 최초로 法興寺란 절을 창건할 수 있었다. 그리고 후에 법흥왕후가 그녀의 유풍을 흠모할 만큼 당시 신라인들에게 추앙을 받던 인물이었다.

時有稱墨胡子自高句麗來止府之道開部曲毛禮之家 禮作堀室處之 旣而解去後有阿道者與侍者三人 亦至禮家儀表似墨胡子 (……) 阿道往新羅王都還到山下見山腰方冬月桃李盛開遂建此寺因名焉"

74) 신종원은 모례가 長者라고 불리며 소와 양 수천마리를 기르고 있었다는 마을의 전승 및 '家中의 窟室에 안치했다'라는 기사 속에서 집안을 모례가의 領有地內라고 해석에 의거하여 모례를 불교전래기에 불교를 후원한 유력자로서 고구려문물에 일찍이 접했던 인물로 파악하고 있다.(앞의 책, 민족사, 1992, 150쪽)

그런데 이러한 史氏에 대한 실존여부에 대해 부정적으로 보는 시각이 있다. 그 첫 번째 이유는 아도의 전법이 여러 갈래로 전해지고 있는 전래승의 전설들을 묶어서 신라적인 傳法聖者의 설화를 집성하여 아도라는 興法開基의 聖者像을 확립해 놓은 것이라고 할 수 있으므로 최초의 출가비구니 사씨 이야기도 그렇게 등장시킨 것이란 점을 들고 있다. 두 번째 이유는 출가한 사씨에 대한 그 뒤의 일에 관해 전혀 언급이 없기 때문에 출가인으로서의 신분은 지속되지 않았을 것이며 따라서 비구니 大戒는 끝내 받지 못했을 것이란 점을 들고 있다. 세 번째 이유는 신라불교의 연원이 오래됨을 나타내고 여성의 출가도 있었다는 것을 사실화하기 위해 史氏尼의 전설을 꾸며낸 것이란 점을 들고 있다.[75]

그러나 『삼국유사』나 『해동고승전』 등에 실려 있는 사씨에 대한 기사가 비록 설화성이 짙은 이야기로 구성되어 있다고 하더라도 이것이 관련 인물들의 존재를 완전히 부정할 근거가 될 수 없다. 이는 오히려 신라 최초로 불교에 귀의한 여승으로서의 史氏가 신라인들에게 존경의 대상이 되면서 설화성이 가미된 이야기로 신라인들에게 전승되다가 후일 법흥왕후가 절을 창건하게 되는 배경으로 작용하였다고 생각된다.

물론 왕후가 흠모한 유풍이 단지 사씨가 신라 최초의 비구니로서 興法을 위해 절을 창건한 이유 때문인지 아니면 聖者로서의 그녀와 관련된 또 다른 이야기가 있기 때문인지 관련 자료가 전하고 있지 않아서 이에 대해서 단정적으로 말할 수는 없다. 다만 출가한 사씨에

---

75) 金煐泰, 「新羅의 女性出家와 僧尼職 고찰 ― 都維那娘 阿尼를 중심으로 ―」 『명성스님고희기념논문집』, 운문승가대학출판부, 2000, 41~43쪽.

대한 그 뒤의 일에 관해 전혀 언급이 없었다는 것은 그녀와 관련된 口傳이 오래되면서 일실되었거나 후대의 법흥왕이나 왕후처럼 승려가 되는 과정을 일일이 기술할 필요가 없었다고 볼 수 있다.

따라서 出家人이란 그녀의 신분이 지속되지 않았다고 유추할만한 근거는 없다. 그런데 불교전래나 전파라고 하는 특수한 시기에 불교에 귀의하여 비구니가 되는 일은 그리 간단치만은 않았을 것이다. 그러나 불교의 규율인 大戒를 모두 갖추고 나서야만 가능하다고도 생각되지 않는다. 초전시기에는 어느 정도 불교의 교리와 문화를 이해하고 실천하는 행위 자체에 보다 큰 의미를 두었을 것으로 보이기 때문이다.

처음 모례가에 왔을 때 아도는 侍者 3인을 동행시키고 있었다. 그런데 그들이 불교의 經(부처가 설법한 것을 기록한 책)과 律(승려 및 신도가 지켜야할 계율)을 강독했다는 기사가 전해지고 있다.[76] 여기에서 그들이 강독한 經과 律이 구체적으로 무엇인지 알 수 없으나 여성의 출가와 관련한 규율도 포함되어 있었을 것으로 보인다.[77] 이런 점에 비추어볼 때 이들의 불교교리에 대한 지식수준은 상당히 높았을 것이다. 사씨의 출가는 이들에 의해 가능했을 것이며 이후 그녀의 행적 역시 비구니로서 살았을 것이란 예측도 가능하다.

당시 신라사회에서 여성의 출가는 자연스러운 일이었다. 이러한 사회적 분위기는 비록 시대의 흐름에 따라 신라의 종교가 바뀌어 왔으나 그대로 계승되어 왔다고 볼 수 있다. 앞서 살펴보았지만 불교가

---

76) 『三國史記』卷4, 法興王 15年(528)條, "至毗處王時 有阿道(一作我道)和尙 與侍者三人 亦来毛禮家 儀表似墨胡子 住數年 無病而死 其侍者三人留住 講讀經律 往往有信奉者"

77) 고대 인도불교에서는 여성출가인의 생활규범인 律典이 편집되어 교단과 계율이 마련되었고 2세기에서 4세기대에 와서는 여러 경전에 여성의 성불사상이 표면화되었다고 한다.(리영자, 『불교와 여성』, 민족사, 2001, 137~151쪽) 따라서 사씨가 출가한 배경도 그 같은 불교경전의 영향이 컸을 것으로 판단된다.

수용되기 이전부터 신라사회에서 제사나 종교 등에 巫와 같은 **女性司祭者**가 존재하고 있었다는 사실과 불교가 수용된 이후 법흥왕후가 몸소 비구니로서 출가했다는 점 등에서 알 수 있다. 이의 직접적인 계기가 된 것은 바로 사씨가 최초의 비구니가 되었다는 사실에 있었을 것이다. 그리고 이는 佛敎興法에 있어서 묵호자나 아도와 마찬가지로 큰 자극이 되었을 것이며 신라 내의 불교확산에도 어느 정도 기여했을 것이라 생각된다.

제4절 맺음말

이상으로 『三國遺事』「阿道基羅」條의 新羅 女僧 史氏에 대해 고찰해 보았다. 신라 여승 사씨는 『海東高僧傳』에 史侍로도 기록되어 있는데 최초의 비구니로서 등장하고 있다. 그러나 아쉽게도 그녀와 관련된 어떠한 자료나 기사 등은 더 이상 찾아볼 수 없다.

다만 그녀는 신라의 불교전래시기 一善郡地域의 토착세력가인 毛禮의 누이로서 신라로 들어오는 외래승의 기착지에 살면서 그들로부터 불교에 대한 교리를 배우고 불교에 귀의하여 비구니로서 살아갔을 것으로 추정된다. 그녀가 비구니로서 살아가던 신라사회는 아직까지 정치적으로 6촌(6부) 干支層의 강력한 영향력하에 의해서 운영되고 있었다.

왕위는 박·석·김이란 三姓에 의해 바뀌었다가 미추왕대 이후 내물마립간대에 이르러 비로소 김씨가 왕위를 독점하였다. 대외적으로는 신라가 백제와 왜의 침략을 대대적으로 받으면서 고구려의 힘을 빌리기 위해 조공과 인질을 고구려에 파견하는 등 고구려와 긴밀한 관계를 유지해 나갔다. 그 무렵 고구려에서는 불교가 확산되어 가던 추세였다. 이때 종교적으로 始祖廟·神宮·天地山川 등에 제사하는 신앙을 가지고 있었던 신라에도 그 영향이 파급되어 외래승들이 들어오게 된다.

그러나 신라에서의 초기불교 전래과정은 사회 전반적으로 그다지 순탄하지 못했다. 그러한 흔적은 몇 개의 일화로 남아 있다. 그 근본 원인은 아마도 낯선 사상이나 문화에 대한 두려움과 기존 종교세력들의 반발 등이 크게 작용하였던 것이다.

지증왕대 이후 법흥왕대에 이르러 비록 국가적 불교수용에 우여곡절을 겪기도 했다. 그러나 법흥왕 자신이 불교에 귀의하고 왕후 역시 비구니가 되면서 불교는 신라사회 전반에 걸쳐 큰 파급효과를 일으키게 되었고 創寺가 국가적 지원을 받으며 본격화되기에 이른다. 즉, 법흥왕이 大王寺(興輪寺)라는 절을 지었고 왕후 역시 사씨를 흠모하며 영흥사라는 이름 그대로 사찰을 건립하였다.

이는 신라 최초의 여승 史氏가 신라인들에게 존경의 대상이 되었고 이러한 사정이 설화성이 가미된 이야기로 신라인들에게 전승되면서 법흥왕 시절 왕후가 절을 창건한 배경이었다고 볼 수 있다. 비록 출가한 사씨에 대한 그 뒤의 일에 관해 전혀 언급이 없지만 그녀와 관련된 口傳이 오래되면서 일실되었거나 후대의 법흥왕이나 왕후처럼 승려가 되는 과정을 일일이 기술할 필요가 없었을 수 있다.

따라서 반드시 출가인으로서 그녀의 신분이 지속되지 않았다고 단정 지을 이유는 없다. 또한 당시 신라에서는 매우 생소하고 낯선 불교에 귀의하여 비구니가 된다는 일이 그리 간단치만은 않았을 것이다. 그럼에도 불구하고 불교전래나 전파라고 하는 특수한 시기에 승려가 되는 과정이 불교의 규율인 **大戒**를 모두 갖추고 나서야만 가능하다고도 생각되지 않는다. *佛敎初傳時期*에는 어느 정도 불교의 교리와 문화를 이해하고 실천하는 행위자체에 보다 큰 의미를 두었을 것으로 보이기 때문이다.

당시 신라사회에서 여성의 출가는 자연스러운 일이었다. 불교가 수용되기 이전부터 신라사회에서는 제사나 종교 등에 巫와 같은 **女性司祭者**가 존재하고 있었으며 이들은 존경의 대상이 되었던 점에서 유추해볼 수 있다. 따라서 **史氏**가 신라 최초의 비구니가 되었다는 사실은 **佛敎典法**에 있어서 묵호자나 아도와 마찬가지로 큰 자극이 되었을 것이며 신라 내의 불교 확산에도 어느 정도 기여했을 것으로 보인다.

제4장 古代 佛教信仰行爲로서의 造像에
      대한 검토

제1절 머리말

佛家에서는 佛教信仰行爲를 흔히 '功德行爲'라고 말하는데 善業을 닦는 일이라 하겠다. 이러한 불교신앙행위 가운데 古代에 있어서 가장 중시되고 성행한 것이라 하면 단연 創寺와 더불어 造像 및 建塔 등을 꼽을 수 있다. 이것은 이들 불교신앙행위가 고대 불교관련 사료의 寶庫라 할『三國遺事』에서 비중 있게 다루어지고 있는 사실만으로도 짐작할 수 있다.

그런데 지금까지 고대 불교신앙행위와 관련한 연구성과를 보면 우선 고고학계나 미술사학계에서는 주로 실물 위주의 寺刹, 佛像, 塔 등에 대한 많은 논의를 진행시켜 왔고, 불교사상사학계에서는 주로 佛像 내지 佛像의 銘文을 통해 불교사상과 관련한 신라의 정치사상적 배경을 검토하기도 하였다.

그러나 아직까지도 이들 불교신앙행위에 대한 보다 심층적 분석을 통해 고대사회를 이해하려는 노력은 좀 소홀히 하지 않았나 하는 생각이 든다. 가령 본고에서 살펴볼 造像의 경우 자료부족이 보다 큰 이유가 되겠지만 초기의 불상이 중국대륙으로부터 전래되었다고 이해하고는 있었어도 구체적으로 언제, 어느 지역으로 전래되어 造像이 시행되었는가에 대한 역사적인 접근은 전혀 이루어지지 않았던 것이다.

고대에 있어서 불교신앙행위는 당대인의 일상생활에서 빼놓을 수 없는 매우 중요한 활동이었다. 왜냐하면 이러한 활동이야말로 상하계층을 불문하고 온갖 현실적인 고통으로부터 삶의 위안을 받을 수 있는 유일한 탈출구가 되었기 때문이다. 고대인들의 그러한 절실한 행동으로 말미암아 문무왕 4년(664)에는 백성들이 財貨나 田地를 佛事에 바치는 일을 금할 정도로 매우 성행했었다.[1] 따라서 고대인의 삶과 밀접한 관련을 갖는 불교신앙행위에 대한 검토작업은 당시의 역동적인 사회형태와 면모를 이해하는 데에 한 방편이 될 수 있을 것이다.

이러한 불교신앙행위 가운데 造像은 寺刹의 창건과 마찬가지로 삼국에서 불교가 공인된 이후에 와서야 본격적으로 시행된 것이다. 그래서 큰 규모를 자랑하는 佛像의 대다수는 주로 '寺'라는 공간을 통해서 안치되고 있다. 그러나 磨崖佛이나 소형의 佛像들처럼 반드시 사찰에 안치된 상태가 아니더라도 단독으로 예배대상이 될 수 있었다.

또한 佛像은 寺刹과는 달리 부처나 보살 등의 예배대상 내지 불교신앙의 다양한 모습을 표현할 수 있다. 따라서 造像名에 따라 사찰의 主殿名이 달라지는 이유도 여기에 있는 것이다. 이 같은 造像의 매력 때문에 다른 어떤 불교신앙행위보다도 모든 사회계층으로부터 환영을 받고 성행할 수 있었던 것이다.

그렇다면 불교신앙행위로서의 造像은 우리나라에서 과연 언제부터 수용되어 어디에서 시작된 것일까. 그리고 佛像을 제작하는 목적은

---

1) 『三國史記』 卷6, 新羅本紀 文武王 4年條

무엇이며 아울러 이러한 造像이 갖는 사회적 기능은 무엇일까. 다음 장에서는 바로 이러한 각각의 물음에 대해 검토해 보기로 하겠는데 본고를 작성함에 있어서 중점을 둔 것은 기존 자료와 연구성과를 중심으로 하면서 다른 측면에서의 해석을 시도하려 노력하였다. 그러나 필자의 능력과 관련 자료의 부족 등으로 인해 오히려 무리한 논리와 해석이 뒤따르지 않았나 하는 두려움이 앞선다. 많은 諸賢의 따뜻한 충고와 시선을 바랄 뿐이다.

제2절 造像의 傳來와 起源

佛像은 부처가 열반에 들자 후세 사람들이 부처를 사모하여 만들게 되었던 것이다. 그리고 불상을 만들어 공양하는 이유는 사람들에게 복과 덕을 얻게 하기 위함이라 하겠다. 불상은 간다라와 마투라에서 거의 동시에 발생하였고 간다라의 경우 제1쿠샨왕조 전기인 1세기 말엽으로 추정되고 있다.[2]

중국의 초기 불상도 후한대인 1세기 말엽에 출현했을 가능성은 있으나 이 시기는 불교발생지인 인도에서조차 불상제작의 초기였으므로 불상자체가 중국에 들어오기는 힘들었을 것으로 보인다. 다만 중국에서 佛像이 만들어진 확실한 시기는 그보다 시대가 조금 내려가는 2세기대이므로[3] 중국에서의 본격적인 造像은 2세기대에 들어와서의 일이었다고 하겠다.

---

2) 鎌田茂雄 著·章輝玉 譯, 『中國佛教史 - 受容期의 佛教 2 - 』, 장승, 1993, 85~86쪽.

3) 金元龍, 『韓國美術史硏究』, 一志社, 1987, 108쪽.

현재까지 알려진 중국의 가장 오래된 佛像으로는 2세기 후반으로 추정되는 江蘇省 連雲港의 孔望山 磨崖石像群의 불입상·열반상 등[4] 과 四川省 樂山崖墓의 彫像 및 彭山의 塑像坐佛을 들 수 있다.[5] 그러나 이들 불상은 인도나 서역의 영향을 강하게 받았던 것이고 점차 그 영역에서 벗어나 중국적인 불상을 조각한 것은 4~5세기에 들어와서였으며 돈황이나 운강과 같은 석굴사원의 거대한 불상들에서 볼 수 있다.[6]

이러한 중국불상의 영향을 받고 우리나라에서 造像된 佛像의 대다수는 좀 더 시대가 내려가는 5세기대에서 6세기대로 편년되는 것들이다.[7] 그런데 고구려의 경우 4세기 후반 前秦으로부터 佛像이 전해진 이후의 본격적인 造像은 이르면 4세기 말이었거나,[8] 늦어도 고구려 장수왕대의 평양천도 이후에나 이루어졌을 것으로 보기도 한다.[9]

필자도 고구려에서의 초기 造像은 4세기 말경부터 시작되었을 것으로 보는데 좀 더 구체적인 시점을 말하라고 한다면 아마도 廣開土王 2年(392)에 있었던 平壤九寺의 創建 무렵이 되지 않을까 한다.[10] 그이유는 다음과 같다.

먼저 문헌상으로 볼 때 이미 당시 고구려의 수도였던 집안지역에는 小獸林王 2年(372)에 前秦으로부터 佛像이 전해지고 있고 同王 5年

---

4) 金理那, 「高句麗 佛敎彫刻樣式의 展開와 中國 佛敎彫刻」『高句麗美術의 對外交涉』, 예경, 1996, 85~86쪽.
5) 鎌田茂雄 著·章輝玉 譯, 앞의 책, 1993, 80쪽.
6) 金理那, 「百濟初期 佛像樣式의 성립과 中國佛像」『百濟史의 比較硏究』, 충남대학교 백제연구소, 1993, 236쪽.
7) 대표적인 것으로 고구려불상인 延嘉七年銘金銅佛·建興五年銘金銅佛·癸未銘三尊佛·辛卯銘金銅三尊無量壽佛과 백제불상인 瑞山 普願寺址 金銅佛 등을 들 수 있다.
8) 김원룡, 앞의 책, 114쪽.
9) 黃壽永,『韓國의 佛像』, 文藝出版社, 1989, 77쪽.
10)『三國史記』卷18, 高句麗本紀 廣開土王 2年 秋8月條

(375)에 肖(省)門寺와 *伊弗蘭寺* 등의 두 사찰이 지어지고 있다.[11] 그러나 이때는 아직 불상의 전래만 이루어졌을 뿐 고구려 자체 내에서 造像이 시작된 것은 아니며 비록 집안지역에 두 개의 사찰이 건립되었다 하더라도 이것은 단지 승려가 사찰에 머물면서 왕족이나 귀족과 같은 제한적인 신분계층 위주로 경전을 강독할 수 있는 장소를 고구려정부가 제공하는 정도였을 것으로 판단된다.

그리고 고고학상으로 볼 때 비록 후대이긴 하지만 5세기 말 내지 6세기 초로 편년되는 압록강 유역 집안지역의 長川 1號墳 고분벽화 내에 禪定印의 菩薩像이 그려져 있다는 사실[12]을 통해서 적어도 5세기 말 이전에 이미 고구려의 집안지역에서도 佛像이 예배대상으로서 받아들여지고 있었을 것으로 생각된다.

그런데 최근 한강 뚝섬에서는 金銅佛坐像이 출토된 적이 있다. 이 소형불상의 제작연대는 대략 4세기 말 내지 5세기 초로 추정되고 있고 이 불상 역시 장천 1호분 불상의 수인과 동일한 禪定印 계통의 불좌상으로서 중국 서북부의 양식을 그대로 따르고 있다. 그렇기 때문에 고구려와 접촉한 북중국에서 전래된 것으로 보는가 하면,[13] 고구려로부터 직접 유입된 결과로 보기도 한다.[14]

---

11) 『三國史記』卷18, 高句麗本紀 小獸林王 2年 夏6月 및 5年 春2月條
   『三國遺事』卷3, 興法 順道肇麗條에 의하면 肖門寺와 伊弗蘭寺를 평양지역에 비정하는 古記錄에 대해 一然은 당시 고구려의 수도가 압록강 유역 집안지역에 있었다는 사실을 들어 앞의 記錄은 잘못된 것이라 지적하고 있는데 필자도 이에 동의하는 바이다.

12) 김리나, 『韓國古代佛敎彫刻史硏究』, 일조각, 1989, 40쪽.

13) 金元龍, 앞의 책, 1987, 153~154쪽.

14) 장지훈, 『한국고대미륵신앙연구』, 집문당, 1997, 17쪽.
   한편 김리나는 이 像이 발견된 지점이 원출토지라면 이 불상은 5세기 초에 한강 유역에 자리했던 백제에 전래된 상 또는 중국의 상을 모방하여 백제인이 주조한 것으로 추측할 수도 있으나 불교를 전래한 나라가 중국남쪽의 東晉이었고 불상양식이 북중국의 것이라는 점을 들어 고구려를 통해 백제로 들어온 불상일 것이라 가정하고 있다.(앞의 책, 1989, 36쪽) 그런데 장지훈이나 김리나 양씨 모두 금동불좌상이 고구려를 통해 들어온 것이리라고 추정하면서도 이것이 중국에서 고구려에 들어와 다시 백제로 유입된 것인지 아니면 여기에서 造像의 전래 및 기원과 관련하여 필자는 이 佛坐像이 제작된 당시의 역사적 상황과 기존의 고고학 및 미술사 등의 관련 자료들을 근거로 이 불상이 4세기 말을 기점으로 하여 고구려의 평양지역 일대에서 제작되고 이러한 造像活動이 오히려 당시의 수도였던 집안지역뿐만 아니라 백제의 한산지역으로까지 확산된 것이 아닐까 하는 추정을 해보고자 한다.

앞서도 이미 언급했지만 이 금동불좌상이 제작되어 들어온 시점은 고구려의 平壤九寺가 창건되던 4세기 말 이후라 하겠다. 일찍이 평양지역에서는 4세기 중후반으로 편년되는 安岳 3號墳이 발견된 적이 있고 그 古墳 내부에서 불교적인 내용들로 장식된 벽화[15]와 함께 墨書銘이 확인되었다. 그런데 그 묵서명의 성격과 해석을 둘러싸고 현재 학계에서는 落書說·經歷說·墓誌銘說 등으로, 그리고 古墳의 피장자에 대해서는 冬壽라고 하는 중국계 인물과 美川王·故國原王 등의 고구려왕으로 보기도 하여 의견이 엇갈려 있다.[16]

필자는 여기에서 더 이상의 장황한 언급은 피하겠다. 다만 묵서명에는 중국계 망명인물의 관직명과 출신지 및 사망시기 등이 적혀 있고,[17] 이를 통해 볼 때 4세기 중반을 전후로 한 시기에 冬壽와 같은 망명 漢人들이 평양지역 일대에 거주하면서 고구려정부를 지원하는 협력세력으로 활동하고 있었을 것이라는 점, 그리고 冬壽와 같은 인물이 왕릉급의 古墳 안에 書名으로써 그 흔적을 남길 정도라면 冬壽

고구려에서 중국의 불상을 모방하여 만들고 그것을 다시 백제에 전한 것인지에 대한 구체적인 언급은 없다.

15) 김리나, 앞의 책, 1996, 81쪽.

16) 姜仁求, 「安岳3號墳의 主人公에 대한 論議」『考古學으로 본 韓國古代史』, 학연문화사, 1997.

17) 관직명: 使持節 都督諸軍事 平東將軍 護撫夷校尉 樂浪(相) 昌黎玄菟帶方太守 都鄕(侯)
　　 출신지: 幽州 遼東平郭 (都)(鄕)敬上里.
　　 사망시기: 永和十三年十月戊子朔卄六日 年六十九薨官

가 생존할 당시의 고구려왕, 즉 고국원왕과의 관계 내지 冬壽의 활동
은 그리 가볍지만은 않았을 것이란 점을 지적할 수 있다.

이러한 점들은 고국원왕이 燕의 來攻을 피해 재위 13년(343) 7월에
평양지역으로 잠시 移居[18]할 정도라면 이 지역에 거주하고 있던 冬壽
와 같은 殘存 漢人들에 대한 고구려정부의 통제가 컸을 것이고, 同王
19年(348)에는 고구려에 망명해 있던 또 다른 漢人 前東夷護軍 宋晃을
燕王 雋에게 보내면서도[19] 冬壽와 같은 일부 漢人만은 평양지역에 그
대로 머물게 하고 있다는 사실에서 짐작될 수 있다. 그리하여 이들은
고분 내부에서조차 불교적인 장식벽화를 사용할 수 있을 정도로 고
구려정부의 승인 내지 묵인하에 불교신앙행위를 행할 수 있었을 것
이고 나아가 그 지역을 중심으로 한 불교문화의 토대가 형성되어가
고 있었을 것으로 판단된다.

그렇기 때문에 불교를 공인한 후에 평양지역의 역사적·사상적 배
경을 고려한 고구려정부가 九寺라는 유례없는 다수의 사찰을 건립할
수 있었던 것이고,[20] 여기에 필요한 佛像들을 이들 漢人들의 활동에
의해 北中國으로부터 수입하여 이를 模本으로 한 대소형의 불좌상들
이 평양지역 일대에서 제작될 수 있었을 것이다. 비록 후대에 만들어
지기는 했지만 延嘉七年銘金銅佛 발원자의 경우 寺主 敬과 제자 僧 演
이 중국계 고구려인일 수도 있다는 점[21]에서 이러한 평양지역에 거

---

18) 『三國史記』 卷18, 高句麗本紀 故國原王 13年 秋7月條, "移居平壤東黃城 城在今西京東木覓山中"

19) 『三國史記』 卷18, 高句麗本紀 故國原王 19年條

20) 김선숙, 「古代 佛敎信仰行爲로서의 創寺에 대한 검토」 『淸溪史學 － 悠山姜仁求敎授停年紀念東北亞古
    文化論叢 －』 16 · 17합집, 2002, 739~740쪽.

21) 이병도는 「慶州 瑞鳳塚出土銀合銘文考 － 특히 延壽年號를 중심으로 －」에서 이들이 중국 본토에서 온
    北魏人일 것으로 추정한 바 있다.(田中俊明, 「高句麗の金石文」, 『朝鮮史研究會論文集』 18, 1981, 129
    쪽에서 재인용) 그러나 필자는 북위인이기보다는 평양지역에 남아 있던 漢人의 후예일 것으로 생각한다.

주하던 漢人들의 造像活動은 매우 활발하고 꾸준했던 것으로 보인다.

한편 백제는 이미 384년경에 晉으로부터 승려를 받아들이고 있고 바로 그 다음 해에는 漢山에 사찰을 창건하고 있다.[22] 이때 백제왕실에 佛像이 전해졌는지 사료상으로는 분명치 않지만 아직 晉으로부터의 공식적인 佛像의 전래는 이루어지지 않았던 모양이다. 그런데 백제와 고구려는 392년에 각각 백제의 북쪽경계와 고구려의 남쪽경계를 사이에 두고 서로 침입하고 있었다. 이것은 造像과 관련하여 매우 중요한 역사적 사실로서 고구려는 백제와의 전쟁을 치른 직후 바로 이 해에 백제의 경계와 근접한 지역인 평양에 九寺를 창건하고 있는 것이다.[23]

이처럼 고구려정부가 戰時地域인 평양에 사찰을 창건한 이면에는 정치적 의도가 가미되어 있었을 텐데 아마도 백제에 대한 경계심이나 위압감을 주려는 의도가 있었을 것이고, 동시에 전쟁으로 죽은 이들의 영혼을 종교적으로 달래주며, 나아가 평양지역의 특수성으로 인해 자칫 혼란을 초래할 수도 있는 불안한 상황을 극복하면서 사회적 안정을 유지하려는 의도가 깔려 있었을 것으로 생각된다. 그러한 방향에서 造像된 것이 바로 뚝섬 출토의 것과 같은 禪定印의 佛坐像이 아닌가 한다.

따라서 고구려의 평양과 백제의 한산지역 간에는 전쟁을 통해서나[24] 휴전상태에서의 인적자원을 통해서 문화적 교류가 있었을 것이

---

22) 『三國史記』 卷24, 百濟本紀 枕流王 元年 秋7月·9月 및 2年 春2月條

23) 『三國史記』 卷18, 高句麗本紀 廣開土王 2年 秋8月條 "百濟侵南邊 命將拒之 創九寺於平壤" 및 卷25 百濟本紀 辰斯王 8年 秋7月條 "高句麗王談德 帥兵四萬 來攻北鄙(……)"

24) 이인철에 의하면 380년대와 390년대에 양국의 전투가 치열해짐에 따라 백제의 북방경계인 한강이북지역을 중심으로 백제의 城들이 축성되고 광개토왕은 경기도 강화와 인천의 미추성을 점령하기도 했을 것이라 추정하고 있다.(「4세기 후반 百濟의 北方境界」 『청계사학』 16·17합집, 2002, 561~563쪽)

고 이러한 정황의 결과 한강 뚝섬 출토 불좌상의 수인과 동일한 양식이 백제지역으로 유입되었을 것이다. 왜냐하면 백제 扶餘의 軍守里寺址 출토 蠟石製坐像의 手印도 한강 뚝섬에서 발견된 불좌상의 것과 같기 때문이다.[25]

결국 이 불상의 출현으로 고구려와 백제 두 나라 造像의 출발시점은 물론이고 당시 민간차원에서 일어난 고구려와 백제지역 간의 문화교류 등을 엿볼 수 있는 매우 중요한 작품이라 하겠다.

그러나 신라의 경우는 이때까지도 외부로부터 佛像의 傳來가 이루어지지 않았던 모양이다. 왜냐하면 이보다 2세기가 지난 6세기대의 법흥왕대 내지 진흥왕대에 이르러서야 비로소 佛像의 전래와 함께 본격적인 造像活動이 가능했던 것이다. 이것은 다음과 같은 문헌의 기록에서 엿볼 수 있다.

『三國遺事』卷3 興法 原宗興法 猒髑滅身條에는 永興寺 創主와 同寺 塑像의 造主에 대해 法興王妃라고 하기도 하고 眞興王妃라고 하기도 하는 등 두 가지의 엇갈린 사료가 전해지고 있는데 一然은 創主와 造主를 법흥왕비로 보고 있다. 아무튼 법흥왕대 후반으로부터 진흥왕대 무렵에는 신라왕실에도 佛像의 전래가 이루어지고 있는 것만은 분명한 것 같다.

그 후 신라는 진흥왕대 후반부터 본격적으로 佛像을 받아들이면서 불교신앙행위로서의 造像이 전사회적으로 이루어지기 시작한다. 즉, 『海東高僧傳』卷2 流通 釋明觀條에 의하면 "진흥왕 26년에 陳에서 使臣 劉思와 함께 入學僧 明觀을 보냈는데 그때까지만 해도 신라에는

---

25) 김리나, 앞의 책, 1989, 110~111쪽.

佛經과 佛像 등이 거의 없다가 이때부터 이들 불교문물이 갖추어지기 시작했다"는 설명인데 이는 6세기대부터 신라사회에서 造像活動이 가능하게 되었음을 의미하는 것이라 생각된다.

아울러 高句麗로부터의 佛像의 도입도 고구려가 중원지역을 차지하고 있다가 신라가 그 지역을 빼앗은 이후에나 가능했을 것으로 보인다. 그것은 약간의 논란이 있긴 하지만 고구려 작품으로서 6세기 중반 또는 후반으로 편년되는 建興五年銘金銅佛이 중원지역에서 발견되고 있기 때문이다.26) 물론 6세기 이전시기의 고구려와 신라 또는 백제와 신라 간의 관계로 볼 때 이미 고구려나 백제지역으로부터의 불교문화의 영향은 상정될 수 있으나 이를 추정할 수 있는 적극적인 사료는 아직 발견되지 않고 있다.

다만 6세기 전후로 편년되는 順興 邑內里壁畵古墳를 통해서 고구려로부터의 불교문화의 영향을 간취할 수 있을 정도인데 이 지역은 양국의 境界가 만나는 지점으로써 민간차원에서의 일부 지역과 지역민에 국한된 것이라 볼 수 있을 뿐 불교신앙행위와 관련한 佛像이 고구려로부터 신라지역으로 전해졌을 가능성은 거의 없다고 생각된다. 왜냐하면 이때까지만 해도 신라에서는 불교의 공인이 이루어지지 않은 상태였으므로 신라지역으로 밀려드는 외부 승려들의 활동은 주로 佛經의 이해와 포교에 좀 더 초점을 두었을 것이기 때문이다.

결국 우리나라 고대의 造像은 이미 漢人들에 의해 불교신앙의 토대가 마련되어 있던 평양지역에서 九寺가 창건되는 4세기 말에 중국으

---

26) 고구려연구회 편, 『中原高句麗碑研究』, 학연문화사, 2000, 598~602쪽.
　　 한편 이 불상의 실물은 없고 光背만 남아 있지만 명문에는 釋迦文像이라 하여 석가불이 조성되었음을 알 수 있다. 그리고 이 불상의 제작국에 대해서는 고구려설과 백제설이 있지만 발견지점이 충주지역으로서 고구려가 주둔하던 시대의 불상양식을 띠고 있어 고구려설이 유력하다.(田中俊明, 앞의 논문, 1981, 130~131쪽)

로부터 입수한 佛像을 모델로 하여 현지에서 제작되고 이러한 유형의
불상이 고구려의 북쪽지역은 물론이고 거의 동시기에 사찰이 건립된
백제의 漢山地域에까지도 영향을 주었다고 할 수 있다. 그러나 신라
의 상황은 麗濟와는 달라 이보다 훨씬 뒤늦은 진흥왕대에 가서야 비로
소 중국과의 사신왕래 및 중원지역의 奪取를 통해 본격적인 造像活動
에 들어갈 수 있었다고 하겠다.

제3절 造像의 目的

우리나라 고대 불교신앙행위의 하나로써 佛像을 제작하는 목적은
아래에 제시한 것처럼 모두 4가지로 세분해 볼 수 있다. 造像은 기본
적으로 부처와 보살에게 경의를 표하는 뜻과 모든 살아 있는 衆生이
구원을 얻고 영혼의 평안을 기원하는 뜻에서 발원된 것이다.[27] 삼국
에서 행해진 造像의 목적은 國家(王)와 살아 있는 존재의 祈福은 물론
이고 죽은 자의 극락왕생과 중생구제 및 佛敎信者로서의 개인적인
修行과 得道를 바라는 의미까지도 포함되어 있다. 따라서 이를 크게
두 가지로 분류해 본다면 造像의 목적은 祈願的 측면과 修行的 측면
에 있는 것이라 하겠다.

---

27) 아서라이트 著·梁必承 譯, 『中國史와 佛敎』, 신서원, 1994, 85쪽.

1. 祈願的 側面

① 亡者를 위한 追福

가. 辛卯銘金銅三尊無量壽佛[28]

이 佛像은 6세기에 만들어진 것으로 造像銘에 의하면 道須·那婁 등의 5인이 무량수불 1軀를 만들어 돌아가신 스승과 부모 모두가 彌勒 만나기를 기원하고 있다. 그러한 점에서 이 佛像의 조성목적이 亡者의 追福에 있었다고 하겠다.

나. 吐含山 塑像

엄밀한 의미에서 이 塑像은 佛像이라고 볼 수는 없겠지만 무열왕대 내지 문무왕대에 脫解王의 뼈를 추려 造像한 것으로 그 모습이 無敵力士像이었다고 한다. 따라서 이 塑像은 아마도 四天王처럼 불교적 색채가 가미되어 다소 위압감을 주는 巨人의 형상을 띠지 않았나 하는 생각이 든다. 기록에 따르면 탈해왕이 재위 23년에 돌아가시자 疏川丘中에 장사지내고 뼈를 묻었는데 후세왕인 태종무열왕의 꿈에 나타나 자신의 뼈를 파내다가 塑像을 만들어 토함산에 안치하라는 것이다. 그래서 왕은 그 말을 좇아 그렇게 한 다음 東岳神으로 모시고 제사를 끊이지 않았다는 내용이다.[29] 이로써 볼 때 토함산의 塑像은 바로 탈해왕의 추복을 위한 것이었음을 알 수 있다.

---

28) 한국고대사연구소 편, 앞의 책, 1992.

29) 『三國遺事』 卷1, 紀異 第四脫解王條

다. 生義寺 石彌勒

설화상에 의하면 선덕왕 때 生義란 스님이 어느 날 꿈속에서 묻힌 곳을 파내어 고개 위에 안장해 달라는 부탁을 받고 꿈에서 깨어난 후 바로 그 지점에 가서 땅을 파보니 과연 돌미륵이 나와 이를 三花嶺 고개 위에 두었고 그곳에 생의사란 절을 지었다는 것이다.[30]

돌미륵과 관련된 내용으로 또 한 가지는 효소왕대에 竹旨郎의 아버지인 述宗公이 어느 날 竹旨嶺을 지나다가 웬 居士를 만나 그와 인연을 맺고 나중에 그 거사가 죽었다는 소식을 들은 후 그의 시신을 竹旨嶺 북쪽 고갯마루에 안장하고 돌미륵 한 개를 제작하여 그의 무덤 앞에 세워주었다고 한다.[31]

이상의 두 가지 내용에서 볼 때 彌勒佛의 조성목적은 바로 죽은 자의 冥福이나 追福을 위한 것이었음을 알 수 있다.

② 국가나 살아 있는 개인을 위한 祈福
가. 永興寺 塑像

영흥사는 신라 최초의 사찰로 기록에 전한다.[32] 그런데 創主와 造主에 대해서는 각각 법흥왕비와 진흥왕비로 되어 있어 약간의 혼란이 있다. 아무튼 塑像이 저절로 무너지고 王妃가 죽었다고 하는 것을 보면 이 塑像의 조성목적이 아마도 살아 있는 왕비의 祈福에 있지 않았나 하는 생각이 든다.

---

30) 『三國遺事』 卷3, 塔像 生義寺 石彌勒條

31) 『三國遺事』 卷2, 紀異 孝昭王代 竹旨郎條

32) 『三國遺事』 卷3, 興法 原宗興法 猒髑滅身條, "(……) 册府元龜云 姓募 名秦 初興役之乙卯歲 王妃亦創 永興寺 慕史氏之遺風 同王落彩爲尼 名妙法 亦住永興寺 有年而終 國史云 建福三十一年 永興寺塑像自 壞 未幾眞興王妃比丘尼卒 按眞興乃法興姪子 妃思刀夫人朴氏 牟梁里英失角干之女 亦出家爲尼 而非永 興寺之創主也 則恐眞字當作法 謂法興之妃巴刁夫人爲尼者之卒也 乃創寺立像之故也(……)"

나. 皇龍寺丈六佛

신라 진흥왕대에 세워진 황룡사는 호국사찰로 알려져 있다. 그러한 성격의 사찰에 모셔진 佛像은 당연히 국가의 祈福을 위한 목적에서 조성되었다고 볼 수 있다. 古代에 있어서 국가는 국왕과 거의 동일시되었다고 할 수 있다. 따라서 이 황룡사의 丈六佛도 국가 및 국왕과 밀접한 관련을 갖는다고 하겠다. 이러한 판단은 眞興王代에 주조한 丈六佛이 눈물을 흘렸는데 땅이 一尺이나 젖었으니 大王이 승하할 징조였다는 설화상의 내용 속에서 더욱 분명하다.[33]

다. 癸酉銘三尊千佛碑像[34]

文武王代에 만들어진 이 碑像의 造像銘에는 국왕을 비롯한 모든 국가 구성원에 대한 祈福을 염원하는 내용이 담겨져 있기 때문에 造像의 목적은 포괄적으로 말한다면 국가를 위한 것이라 해도 과언이 아니라 생각된다.

③ 衆生救濟

주로 慈悲로 인간중생을 구제한다는 보살들이 이에 해당한다. 여기에는 造像뿐만 아니라 壁畵像으로서도 나타나고 있다.

가. 興輪寺 普賢菩薩像[35]
나. 衆生寺 三所觀音像[36]

---

33) 『三國遺事』 卷3, 塔像 皇龍寺丈六條
34) 黃壽永, 『韓國金石遺文』, 일지사, 1976.
    "歲在癸酉年四月十五日香徒□□及諸菩薩像造 (……) 是者爲國王大臣及七世父母法界衆生故敬造之 (……)"
35) 『三國遺事』 卷3, 塔像 興輪寺壁畵普賢條

다. 栢栗寺 觀世音菩薩像[37]

라. 芬皇寺 千手菩薩像[38]

이처럼 관음상은 다양한 명칭과 모습으로 제작이 되고 있다. 이는 觀音佛이 아이를 얻고자 한다거나 또는 잃어버린 물건 내지 자식을 찾고자 한다거나 먼눈을 뜨게 해달라는 것처럼 인간생활에서 매우 중요한 여러 가지 일들을 해결해준다는 바로 현실적인 이유와 믿음에서 造像된 것이라 하겠다.

2. 修行的 側面

가. 臺山(月精寺) 文殊菩薩像

臺山은 文殊大聖이 주처하는 곳으로 알려져 일찍이 慈藏法師가 이곳에 와서 眞身을 보고자 하였고 뒤에 頭陁信義란 梵日 스님의 문인이 자장법사가 머물렀던 곳에 암자를 짓고 지냈으며 信義가 죽은 후에 어떤 절의 長老가 암자를 중창하여 월정사라 하였다 한다. 또한 당시의 新羅王이 臺山에 百官을 이끌고 와서 殿堂을 마련하고 아울러 文殊塑泥像을 그 안에 모시고 佛經의 讀經과 供養을 매년 실시케 했다[39]는 사실에서 信者로서의 불교수행을 목적으로 불상이 조성되었음을 알 수 있다.

---

36) 『三國遺事』 卷3, 塔像 三所觀音 衆生寺條
37) 『三國遺事』 卷3, 塔像 栢栗寺條
38) 『三國遺事』 卷3, 塔像 芬皇寺千手大悲 盲兒得眼條
39) 『三國遺事』 卷3, 塔像 臺山五萬眞身條

나. 洛山 石彌勒像[40]

신라 世達寺(興敎寺)란 절의 僧 調信이 관음보살상 앞에서 소원을 빌었으나 그 願이 받아들여지지 않자 관음보살을 원망하다가 잠깐 꿈을 꾸었는데 꿈을 통해 인간세상의 허무함을 깨달은 후 서울로 돌아와 淨土寺를 세우고 부지런히 수행하였다고 한다. 그 때 그가 꿈속에서 얻은 어린 자식을 매장한 곳에서 돌미륵을 얻었다고 하는데 결국 이 이야기에서 유추할 수 있는 것은 彌勒佛이 곧 죽은 자와 밀접한 관련을 가지면서도 개인의 得道 내지 修行을 위한 목적에서 造像되고 있다는 사실이다.

다. 金山藪 彌勒地藏菩薩像[41]

『三國遺事』에 의하면 眞表律師는 全州 碧骨郡 都那山村 大井里 사람인데 金山藪 順濟法師에게로 찾아가서 중이 되고 미륵과 지장 두 보살상 앞에서 참회를 하고 계를 받았다는 것이다. 따라서 미륵불은 물론이고 중생의 願을 들어준다는 지장보살도 개인적인 修行과 得道를 위해 造像되고 있다는 사실을 알 수 있다.

제4절 造像의 社會的 機能

造像活動이 본격화된 5세기 이후의 삼국은 대내적으로 체제정비와 권력의 집중화를 통해 정치와 사회 안정을 꾀하고 있었고 대외적으

---

40) 『三國遺事』卷3, 塔像 洛山二大聖 觀音正趣調信條
41) 『三國遺事』卷4, 義解 關東楓岳鉢淵藪石記條

로는 치열한 전쟁을 벌이면서 이해득실에 따른 외교관계를 추구하는 등 복잡한 양상을 띠고 있었다. 이것은 삼국의 불교문화에도 영향을 주었다.

즉, 고구려는 5세기이래로 한반도 남부를 향해 적극적으로 군사적 압박을 가하면서 백제 및 신라 등과 갈등을 벌여왔다. 이러한 시점에서 고구려는 중국의 북조와 외교관계를 다짐으로써 고구려 서북방지역의 안정을 꾀할 수 있었고 동시에 남조와도 우호적인 관계를 맺음으로써 백제의 對中國 외교를 견제할 수 있었다. 이 같은 고구려의 대외정책이 백제 측에 큰 위협으로 다가오자 백제에서도 魏에 글을 보내 고구려의 행위를 비난하고 있다.[42] 이로써 볼 때 당시 고구려와 백제 양국은 경쟁적으로 중국의 남북조 모두와 외교관계를 형성하는 일에 힘을 기울이고 있었음을 알 수 있다.

이러한 국제관계는 삼국 내에서도 동일한 양상을 보이고 있다. 특히 6세기를 전후로 하여 낙동강 유역의 가야제국을 아우르며 성장해 간 신라가 점차 고구려와 백제 사이를 넘나들며 충돌과 화해를 주도해 나가는 세력으로 부상하였고 이에 따라 삼국 간의 외교관계도 국제관계 못지않게 복잡한 양상을 띠며 전개되었던 것이다. 평화적이든 아니면 전쟁을 통해서든 이러한 삼국 간의 관계로 인해 물적 인적자원의 이동이 발생했던 것이고 이를 통해 삼국의 불교문화도 서로 영향을 주고받았던 것이다.[43]

---

42) 『魏書』 列傳 百濟傳 "(……) 且高麗不義 逆詐非一 外慕隗囂藩卑之辭 内懷兇禍豕突之行 或南通劉氏 或北約蠕蠕 共相脣齒 謀陵王略 (……)"

43) 6세기 전후로 편년되는 順興 邑内里壁畵古墳이 그 대표적인 예가 될 수 있겠다. 鄭雲龍에 의하면 이 벽화고분은 당시 고구려와 신라와의 관계를 보여주는 유적으로서 뿐만 아니라 이 지역에 미치고 있던 고구려의 영향으로 인해 민간차원의 불교가 신라지역에서도 이미 신봉되고 있었던 명백한 역사적 근거자료가 될 수 있다고 한다.(「5〜6世紀 新羅·高句麗 關係의 推移」『신라문화재학술발표회논문집 ― 신라의 대

그런데 이 같은 국내외의 외교관계와 관련하여 흥미있는 사실은 고구려의 造像에 있어서 無量壽佛을 만들면서 미륵신앙의 主佛인 彌勒佛과의 만남을 기원하고 있는 것이다.[44] 이에 대해서는 北魏 때에 조성된 용문석굴의 불상 중에 무량수불을 통해서 미륵신앙을 나타내는 예가 있기 때문에 중국에 전래된 불교신앙이 그대로 고구려에 전해져 나타난 초기적 현상으로 파악하는가 하면,[45] 부처의 기능이 미분화되었음을 반영하는 것이라 보기도 하며 궁극적으로는 서방정토에 왕생하기를 빌지만 죄가 많아 왕생할 수 없다면 미륵이라도 만나기를 바란다는 의미로 해석하는 견해도 있다.[46]

　　그러나 불교신앙이 한층 심화되고 부처의 기능도 더욱 확실해진 신라중대 이후에도 고구려의 경우와 유사한 현상을 보이고 있다. 즉, 『三國遺事』洛山二大聖 觀音 正趣 調信條의 義湘이 洛山寺에서 관음을 친견했다는 설화라든가 同書 郁面婢念佛西昇條 등에 보이는 신라중대의 觀音이 彌陀淨土에 귀의하는데 필요한 매개자로서의 역할을 수행하고 있는 것이다.[47] 따라서 고구려의 무량수불이나 신라중대의 관음불은 모두 미륵불을 만나는데 필요한 매개자로서의 역할을 담당하고 있었던 것이다.

　　더구나 신라중대의 대표적인 華嚴寺刹이라 할 浮石寺의 主尊이 毘盧遮那佛이 아니라 무량수불이란 사실은 아마도 무량수불이 미륵

　　외관계사연구 一 』 15, 1994, 56～59쪽)

44) 黃壽永 編, 「辛卯銘金銅三尊佛光背」 『韓國金石遺文』, 일지사, 1976.
　　한국고대사회연구소 편, 「景四年辛卯銘金銅三尊佛立像」 『譯註韓國古代金石文』 I, 1992.

45) 장지훈, 앞의 책, 1997, 68쪽.
　　김영미, 「統一新羅時代 阿彌陀信仰의 歷史的 性格」 『韓國史硏究』 50・51, 1985, 41쪽.

46) 한국고대사연구소 편, 앞의 책, 1992, 131쪽.

47) 文明大, 「景德王代의 阿彌陀造像問題」 『新羅彌陀淨土思想硏究』, 民族社, 1988, 192쪽.

불뿐만 아니라 비로자나불과 같은 부처와의 만남을 이끄는 매개자로서 존재할 수 있었기 때문에 本尊인 비로자나불 대신 무량수불을 통해서 비로자나불신앙 내지 화엄사상을 나타낸 것이 아닌가 한다. 그렇다고 한다면 앞서 고구려의 造像例와 같은 경우 불교신앙의 초기적 현상이라든가 부처의 기능 미분화현상 내지 서방정토에 왕생할 수 없으면 미륵이라도 만나기를 바란다는 의미 등으로만 설명할 수 없게 된다.

물론 당시의 동아시아 외교관계를 고려해볼 때 魏에서 나타나는 불교신앙의 혼합양상이 자연스럽게 고구려에도 수용되었다고 볼 수 있다. 그러나 이 같은 현상은 오히려 고대사회에서 공통적으로 나타날 수 있는 불교신앙행위의 특징으로 보이며 부처의 역할에 따른 造像의 融和라는 측면에서 이해하는 것이 바람직하다고 생각한다. 어쩌면 이것은 造像의 사회적 기능과도 밀접한 관련이 있지 않나 하는 생각이 든다.

먼저 無量壽佛은 아미타불이라고도 하여 서방극락세계에 常住하면서 극락세계에 태어나고자 원하는 이를 濟度해 준다는 부처이다. 그런데 이 아미타불과 관련한 신앙에 대해서는 성덕왕대와 경덕왕대에 불국토사상에 기반한 아미타신앙이 왕권강화책의 일환으로써 이용되었고 그 근거로 이 시기에 아미타신앙사례가 집중되어 나타나며 아미타신앙과 결부된 民生安定策이 보인다는 견해가 있다.[48] 그러나 불국토사상은 불교신앙행위로서의 造像이 신라사회에 뿌리내리는 과

---

48) 김영미, 위의 논문, 1985.
    _____, 「聖德王代 專制王權에 대한 一考察 ―甘山寺 彌勒像·阿彌陀像銘文과 관련하여―」『梨大史苑』 22·23합집, 1988.

정 속에서 국가의 위상 내지 취약한 왕권을 보강해준 역할을 수행하였고 나아가 시시각각으로 벌어지는 삼국 간의 전쟁 속에서 신라인의 단결을 이끌어내는 데 큰 힘이 되었다.

따라서 불교신앙이 이미 신라사회 깊숙이 자리 잡고 있었던 중대 이후는 그 어느 때보다도 왕권이 강화된 시점으로써 中古時代와 같은 의미로서의 불국토사상은 더 이상 그 역사적 기능을 수행할 수 없게 된다. 삼국시대는 불국토사상이 현실 위에 등장하여 영토개념으로서의 적극적인 기능을 수행한 시대였다고 한다면, 통일 이후 시기는 사회가 안정되면서 불국토사상이 역사 속에 내재된 채 신라인의 가슴 속에 면면히 이어져 온 것이라고 하겠다.[49]

다만 중대이전시기의 불국토사상은 전통적인 토지관념 속에서 불교라는 이질적인 종교를 정착시키고 불안정한 중앙권력을 강화하기 위해 王權과 결합되어 통치이념으로 작용하였다. 반면 중대이후의 불국토사상은 종교지도자들의 헌신적인 노력에 따라 오히려 이 시기의 정치 및 사회적 안정과 함께 확대된 영토관념을 바탕으로 한 阿彌陀 信仰의 심화를 가져오는데 일조를 했으며 이것이 성덕왕대와 경덕왕대의 활발한 造像活動으로 이어지면서 불교신앙행위의 중흥기를 맞게 된 배경이 되었다고 볼 수 있다. 그렇기 때문에 불국토사상은 前 時代의 중앙지역 위주에서 벗어나 五臺山과 같은 외곽산악지대로 그 대상이 확대되어 나갈 수 있었던 것이다.[50]

---

49) 김영미는 그의 논문(「統一新羅時代 阿彌陀信仰의 歷史的 性格」 앞의 책, 1988, 148쪽)에서 통일 이후의 불국토사상에 대한 인식이 통일 이전과는 그 성격이 다르다고 보고 있다. 즉, 통일 이전에는 과거에 있어서의 부처와의 인연을 강조하였고 8세기 초 성덕왕대의 불국토사상은 현재 부처가 상주하는 곳으로서 인식이 변화한 것이며 이러한 변화는 통일에 따른 자신감과 왕권의 안정, 그리고 아미타신앙이 일반 민중에게 널리 퍼져 있었던 사실과도 관계된다는 설명이다. 따라서 김영미는 불국토사상을 인식의 변화란 측면에서 살펴보고 있음을 알 수 있다.

또한 다양한 불교신앙 가운데 유독 아미타신앙만이 衆生救濟의 誓願을 이루는 신앙으로서 받아들여져 민생안정책으로 이용되었고 전제왕권의 강화책으로써 기능할 수 있었다고 생각되지 않는다. 현재 알려져 있는 몇몇 조상사례나 제한된 문헌자료만을 근거로 아미타신앙이 가장 성행한 것으로 분석하여 왕권강화의 이념적 기반이었다고 주장하기에는 당시의 역사적 현실과 부합되지 않는 측면이 있다고 생각한다.

왜냐하면 중대이후에 중생구제를 목적으로 한 造像으로는 아미타불 외에도 관음불이라든가 지장불,[51] 약사불 등이 있었고 이들 부처도 대중들에게 큰 신앙의 대상이 되었기 때문이다. 따라서 경덕왕대에 실시된 민생안정책은 당시의 漢化政策과 같은 시대적 배경으로 볼 때 오히려 유교이념에 따른 정책의 일환으로 살펴보아야 할 것이며 비록 민생안정책 속에 불교적인 색채가 가미되었다 하더라도 이는 어디까지나 불교국가인 신라에서 중생구제에 대한 부처의 가르침[52]을 따른 對民救恤策의 일환이었다고 하겠다.

아미타불은 현세는 물론 내세의 福을 기원하는 현실적인 목적이 좀 더 컸기 때문에 백제지역민들뿐 아니라 일반 귀족들까지도 열렬히 신봉하던 부처였다.[53] 왕실과 같은 상층신분에서 아미타불을 조

---

50) 『三國遺事』 卷3, 塔像 臺山五萬眞身條・溟州五臺山寶叱徒太子傳記條・臺山月精寺五類聖衆條 등 오대산은 중대이후에 크게 부각되고 있는데 臺山五萬眞身條에 의하면 五臺山이란 명칭이 붙은 것은 삼국통일 무렵의 자장법사 때부터라 한다. 그 이후 많은 승려들의 활동으로 오대산은 부처가 상주하는 곳으로 인식되기에 이르렀다.

51) 鄭柄朝, 「新羅時代 地藏信行의 研究」 『불교학보』 19, 1982, 343쪽.

52) 『海東高僧傳』 卷1, 流通條 "論曰夫佛陀之爲敎也 性相常住 悲願弘深 窮三際 遍十方 雨露以潤之 (……)"

53) 충남 연기지역에서 발견된 「癸酉銘阿彌陀佛三尊四面石像」(황수영 편, 앞의 책, 1976, 252~254쪽)에는 백제유민이라 추정되는 全氏 및 眞氏 등이 아미타불을 조성하여 내세의 부모와 현 국왕 및 大臣들의 願을 기원하고 있다. 또한 甘山寺 阿彌陀佛像의 조성자인 金志誠은 진골에서 제외된 6두품 소유자였고 당시 신라에서는 중류층 지식인들까지도 아미타불상을 조성하였다.(文明大, 「新羅 法相宗(瑜伽宗)의 成立問

성하는 경우는 현세와 같은 福樂이 내세에서도 계속 이어지길 희망하는 보다 현실적인 이유에 있었고 하급귀족 이하의 하층신분에서 아미타불을 조성하는 경우는 고된 현실을 벗어난 내세에서 극락왕생하기를 바라는 종교적 믿음에 더 큰 목적이 있었다.

따라서 아미타신앙을 왕권강화의 측면에서만 바라보는 시각은 역사 속에 등장하는 상층신분 각 개인의 신앙심은 물론이고 그 밖의 소외된 계층의 신앙심이나 그에 따른 신앙행위들을 배제시키는 결과가 되고 만다. 통치자들이 아미타신앙을 어떤 목적과 이유에서 수용하였든지 간에 이를 받아들이는 백성들의 자세나 의식은 복잡한 이론체계나 사상체계보다도 개인적 염원을 바라는 의도에서의 불교신앙행위 그 자체에 더 큰 비중을 두고 있기 때문에 왕권강화의 이념적 기반이라는 아미타신앙의 정치적 목적은 그 의미에 있어서 퇴색되어 버리고 마는 것이다.[54]

다음으로 觀音佛은 觀音菩薩 또는 觀世音菩薩 등으로도 불리는데 苦惱를 받고 있는 일체중생이 그를 一心으로 부르면 곧 그 음성을 觀하고 해탈을 얻도록 한다는 현세이익적 성격을 내포하고 있다.[55] 이러한 관음불의 성격 때문에 고뇌의 구제와 초현세적인 해탈을 돕는다는 사회적 역할 내지 기능을 언급하면서 일반백성들의 현실적 불만해소에 도움이 되는 관음불신앙을 왕실에서는 매우 환영하였다

題와 그 美術(下)」『歷史學報』 63, 1974, 160쪽)

54) 이기동은 김영미의 견해를 쫓아 중대의 국왕은 아미타불의 위광을 빌려 왕권강화의 정신적 기반으로 이용했을 개연성이 있다고 보았다.(앞의 책, 1997, 103쪽) 이기백은 아미타신앙이 전제왕권의 이념적 뒷받침이란 김영미의 주장에 대해 부정적 시각을 나타냈다. 그러면서도 그는 아미타신앙이 민심수습을 통한 왕권강화라는 문무왕의 뜻이 반영된 것이라고 하는 김영미의 부석사창건동기 서술부분을 올바른 이해라고 보았다.(앞의 책, 1986, 188쪽의 주 17)

55) 鄭炳三, 「統一新羅 觀音信仰」『한국사론』 8, 서울대학교, 1982, 7쪽.

고 이해하기도 한다.56)

그런데 백제의 위덕왕은 신라와의 전쟁에서 비명횡사한 성왕을 위해 부왕의 모습을 본뜬 관음상을 제작하고 있다.57) 앞서 관음불은 무량수불과 마찬가지로 미륵불과의 만남을 이끄는 매개자로서 존재했다고 하였다. 그래서 이와 연결시켜 본다면 아마도 위덕왕은 관음불이라는 造像을 통해 故人이 된 성왕이 미륵불을 만날 수 있도록 해달라는 염원과 함께 당시 가장 대중적으로 성행한 觀音像을 통해 父王을 살아서는 물론이고 죽어서까지 백성들을 구제해주는 존재로서 신격화시키려 하였던 것으로 이해된다.

이처럼 아미타불과 관음불 등은 각기 고뇌를 받고 있는 모든 중생을 더 나은 세계로 이끌어주는 부처로서 기능하고 있는 것이다. 따라서 각각의 불교사상에 따른 造像에서 벗어나 중생과 가장 친밀한 관계를 가지면서 중생과 부처 간의 매개자로서의 기능을 담당하는 이들 佛像을 造像함으로써 한편으로는 불평등한 사회제도에 대한 정신적 유화책이 될 수 있으며 동시에 對民救恤策 내지 민심에 대한 융화책으로써 기능할 수 있었고, 다른 한편으로는 종교적으로 불교신앙의 심화를 가져올 수 있었을 것이다.

한편 藥師佛은 藥師如來를 말하며 신라에서는 일찍이 6세기 후반부터 성행하기 시작한다. 약사여래는 신라에서 유행한 四方佛의 하나로서 동쪽의 정토세계를 주재하는 佛인데 왼손에는 藥盒을 들고 서있는 모습으로 造像되고 있다.58) 四方佛像은 6세기 무렵 百濟의 禮山에서

---

56) 洪承基, 앞의 논문, 59쪽, 63쪽.

57) 일본 사천왕사와 범륭사 소재의 救世觀音像을 말한다.(金相鉉, 「百濟 威德王의 父王을 위한 追福과 夢殿 觀音」『한국고대사연구』 15, 1999)

58) 김리나, 「慶州 掘佛寺址의 四面石佛에 대하여」『진단학보』 39, 1975.

처음 나타났는데 사방불은 四方으로 확대되어 가는 영토관념을 보여
주는 것으로 聖王代 백제국력의 융성을 상징하는 것이라 한다.[59]

이는 한창 영토 확장에 여념이 없었던 신라의 경우도 마찬가지라
생각되지만 통일 이후에 성행한 사방불은 그러한 영토관념보다는 불
교사상을 통한 衆生救濟 내지 衆生濟度에 초점을 맞춘 것이라고 봄이
당시의 시대상황과 부합되는 것으로 판단된다. 왜냐하면 사방불의 불
상명도 국가나 시대에 따라 변할 수 있다는 점[60]에서 생각해 볼 수
있기 때문이다. 따라서 약사여래는 현실에서 고통받는 힘없는 사람들
의 구원자로서 널리 신앙되었던 부처 중에 하나였다고 하겠다.

결국 造像의 사회적 기능은 당시의 위정자들이 할 수 없었던 현실
적이고 정신적인 측면에서 발휘되었다고 하겠다. 왕은 일반 대중들이
쉽게 가까이 할 수 없었던 존재였다. 그러한 王位를 왕즉불 내지 전륜
성왕이라고 하는 사상을 표현한 佛像이나 왕의 모습을 본뜬 佛像을
조성하여 상징적이나마 일상 속에서 臣民과 대면할 수 있는 것이고
佛像을 통해 그들이 바라는 염원을 들어줄 수 있는 존재로서 신격화
시킬 수 있었다. 또한 여러 불교사상에 근거한 부처가 아닌 일상 속
에서 衆生의 구원을 담당하며 이들과 가장 친밀한 관계를 지닌 부처
를 造像함으로써 불평등한 사회제도 내지 사회정책을 어느 정도 宥和
시키는 기능은 물론이고 정신적으로 각 계층 간의 일체감 조성에도
큰 역할을 수행했던 것이라 생각된다.

이외에도 造像은 기존의 葬禮에도 변화를 수반하였다. 즉, 夫餘·
高句驪·東沃沮·弁辰 등 上古社會로부터 이어져 온 전통적인 매장

---

59) 文明大, 「百濟四方佛의 기원과 禮山石柱四方佛像의 연구」『한국불교미술사론』, 민족사, 1987, 68~69쪽.
60) 문명대, 위의 책, 69쪽.

풍속이 비록 각 사회마다 약간씩 다르긴 하지만 공통적으로 靈魂不滅思想 내지 繼生思想(continuance theory)[61]에 기반한 다양한 매장품을 무덤 속에 설치해 왔다.[62] 그러던 것이 불교신앙에 의해 佛像을 만들어 무덤 옆에 세우기도 하고 木枕과 같은 매장품에 불상을 그려 넣어[63] 그 속에 묻힌 주인공의 명복을 비는 수단으로 이용되기도 하였던 것이다.

이것은 바로 오랜 세월 동안 이어져 온 고대인들의 죽음에 대한 신비적인 관념이 그대로 불교신앙행위에도 영향을 준 것이라 말할 수 있겠다. 이처럼 造像은 그 어떤 불교신앙행위보다도 가장 쉽게 대중 속으로 파고들 수 있는 위력을 지녔고 기존의 신앙체계를 불교신앙체계 속으로 자연스럽게 젖어들 수 있도록 하는 데 큰 역할을 수행하고 있는 것이다.

제5절 맺음말

인도에서부터 중국을 거쳐 들어온 불교는 고대사회 전반에 걸쳐 큰 영향을 미쳤다. 우리나라 고대사회의 사상적 주류는 토속신앙 내지 무속신앙이었다. 그런데 불교가 들어오면서 점차 국가적 신앙으로 대체되었고 그 과정에서 불교는 토속신앙을 무조건 배척하지 않고

---

61) 繼生說이란 사후생활을 생전생활의 계속 혹은 연장이라고 보는 사상이다.(孫晉泰, 『조선상고문화의 연구』, 남창손진태선생유고집1, 2002, 25쪽)

62) 『三國志』 卷30, 魏書 烏丸鮮卑東夷傳 第30 夫餘條, "其死 夏月皆用氷 殺人殉葬 多者百數 厚葬 有槨無棺", 高句驪條, "厚葬 金銀財幣 盡於送死 積石爲封 列種松柏 其馬皆小 便登山", 東沃沮條, "其葬作大木槨(……) 又有瓦𩾁 置米其中 編縣之於槨戶邊", 弁辰條, "以大鳥羽送死 其意欲使 死者飛揚"

63) 辛鍾遠, 『新羅初期佛敎史硏究』, 民族社, 1992, 183쪽.

포용함으로써 융합의 형태로 고대인의 정신세계를 이끌었던 것이다.

이렇게 해서 불교는 토착화에 성공하였고 결국 고대문화형성에 밑바탕이 될 수 있었던 것이다. 이는 고대국가형성에 필수적인 律令에 살생을 금하는 불교적 계율이 첨가되고 있는 점, 고대 정치제도라든가 王名에 불교적인 요소가 가미된 점과 함께 현재까지 전해지고 있는 고대의 유적, 유물들 대개가 불교와 밀접한 관련을 갖는다는 사실만으로도 짐작할 수 있다.

본고에서는 다음과 같은 내용들을 중심으로 검토해보았다. 먼저 제1장, 造像의 展開와 起源에서는 4세기 중반을 전후로 이미 漢人들에 의해 불교신앙이 존재하던 고구려 평양지역에서 북중국으로부터 수입된 불상을 모델로 造像이 이루어지고 이것이 平壤九寺의 창건을 계기로 고구려의 북부지역은 물론이고 거의 동시기인 4세기 말부터 創寺를 시작한 백제의 한산지역에까지 영향을 주었던 것이라 하였다. 그 근거로 역사적 상황과 함께 고고학 및 미술사 자료인 안악 3호분의 불교적인 벽화내용과 묵서명, 장천 1호분의 불교적 벽화내용, 연가7년명 금동불 및 서울 뚝섬 출토 금동불좌상과 군수리사지불좌상 手印의 유형 비교 등을 제시하여 추정해 보았다.

다음으로 제2장, 造像의 目的에서는 기원적 측면과 수행적 측면으로 나누어 삼국유사 등의 관련사료를 통해 몇 가지 예를 제시하고 이에 대한 부연 설명을 덧붙였다. 기원적 측면에서는 亡者를 위한 追福·국가나 살아 있는 개인을 위한 祈福·중생구제를, 수행적 측면에서는 오로지 수행을 목적으로 한 造像의 예를 서술하였다.

마지막으로 제3장, 造像의 社會的 機能에서는 삼국시대부터 대중적 인기를 끌었던 造像을 중심으로 한 현실적 정신적 측면에서의 사회적 기능, 즉 造像을 통해 王의 신격화는 물론이고 왕의 역할을 代置시킴으로써 가까이 접할 수 없는 王과 臣民을 이어준 점, 그리고 일상 속에서 衆生과 친밀한 관계를 지닌 佛像을 조성함으로써 불평등한 사회제도 내지 사회정책을 宥和시킨 점과 전 사회계층의 정신적 통일 등을 지적하였다. 아울러 사회적인 葬禮에 있어서는 佛像을 무덤 옆에 안치한다거나 매장품으로 불상을 그려 넣기도 하였는데 이는 영혼불멸사상 내지 계생사상 등과 같은 원시시대부터 이어져 온 고대인들의 죽음에 대한 신비적 관념이 그대로 불교신앙행위에 반영된 것이라 하였다.

제5장 古代 佛敎信仰行爲로서의
創寺에 대한 검토

제1절 머리말

 古代에 佛敎가 국가적 이념으로써 공인된 이후 全 社會에 수용되기 위해서는 사회적 요구에 따라 실천적이고 신앙적 성격을 띠고 의례화되지 않을 수 없었다. 그런데 이 같은 불교는 교리학적인 관념체계로서의 불교가 아니라 현실생활에 습속화된, 사회에 수용된 유기체로서의 불교로 자리매김하지 않을 수 없다.[1] 왜냐하면 일반대중은 종교적 사유보다는 종교적 의례를 통해서 신앙체계를 형성해 가기 때문이다.[2]

 따라서 고대인의 삶 속에 깊숙이 자리 잡은 불교사상은 신앙행위(공덕행위)[3]란 종교적 의례를 통해서 구체적으로 표출되게 마련이고 이를 역사적 측면에서 살펴보는 작업은 당시 사회를 이해하는 데에 있어서 매우 중요한 일 중에 하나라고 생각된다.

 우리나라 고대사회에 있어서 가장 중시되고 성행한 불교신앙행위

---

1) 洪潤植, 「三國遺事와 佛敎儀禮」『三國遺事의 新硏究』, 서경문화사, 1991, 101쪽.

2) 高翊晋, 『韓國古代佛敎思想史』, 동국대학교출판부, 1989, 67쪽.

3) 功德이란 梵語 Guna(求那)에 해당하는 말로 현재 혹은 미래를 資益하는 善業을 가리킨다. 공덕을 닦는 일, 즉 白業이 頓增함에 따라 惡緣이 점차로 끊어지고 人敬神佑하고 禍去福來한다는 것인데『大乘義章』・『勝鬘經』・『天台仁王經疏』 등에 보이는 말이다.(黃浿江, 『新羅佛敎說話硏究』, 一志社, 1975, 132~133) 따라서 공덕행위는 善業을 닦는 행위로 복을 얻고자 하는 노력이라고 하겠다.

로는 創寺·造像과 더불어 建塔 활동 등을 들 수 있다. 물론 이러한 신
앙행위들은 대개 특수계층, 말하자면 왕을 비롯한 귀족이나 승려들에
의해 표출된 결과물로써 이루어진 것이고 어느 정도 규모가 있는 創寺
의 경우 통일신라 이후에 와서야 간혹 신분이 낮은 불교신앙자의 공
덕행위도 존재하고 있지만 그것은 어디까지나 간접적인 財貨나 田地
(宅地)의 기부 정도에 불과하기 때문에[4] 막대한 자원과 인력이 필요한
직접적인 創寺活動에 있어서는 불교수용초기부터 계층을 초월하여
모든 백성이 참여할 정도로 보편화된 것은 아니었다. 다만 造像이나
建塔의 경우 공덕행위자의 정치·사회적 배경에 따라 재료나 규모에
있어서 큰 차이를 보일 수 있다. 대체적으로 일반백성들의 신앙행위는
이미 완성된 결과물들을 매개로 하여 탑돌이[5]를 한다거나 불상 앞에
서 경건하게 기원하는 모습 등으로 기록 속에서 자주 등장하고 있다.
　　우리나라 古代에 있어서 創寺는 국가적으로 불교가 공인된 이후에
와서야 본격적으로 시행된 것이다. 물론 신라의 경우 설화상에는 불
교가 공인되기 이전인 3세기대에 미추왕이 創寺의 지시를 내린 것으
로 나타나고 있지만[6] 당시의 역사적 상황을 고려해 볼 때 이는 거의
불가능한 일이다. 다만 이에 대한 가능한 해석은 어디까지나 왕실 내
에 국한한 內佛堂 형식의 소규모의 사찰로 보는 것이 어떨까 한다.[7]

---

4) 문무왕은 일반백성들에게 함부로 財貨나 田地를 佛寺에 바치지 말도록 명하고 있다는 사실에서 삼국통일
　을 전후한 시점에서 토지의 기부가 성행하고 있었음을 알 수 있다.(『三國史記』 卷6, 新羅本紀 文武王 4年
　(664) 8月條) 그리고 신라하대에도 弘孝寺(興德王代)와 兩尊寺(眞聖王代)의 경우처럼 평민의 土地私捨에
　의해 창건된 사찰이 간혹 보인다.(『三國遺事』 卷5, 孝善 孫順埋兒 및 貧女養母條)

5) 탑돌이는 일종의 공덕행위로 원래 부처 생존 시 부처를 돌던 恭敬禮法이 舍利를 모신 塔에의 供養法으로
　발전한 것이다.(정경희, 「三國時代 社會와 佛經의 硏究」『한국사연구』 63, 1988, 57쪽)

6) 『三國遺事』 卷3, 興法 阿道基羅條

7) 이 점은 또 하나의 설화인 『三國遺事』 卷1, 紀異 射琴匣條의 "內殿焚修僧"이란 佛僧의 존재에서 유추해
　볼 수 있다.

따라서 불교전래 초기에는 전 사회적인 사찰의 건립보다는 소규모의 堀室을 만들어 포교활동을 한다거나 佛經에 대한 이해에 좀 더 초점이 두어졌을 것이고 그 이후 불교에 대한 이해가 심화됨에 따라 거국적인 創寺가 활발히 행해졌을 것으로 생각된다.

그렇다면 구체적으로 우리나라 고대에 있어서 創寺의 기원은 무엇이고, 創寺가 성행하게 된 역사·사상적 배경은 무엇이며, 아울러 創寺의 목적은 무엇인지, 그리고 이 같은 고대 불교신앙행위로서의 創寺가 과연 역사적으로 어떠한 의미를 가질 수 있는지 당시의 정치사회상과 연결하여 검토해 보기로 하겠다.

제2절 創寺[8]의 起源

삼국에서 본격적으로 거대한 사찰이 건립된 것은 불교의 공인 이후에 와서야 비로소 이루어졌다고 볼 수 있다. 다시 말하면 創寺의 시작은 불교공인에서 비롯된 것이며 사찰의 창건으로 불교가 공식적으로 인정을 받게 된 것이라 하겠다. 이 점은 『三國史記』나 『三國遺事』의 불교전래 기사를 보면 더욱 확실하다.

『三國史記』에 의하면 고구려의 경우 소수림왕 2년(372)에 秦王이 사신인 符堅을 보내면서 僧 順道와 佛像 및 佛經을 보내왔고 왕 4년에는

---

8) "寺"가 전당으로 구성된 하나의 사찰을 의미하며 庵과 달리 佛殿과 생활구역, 탑 등 어느 정도의 면모를 갖추었을 때 명명될 수 있다고 한다.(裵珍達, 「石佛寺 석굴구조의 原形과 淵源」 『石窟庵의 新研究』, 한국정신문화연구원, 2000, 158쪽) 그러나 신라의 경우 특히 中古期의 사찰에서 佛殿만 있고 佛像이나 佛塔이 모셔져 있지 않는 예가 많다.(이인철, 「新羅 上代의 佛寺造營과 그 社會經濟的 基盤」 『白山學報』 52, 1999, 77쪽)는 점에서 앞의 제시된 寺에 대한 정의는 매우 이상적이며 비현실적인 것이다. 따라서 필자는 기원적이고 현실적 측면에서 金堂이나 佛殿과 같은 일정한 공간이 마련되었거나 또는 일정한 공간 안에 불상이나 불탑만을 갖추고 있다면 넓은 의미에서 절[寺]로 보겠다.

僧 阿道가 고구려에 오자 왕은 재위 5년 만에 肖(省)門寺와 伊弗蘭寺를 지어 각각 그 두 사람을 안치하였고 이로써 우리나라에 불법이 시행되었다는 것이다.[9] 이와 동일한 기록이 『三國遺事』에도 보이고 있다.[10]

이 같은 사정은 백제나 신라의 경우도 마찬가지이다. 백제의 경우 枕流王 元年(384)에 晋의 胡僧인 摩羅難陀가 백제에 이르렀는데 왕은 바로 그 다음 해에 漢山에 절을 짓고 승려 10인을 안치했다.[11] 그리고 신라에서도 비록 불교공인에 있어서 이를 둘러싼 정치세력 간에 갈등이 있었지만 불교를 국가적 신앙대상으로서 공식적으로 인정한 후 바로 잇따라 절을 짓고 있다.[12]

한편 『三國遺事』 原宗興法 猒髑滅身條에 의하면 법흥왕대의 신라에서는 불교공인을 놓고 왕과 신하들이 갈등을 빚고 있는 상황이었을 때 왕이 여러 신하들을 불러서 묻는 가운데 "그대들은 내가 절을 지으려고 하는데 어찌하여 주저하고 듣지를 않는가 하니 이때야 여러 신하들이 벌벌 떨면서 겁을 내어 정성껏 맹세를 하여 손가락으로 동서를 가리켰다"고 하는 기사가 전한다.[13] 따라서 이 내용을 통해서 볼 때 당시 절의 창건이 곧 불교의 공인과 동일시되고 있었음을 알 수 있다.

---

9) 『三國史記』 卷18, 高句麗本紀 6 小獸林王 2年 및 4年, 5年條
  그런데 『三國史記』 소수림왕 2년조의 고구려 불교전래 기사에 대해 부정하는 견해가 있다. 즉, 일본학자 木村宣彰은 東晋의 曇始를 初傳者로 보고 있는데 국내기록(최치원의 智證道憲碑)에서 順道 阿道의 入麗 傳法事實이 전혀 보이지 않고 오직 曇始의 高句麗初傳說만이 보이기 때문이라는 것이다. 따라서 順道初 傳說은 『三國史記』의 날조라는 주장이다.(金煐泰, 「불교신앙의 전래양상과 생활세계」 『傳統과 思想』 Ⅲ, 1988, 92쪽에서 재인용)

10) 『三國遺事』 卷3, 興法 順道肇麗條

11) 『三國史記』 卷24, 「百濟本紀」 2 枕流王 元年 및 2年條; 『三國遺事』 卷3, 興法 難陀闢濟條

12) 『三國史記』 卷4, 「新羅本紀」 4 法興王 15年(528)

13) "(……) 以召群臣 乃問 卿等於我欲造精舍 故作留難 (……) 於是群臣戰戰兢懼 僉伺作誓 指手東西 (……)"

이처럼 불교수용 초기에 삼국 모두 創寺에 적극적이었던 것은 국가에서 절을 지어 일반백성들에게 佛法崇信의 장소를 제공해 줄 수 있었기 때문이다.[14] 다시 말하면 왕을 비롯한 귀족들뿐만 아니라 그 아래의 모든 사람들도 누구나가 불교의식에 따라 공덕행위를 할 수 있는 토대가 마련되었다는 점이다.

고구려 초기의 사찰로는 省門寺(肖門寺)·伊佛蘭寺·金剛寺·盤龍寺·靈塔寺 및 平壤九寺 등을 들 수 있다. 그런데 平壤九寺의 경우에는 開創 사실만 전할 뿐 구체적인 寺名은 전혀 알 수 없다.[15] 사찰이 어디에 위치하였느냐에 따라 王城 안에 있는 寺院은 주로 왕실과 중앙귀족들만이 출입하였을 것이고 그 외의 다른 지방의 民家들을 가까이에 자리한 절들은 일반백성들이 출입하였을 것인데, 平壤九寺의 경우에는 광개토왕 2년(392)에 창건된 절[16]로, 이때는 고구려의 수도가 아직 집안(국내성)에 있었기 때문에, 지방귀족이나 호족들을 위한 사원일 뿐 아니라 일반백성들을 위한 사원이기도 하였을 것이다.[17]

백제에서도 阿莘王의 崇佛下敎를 전후하여 절들이 많이 세워졌겠지만 枕流王 2年(385)의 漢山創寺 이후 제29대 法王 2年(600)의 王興寺 창건에 이르기까지는 거의 創寺 사실을 史書에서 볼 수 없다. 그러나 백제에는 "僧尼와 寺塔이 매우 많다"[18]고 한『隋書』의 기사를 통해 볼 때 백제에도 고구려의 경우처럼 崇信求福할 장소인 절이 많이 세워졌으리라 생각된다.[19] 물론 기록에 절이 많다고 표현한 것은 국가

14) 金煐泰, 위의 논문, 1988, 102쪽.

15) 申東河,「高句麗의 寺院造成과 그 意味」『韓國史論』19, 서울대학교, 1988.

16)『三國史記』卷18, 高句麗本紀 6 廣開土王 2年 秋8月條, "創九寺於平壤"

17) 金煐泰, 위의 논문, 1988, 124쪽.

18)『隋書』百濟傳條 "(……) 有僧尼 多寺塔 (……)"

적으로 창건된 거대한 木造寺刹들뿐만 아니라 조그마한 규모의 절들, 이를테면 신라의 경우지만 板室의 房이나 돌무더기로 만든 磊房과 같은 것들도 포함되었을 것이다.[20]

　신라에서 큰 규모로 창건된 사찰은 모두 231개로 추산되고 있다.[21] 그런데 이들 사찰의 숫자에 이름이 전하지 않는 것까지 합한다면 최소한 340개 이상이 건립되었을 것이며 그 가운데에서도 법흥왕대 이전에 건립된 사찰은 거의 없고 신라 중고기에 창건된 것이 대부분을 차지하고 있다.[22] 불교공인 초창기인 법흥왕대에 창건된 사찰로서 그 이름을 전하는 것으로는 永興寺와 刺楸寺 등이 있다.[23]

　그런데 신라에서는 이처럼 국가적으로 대규모의 木造寺刹이 건립되기 이전 시기에 石造寺刹(石窟)의 始源을 갖는 '石塚'이 이미 만들어지고 있었다.[24] 또한 불교가 전래될 무렵인 눌지왕대에도 '堀室'이 만들어지고 있다.[25] 물론 이 石塚을 엄밀한 의미에 있어서의 사원으로 볼 수 없지만 石塚의 외형이 무덤과 유사한 형태였던 것으로 보이며,[26] 이러한 형태의 구조는 南山三花嶺彌勒三尊石室(窟)의 石龕으로

---

19) 金煐泰, 앞의 논문, 1988, 104쪽.

20) 『三國遺事』卷3, 塔像 南白月二聖 努肹夫得 怛怛朴朴條

21) 경주에 조성된 사찰의 총수만 해도 대략 210여개소로 통일 이전의 것이 30여개소이고 그 나머지는 9세기 이전에 조성된 통일신라시대의 것이라 하니(裵珍達, 앞의 논문, 2000, 144쪽) 규모가 큰 사찰들은 대개 신라 수도 경주에 집중해 있음을 알 수 있다.

22) 李仁哲, 앞의 논문, 1999, 47~48쪽.

23) 『三國遺事』卷3, 興法 原宗興法 厭髑滅身條

24) 『三國遺事』卷1, 紀異 脫解王條 "(……) 말을 마치자 그 사내아이는 지팡이를 끌면서 두 종을 데리고 토함산 위에 올라가서 돌무덤을 만들고 이레동안 머물렀다. (……)"

25) 『三國遺事』卷3, 興法 阿道基羅條, "新羅本紀第四云 第十九訥祗王時 沙門墨胡子 自高麗至一善郡 郡人毛禮(或作毛祿) 於家中作堀室安置 (……)"

26) 석탈해가 만든 石塚을 일종의 土窟로 보는가 하면 참호시설의 일종으로 보기도 한다. 즉, 전자는 石材로 土窟을 만든 石室로서 승려들이 수행하는 처소건물인 土幕집에 가까운 형상이라는 것이며,(신영훈, 「韓國의 石室・石窟寺院考」 앞의 책, 1987, 231쪽) 후자는 石塚을 무덤이 아니며 단순한 전투용 방어시설인 石堆와도 다르다는 것이다.(姜仁求, 「昔脫解와 吐含山, 그리고 石窟庵」 『정신문화연구』제24권 제1호(통

그 명맥이 이어졌을 것으로 생각된다.[27]

또한 堀室이란 것이 기록상으로만 전해져 석굴인지 토굴인지 명확히 구분할 수 없을 뿐더러,[28] 이것이 金堂의 일종인지 아니면 그저 가옥에 딸린 조그만 別室인지, 그리고 그 크기는 얼마나 되는 지도 전혀 알 수 없다. 다만 예배장소로써의 형태만은 인도의 아잔타나 중국의 운강, 돈황 또는 용문석굴과 같은 석굴사원[29]의 예에서 어느 정도 엿볼 수 있다고 생각된다. 그러나 불교전래 전후시기의 石塚이나 堀室 등은 오로지 수도원과 같은 기능만을 했을 뿐 거대한 佛像의 예배대상이 갖추어져 있던 인도나 중국의 석굴사원과는 그 성격이 달랐을 것[30]임은 분명하다.

현존하는 우리나라 석굴 가운데 가장 초기의 것으로는 백제의 西穴寺와 南穴寺를 들 수 있다. 이들 穴寺는 527년경에 창건된 것으로 추정되는데 자연굴을 이용한 사원이다.[31] 우리나라에서는 이처럼 천연동굴을 이용한 석굴이 주로 성행했던 형식인데 백제의 웅진지역에서 많이 나타나는 절의 형태로[32] 여기에는 磨崖石窟과 築造石窟 등이 있다.

마애석굴은 바위에 龕을 파서 佛像을 조각하고 그 앞면에 木造前室

권 82호), 2001, 125쪽.

27) 황수영은 이 南山三花嶺三尊石室을 古墳이 아닌 石龕으로 보면서 토함산 석굴의 시원형을 이룬 것으로 파악하고 있다.(『韓國의 佛像』, 文藝出版社, 1989, 332쪽)

28) 文明大, 「韓國 石窟寺院의 硏究」『歷史學報』 38, 1968, 98쪽.

29) 석굴사원이란 바위를 뚫어 만든 사원을 말한다. 이는 두 가지 형식으로 분류되는데 하나는 前室과 主室로 짜여진 말굽형 또는 원형의 단일한 홀인 차이티야(Chaitya)형식이며, 다른 하나는 커다란 장방형 홀을 중심하여 다수의 작은 방이 마련된 비하라(Viharas)형식이다. 차이티야는 주로 예배당으로 사용된 반면 비하라는 수도원으로 사용된 것이다.(문명대, 위의 논문, 1968, 90~92쪽)

30) 문명대, 위의 논문, 1968, 95쪽.
   申榮勳, 「韓國의 石室・石窟寺院考」『韓國佛敎美術史論』, 민족사, 1987, 212쪽.

31) 문명대, 앞의 논문, 1968, 98~99쪽.

32) 목정배, 『삼국시대의 불교』, 동국대학교출판부, 1989, 87쪽.

을 설치한 형태로 중국의 *齊·周末*부터 나타나 *隋·唐時代*에 산동지방에서 성행했던 사원형식인데 우리나라에서는 주로 백제에서 애용했고 통일신라시대에도 성행했었다.[33] 그리고 축조석굴은 신라 중대에 창건된 석굴암과 같은 형식의 석굴로 통일신라에서 주로 성행했는데 우리나라 *古墳*의 형태를 취한 독특한 것이라 한다.[34] 그렇다면 앞서 언급한 탈해왕과 관련된 *石塚*이 아마도 신라 석굴형식 사원의 원형이 되지 않을까 한다.[35]

제3절 創寺의 歷史·思想的 背景

삼국에서 불교가 공인되고 *創寺*가 본격적으로 이루어지던 4세기 말 이후부터 7세기 초 무렵의 고대사회는 영토 확장을 위한 약육강식의 전쟁이 치열한 격동의 세기였다. 그 와중에서 삼국은 각기 중앙집권체제를 갖추어 나가고 있었는데 가장 선두에 선 나라는 주지하듯이 고구려였다.

각 부족의 연합체제에서 점진적으로 중앙집권화가 진행되고 있던 고구려는 4세기 초 *前燕*의 대대적인 침공을 받고 수도가 파괴되는 위

---

33) 문명대, 앞의 논문, 1968, 112~118쪽, 139쪽.

34) 문명대, 앞의 논문, 1968, 97쪽, 146~161쪽.
그런데 강인구는 석굴암을 석굴의 개념으로 볼 수 없고 인도나 중국과 같은 석굴과는 크게 다른 지상에 건축한 석조의 *窟形式* 불당건축이란 견해다.(앞의 논문, 127쪽) 그러면서 석굴암의 건축적 구조가 이 시기의 석실분과 사상적 배경이나 구조에서 공통점이 있다.(앞의 논문, 129쪽)고 언급하여 *古墳*과의 관련성을 지적하고 있다.

35) *石窟庵 石佛*에 대한 흥미있는 견해가 있어 여기에 소개하겠는데, *脫解*의 *東岳神像(塑像)*에서 석굴암의 석불로의 전환이 이루어졌다는 것이다.(강인구, 앞의 논문, 2001, 137쪽) 이러한 사실을 놓고 볼 때 석굴암의 원형은 기존의 *石塚*에서 찾을 수 있지 않을까 하는 조심스런 가설을 제시해 본다.

험을 당하기까지 하였다. 그러나 4세기 말인 370년에 전연이 前秦에게 멸망당하자 곧 고구려는 전진과 우호적인 관계를 맺게 되면서 국내의 서북쪽지역이 다소 안정을 되찾을 수 있었다. 그 대신 남쪽의 백제와는 帶方地域을 놓고 치열한 공방전을 벌임에 따라 고국원왕이 전사하는 위기상황을 맞게 되었다.[36]

이 같은 위기정국은 고구려의 내부상황에서 비롯된 것이라 할 수 있다. 즉, 이 무렵 고구려사회는 아직까지도 동예·옥저·말갈계와 거란족 일부, 요동지역의 유·이민, 낙랑 및 대방지역민과 본래의 고구려민 등 복잡하고 다양한 구성원들의 배타적이고 분리적인 인식과 태도를 극복하지 못한 상태였다. 따라서 王이 戰死하는 상황을 맞이하게 되면서 고구려 내부에서는 보다 체계적이고 안정된 체제정비의 필요성을 절감하게 되었던 것이다.[37]

이렇듯 다양한 구성원들의 배타적이고 분리적인 인식을 극복하기 위해서는 무엇보다도 전통을 달리하는 생활습관을 보편적인 가치관에 의하여 통합하는 일이며, 전쟁에 희생된 전사자들의 영혼을 위안하는 일이었다.[38] 그런데 당시까지도 고구려사회에서는 각 부족별로 전해내려온 다양한 재래신앙이 지배하고 있었으므로 의식적으로 완전한 통합을 이루지 못하고 있었다. 때마침 前秦에서는 국왕중심의 호국사상에 바탕한 불교사상이 유행을 보고 있었고 이러한 북조불교가 고구려사회에서 필요로 하는 사상체계로 받아들여지게 되었던 것이다.[39]

---

36) 『한국사』 5 (삼국의 정치와 사회 Ⅰ - 고구려), 국사편찬위원회, 1996, 47~49쪽.

37) 위의 책, 1996, 49쪽.

38) 洪潤植, 「三國時代의 佛敎受容과 社會發展의 諸問題」 『馬韓·百濟文化』 8, 1985, 58쪽.

39) 위의 책, 1996, 51쪽.

이 같은 불교사상의 공식적인 도입과 확산을 위해 소수림왕대에는 省門寺와 伊弗蘭寺의 두 사찰이 창건되기에 이른다. 그 후에도 절의 창건은 계속 이어져 광개토왕대에는 평양에 九寺가 창건되기도 하였다. 古代社會에 있어서 초창기 절은 수도를 중심으로 창건되는 것이 일반적이다. 그런데 광개토왕대의 수도는 평양지역이 아니라 국내성이 있는 집안지역이었다. 따라서 고구려에서 유래가 없을 정도의 많은 절들이 평양지역에 지어졌다고 한다면 여기에는 어떤 특별한 배경을 갖고 있다고밖에 볼 수 없다.

평양은 고구려가 점령하기 이전에 중국 漢四郡의 하나인 樂浪郡이 설치된 지역으로 이미 그곳에는 다양한 생활기반이 갖추어져 있었다.[40] 따라서 이곳은 고구려가 장악한 이후에도 大陸文化에 영향을 받은 일군의 집단이 거주하고 있었을 것이며, 그렇기 때문에 평양지역에는 불교문화라는 외래문화와의 접촉도 큰 거부감 없이 받아들여질 수 있었을 것이라 생각된다.[41]

여기에서 한 가지 주목되는 사실은 王山岳이나 王高德과 같은 이 지역에 기반을 둔 새로운 정치세력이 중앙정계에 대거 등장하기 시작한다는 것이다. 또한 冬壽나 幽州刺史 鎭과 같은 중국계 망명인들은 고국원왕대 이후 대체로 고구려의 對中外交나 평양경영과 관련하여 활동하고 있다는 사실이다. 장수왕대의 평양천도 후 이들은 왕권의

---

40) 낙랑군이 설치된 평양지역에는 郡太守 이하의 관리와 상인 등 漢人이 와 살면서 일종의 식민도시를 건설하고 있었다.(이기백,『韓國史新論』, 일조각, 1967, 41쪽) 한편 북한의 손영종은 평양에 사찰이 9개나 건설된 것은 이미 이 지역에 왕궁이나 별궁, 산성, 관청건물 등은 물론 도시구획 건설이 시작되었을 것이라고 언급하고 있다.(『고구려사』, 과학백과사전종합출판사, 평양, 1990, 318쪽)

41) 이질적인 외래문화와 사상을 수용하기 위해서는 받아들이는 측에 그 외래사상과 유사한 것이 있어야만 한다. 즉 그것을 수용할 수 있는 정신적 풍토가 없으면 외래사상이 들어올 수 없는 것이다. 중국에서 불교를 수용할 수 있었던 것은 중국의 고유사상인 老莊思想이 있었기 때문이다.(鎌田茂雄 著·章輝玉 譯,『中國佛敎史 －受容期의 佛敎 2－』, 장승, 1993, 163쪽)

새로운 지지기반으로 작용하고 있다[42]는 점에서 앞의 여러 가지 정황들과 함께 고려해 볼 때 평양지역에 그렇게 많은 사찰이 지어질 수 있었던 역사적 배경을 이해할 수 있으리라 생각된다.

　백제의 경우도 이와 유사한 경향을 보이고 있다. 이미 백제는 침류 왕대에 왕실에서 불교를 받아들인 이후 阿莘王代에 이를 공식적으로 널리 알렸고,[43] 성왕대에는 梁朝廷에 사신을 보내 불교와 관련된 물품을 요청한다거나,[44] 佛像과 幡蓋·經論 등을 倭의 조정에 보냈기도 하였으며,[45] 功德部를 설치하여[46] 王室寺院의 관리를 맡게 하는 등[47] 불교를 단순한 국가적 이념으로써 뿐만 아니라 불교와 관련된 문화요소를 정치체계 내에 적극적으로 수용하고 있다. 이는 전통적으로 宗敎와 政治의 불가분의 관계를 여실히 드러낸 것이라고 할 수 있다.[48]

　그러나 백제에 불교가 수용된 초기에는 아직도 율령제도가 확립되어 있지 않은 상태였다.[49] 그나마 이 같은 상황은 聖王代에 와서야 전제왕권을 확립[50]하려는 노력에 의해 어느 정도 극복이 될 수 있었지

---

42) 林起煥, 「6·7세기 高句麗 政治勢力의 동향」『한국고대사연구』5, 1992, 13~17쪽.

43) 『三國遺事』卷3, 興法 難陀闢濟條, "阿莘王卽位大元十七年二月下敎 崇信佛法求福"
　이 기사는 일반백성들에게 불교를 믿고 복을 구하라는 의미임과 동시에 국가에서 불교를 수용했다는 사실을 공식적으로 널리 알리는 뜻이 담겨져 있다고 생각된다. 그런데 백제에 불교가 전래된 이후 8년 만에 '불법을 믿고 복을 구하라'는 것은 이때 벌써 불교가 민중 속으로 깊이 신앙되었기 때문이란 견해가 있다.(목정배, 앞의 책, 1989, 43쪽)

44) 『三國史記』卷26, 百濟本紀 4 聖王 19年條, "王遣使入梁朝貢 兼表請毛詩博士 涅槃等經義 幷工匠畵師 等 從之"; 『梁書』百濟條

45) 『日本書紀』卷19, 欽明 13年 10月條

46) 『周書』百濟條, "內官有前內部 (……) 功德部 (……) 外官有司軍部 (……)"

47) 盧重國, 『百濟政治史研究』, 일조각, 1988, 228쪽.
　金壽泰, 「百濟 威德王代 扶餘陵山里寺院의 創建」『百濟文化』27, 1998, 45쪽.
　한편 백제 공덕부에 대해서 불교의 통치이념을 효율적으로 보급시키는 역할을 하였다는 견해가 있다.(조 경철, 「百濟의 支配勢力과 法華思想」『韓國思想史學』12, 1999, 24쪽)

48) 한국의 종교사상은 고대로부터 정치와의 밀접한 관계 속에서 전개된 것이라 한다.(高翊晋, 앞의 책, 1989, 13쪽)

49) 洪潤植, 「益山彌勒寺創建背景을 通해 본 百濟文化의 性格」『馬韓·百濟文化』6, 1983, 20쪽.

만 성왕이 관산성전투에서 비운의 죽음을 맞이함으로써 왕권은 매우 불안정한 상태에 놓일 수밖에 없었다. 아울러 武王代 이전까지만 해도 불교는 귀족불교로서 일부 소수층에 의해서만 수용되어지고 있었을 뿐 아직 토착화·대중화에 성공하지 못하고 있었다.[51]

그러다가 6세기 말과 7세기 초인 法王代에 살생을 금하는 불교식 사회법이 널리 유포되면서[52] 불교사상은 점차 대중 속으로 파고들 수 있게 되었다. 이 같은 大勢는 法王의 뒤를 이은 武王代에 이르러서 무르익게 되는데 기존 馬韓文化의 잔재가 여전히 濃厚한 益山地域에 거대한 목조사찰인 彌勒寺가 창건된 것이다.[53]

당시까지만 해도 익산지역은 백제의 首都가 아닌 일개 지방도시로서 재래의 토착신앙인 龍思想이 강하게 유존하고 있었던 곳이다. 그런데 이 지역의 龍信仰이 당시 삼국에 유행하던 불교의 미륵신앙과 접합되면서 미륵사 창건의 사상적 배경이 되었고,[54] 미륵사 창건을 계기로 불교사상과 이에 수반된 공덕행위가 일반백성들의 생활에 뿌리를 내릴 수 있는 발판이 마련될 수 있었다.[55]

---

50) 김수태, 앞의 논문, 1998, 42쪽.

51) 홍윤식, 앞의 논문, 21쪽, 주 26.

52) 『三國史記』卷27, 百濟本紀 5 法王 元年 冬12月條

53) 미륵사를 창건한 백제왕에 대해 東城王으로 보는 견해도 있으나(李丙燾, 「薯童說話에 對한 新考察」『歷史學報』1, 1952) 武王으로 보는 견해(金煐泰, 『百濟佛敎思想研究』, 동국대학교출판부, 1985, 104~111쪽)를 따르기로 하겠다.

54) 홍윤식, 앞의 논문, 13쪽, 45~46쪽.

55) 미륵사상에는 彌勒上生思想과 彌勒下生思想이 있다. 내세적 성격을 갖는 上生思想은 성왕대에 왕족 등의 일부 계층에 의해 수용되어지고 현세적 성격을 갖는 下生思想은 무왕대에 주로 하위계층에 의해 수용되어지는데 바로 이 하생사상이 미륵사 창건의 사상적 배경이 된다.(金煐泰, 앞의 책, 1985, 36쪽) 한편 이도학은 불교가 백제에서 사회저변으로 확대된 시기를 무왕대로 파악하고 있는 점에서 필자의 생각과 같다. 그러나 그는 분립적 상태의 전통을 독자적으로 고수하는 산악신앙과 같은 토착신앙을 불교사상체계 내에 흡수하여 중앙집권적 국가체계를 구축하려는 시도로 보고 있다.(「泗沘時代 百濟의 4方界山과 護國寺刹의 成立」『百濟研究』20, 1989, 127쪽)

따라서 익산지역에는 외래문화(불교문화)가 정착할 수 있는 토대가 만들어진 것이며 이 같은 익산지역의 역사적 사상적인 배경으로 볼 때 이 지역에 거주하던 토착세력의 활발한 중앙정계로의 움직임과 이들의 왕권과의 밀착은 쉽게 간취될 수 있을 것이다.[56] 이러한 일련의 움직임은 비록 성공을 거두지는 못했지만 別都로 경영하던 益山地域으로의 遷都를 단행하려 했던 사실에서 엿볼 수 있다.[57]

신라의 경우 정치적으로 奈勿王代(356~402)를 경과하면서 종래의 부족국가에서 탈피하여 고대국가로서의 면모를 보이기 시작하였고,[58] 487년에는 王都에 神宮을 설치하여 대내적 사상의 통일을 꾀하였으며,[59] 지증왕대에는 國號의 제정을 통해 단일한 국가로서의 모습을

---

56) 무왕의 탄생과 관련한 설화에서 왕의 모친이 익산지역의 용과 관계를 갖고 그를 낳았다는 이야기는 너무나 유명하다. 이 설화를 분석해 볼 때 아마도 그의 어머니는 馬韓系의 호족세력으로서 前王인 法王과 관계를 가졌던 것으로 보이며 비왕족이며 일개 지방호족의 어머니를 둔 무왕으로서는 당시의 왕위계승에서 볼 때 등극하기가 매우 힘들었을 텐데 그가 왕위를 차지할 수 있었던 것은 법왕의 후원과 모친세력의 지원에 힘입은 바 컸고 그의 등극을 계기로 마한계 호족세력은 중앙정계로 적극 진출하려 했을 것이다. 백제지역 가운데 익산에만 보이는 재래의 용신앙과 외래의 불교신앙과의 결합은 바로 당시 백제정계의 상황을 반영하고 있는 것이라 생각된다.

57) 牧田諦亮, 『六祖古逸觀世音應驗記の研究』 "百濟武廣王遷都 枳慕蜜地 新營精舍"
앞의 기사에서 武廣王은 武王으로, 枳慕密地는 益山地域으로 보는 것이 일반적이다. 그런데 익산으로의 천도문제에 대해서는 학자들 간에 약간의 의견을 달리하고 있다. 그 가운데서도 황수영은 金正浩의 견해와 이 지역에서 조사된 古蹟 그리고 위 사료상의 천도기사 등을 들어 익산지역을 別都로 보거나 遷都한 것으로 간주하고 있다.(「百濟帝釋寺址의 研究」『백제연구』 4, 1973, 5쪽) 반면 김주성은 『三國史記』에 의하는 한 백제의 수도로서 사비에서 익산으로 천도한 사실이 없고 중국사료의 "別部將沙咤相如"란 구절을 근거로 익산지역의 중요성을 부각시켜 別都로 파악하였다. 그러면서 그는 武王이 익산지역을 별부로 편성한 것은 귀족들을 익산으로 이주시켜 그 세력을 악화시키고 왕권을 강화하고자 하였던 것으로 보고 있다.(「백제사비시대의 익산」『한국고대사연구』 21, 2001)

58) 『太平御覽』 卷781, 東夷 新羅條에 의하면 建元 18年(382) 신라왕 樓寒이 衛頭를 前秦王 符堅에게 보냈을 때 符堅이 海東의 일이 옛날과 같지 않은 것은 무슨 까닭이냐고 하였더니 신라사신이 대답하기를 중국에서도 시대가 바뀌어서 이름이 갈리는 것과 같다고 하였다는 사실에서 신라 내부의 정치적 변화를 엿볼 수 있다. 여기에서 신라왕 樓寒에 대해 이홍직은 인명이 아니라 신라의 왕호인 麻立干을 말하는 것으로 보고 있다. 그리고 건원 18년은 내물왕 27년에 해당하며 『三國遺事』에서는 奈勿王부터를 麻立干이라 하였음을 들고 있다.(『韓國古代史의 硏究』, 新丘文化社, 1971, 433쪽)
한편 『三國史記』의 王名을 어느 정도 신뢰성을 인정한다면 『三國史記』에는 내물왕의 왕호를 그대로 尼師今으로 하고 있고, 당시 신라사신이 직접 前秦王을 대면한 자리라면 자국왕의 이름을 정확히 전달하였을 것이고 당시의 왕명만을 사용하지는 않았을 것이기 때문에 신라왕의 이름이었을 가능성도 높다고 생각한다.

59) 왕이 즉위하고 향례적으로 참례하던 곳이 시조묘에서 신궁으로 바뀌고 있는 점에서 알 수 있다. 그런데 신궁의 主神에 대해서는 朴赫居世說·味鄒王說·奈勿王說·天地神說·星漢說 등으로 의견이 분분하

대내외에 선포하였다. 또한 6세기에 들어와서는 더욱 활발한 제도의 정비를 통해 지배체제의 구축에 박차를 가하기도 하였다.[60]

그런데 이 같은 신라의 체제정비에 대해 왕권의 구축 내지 중앙집권화과정이라는 측면에서 이해되는 것이 일반적이다. 그리고 한편으로 炤知王 이후 자국영토 내에서 고구려세력을 배제한 후 강력한 고구려와의 직접적 충돌보다는 소백산맥의 자연장벽을 이용한 방어를 정책의 기조로 설정한 후 대내적 통치체제의 정비를 통해 가야지역으로의 진출역량을 재고시키고자 하였던 것으로 파악하는 견해도 있다.[61]

이러한 시각들은 주로 정치적인 측면에 입각한 경우인데 당시 신라의 역사적 상황을 비춰볼 때 정치적인 측면 이외에 사회경제적인 측면과 아울러 사상적인 변화의 측면[62]도 고려해 볼 수 있지 않을까한다. 먼저 사회경제적인 측면에 있어서의 농업생산력과 경제력의 증대에 따른 신라사회 내부의 변화를 생각해 볼 수 있다.

4세기로부터 5세기에 이르는 동안 신라사회 내부에 변화가 일어났던 사실은 6세기에 들어와 실시된 광범위한 저습지의 개발과 수리시설의 전국적인 축조, 이를 통한 촌락구조의 개편 등에서 확인할 수 있다. 이는 국가적인 차원에서의 생산력 증대와 지방사회에서의 새로운 지배질서가 요구되고 있었기 때문이다.[63]

다. 그런 가운데에서도 天地神說이 다소 우세를 점하고 있다.(金在庚, 「신라 불교사의 대세와 토착신앙」 『한국고대사연구』 20, 2000, 622쪽)

60) 앞서 언급한 神宮의 설치는 기존 각 부족별로 실시했던 제사의례를 통일화한 조처라 할 수 있고 그밖에 山城의 축조라든가, 州·郡·縣의 획정(505), 일부 小京의 설치(514), 兵部의 설치(517) 등이 이루어지고 있다.

61) 鄭雲龍, 「5~6世紀 新羅社會의 變動」 『史叢』 45, 1996, 6쪽.

62) 사상적인 변화에 의한 사찰의 창건은 통일 이후에도 계속되어 토암산과 같은 山岳을 중심으로 활발히 이루어지고 있다.(黃壽永, 앞의 책, 1989, 372쪽)

63) 金在弘, 「신라 중고기의 저습지개발과 촌락구조의 재편」 『한국고대사논총』 7, 1995, 58쪽.

이러한 사회경제적인 변화는 당시의 정치전반에 걸쳐 큰 영향을 미쳤겠지만 특히 거대한 규모의 사찰이 건립될 수 있는 여건이 마련되었다는 사실에 주목하고 싶다. 그 이전의 古墳이 주로 분포하던 區域을 벗어나 하천주변지역에 새로운 사찰이 건립되고 주위에 民家가 밀집하게 되는데 이는 당시 경주의 촌락개발이 사찰을 중심으로 이루어지고 있었던 사실을 반영하는 것이라 할 수 있다.[64] 아울러 수리시설 등과 같은 건축기술의 축적과 노동력이 조직적으로 동원될 수 있을 정도로 발전된 사회변화를 반증한다.

그런데 이들 하천주변지역은 원래 在來信仰의 중요 神聖地域이었다.[65] 그렇기 때문에 국가의 권력으로도 이들 지역에서는 人間의 居住나 농경지 개발 등이 불가능했다고 할 수 있다.[66] 그러한 지역에 6세기대의 불교사상을 공식적으로 받아들인 이후 국가적 사업으로 흥륜사, 영흥사 등의 초창기 사찰이 건립되고 주택이 밀집하게 되었던 것이다. 이러한 배경 하에서 신라에서는 안정적인 村制의 실시가 이루어질 수 있었으며 5세기에 자주 등장하던 백성들의 流亡은 사라지게 되었던 것이다.[67]

이처럼 사찰의 창건은 사회적 발전을 이룬 토대 위에서 비로소 가능할 수 있었다. 그리고 사찰을 통해 토착신앙과 불교사상의 융합을 가져올 수 있었음은 두말할 필요가 없을 것이다.[68] 또한 創寺는 분열

---

64) 김재홍, 앞의 논문, 1995, 62~64쪽.

65) 三韓時代에 蘇塗로 불리던 지역인 天鏡林·三川岐·龍宮南·龍宮北·神遊林·沙川尾·壻請田 등을 말한다.(최광식, 「新羅 上代 王京의 祭場」『新羅王京硏究』, 1995, 70쪽)

66) 김재홍, 앞의 논문, 1995, 65쪽.

67) 김재홍, 앞의 논문, 1995, 91쪽.

68) 불교수용을 전후로 하여 고대인의 죽음관이나 세계관에 변화가 일어났을 것임은 분명하다. 고대인들은 죽은 자의 영혼이 生者에게 영향을 미칠 수 있다고 생각하여 병과 같은 불행의 원인이 될 수 있다고 보았

된 사회를 통합하여 정치사회적 안정을 구가하고 불교의 대중화에도 큰 기여를 하고 있었음을 알 수 있다.

제4절 創寺의 目的[69]

古代에 있어서 寺刹을 짓는 목적은 크게 두 가지로 고려해 볼 수 있다. 하나는 祈願이나 求福을 위한 것이고 다른 하나는 오로지 수행을 위한 것이라고 하겠다. 전자의 경우는 또한 불교를 信奉하는 가장 큰 목적이기도 한데, 佛敎公傳 초기에 고구려·백제의 왕이 백성들에게 '불교를 믿어 복을 구하라'고 하는 下敎 가운데에서, 또는 刺楸寺를 지은 후 어떤 집에서나 불공을 하면 반드시 대대로 영화롭게 된다[70]고 하는『三國遺事』의 기사 속에서 파악할 수 있지 않을까 한다.[71] 그리하여 승려들은 사원을 중심으로 민간에 佛法을 전하고 또 福을 구하는 崇信의 방법, 즉 공덕 닦는 일을 가르쳐 주었을 것이다.[72] 또한 사찰은 수행을 위한 공간으로써 승려의 量産을 촉진하는

다. 그래서 불교수용 이전에는 巫와 같은 영매자의 굿이 매개가 되었으나 수용 이후에는 讀經이나 創寺 등의 방법을 사용하였다.(나희라, 「고대 한국의 샤머니즘적 세계관과 불교적 이상세계」『한국고대사연구』 20, 2000, 210쪽) 고대인들의 세계관에서는 죽음을 가족과의 이별 등으로 인해 고통스럽게 여긴다. 절에서 불교의례를 행함으로써 죽음에 대한 인식의 변화를 가져 죽음을 초월할 수 있다는 사고를 갖게 했던 것이다.(김영미, 「불교의 수용과 신라인의 죽음관의 변화」『한국고대사연구』 20, 2000, 156쪽)

69) 田中俊明은 사원 성격의 유형을 모두 5가지로 분류하였다. 즉, 귀족의 願堂的 사원·서민의 喜捨에 의한 사원·陵寺的인 사원·국가적인(호국적인) 사원·왕실의 사적인 사원 등이라 하겠다.(「中古期 王京의 寺刹과 都市計劃」『新羅王京研究』, 1995, 160～163쪽) 사원 성격에 따른 田中 氏의 이 같은 분류는 필자가 創寺의 목적에서 제시한 祈願(祈福)的 측면에 일부 포함시킬 수 있을 것이다.

70)『三國遺事』卷3, 興法 原宗興法 猒髑滅身條

71)『三國史記』卷18, 「高句麗本紀」6 故國壤王 8年 3月條
　　『三國遺事』卷3, 興法 難陀闢濟條

72) 김영태, 앞의 논문, 1988, 124쪽.

계기를 마련해 주었을 것이다.[73]

아래의 항목은 創寺의 목적 가운데 祈願的 측면과 修行的 측면을 세분하여 살펴본 것이다.

1. 祈願(求福)的 側面

① 護國

신라에서는 眞興王代에 皇龍寺 建立[74]을 필두로 통일신라시대에 이르기까지 국가적인 사업으로 행해진 것이다. 가령 진흥왕이 전쟁으로 사망한 병사들을 위해 外寺에서 八關筵會(護國法會)를 열었다든지,[75] 文武王이 고구려와 백제를 멸한 후 唐과의 交戰을 벌이기 전 文豆婁秘法으로 유명한 明朗法師의 의견을 쫓아 狼山 남쪽 神遊林에 四天王寺를 창건하여 당의 침략을 막았다든지,[76] 神文王이 文武王에 의해 倭賊을 물리치기 위한 호국사찰로 건립하려다가 도중에 승하하여 완성시키지 못한 感恩寺를 건립하였던 사실들을 들 수 있다.[77]

이러한 활동들은 전통신앙인 龍神 및 佛國土說과 밀접히 관련되어 추진되고 있다고 할 수 있다.[78] 백제에서도 西海와 가까운 지점에

---

73) 『三國史記』卷4, 新羅本紀 4 眞興王 5年(544)條에 의하면 진흥왕은 이미 2월에 흥륜사를 완성하였고 3월에 일반사람들이 출가하여 승려가 되어 불교를 받드는 것을 허락하고 있는 점에서 創寺를 통해 승려의 量産이 촉진될 수 있었음을 알 수 있다.

74) 『三國史記』卷4, 新羅本紀 4 眞興王 14年(553)條

75) 『三國史記』卷4, 新羅本紀 4 眞興王 33年(602)條

76) 『三國史記』卷7, 新羅本紀 7 文武王 19年(679)條
    『三國遺事』卷2, 紀異 文武王法敏條

77) 『三國遺事』卷2, 紀異 萬波息笛條

78) 불국토사상은 신라땅이 불교와 낯선 곳이 아니라 본래 佛國土였다는 것이다. 불국토사상은 신라불교의 토착화에 크게 공헌하였는데 이러한 불국토사상의 실례가 五臺山信仰이라 하겠다.(鄭柄朝,「韓國佛敎의 歷史意識」,『東國史學』17, 1982, 109쪽)

烏合(會)寺를 세우고 3山 5岳으로 상징되는 산악에 사찰을 건립하였다.[79] 고구려의 경우 사료 상으로 분명히 나타나 있진 않지만 진흥왕 때 거칠부가 승려가 되어 고구려에 들어갔을 때 高句麗 法師 惠亮이 절을 개창하여 불경을 설법한 말을 들었고 그 후 고구려의 정치가 어지러워진 틈을 타 惠亮이 신라에 망명해서 처음으로 百座講會와 八關의 法을 행하였다고 한 사실[80] 등에서 볼 때 고구려에서도 護國을 목적으로 한 法會를 개최하는 사찰이 존재했을 것으로 보인다.

② 解(雪)怨

개인적인 원한이나 억울함을 해소시키려는 목적에서 사찰을 창건한 경우이다. 예를 들면 信忠奉聖寺[81]는 神文王에게 등창이 발생했을 때 승려 惠通이 병을 치유하고 말하기를 왕이 권좌에 오르기 전 양인인 信忠의 종으로 잘못 판결하였으므로 신충의 원한이 맺혀 두고두고 보복하는 것이고 그를 위해 절을 짓고 그의 명복을 빌어 풀어주어야 한다는 혜통의 권유로 세운 절이다.

長壽寺[82]는 金大城이 어렸을 때 사냥을 매우 좋아하여 토함산에서 곰 한 마리를 잡았는데 그 곰이 그의 꿈에 귀신으로 화해 나타나 곰

---

79) 이도학, 앞의 논문, 1989, 118쪽.
   한편 그가 烏合寺를 호국사찰로 보는 것은 이 절이 백제 멸망을 암시하는 예언기사로 세 번씩이나 사료 상에 등장하고 있고 신라의 호국사찰인 四天王寺가 하대말기(경명왕대)에 신라의 멸망을 암시하는 사찰로 등장한다는 사실과 맥을 같이한다는 점.(앞의 논문, 114쪽) 그리고 『崇巖山聖住寺事蹟』에 의하면 성주사의 전신인 烏合寺는 戰勝한 冤魂이 佛界에 昇하기를 기원하는 원찰로서 창건되었다고 한 기사를 들어 그렇게 말하고 있다.(앞의 논문, 116쪽) 또한 그는 烏合寺의 창건동기에 대해서 위덕왕 9년에 있었던 고구려와의 전투에서 승리로 이끈 法王이 광범위한 귀족층의 지지를 확보하고 호국신앙을 통해 국가적 위기를 타파, 그를 중심으로 한 강력한 권력기반 구축에 두어진 것으로 보고 있다.(앞의 논문, 119쪽)
80) 『三國史記』 卷44, 列傳 居柒夫條
81) 『三國遺事』 卷5, 神呪 惠通降龍條
82) 『三國遺事』 卷5, 孝善 大城孝二世父母條

이 환생하여 그를 잡아먹으리라고 말하자 대성이 무서워하며 깨어난 후 곰의 원한을 풀기 위해 곰 잡던 자리에 창건한 절이다.

③ 衆生救濟

첫째, 致祭 또는 祈雨를 목적으로 한 경우이다.[83] 왕이 몸소 사찰에 행차하여 기우제를 지내고 있을 정도로 사찰은 매우 중요한 역할을 하고 있는 것이다. 이를 토착신앙의례의 변화로 파악하는 견해가 있다. 즉 종래의 神祠 대신 사찰이 창건되어 기우제의 집전처가 되고 있다는 것이다.[84]

둘째, 천재지변을 막기 위한 목적으로 한 경우이다. 天龍寺의 경우가 그 대표적인 사례라 하겠다. 계림 땅에는 두 줄기 물의 근원이 있기 때문에 이를 진압하지 않으면 큰 재앙을 불러일으킬 것이라 하여 이 물의 근원이 천룡사로 되어 있다. 또한 이 절을 없애면 며칠 안가서 나라가 망할 것이라 하였음을 볼 때 호국적인 면도 아울러 내포하고 있다 하겠다.[85]

셋째, 자식 얻기를 바란다거나 먼눈을 뜨게 해달라고 기도하는 등의 개인적 求願을 목적으로 한 경우이다.[86] 이는 현실적 신앙의 전형으로 觀音信仰과 매우 밀접한 관계를 가지는 것이다.[87] 그러나 사찰은 이 같은 개인적 구원의 차원을 넘어서 국가적으로 힘써야 할 貧民

---

83) 『三國史記』 卷18, 百濟本紀 27 法王 2年條, "春正月 創王興寺 度僧三十人 大旱 王幸漆岳寺祈雨", 新羅本紀 8 聖德王 14年(715)條

84) 이도학, 앞의 논문, 1989, 120쪽.

85) 『三國遺事』 卷3, 塔像 天龍寺條

86) 『三國遺事』 卷3, 塔像 三所觀音 衆生寺 및 芬皇寺千手大悲 盲兒得眼條

87) 鄭炳三, 「統一新羅 觀音信仰」 『한국사론』 8, 서울대학교, 1982, 33~35쪽.

救濟(病者들을 치료하는 일 등)를 펼치는 공간이 되기도 한다. 이를 통해 사찰은 불교신앙과 일반대중의 관계를 가장 친밀하게 유지할 수 있게 돕는 매개체라고 할 수 있다.

또한 敏藏寺의 경우 경덕왕대에 角干인 민장이 자신의 집을 희사하여 만든 절인데 貧女가 그 절의 관음상 앞에서 아들의 무사귀환을 위해 기도하기도 하는 사실[88]에서 볼 때 中代에는 관음신앙이 신분의 구별 없이 보편적으로 널리 받아들여지고 있었음을 알 수 있다.[89]

④ 追慕(追福·追善)

먼저 죽은 이들을 위한 극락정토 내지 서방정토에로의 왕생할 것을 기원하기 위한 경우이다. 대표적인 예로 佛國寺·石佛寺 창건을 들 수 있다.[90] 불국사는 김대성이 현생의 양친을 위해 세웠고 석불사는 전생의 부모를 위해 세운 사찰들이다.

그런데 양 사찰의 건립목적이 비록 설화 상에서는 전생과 현세의 부모를 위한 것이라 기술되어 있지만 이를 정치적 시각에서 보는 견해가 있다. 즉, 석굴암(석불사)과 불국사의 건립에는 전제왕권을 수호하려는 의지가 있었다고 보는 관점이다.[91] 이에 반해 종교적인 심신의 발로라는 입장도 있다. 즉, 불국사의 경우 사바세계 此岸에서 고통받는 중생들에게 彼岸의 불국세계에 대한 희망을 버리지 않도록 하려는 목적에 있다는 것이다.[92]

---

88) 『三國遺事』 卷3, 塔像 敏藏寺
89) 정병삼, 앞의 논문, 1982, 37쪽.
　　한편 洪承基는 초기의 관음신앙은 귀족들과 긴밀한 관계를 갖다가 통일신라시대에 이르러 관음신앙과 관계된 계층이 서민으로 확대된 것으로 보았다.(「觀音信仰과 新羅社會」『湖南文化硏究』 8, 1976, 49쪽 및 59쪽).
90) 『三國遺事』 卷5, 神呪 惠通降龍條
91) 문명대·이기백 등을 비롯한 대다수 연구자의 경우가 그렇다.

莊(壯)義寺는 태종무열왕이 황산벌전투에서 전사한 長春과 罷郎의 영혼을 위로하기 위해 漢山州에 창건한 사찰이다.[93]

大崇福寺는 원성왕의 追福을 위해 경문왕 즉위년(861)에 창건된 사찰로서 이러한 목적의 절들은 특히 신라하대에 성행하고 있다.[94]

甘山寺는 金志誠이 그의 돌아가신 아버지 仁章과 돌아가신 어머니 觀肖里 부인을 위하여 창건했다는 彌勒尊像火光後記 기사와 金志全이 일찍이 尙衣奉御 및 집사시랑으로 재직하다가 벼슬을 그만두고 한가히 지내면서 國主大王과 愷元, 돌아가신 아버지 仁章, 돌아가신 어머니, 죽은 아우, 小舍 梁誠。沙門 玄度, 죽은 처 古路里, 죽은 누이 古巴里 또한 후처 阿好里 등을 위하여 甘山 莊田을 희사하여 伽藍을 지었다는 彌陀佛火光後記 기사 등이 전한다.[95]

鍪藏寺는 제38대 元聖大王의 아버지 大阿干 孝讓을 추봉하여 부른 明德大王이 그의 숙부 되는 파진찬을 追慕하여 세운 절이다.[96]

다음으로 능묘부근에 사찰을 창건하여 先王의 영령을 위로하고 추복하기 위한 것이다.[97] 소위 陵墓寺刹이란 것인데 대표적인 예로 백제의 陵山里寺院을 들 수 있다. 이 사원은 위덕왕이 관산성전투에서 비명에 간 성왕의 명복을 빌기 위해 창건한 것으로[98] 추복 이외에 능묘를 수리하고 보호하는 기능을 갖고 있다.[99] 이와 비슷한 성격을 갖

92) 金相鉉,「新羅 中代의 佛敎思想 硏究」『국사관논총』85, 1999, 148쪽.
93) 『三國史記』卷5, 新羅本紀 5 太宗武烈王 6年條
    『三國遺事』卷1, 紀異 長春郎罷郎條
94) 高翊晋, 앞의 책, 1989, 373쪽.
95) 『三國遺事』卷3, 塔像 南月山(亦名甘山寺)條
96) 『三國遺事』卷3, 塔像 鍪藏寺彌陁殿條
97) 이도학,「古新羅期 鎭護寺刹의 기능확대 과정」『白山學報』52, 1999, 89쪽.
98) 김수태, 앞의 논문, 1998, 40쪽.

는 것이 통일신라의 成典寺院이나 고려의 眞殿寺院 등이다.100)

이외에도 앞서 제시한 목적들과 약간의 성격을 달리하는 것으로 먼저 불상의 출현이나 高僧의 신이한 靈驗을 기리기 위해 창건된 사찰을 들 수 있다. 신라 眞平王代의 大乘寺와 景德王代의 掘佛寺,101) 白月山南寺102)와 釋迦寺・佛無寺,103) 그리고 生義寺,104) 백제 무왕대의 미륵사105) 등이 이에 해당한다.

다음으로 중국왕실의 福을 기원하기 위해 사찰을 창건한 경우도 있다. 望德寺의 경우『삼국유사』에는 다음의 두 가지 이야기가 전하는데 하나는 신라의 문무왕이 唐軍을 물리치기 위해 四天王寺를 짓고 호국도량을 여는 와중에 당나라가 전쟁에서 계속 패하자 唐王은 당시 唐에 머물러 있던 신라사신을 통해 그 내막을 묻자 신라사신이 당황제를 위해 사찰을 짓고 있다고 거짓으로 말하였고 그 사실을 안 문무왕은 재빨리 사천왕사와 가까운 곳에 당나라황제의 福을 비는 사찰로서 망덕사를 지었다는 것이다.106) 또 하나는 효소왕이 692년에 당나라 왕실의 福을 빌기 위해 望德寺를 창건하였는데 망덕사탑이 흔들린 뒤에 당나라에서 안록산의 난이 일어났다는 이야기가 전한다.107)

---

99) 김수태, 앞의 논문, 1998, 41쪽.

100) 허흥식, 「高麗의 王陵과 寺院과의 關係」『고려시대연구』Ⅰ, 한국정신문화연구원, 2000.

101)『三國遺事』卷3, 塔像 四佛山 掘佛山 萬佛山條

102)『三國遺事』卷3, 塔像 南白月二聖 努肹夫得 怛怛朴朴條

103)『三國遺事』卷5, 感通 眞身受供條

104)『三國遺事』卷3, 塔像 生義寺石彌勒條

105)『三國遺事』卷2, 紀異 武王條

106)『三國遺事』卷2, 紀異 文武王法敏條
    그런데 望德寺와 관련된 이야기를 전하면서 細註에는 망덕사가 효소왕대에 지어졌다고 하는 것은 잘못되었다고 기술하고 있어 절의 창건연대가 다소 혼란스럽다.

107)『三國遺事』卷5, 感通 眞身受供條

이처럼 망덕사의 창건연대에 대해서는 문무왕대와 효소왕대로 엇갈리지만 아무튼 망덕사의 창건동기가 唐皇帝의 복을 기원하기 위한 것임은 알 수 있다.

백제에서도 중국의 왕실을 위해 사찰을 짓고 있다. 곧 梁의 武帝를 위해 熊川州(公州)에 大通寺를 창건하였던 것이다.[108] 그런데 사료상에 나타나는 대통사의 창건배경에 대해 이를 부정하는 시각도 있다. 즉, 일연이 대통사의 '大通'이란 절 이름을 梁武帝의 연호에서 따른 것으로 속단하고 대통사가 양무제를 위해서 세워진 것이라 했다는 것이다. 또한 상대국의 연호를 따서 절을 지었다는 것은 너무 심하며 따라서 대통사는 성왕이 전륜성왕사상에 입각하여 『법화경』에 나오는 大通智勝如來에서 그 이름을 따와 창건한 것이란 주장이다.[109]

물론 이러한 견해는 불교사상에 의거하여 대통사의 창건목적을 밝히려는 시도는 주목할 만하다. 그러나 일연이 대통사에 관해 전혀 알지 못한 상태였다 하더라도 아무런 근거 없이 단순히 대통사의 대통이란 글자가 양무제의 연호와 같다고 생각하여 자신의 주관적 판단을 함부로 사료에 기록했다고 볼 수 없다. 분명히 일연은 어떤 자료에 입각하여 짤막하나마 절의 창건배경을 서술했던 것이고 그는 불교사상에 정통한 高僧으로서 『법화경』에 나오는 대통의 의미를 전혀 모르고 단순히 양무제가 사용한 大通의 연호와 동일하다고 해서 대

---

108) 『三國遺事』 卷3, 興法 原宗興法 猒髑滅身條, "又於大通元年丁未 爲梁帝創寺於熊川州名大通寺(熊川 卽公州也 時屬新羅故也 然恐非丁未也 乃中大通元年己酉歲所創也)"
    그런데 위의 사료상에서는 대통사를 신라가 창건한 것으로 되어 있다. 그러나 본문의 '大通' 또는 細註 의 '中大通'이란 연호를 사용한 시기는 각각 신라의 법흥왕대와 백제의 성왕대로 역사적으로 볼 때 신 라보다는 오히려 백제가 양나라와 빈번하고 긴밀한 교류를 했고 이때는 공주지역이 백제의 수도로서 아 직 신라의 영토가 아니었으므로 대통사를 창건한 주체는 백제의 성왕이라 하겠다.

109) 조경철, 앞의 논문, 1999, 36~37쪽.

통사의 창건을 양무제와 연관시켜 생각했다고는 상식적으로 납득되지 않는다.

또한 만일 대통사가 성왕의 전륜성왕에 입각하여 지어진 것이라면 익산의 미륵사와 마찬가지로 백제에서는 매우 중시된 절이었을 텐데 대통사가 世間에 잘 알려져 있지 못한 것은 그만큼 이 절의 비중이 그리 크지 않았다고 볼 수 있으며, 성왕대에는 전륜성왕사상으로서 미륵신앙이 성행했고,[110] 양무제는 捨身을 행할 만큼 독실한 불교신자로서 같은 불교신앙자인 백제 성왕과는 매우 친밀한 관계를 유지하고 있었기에 성왕이 양무제를 위해 대통사를 건립했다고 보아도 별 무리가 없을 것이라 생각된다.

더구나 일연이 『삼국유사』를 편찬했을 때는 『삼국사기』와는 다른 주체적인 입장에서 우리나라 고대의 자료를 취했기 때문에 대통사를 중국의 왕을 위해 지었다고 속단해서 기록했다고는 도저히 생각되지 않는다. 역시 일연은 당시 전해져 내려오던 古記錄을 그대로 전제했던 것이라고 보는 것이 합리적이라 생각된다.

2. 修行的 側面

修道者들이 자신의 불교수행과 예배를 위해 절을 창건하기도 한다. 신라에서는 눌지왕(417~457) 때 박해받던 승려가 숨어서 포교하던 堀室에서 처음 보인다. 磊房(돌무더기)처럼 조그만 암자를 짓는 경우도 있다.[111] 그리고 淨土寺,[112] 錫杖寺,[113] 元寧寺[114] 등은 각각 修行

---

110) 장지훈, 앞의 책, 1997, 69~70쪽.

111) 『三國遺事』 卷3, 塔像 南白月二聖 努肹夫得 怛怛朴朴條

을 목적으로 창건된 것이다.

『三國遺事』에 의하면 경덕왕대에 歃良州의 동북쪽 2십리 가량 되는 곳에 포천산이 있는데 그곳에 石窟이 기이하게 생겨 마치도 사람의 손으로 깎은 듯 하였고 이름을 알 수 없는 스님 다섯 명이 그곳에 살면서 염불하여 극락을 이루었다는 것이다.[115]

또한 경주 남산의 동쪽 기슭에 避里村이란 마을이 있고 마을에는 절이 있어 마을 이름에 따라 避里寺라고 이름을 지었는데 그 절에는 이름을 알 수 없는 중이 있어 항상 염불을 외워 그 소리가 들리지 않는 곳이 없었다는 것이다. 그리고 그가 죽은 후 그가 지내던 절을 念佛寺라 하였고 그 옆에 또 절이 있어 讓避寺라 하였다고 한다.[116]

제5절 맺음말 - 歷史的 意味 -

이상으로 고대 불교신앙행위로서의 사찰건립에 대해 創寺의 기원과 역사·사상적 배경, 목적 등으로 나누어 검토해 보았다. 끝으로 지금까지 서술한 내용들을 중심으로 불교신앙행위로서의 創寺가 갖는 역사적 의미를 살펴보기로 하겠다.

역사적으로 볼 때 사찰건립은 佛敎의 興隆과 동일시된 것으로 보인다. 그만큼 다른 어떤 불교신앙행위보다도 사찰건립을 가장 우선시했

---

112) 『三國遺事』 卷3, 塔像 洛山二大聖 觀音 正趣 調信條
113) 『三國遺事』 卷4, 義解 良志使錫條
114) 『三國遺事』 卷4, 慈藏正律條
115) 『三國遺事』 卷5, 避隱 布川山五比丘條
116) 『三國遺事』 卷5, 避隱 念佛寺條

던 것이라 하겠다. 三國에 있어서 그 불교공인의 연대는 각각 다르지만 공식적으로 불교를 받아들인 직후 하나같이 사찰건립의 令이 내려지고 있다. 그리고 이를 계기로 불교문화의 꽃이 필 수 있게 되었던 것임은 두말할 필요가 없을 것이다.

그러나 사찰을 건립할 무렵에는 삼국에 각기 소위 토착문화 내지 전통문화란 것이 있어 불교문화 곧 외래문화와 토착문화 간에 큰 마찰이 발생할 소지가 충분했었다. 이는 신라에서 일어난 이차돈의 순교문제에서 보아도 익히 알 수 있는 점이다. 그럼에도 불구하고 사찰건립과 같은 외래문화가 정착할 수 있었던 것은 당시의 정치사회적 배경과 맞물려 있는 것이다.

즉, 삼국사회가 변모하고 있음을 반증하는 예가 아닐까 한다. 가령 대외적으로 점차 중국과의 군사적 접촉 및 인적 교류가 활발해지면서 당시 고대 아시아 세계에서 강하게 등장하던 불교문화를 수용하고 이해함으로써 각 나라마다 조금씩 차이는 있겠지만 불교문화라는 울타리 안에 함께 참가하게 된 사실을 들 수 있겠다. 비록 한반도에 사는 삼국인일지라도 각기 언어와 풍습 내지 그들이 신봉하던 토착문화는 제각각일 수 있다. 그런데 불교문화가 들어오면서 분열된 기존문화를 통합하여 삼국의 공통된 문화기반의 토대를 형성하는 데 큰 기여를 했던 것이다.

또한 이러한 외부세계와의 접촉은 기존의 神權을 상징하던 사회에서 王은 곧 國家라는 인식이 자리 잡은 사회로의 변화에 큰 보탬이 되었고 이로써 왕권과 신권의 분립을 가져왔다는 점도 들 수 있다.

한편 사찰의 건립을 통해 정치사회적 제 세력 간에 일어날 수 있는 갈등의 완충역할을 담당했던 사실을 지적할 수 있다. 다시 말하면 사찰이 건립되면서 이를 중심으로 하여 제 세력들이 모두 참여할 수 있게 됨에 따라 왕권아래 폭넓은 지지기반을 확보할 수 있게 된 것은 물론이고 정치적 사회적 이념적 개인적 관심 등을 하나로 통합할 수 있게 되었던 것이다. 이는 시시각각으로 벌어지는 戰爭과 같은 큰 시련 속에서 戰死한 者들의 冤魂을 위로하기 위해 국가가 앞장서서 사찰을 창건하여 道場을 마련하는 것으로 백성들의 정서를 종교적으로 승화시킨 사실에서 엿볼 수 있다. 따라서 사찰의 건립은 단순히 종교적인 차원에만 머무르는 것이 아니라 역사적으로 매우 중요한 불교 신앙행위임에 틀림없다.

제2부

한국 고대의 정치와 외교

제1장 4세기대 신라와 고구려 · 왜의 정치외교관계

제1절 머리말

한반도와 滿洲 일대에 있어서 4세기는 각 나라마다 처한 안팎의 상황과 역사적 배경 등에 따른 성장이나 변화의 속도에 차이가 발생하기 마련이지만, 대개 원시사회를 벗어나 국가단계에 이른 三韓 諸國과 濊(貊) · 沃沮 · 高句麗 · 夫餘 · 肅愼(挹婁) 및 漢郡縣의 잔존 세력 등이 대표적인 몇몇 국가에 의해 예속 내지 복속되거나 병합 내지 통합되어 그 영역의 판도가 새롭게 바뀜에 따라 이들 국가를 중심으로 정치 · 경제 · 군사 · 외교 · 문화 등 각 방면에 걸쳐서 치열한 각축전이 벌어지던 매우 역동적인 시기라 하겠다. 이러한 선두주자들 가운데 辰韓 諸國 소속이었던 신라는 基臨王代(298~309) · 訖解王代(310~355) · 奈勿王代(356~401)로 3王代의 治世에 해당한다.

그런데 『晋書』辰韓條에 의하면 일찍이 "진한에는 각 渠帥들이 있고 그 거수들은 진한에 속해 있는데 진한은 마한인으로서 主人을 세우고 스스로 자립하여 王이 되지 못하였다"고 한다.[1] 이것은 진한 제국의

---

1) 이와 동일한 기사가『三國志』弁辰條에도 보인다. 즉, "其十二國屬辰王 辰王常用馬韓人作之 世世相系 辰王不得自立爲王"으로 여기에서는 다만 '辰韓'이 아닌 '辰王'으로 표기되어 있는 점이 다를 뿐이다. 그런데

성립이래 비록 그들 자체 내에 진한을 영도하는 王者가 존재하기는 했지만 그때까지도 대외적으로 주체적이고 절대적인 권력을 행사할 수 있는 王位가 수립되지 못하였음을 반증하는 사례로 보인다. 그렇기 때문에 『三國史記』 新羅本紀 赫居世條에 의하면 斯盧國王은 진한을 대표하는 주도세력[2]이면서도 事大의 禮로써 馬韓王에게 職貢[3]해야만 했던 것이고, 또한 馬韓王(西韓王)의 辰韓使節에 대한 모욕적인 태도에 대해서 진한 측의 불만과 그들의 대응[4] 등을 엿볼 수 있는 것이라 하겠다.

그러나 『三國史記』 新羅本紀 초기기사나 居道列傳에 의하면 사로국 주도의 진한 제국 통합과정은 2세기대로부터 3세기대에 걸쳐 꾸준히 진행되고 있다. 진한의 마한에 대한 종속적인 관계는 바로 그러한 과

기존 연구자들 가운데에는 이 辰王에 대해 마한소국연맹체인 목지국을 기반으로 하고 있으며 강압적인 위계관계에 기반을 둔 것이라기보다는 완만한 상태의 결속관계에 머무르고 있었던 것으로 이해하거나(이현혜, 「삼한의 정치와 사회」 『한국사』, 국사편찬위원회, 1997, 275쪽) 馬韓 연맹장인 진왕이 位를 승계할 때 자동적으로 세습하는 것이 아니라 함으로써(김수태, 「3세기 중・후반 백제의 발전과 마한」 『마한사연구』, 1998, 202쪽) '馬韓王'으로 파악하기도 한다. 그러나 同書 弁辰條에 인용된 魏略의 "明其爲流移之人 故爲馬韓所制"는 辰韓의 辰王이 자립하여 왕이 되지 못했던 이유를 설명하고 있는 것이다. 왜냐하면 同書 辨辰條에는 "與辰韓雜居 (……) 與倭接界 十二國亦有王"이라 하여 진한과 마찬가지로 변한에도 왕이 있었음을 알려주고 있기 때문이다. 이러한 인식은 『北史』의 찬자에게도 그대로 반영되어 "(……) 又辰韓王常用馬韓人作之 世世相傳 辰韓不得自立王 明其流移之人故也 恒爲馬韓所制 (……)"이라 하였다. 따라서 '辰王'은 馬韓의 연맹장인 '辰王'이 아니라 유・이민 집단으로 구성된 辰韓 諸國을 이끄는 왕으로서 단지 그의 王位가 世襲에 의한 것이 아니고 推戴에 의한 것이며 여기에 先主勢力인 마한의 통제를 받았기 때문에 진왕은 스스로 자립하여 왕이 되지 못했던 것이라 생각된다. 일찍이 이병도는 비록 진한의 지리적 위치를 오늘의 경기・강원지역으로 파악하여 신라를 辰韓 一國의 범주에 포함시키지 않았지만 '辰王不得自立爲王'의 辰王은 辰韓의 誤로써 진한은 본시 유・이민사회로 항상 마한의 지배를 받고 있었기 때문에 자립의 主를 갖지 못하였던 것이라 하였다.(『한국고대사연구』, 박영사, 1976, 254~258쪽) 박대재도 『三國志』 弁辰條의 '진왕'이 마한의 '진왕'이 아니라 辰韓人으로서 先主土着人인 馬韓人을 가리키고 있는 것으로 보았다.(「삼국지 한전의 진왕에 대한 재인식」 『한국고대사연구』 26, 2002, 46~47쪽)

2) 사로국은 건국 초기부터 진한제국의 주도세력으로서 등장했던 것이 아니라 탈해집단의 이주와 더불어 보다 우수한 문화를 유입하고 나아가 탈해집단의 이주와 연관된 동해안 지역을 확보함으로써 대외진출의 기반을 마련하여 이를 발판으로 2세기에 접어들면서 대외진출을 시도, 그 이후에 진한 여러 소국 중 맹주국의 역할을 수행했던 것으로 파악하는 견해가 있다.(이형우, 『신라초기국가성장사연구』, 영남대학교 출판부, 2000, 81~82쪽)

3) 『三國史記』 卷1, 新羅本紀 始祖 赫居世 38年(B.C. 20)條, "馬韓讓瓠公曰 辰卞韓爲我屬國 比年不輸職貢 事大之禮 其若是乎 (……)"

4) 『三國史記』 卷1, 新羅本紀 始祖 赫居世 39年條, "馬韓王薨 或說上曰 西韓王前辱我使 今當其喪征之 其國不足也 (……)"

정 속에서 자연스럽게 해체되어 갔을 것이고 이의 결정체로서 4세기 초에 이르러 '新羅'라는 국호의 성립(307)을 보게 된 것이라 하겠다.[5] 그 후 신라에서는 새로운 국명으로 중국대륙의 前秦에 사신을 파견한 적이 있는데 이때 전진왕 苻堅이 신라사신에게 '海東의 일이 옛날과 같지 않다'고 언급한 사실[6]로 볼 때 前秦에서는 신라와 중국왕조간의 공식적인 교류가 중단된 기간 동안에도 신라 안팎에서 일어난 정세 변화를 이미 熟知하고 있었음을 알게 한다. 아울러『廣開土王陵碑』에 는 고구려의 대외관계세력으로서 확실히 진한이 아닌 신라가 등장하고 있다. 이러한 사실들은 4세기 이전부터 진행된 신라의 대두가 4세 기대의 史上에서 확인된 것으로 대외적으로는 진한을 대표하는 통합세력으로서의 신라와 이를 통치하는 왕이 부각된 것으로 이해된다.

따라서 진한은 2세기대 이후부터 본격적으로 마한으로부터의 정치 외교적 간섭에서 벗어나려는 노력과 함께 대외적인 단일세력으로서 신라로의 병합과 통합을 추진하였던 것이고 그 결과 4세기 초에는 이러한 과정을 거의 일단락 지을 수 있었던 것이다. 하지만 이 무렵까지도 신라는 여전히 국내외의 정치나 사회적인 문제에 있어서 진한시대부터 이어져 온 집단적인 논의와 합의에 의해 운영되어 나갔을 것으로 보인다.[7] 즉,『三國史記』新羅本紀 婆娑尼師今條에 의하면 辰

---

5)『三國史記』新羅本紀 초기기사와 기년에 대한 신빙성 문제는 일제시대 日人學者들에 의해 부정되어 온 이래로 지금까지 국내학계에서도 부정적 견해, 수정적 견해, 긍정적 견해 등으로 논란이 되어 왔는데 점차 수정적 견해에 공감하는 연구자들이 늘어나고 있는 추세라 하겠다. 이에 대해서는 이미 관련학자들에 의해 언급(문안식,『한국고대사와 말갈』, 혜안, 2003, 137쪽)되어 왔으므로 여기에서 重言할 필요성을 느끼지 않지만 본장에서는 사료에 대한 신뢰성에 좀 더 무게를 두고 논의를 전개하기로 하겠다.

6)『三國史記』卷3, 新羅本紀 奈勿尼師今 26年(381)條

7)『三國史記』卷1, 新羅本紀 婆娑尼師今 23年(102)條, "音汁伐國與悉直谷國爭疆 詣王請決 王難之 謂金官國首露王年老多智識 召問之 首露立議 以所爭之地 屬音汁伐國 於是王命六部 會饗首露王 五部皆以伊飡 爲主 唯漢祇部以位卑者主之 (……)"

韓 諸國내에서 대외적인 마찰과 갈등, 중요사안 등이 발생하게 되면 각국은 辰韓王(斯盧國王)에게 중재를 요청하고 이에 따라 진한왕은 대책을 마련, 대표적인 部의 長들과 함께 논의하여 해결해 나갔던 것인데,[8] 이후의 재산분쟁과 같은 신라국내문제의 사건처리에 있어서도 이러한 전통은 그대로 답습되어 비록 후대의 사건이고 중재의 형태가 조금 다르긴 하지만『迎日冷水里碑』에 의하면 前王의 교시를 중재로 삼아 왕에 준하는 干支勢力들이 함께 논의와 판결을 내리고 있는 사실에서 유추해 볼 수 있으며,[9] 이러한 衆議風習은 바로 '和白'이라는 신라의 독특한 합의제도로 나타나고 있는 것이다.[10]

그럼에도 불구하고 4세기대의 신라사회는 도도히 흘러가는 시간의 흐름 속에서 전시대와는 또 다른 농업생산력의 증가로 인해 사회변화가 초래되고 있었고 불교와 그에 수반된 부속물들이 암암리에 유입됨으로써 문화변동의 움직임이 서서히 일어나고 있었다. 즉, 사회경제적인 측면에서는 철제농기구와 우경의 보급 및 수리관계시설의

---

8) 이에 대해서 삼한 소국의 정치권력의 한계와 읍락집단의 상호관계를 반영한다고 하는 견해가 있다.(이현혜, 앞의 책, 1997, 271쪽)

9) "斯羅의 㖨 口夫智王과 乃智王 두 왕이 교시를 내려 珍而麻村의 節居利로써 증거를 삼아 그로 하여금 재물을 얻게 하라고 하셨다. 계미년 9월 25일 沙㖨의 至都盧葛文王・口德智阿干支 (……) 등 7왕들이 함께 논의하여 교시하였으니 前世의 두 왕의 교시로써 증거를 삼아 재물을 모두 절거리로 하여금 얻게 하라고 하셨다. (……)" 모두 3면으로 구성된 이 新羅古碑는 건립시기를 알 수 있는 명문, '癸未年'과 관련하여 383년(나물왕 28)・443년(눌지왕 27)・503년(지증왕 4) 등으로 언급되고 있는데 공식적인 건립 시기는 503년이다.(한국고대사회연구소 편, 『譯註 韓國古代金石文 －신라1・가야－』, 1992) 그리고 口夫智王과 口德智阿干支 등의 口는 '斯'자의 신라 俗字로 신라 지배층이 그들의 인명표기에 한시적으로 채용한 것이라 하며 '斯'자의 당시 음은 '시'인데 口는 實자와 대응되고 夫는 主와 대응된다고 한다.(문경현, 『신라사연구』, 춤, 2000, 607쪽) 이종욱은 失字의 古字와 '斤'자가 합쳐진 글자로써 '실'로 읽어야 한다고 보고 있는데 전자는 실성왕을, 후자는 눌지왕을 가리키고 있는 점에서 기존 견해를 그대로 따르고 있다.(「新羅上代의 王京六部」『역사학보』161, 1999, 23쪽) 한편 이들 갈문왕을 비롯한 간지세력은 관등의 임명 및 승진과 강등까지를 소관하였고 특정관등을 족제적 사회운영원리에 따라 세습하였으며 국정과 군정을 함께 관장함으로써 왕에 못지 않은 권능을 보유하였다고 한다.(金瑛河, 『한국고대사회의 군사와 정치』, 고려대학교 민족문화연구원, 2002, 237쪽)

10)『新唐書』 新羅條, "(……) 事必與衆議號和白 －人異則罷 (……)"

축조와 정비, 그리고 主穀의 변화와 사회적 분업의 진전 등으로 이어졌다고 하겠다.[11] 문화적으로는 고구려 및 백제지역에 불경과 승려는 물론이고 創寺·造像과 같은 불교신앙행위가 도입되면서 이후 불교문화의 확산으로 진행될 수 있었던 반면,[12] 신라에서는 불교공인이 있었던 6세기 이전까지 비록 異質宗敎에 대한 반발심으로 인해 공식적인 불교의 전래가 중단되기는 하였지만 이미 3세기 중반부터 간혹 외래계 승려의 출현은 물론이고 왕실에 대한 說法이나 治術, 그리고 아담하고 소박한 절, 불교신자까지도 생겨났던 것이다.[13]

한편 당시 동북아시아의 정세는 자못 미스터리라 하지 않을 수 없다. 가령, 중국 晋代에 있었던 백제의 遼西領有 문제라든가, 마한의 존속여부와 영산강 유역 정치체의 실체는 물론이고 광개토왕릉비에 보이는 왜의 실체나 백제와 왜 사이에 수립된 외교관계를 상징하는 七支刀 관련 문제 등과 같은 한반도와 중국대륙 및 일본열도에 있어서의 상호관련 문제들이 특히 주요 논쟁의 핵심이 되고 있는 것이다.

따라서 본고에서는 현재까지 소개된 관련 자료 및 기존의 견해들을 참고하면서 4세기대의 동북아시아 정세를 대략 살펴본 후 이것이 과연 당시 신라사회의 변화와 어떤 관련을 갖고 신라의 정치외교관계에 어떻게 반영되었는지 4세기 초반과 중·후반을 각각 나누어 왜 및 고구려와의 관계를 중심으로 면밀히 고찰해 보고자 한다.[14] 필자

---

11) 전덕재, 「4~6세기 농업생산력의 발달과 사회변동」『역사와 현실』 4, 1990.

12) 金善淑, 「古代 佛敎信仰行爲로서의 創寺에 대한 검토」『淸溪史學』 16·17합집, 2002.
　　　　, 「古代 佛敎信仰行爲에 대한 歷史的 考察 −造像을 중심으로−」『白山學報』 65, 2003.

13) 『三國遺事』 興法 阿道基羅(一作我道又阿頭)條

14) 신라상고사에 있어서 정치외교관계란 말은 다소 낯설게 느껴질지 모른다. 지금까지 고대사학계에서는 흔히 '대외관계' 또는 '대외교섭' 등으로, 그 가운데에서는 정치적 측면을 강조하는 입장에서는 '정치교섭' 등으로, 경제적 측면을 중시하는 입장에서는 '대외교역'·'교역관계' 등으로 표현하여 國家對國家의 관계

가 주목하고자 하는 이러한 문제들은 정치외교관계에 국한된 것이지만 여전히 암흑 속에 가려진 4세기대 신라사의 한 측면을 이해하는 내용들로써 그중요성에 비추어 볼 때 충분한 검토와 논의가 예상되는데 논리의 전개상 무리한 점들도 따를 것이나 同學諸賢의 넓은 아량과 관대를 바랄 뿐이다.

제2절 4세기 동북아시아 政勢의 흐름

　4세기 초에 접어들면서 중국대륙에서는 西晋(A.D. 265~316)이 왕실 내분인 이른바 '八王의 亂'(300)을 겪은 후 그 세력이 약화된 데다가 소위 '永嘉의 亂'(316)을 통해 懷帝가 살해되고 이어서 匈奴·鮮卑·氐·羌·羯族 등의 침략을 받자 수도를 양자강 이남으로 옮기게 되면서 중국의 남·북부지역은 각각 司馬氏의 東晋과 五胡의 十六國으로 분열되기에 이른다. 이러한 북방지역의 혼란을 틈타 한반도에서는 낙랑군과 대방군이 고구려와 백제의 틈바구니 속에서 멸망당하게 되는데, 그 이후의 영향에 대해서는 馬韓과 辰韓 여러 나라의 국가형성이 촉진되었다고 보기도 한다.[15] 이는 三國 이전시기의 三韓을 국가체로 인정하지 않으려는 입장이라 하겠는데 3세기 단계에서의 韓族社會가 아직 권력지배를 모르는 농촌공동체사회이며 箕子의 후예가 그 가신과

　를 검토해 왔다. 필자는 시대를 막론하고 어느 한 나라가 상대국과 交流를 행할 때 반드시 정치성을 수반하기 마련이란 인식에 따라 외교관계의 테마 속에 정치적 성격을 좀 더 부각시키고자 하는 목적에서 '정치외교'란 용어를 선택하였는데 특히 신라사상에 있어서 '新羅'라는 공식 국호를 통해 보다 폭넓은 정치외교관계를 형성시킨 상한의 시기로 4세기를 주목하였다.

15) 井上秀雄, 『古代韓國史』, 日新社, 1981, 96~97쪽.

함께 韓地에 와서 王朝를 세웠다고 하는 전승과 진한에 辰王의 통일국가가 그 이전에 존재하고 있었다는 기록을 부정하는 견해에 따른 것이다.[16]

물론 당시 낙랑군의 역할이 주로 중국의 郡縣에 위협이 될 수 있는 三韓 諸國들을 작은 國邑의 상태로 머물게 하고 그들의 조공을 관리하는 따위[17]로 한반도 제국의 통합력을 방해하는 등의 부정적 영향을 끼쳤을 것이고 이러한 이유 때문에서라도 중국 군현의 소멸은 결과적으로 三韓 諸國의 통합 움직임을 더욱 촉진시켰을 것임은 충분히 짐작할 수 있는 사실이다. 또한 비록 『三國志』 韓條에 나오는 모든 내용이 3세기 중엽의 상황을 모두 설명하는 것도 아니며 진한의 여러 소국들을 마치 『三國志』 편찬시기였던 3세기 말까지 모두 동일한 발전단계로 존속하고 있었던 것처럼 설명한 것은 당시 진한사회의 다양한 정치집단의 성격을 이해하지 못하였기 때문이란 지적[18]도 있다. 하지만 앞서와 같은 일부의 왜곡된 인식은 『三國志』 韓條의 사료적 가치나 同書를 기술한 撰者의 서술태도 및 시대적 분위기, 즉 이민족의 설화나 종교·풍속 등과 같은 불확실한 내용은 가능한 서술하지 않는다[19]는 사실을 분명 외면한 태도이다.

아울러 三國 成立 이전 시기의 三韓이 비록 농촌공동체의 성격이 강한 느슨한 사회("韓其俗少綱紀 國邑有主帥 邑落雜居 不能善相制御"[20])

---

16) 井上秀雄, 위의 책, 1981, 71쪽.

17) 권오중, 「중국사에서 본 낙랑군」 『동아시아에서의 낙랑』, 제5회 한국고대사학회 하계세미나 발표요지문, 2003, 26~27쪽.

18) 이현우, 앞의 책, 2000, 81~82.

19) 윤용구, 「『三國志』 韓傳 對外關係記事에 대한 一檢討」 『마한사연구』, 충남대학교 출판부, 1998, 104쪽.

20) '國邑有主帥 邑落雜居 不能善相制御'에 대해 변진한 읍락체계의 특수성으로 말미암아 자국의 읍락들이 다른 나라에 속한 읍락너머 여기저기에 흩어져 있으므로 국읍의 거수가 체계적이고 강력한 통치력을 행

로써 중국왕조와 같은 조직적인 중앙권력체제를 형성하고 있지는 못했다 하더라도 이것은 어디까지나 三韓 諸國과 中國 간의 서로 다른 권력구조와 慣習 및 文化 내지 중국 군현지역과의 親疎關係("其北方近郡諸國 差曉禮俗 其遠處直如囚徒 奴婢相聚")에 의한 정치적 문화적 차이로써 이해해야지 이들 국가가 모두 권력지배단계에 이르지 못했다고 치부할 수는 없다고 본다.

『三國志』韓條에 의하면 2세기 후반에 韓濊가 강성해짐에 따라 중국의 군현민들이 다수 韓國으로 망명한 사건이 있었고 더구나 三韓 諸國 가운데에는 중국의 郡縣勢力과 崎離營에서 치열한 전투를 벌일 정도로 정치적·군사적, 나아가 국가적 성장이 엿보이고 있었던 것이다.[21] 이것은 기원전후에 철기문화의 유입과 철기의 제작보급, 상당수 유·이민들의 移入 등으로 진행된 삼한사회의 정치·문화적 변화의 토대에 의한 것이며 나아가 경상도지역에서 철기를 다량 부장한 토광목관묘 유적들이 급격히 증가하고 있다는 점에서 새로운 정치권력의 형성과 계층분화를 시사하는 것이다.[22]

또한 비록 세부적으로는 三韓 諸國 자체 내의 사회구조에 따라서 근소한 차이가 있기 마련이겠지만 공통적으로 최고지배자 휘하에 어느 정도 고유한 권력구조를 갖춘 사회였다고 말할 수 있다.[23] 먼저 변한의 경우 사회 내부적으로 그들 나름대로의 권력조직이 존재했기

사하기 어려웠던 사정을 말하는 것으로 보는 견해가 있다.(서의식, 「6세기 신라 지배세력의 변화와 사회경제구성의 재편」, 제3회 한국역사연구회 기획발표회 요지문, 2003, 10쪽)

21) "(……) 桓靈之末 韓濊彊盛 郡縣不能制 民多流入韓國 (……) 臣智激韓忿 攻帶方郡崎離營 時太守弓遵 樂浪太守劉茂興兵伐之 遵戰死 (……)"

22) 이현혜, 앞의 책, 1997, 264~265쪽.

23) 『後漢書』韓條, "(……) 諸小別邑各有渠帥 大者名臣智 次有儉側 次有樊祇 次有殺奚 次有邑借(皆其官名) (……)"

때문에 法俗이 엄준했던 것이고,[24] 신라의 경우도 『三國史記』 新羅本紀 초기기사에 의하면 職官名에는 唐官名과는 다른 이벌찬·이찬 등의 夷官名이 있는데 이 官號는 尊卑에 따라 분류되고 人才의 大小에 따라 대우되고 있으며 그 유래가 오래되었다고 한다.[25] 이로써 미루어 볼 때 신라 고유의 관호 중에는 漢字로 정착되기 이전부터 오랜 세월 동안 이어져 오면서 일실되어버려 아예 기록으로 남길 수조차 없게 된 것도 있었을 것이고 또 어떤 것은 헤아릴 수 없을 정도로 첨삭을 되풀이하는 과정 속에서 후대에까지 겨우 그 명맥만을 유지할 수 있게 된 것도 있었으리라 생각된다.

그러므로 三韓 諸國은 이 같은 정치적 기반하에 이미 3세기대에 중국왕조와의 교역을 가능케 할 정도로 국가적 성장을 이룰 수 있었고 비록 낙랑군과 같은 중국 군현의 방해정책으로 인해 분열된 모습을 보이고 있었다고는 하지만 그러한 과정 속에서도 개별단위의 國家들은 끊임없이 서로 경쟁하며 주도적인 一國으로의 병합 내지 통합을 이루어가고 있었던 것이다. 따라서 불완전한 형태이긴 하지만 이것은 국토통일과 같은 국가형태의 변화를 보여주는 것으로서 국가형성이란 관점에서 논의할 수 없는 것이라 하겠다.

그런데 이와 관련하여 현재 우리 학계에서는 삼한사회를 部族國家·城邑國家·邑落國家·初期國家 등의 다양한 名號로 규정해 놓고 있다. 여기에서 비록 '국가'라는 용어가 덧붙여지기는 했지만 '部族'이라든가 '初期'라고 하는 名辭의 수식 등에서 볼 수 있듯이 三韓 諸國을 낮

---

24) 『三國志』 魏志東夷傳 辨辰條
25) 『三國史記』, 雜志, 職官(上)條, "新羅官號 因時沿革 不同其名言 唐夷相雜 (……) 曰伊伐湌伊湌等者 皆 夷言 不知所以言之之意 當初之施設 必也職有常守 位有定員 所以辨其尊卑 待其人才之大小 世久文記 缺落 不可得緻考而周詳 (……)"

은 수준의 국가단계로 평가하고 있는 것이라 하겠다. 이는 국가 개념
에 대한 인식의 차이에서 비롯된 것으로 각 정치집단의 성격을 뚜렷
하게 파악할 수 있는 관련 자료가 부족한 탓에 서양의 인류학적 개
념[26]이나 중국의 국가단계 모델[27]을 채용하여 도출해 낸 결과이겠지
만, 혹여 기원전부터 국가단계에서 출발한 고조선 이하 한국고대국가
의 역사적 전개과정을 과소평가한 것은 아닐는지,[28] 또한 城邑이나
邑落 등이 국가의 일부 구성단위임에도 불구하고 국가의 성격을 규정
하는 용어로써 사용하기에 적합한지 의문을 갖지 않을 수 없다.[29]

어쨌든 중국의 對東夷政策은 魏代이래 東夷校尉가 직접 통괄하는
체계였다고 하겠다. 晋에서도 平州에 昌黎·遼東·玄菟·帶方·樂浪
등을 설치하고 東夷校尉로 하여금 이들 지역을 통할케 함과 동시에
東夷 諸國에 대한 정책을 실시케 함으로써 東夷 諸國은 빈번히 요동지
역에 사신을 파견하여 晋의 중앙정부와 외교관계를 유지하려 노력하
고 있었다.[30] 따라서 東夷 諸國은 낙랑군이나 대방군 등과 같은 일개

---

26) 일찍이 삼한의 국가단계로서 제시된 소위 '部族國家'라는 모델은 Morgan이래의 인류학적 개념을 채용한
데서 출발한 것이다.(김정배, 『한국고대의 국가기원과 형성』, 고려대학교 출판부, 1993, 47쪽)

27) 소위 '城邑國家'라는 모델도 중국의 '성채국가'를 염두에 둔 데서 비롯된 것인데 삼한 소국에는 성읍이
있었다고 믿어지는 점, 사회 정치 경제 군사 등 여러 측면을 설명해 주는 점, 한국사를 세계사와 연결시켜
주는 구실 및 고고학적 연구에 대해 성읍의 존재를 규명하는 하나의 새 연구분야를 제시한 것 등으로 평
가하기도 한다.(이종욱, 『한국의 초기국가』, 아르케, 1999, 455쪽)

28) 이병도는 '辰國'時代나 삼한시대를 막론하고 전체적인 사회의 성격으로 보아 어떤 진보·통일된 국가체
제의 사회가 아니라 다수한 부족사회를 포함한 일대연맹체로서 그 최고맹주가 이른바 '진왕'이고 그 밑에
다른 소국들은 이에 부용관계를 가졌던 것으로 본다. 그러나 濊·貊·韓族 등은 중국인이 그 역사의 연
원을 제 역사와 비등하게 인식할 만큼 '조선'이라는 국가를 세워 중국과 당당히 각축하며 발전하다가 멸
망한 후 갑자기 원시공동체 단계로 후퇴하여 오랜 기간을 거치면서 다시 국가를 만들어 나간 것이 되고
만다는 지적(서의식, 앞의 요지문, 2003, 9쪽)에 대해 공감하는 바이다.

29) 필자 역시 이전 논문에서는 기존 견해를 아무런 비판 없이 그대로 수용하여 신라가 내물왕대를 전후로
하여 부족국가에서 고대국가로의 면모를 보이기 시작한 것으로 언급하기도 했는데 지금에 와서 돌이켜
보니 좀 더 신중한 고찰이 필요했었다는 반성을 하게 된다.

30) 『晋書補遺』, 地理志, 平州條, "(……) 魏置東夷校尉 居襄平 而分遼東昌黎玄菟帶方樂浪五部爲平州 後還
合爲幽州 及文懿滅後 有護東夷校尉 居襄平 咸寧二年(276)十月 分昌黎遼東玄菟帶方樂浪等郡國五置平
州 統縣二十六 戶六萬六千一百", 『晋書』, 武帝紀, "太康元年(280) 六月 東夷十國歸化 秋七月 東夷二十

군현세력을 통한 간접교섭에서 벗어나 요동의 동이교위를 매개로 한 晋과의 직접적인 교섭에 나섰던 것인데,[31] 특히 韓과 倭의 소국 중에는 이러한 교섭과정을 주도한 나라의 頭角이 주목된다.

즉,『晋書』馬韓條에 보이는 마한 제국의 빈번한 왕래기사[32]가 마한사회의 세력재편과 백제국의 급성장이라는 측면에서 설명되고 있는데,[33] 이 시기 마한 제국의 사절파견을 주도한 나라가 백제라는 데에 대체로 인식을 같이하고 있다.[34] 그렇다면『晋書』辰韓條에 보이는 진한의 조공기사[35]도 사로국 주도의 사절파견으로 이해되며,[36] 지리적 조건으로 여의치 않았을 사로국에서 여러 번 중국에 사신을 파견할 수 있었던 것은 진한의 조공시기가 마한의 그것과 거의 일치하고 있는 사실로 볼 때 당시 마한의 주도세력으로서 새롭게 부상하던 백제국의 도움 덕분이지 않았나 하는 생각이 든다.

그런데 여기에서 잠시 이들 나라는 왜 위험부담이 큰 중국본토와의 원거리 조공외교를 감행하려 했던 것일까. 아마도 그것은 그들에

國朝獻", "同二年三月 東夷五國朝獻 下六月東夷五國內附", "同三年九月 東夷二十九國歸化 獻其方物", "同七年八月 東夷十一國內附", "同八年八月 東夷二國內附", "同九年九月 東夷七國 詣校尉內附 (……)", "同十年五月 東夷十一國內附", "太康元年二月 東夷七國朝貢"

31) 따라서 濊(穢)의 경우 이 시기 그의 영역인 경북 영일군 마초리에서 출토된 '晋率善穢伯長'의 銅印은 3세기 후반에서 4세기 초의 것으로 낙랑군과 대방군으로부터의 입수(심재연,「강원지역 철기문화의 성격」『百濟硏究』30, 1999, 11쪽)라기보다는 오히려 요동의 東夷校尉를 통한 입수로 봄이 타당하다고 생각한다.

32) "武帝太康元年二年 其主頻遣使入貢方物 七年八年十年又頻至 太熙元年 詣東夷校尉何龕上獻 咸寧三年 復來 明年又請乃附"

33) 권오영,「伯濟國에서 百濟로의 전환」『역사와 현실』40, 2001, 39쪽.

34) 강종훈,「4세기 백제 - 왜 관계의 성립과 그 배경」『역사와 현실』40, 2001, 5쪽.

35) "武帝太康元年 其王遣使獻方物 二年復來朝貢 七年又來"

36) 그런데 이병도는『晋書』辰韓條의 辰韓使節을 파견한 '其王'에 대해 '慰禮國王'으로 파악하고 있다. 이러한 견해는 백제가 유・이민 집단으로 구성된 '辰韓'의 一國이며 백제에서 '백제'라는 국호를 사용하기 前 시기의 名號가 慰禮國이라는 立論에 따른 것이다.(「百濟의 건국문제와 마한중심세력의 변동」『한국고대사연구』, 박영사, 1976, 475쪽)

게 경제적으로 큰 이익이 될 수 있었기 때문일 것이다. 즉, 기존 군현과의 교역보다는 교역물품과 품목의 한계를 극복할 수 있었을 것이고 여기에서 확보된 물품들을 통해 생산력 증대와 잉여생산물 확보에 효과적으로 이용되면서 경제적 성장을 이룩할 수 있었을 것이기 때문이다.[37] 또한 정치외교적으로 당시 동북아시아 정세를 직접 체험하고 이를 토대로 삼아 그들의 대외정책 등에 반영할 수 있는 좋은 기회를 얻을 수 있었을 것이기 때문이다.

그럼에도 불구하고 馬韓이나 辰韓과 달리 弁韓에 대해서는『晉書』四夷傳에 別條가 마련되어 있지 않으며 同書 倭人條에도 왜의 소국들이 사신을 파견했다는 뚜렷한 기사가 보이지 않는다. 그래서 변한의 경우에는 사로세력의 영향력하에 들어갔음을 의미하는 것으로 보기도 한다.[38] 그러나 변한 제국이 모두 斯盧國 영향권 내에 들어갔을 것으로 보기 힘들며 이후 가야세력의 추이와 함께 이들과 신라·백제·왜 등의 관계를 고려해 볼 때 오히려 弁韓 諸國들이 자체 내의 주도국에 의한 것이 아니라 각국의 이해관계에 따라 개별적으로 馬韓을 포함한 東夷 諸國과 함께 사신을 파견했기 때문에 이러한 사실이 아예 중국 사서에서조차 누락되었거나 그렇지 않다면 당시 변한 제국의 내부사정으로 인해 사신을 파견하지 못했을 수도 있다고 본다.[39]

倭의 경우도 기존 연구에서는 일반적으로 3세기 중반 이후부터 중국으로의 사신파견이 중단된 것으로 이해해 왔다. 그러나 왜의 소국들은『晉書』武帝紀의 太康 元年으로부터 계속 遣使하는 東夷 諸國 가운

---

37) 이현혜, 앞의 책, 1997, 285쪽.

38) 우선정, 「마립간시기 신라의 대고구려 관계」『경북사학』23, 2000, 6쪽.

39) 이현혜는 변한의 여러 소국들이 마한과 진한에 비해 상대적으로 강한 정치집단으로 존속하고 있었던 데 원인이 있었을 것으로 추측하고 있다.(앞의 책, 1997, 275쪽)

데 一圓이거나 太康 10年(289)條의 "東夷絶遠三十餘國" 등으로서 이들 나라는 다른 동이 제국과 함께 晉에 사신을 파견했을 것으로 보인다. 다만 倭國은 『晋書』 倭人條에서 빠져 있었을 뿐 변한 제국과 마찬가지로 이때 이들을 이끈 세력은 아마도 魏代이래의 주도국이었던 邪馬臺國을 밀어내고 새롭게 부상하던 狗奴國이었을 것으로 판단된다.[40]

한편 290년부터 계속된 晉의 내분과 흉노·선비 등의 침입, 그리고 羌族의 소요와 요동지역의 혼란 등으로 동이교위의 지배력은 점차 약화될 수밖에 없었다. 따라서 三韓을 포함한 동이제국 가운데에는 이러한 정세변화에 조응하여 한창 동북아시아의 强者로 부상하던 선비족과의 교류를 유지하려는 정치세력도 등장하게 된다.[41] 반면 고구려는 오히려 이 같은 상황을 호기로 삼아 무력으로 311년(美川王 12) 遼東의 西安平을 공취, 일단 요동지역과 낙랑·대방군의 연결로를 차단한 다음 이들 郡을 차례로 점령해 버리기도 한다. 그 후 고구려는 꾸준히 요동지역으로의 진출을 시도하게 되는데 이미 이 지역에서 지배력을 행사하고 있던 鮮卑 慕容氏(前燕)와의 충돌은 피할 수 없게 되었다.[42]

이와 같이 고구려가 요동지역으로의 진출을 시도했듯이 한반도 남쪽으로의 진출도 도모하게 된다. 따라서 이들 지역에 있는 국가들은 긴장을 늦추지 않을 수 없었고 마침내 369년과 371년 두 차례에 걸친 고구려와 백제간의 대규모 군사적 충돌로 나타나게 된다.[43] 한반도

---

40) 魏에서 晉으로 왕조가 교체되는 국제질서에 편승하여 주도권쟁탈전에서 邪馬臺國이 패배하여 畿内로 東遷하고 狗奴國이라는 九州의 새로운 패자가 등장하는 것으로 보고 있다.(김택균, 「三國志의 倭記事分析」 『백산학보』 40, 1992, 136쪽)

41) 박순발, 「漢城百濟의 對外關係」 『百濟研究』 30, 1999, 37~38쪽.

42) 『晉書補遺』, 載記, 慕容廆條, "時平州刺史東夷校尉崔毖 (……) 乃陰結高句驪 及宇文段國等 謀滅廆以分其地 (……) 明年高句驪寇遼東 廆遣衆擊敗之";『梁書』, 諸夷東夷傳, 高句驪條, "句驪王乙弗利 頻寇遼東 廆不能制"

43) 『三國史記』, 高句麗本紀, 故國原王 39年 및 41年條

에 있어서 전쟁의 결과는 모두 백제의 승리로 끝나고 말아 고구려의 위세가 한풀 꺾이기도 했지만 요동지역에 있어서만큼은 고구려가 後燕(384~409)과 진퇴를 거듭한 끝에 4세기 후반(故國壤王 2) 慕容氏를 밀어내고 이 지역을 차지할 수 있었다.[44]

바야흐로 국가 간의 병합 내지 통합을 추진하던 韓 諸國은 對外交流를 통해 인적·물적 자원의 확보에 의한 국가발전이 더욱 촉진되면서 4세기 초반에 이르러 辰韓 諸國은 新羅로, 馬韓 諸國은 百濟로의 統合[45]이 거의 마무리된다. 하지만 변한(변진)의 경우는 개개의 나라들이 낙동강 연안을 따라 분포하여 지리적으로 외부세력과의 접촉이 용이한 관계[46] 탓인지 자체적인 통합을 추진하기보다는 諸國들의 이해관계에 따라 각기 신라·백제·왜 등과 유대관계를 형성하는 방향으로 나아가게 되며 동시에 신라는 물론이고 중국 군현의 멸망이후 새롭게 대외관계를 정립하려는 백제와 이미 4세기 이전부터 끊임없이 한반도제국과 접촉해 온 일본열도의 一國인 倭[47] 및 그때까지도 一國으로의 통합을 형성하지 못한 加耶 諸國 등이 정치·외교·경제권의 확보를 위해 고군분투하는 상황으로 전환되는 등 한반도 중남부의 세력판도에 큰 변화가 일어나게 된다.

그런데 4세기대 동북아시아 정세와 관련하여 중국사서에는 백제가

---

44) 『梁書』, 諸夷東夷傳, 高句驪條, "孝武太元十年(385) 句驪攻遼東玄菟郡 後燕慕容垂遣弟農 伐句驪復二郡 垂死 子寶立 以句驪王安爲平州牧 封遼東帶方二國王 安始置長史司馬參軍官 復略有遼東郡 至孫高璉"；『三國史記』, 高句麗本紀, 故國壤王 2年條, "夏六月 王出兵四萬襲遼東 先是燕王垂命帶方王佐鎭龍城 佐聞我軍襲遼東 遣司馬郝景將兵救之 我軍擊敗之 遂陷遼東玄菟 虜男女一萬口而還 冬十月燕慕容農將兵來侵 復遼東玄菟二郡 初幽冀流民多來投 農以范陽龐淵爲遼東太守招撫之"

45) 『梁書』, 諸夷東夷傳, 百濟條, "馬韓有五十四國 (……) 百濟卽其一也 後漸疆大 兼諸小國"

46) 이현혜, 『한국 고대의 생산과 교역』, 일조각, 1998, 299쪽.

47) 『三國史記』 新羅本紀 초기기사에는 신라의 대외관계세력으로서 倭의 존재가 눈에 띄고, 비록 설화적인 내용들로 가득하지만 『日本書紀』 神代·崇神·垂仁紀 등에는 新羅·加耶·倭의 관계기사가, 『三國志』 魏志東夷傳 弁辰條에는 韓·濊·倭 등과의 물물교역에 대한 기사가 전해지고 있다.

150　한국고대불교외교사연구

晋代에 遼西地域을 차지했었다고 하는 주목할 만한 기사내용이 실려 있다.[48) 이에 대해서는 이미 조선후기 실학자에 의해 처음 제기된 이 래 지금까지도 그 관심이 이어져왔고,[49) 백제의 소위 '遼西領有說'은 이외에도 연구자에 따라 요서경략설·요서진출설 등 여러 가지 명칭 으로 불려 왔는데, 그것은 '백제가 요서지역에 자치군을 설치했다'고 전하는 중국사료에 따른 것이다.

일찍이 신채호는 여기에서 한걸음 더 나아가 백제가 4세기 후반 이 후에 중국대륙으로 진출, 경략하여 遼西地域뿐만 아니라 山東·江蘇· 浙江 地域 등을 획득했다고 언급한 일이 있다.[50) 이는 백제의 군사적 충돌을 전하는 기사[51) 및 백제사신의 職銜에 관칭된 중국군현의 위 치[52) 등을 통해서 볼 때 어느 정도 타당성이 있는 듯 보인다. 그러나 백제와의 군사적 충돌을 전하는 기사 가운데에는 몇 가지 의심되는 부분이 있어 적극적인 자료로 제시하기에는 주저되는 바가 있다. 왜 냐하면 『晋書補遺』 載記 慕容皝條와 『資治通鑑』 晋紀 穆帝 永和 2年條 의 백제가 각각 부여와 고구려를 잘못 기술한 것이라는 지적이 있을 수 있기 때문이다.[53)

---

48) 『宋書』, 夷蠻東夷傳, 百濟條, "其後高驪略有遼東 百濟略有遼西 百濟所致 謂之晋平郡晋平縣"; 『梁書』, 諸 夷東夷傳, 百濟條, "(……) 晋世句麗旣略有遼東 百濟亦據有遼西晋平二郡地矣 自置百濟郡 (……)", 『梁職 貢圖』, 百濟國使條, "百濟舊來夷馬韓之屬 晋末驅麗亦有遼東 樂浪亦有遼西晋平縣"

49) 1992년 이전까지의 연구성과는 다음의 논문을 참조하기 바란다.
   강종훈, 「백제 대륙진출설의 제문제」 『한국고대사논총』 4, 1992.

50) 申采浩, 「朝鮮上古史」 『丹齋申采浩全集』 上, 형설출판사, 1972, 204~206쪽.

51) 『晋書補遺』, 載記, 慕容皝條, "(……) 句驪百濟及宇文段部之人 皆兵勢所徙 (……)"; 『資治通鑑』, 晋紀, 穆帝 永和 2年(346) 正月條, "初夫餘居于鹿山 爲百濟所侵 部落衰散 西徙近燕 而不設備 燕王皝 遣世子 儁 (……)"; 『南齊書』, 東南夷傳, 百濟國條, "(……) 是歲魏虜又發騎數十萬 以百濟入其界 牟大遣將沙法 名·贊首流·解禮昆·木干那 率衆擊虜軍 大破之 (……)"

52) 백제사신의 직함에 관칭된 중국군현으로는 낙랑군·대방군·광양군·광양현·청하군 등 중국의 산동반 도를 중심으로 한 동해안 일대로 총 12개 지역에 이른다.(강종훈, 앞의 논문, 1992, 403쪽, 〈지도 2〉에 의거함)

또한 『南齊書』 百濟國條의 백제와 '魏虜'가 또다시 싸워 백제가 승리했다는 기사에 관해 서술상의 '魏虜'를 '魏에 종속된 야만인'이란 뜻의 高句麗에 대한 蔑稱으로 볼 수도 있다. 그러나 '魏虜'를 高句麗의 蔑稱으로 볼 수는 없다. 왜냐하면 同書 東夷百濟國條에는 '魏虜'와의 전쟁기사에 이어 "(上略) 去庚午年 獫狁弗悛 擧兵深逼 臣遣沙法名等 領軍逆討 (下略)"라 하여 '獫狁'이라는 고구려에 대한 멸칭을 쓰고 있기 때문이며 同書 東夷高麗國條에 의하면 '서쪽으로 魏虜와 接界한다'라고 하는 고구려의 지리적 위치에 대한 표현으로 볼 때 '魏虜'는 北魏 (386~534)를 가리키는 말로써 『南齊書』에서 사용한 '魏虜'는 오로지 魏를 멸칭하기 위한 것임이 분명하기 때문이다. 따라서 앞의 사서에 기술된 '魏虜'가 고구려가 아닌 이상 百濟와 北魏 간의 전투를 상정할 수밖에 없거나 轉寫過程에서 잘못 기술된 것이라고밖에 볼 수 없다.

그런데 『삼국사기』 개로왕 18년(472)조에 의하면 왕이 고구려의 계속된 침입에 시달리자 사신을 북위에 보내 고구려를 성토하면서 군사정벌을 요구하는 乞師表를 올린다. 이에 대해 북위에서는 고구려와의 우호관계를 이유로 백제의 제안을 거부했고 이로 인해 백제는 북위와의 외교관계를 단절해 버린다.[54] 따라서 이 사건 이후에도 북위와 고구려 간의 우호관계가 지속되고 있었으므로 고구려의 지원하에 魏와 百濟 간의 외교관계 단절에 따른 양국 사이의 무력충돌을 충분히 상정할 수 있다.[55] 하지만 이 사건은 백제의 요서지역영유와는 상

---

53) 김기섭, 『백제와 근초고왕』, 학연문화사, 2000, 199쪽.

54) 『三國史記』, 百濟本紀, 蓋鹵王 18年條, "(……) 王以麗人屢犯邊鄙 上表乞師於魏 不從 王怨之遂絶朝貢"

55) 『三國史記』, 百濟本紀, 東城王 10年(488)條에도 "魏遣兵來伐 爲我所敗"라는 기사가 실려 있는데 이는 『資治通鑑』, 齊紀, 世祖 永明 6年條에 의한 것으로 魏主가 백제의 '不修貢職'을 이유로 하여 海路로 군사를 보내어 來攻하다가 敗한 것이란 해석이 가능하다.(이병도 역주, 『삼국사기(하)』, 63쪽, 주 13) 아무튼 당시 麗·濟 간의 무력충돌과 麗·魏간의 우호관계 등을 고려할 때 魏兵이 海路를 통해서 상륙하여 고

관없는 내용이라 생각된다.

더구나『三國史記』列傳에 나오는 최치원의 언급[56]은 몇몇 중국사
서에 기술된 고구려·백제와 중국왕조 간에 일어났던 전쟁 등이 이
미 오래전부터 고대인들 사이에 알려져 있었고 그것이 고구려 및 백
제유민들에게까지도 전승되었을 뿐만 아니라 후대의 지식층에게까
지 그대로 전해져 최치원과 같은 對唐留學者에 의해 양국의 對中國關係
에 대한 역사인식의 일부로 轉載될 수 있었던 것으로 생각된다. 따라
서『三國史記』의 내용도 백제가 요서지역에서 벌인 군사적 충돌을 전
하는 직접적인 자료라고 할 수 없다.

아울러 백제사신의 중국군현 관칭은 백제가 중국남조와의 교류상
산동일대에 일종의 중간기지 정도[57]를 설치하여 이곳을 왕래하는 다
수의 백제인 집단을 통제한다거나 또는 편의제공을 목적으로 일시적
으로나마 이 일대에 상주할 백제관인에 대해 중국정부로부터 그들의
관직수여를 요청키 위해 백제 측에서 자의적으로 관칭한 것으로 생
각된다. 따라서 백제가 이 지역을 점령한 것과는 무관하며 백제의 요
서지역 영유와 연관시킬 수 없다고 하겠다.

그렇다면 지금까지 검토한 사실들을 놓고 볼 때 과연 백제가 요서
지역을 차지했었다는 중국 측 사료의 짤막한 기록은 신뢰할 수 없는
것일까. 최근에 이와 관련한 긍정적인 견해가 제시되어 주목되는데,[58]

구려의 협력 내지 묵인하에 백제의 영역에서 전투를 벌일 수 있었을 것이다. 濟·魏 간의 충돌이, 이미
3세기 曹魏時代에도 明帝의 파견군이 바다를 건너 한반도에 진입했던 경험이 있고 이보다 훨씬 이전시
기인 漢光武帝時代에도 바다를 통해 군사가 보내져 평양의 낙랑지역 등을 차지한 일이 있었으며 비록 7
세기대에 벌어진 사건이긴 하지만 唐軍이 신라와의 협공으로 백제를 치기 위해 바다를 건너 군사를 보내
고 있었던 사실에 비추어 볼 때, 전혀 불가능한 일만은 아니라고 본다.

56)『三國史記』, 列傳, 崔致遠條, "高麗百濟全盛之時 强兵百萬 南侵吳越 北撓幽燕齊魯 爲中國巨蠹"

57) 강종훈, 앞의 논문, 1992, 424쪽.

58) 강종훈,「4세기 백제의 요서지역 진출과 그 배경」『한국고대사연구』 30, 2003.

이에 대해서는 필자의 생각을 간략히 정리하는 가운데 소개하기로 하겠다.

먼저 백제의 요서영유 시점은 '晋世'·'晋末'인 동시에 고구려가 요동지역을 한동안 차지한 4세기 후반, 구체적으로는 역시 385년경이 가장 적합하다고 본다. 여기에서의 '晋世'·'晋末'은 東·西 兩晋을 포함한 晋王朝 전체의 시기이며 동시에 마지막시기로 보는 것이 타당하다고 생각한다. 왜냐하면 『晋書』에는 書名에서도 알 수 있듯이 東·西晋의 구별 없이 晋王朝 전체의 역사를 다루고 있는데 『梁書』에서 '晋世'라 하고 『梁職貢圖』에서 '晋末'이라 기술한 것은 『晋書』와 마찬가지로 西晋의 뒤를 이은 東晋의 世紀를 모두 포함한 것으로, '晋末'은 그 말기로 이해되며 4세기 후반에서 5세기 초반 무렵까지를 가리키고 있는 것으로 보이기 때문이다.

물론 이 시기는 짧은 동안이나마 고구려가 요동지역을 확보한 시점과도 동일하다. 그러나 5세기 초의 遼西地域과 한반도 상황은 백제가 요서지역을 영유할 수 있는 기회를 제공해 주지 못하고 있었다. 그것은 이 시기의 요서지역이 후연의 세력권 내에 있었기 때문에 백제가 이곳을 공략했다면 후연과의 전투가 예상되지만 이것이 사료상에서 전혀 보이지 않는다는 점, 그리고 4세기 후반까지만 해도 백제는 고구려영역을 공격하는 등 적극적이며 공세적인 입장이었으나 5세기에 들어오면서 그 기세가 조금씩 수그러드는 느낌마저 들어 고구려와의 대규모 전쟁에 가야와 왜의 군사를 끌어들여야만 할 정도로 여의치 않은 상황에 놓여 있었다는 점 등에서 판단해 볼 수 있는 것이다. 따라서 백제가 요서지역을 영유할 수 있는 시점은 4세기 후반이 되며 이때는 徐(餘)巖의 점거사건(385)[59]에서 알 수 있듯이 요서지역이 매우 유

동적인 상태로 이곳에 대한 백제의 관여도 예상할 수 있다.[60]

그런데 사료상에서는 백제의 요서영유를 둘러싼 어떠한 전개과정도 없이 덩그러니 백제가 요서를 영유했었다고 하는 극히 결과론적인 기사만이 보이고 있다. 이것은 백제의 요서영유가 주변지역에 큰 영향을 줄 정도로 대규모의 군사행동에 의한 것이었다기보다는 암암리에 백제의 외교술 내지 외교전략에 따른 급속한 행보였기 때문에 『晋書』와 같은 중국사서에 누락될 정도로 미미한 일이었으며, 『宋書』 등에서 단지 그 결과만이 간략히 서술된 것은 고구려의 요동경략처럼 여러 번이며 지속적으로 행해진 것이 아니고 단기간이며 일회성으로 끝나버리고만 사건이었기 때문에 백제와 가장 긴밀했던 중국남조의 사서에서만 그것도 백제 측의 정보에 따라 간략하게 언급되었지 않았나 하는 생각이 든다.[61]

제3절 4세기 초반의 신라와 왜 관계

신라는 辰韓 병합의 주도세력으로서 3세기 후반에 여러 번 西晋에 사신을 보낼 만큼 성장해 가고 있었다.[62] 그러나 4세기 초에 접어들

---

59) 『晋書補遺』, 載記, 慕容垂條 및 『資治通鑑』, 晋紀, 孝武帝條

60) 강종훈, 앞의 논문, 2002, 6~9쪽.
   한편 井上秀雄도 긍정적인 입장에서 백제의 요서경략을 말하고 있지만 시기상으로 차이를 보이고 있다. 즉, 그는 5세기 초 백제가 고구려의 광개토왕과 장수왕의 압박에 고민했지만 중국의 남조 송의 책봉을 받고 남한제국과 연합하여 고구려와 대립했고 아마도 이때에 한동안 요서방면과 정치적인 연유 내지는 그 일부를 지배했을 것이라 한다.(앞의 책, 1981, 96쪽)

61) 金毓黻은 백제가 북쪽으로 고구려와 육지로 접하여 있어 만일 백제가 바다를 건너 遼西를 경략한다면 사실상 행군하기 어렵기 때문에 있을 수 없는 일이라 하면서 『魏書』・『北史』 百濟傳 및 『通鑑』 등에서 모두 이러한 사실을 말하지 않았으므로 이 일은 南朝 傳聞의 잘못이라 말하고 있다.(『東北通史』, 백산자료원, 236쪽)

면서 신라는 중국왕조에 대한 사신파견을 중단한 채 군사적 병합과정을 거의 마무리한 후 우세한 部를 중심으로 한 정치적 통합에만 주력하였고,[63] 攻防으로 일관하던 백제·왜 등과 친선관계를 유지하고 있었다. 이는 이 시기 동북아시아의 상황변화에 따른 新羅의 對韓半島 정세인식의 반영으로 볼 수 있다. 즉, 중국대륙에서는 晋의 쇠퇴와 함께 그곳에 거주하던 匈奴族과 氐族이 각각 304년과 306년에 나라를 세우고 稱帝한 소위 5胡 16國時代가 시작된 것이고 이러한 중국대륙의 정세변화는 신라의 국내정치 및 외교관계에 직간접적으로 영향을 끼치지 않을 수 없었을 것이다.

그런데 『三國史記』基臨尼師今 10年(307)條에는 돌연 "復國號新羅"라 하여 매우 짤막한 기사가 실려 있다. 그리고 同書 地理條에는 신라의 국호가 徐耶伐·斯羅·斯盧·新羅 등으로 불리었다가 脫解王 9年에 '雞林'으로 바뀌었고 基臨王 10年에 '新羅'로 국호가 회복되었다고 하는 좀 더 상세한 내용이 전한다. 아울러 『三國遺事』 王曆篇 第1代 赫居世條에도 국호를 徐羅伐·徐伐·斯羅·斯盧·雞林이라 하였고 一說에는 脫解王 때에 처음으로 '雞林'이란 국호를 사용했다고 하며 同書 第15代 基臨尼叱今條에는 丁卯(307)에 國號를 新羅로 정했는데 혹은 이것이 智證·法興王 때의 일이라고도 한다는 부연설명을 덧붙이고 있다. 특히 『三國遺事』 王曆篇에서 주목되는 사실은 基臨尼叱今代에 新羅라는 國號가 처음 사용된 것으로 기술하고 있는 점이다. 이것은 앞서 언급한 『三國史記』의 기사내용과 미묘한 차이를 나타내는 부분이다.

---

62) 『晋書』, 四夷傳, 辰韓條, "武帝太康元年(280) 其王遣使獻方物 二年(281)復來朝貢 七年(286)又來"

63) 학계에서는 내물왕 이후 법흥왕 이전까지의 시기를 흔히 마립간시기로 규정하고 있고 이 기간 동안의 정치·사회체제를 부체제사회라 하여 部를 국가운영체계의 핵심적 위치로써 파악하고 있다.

따라서 『三國史記』新羅本紀 기림왕 10년조와 『三國遺事』王曆篇 基臨尼叱今條의 기사를 인정할 때 다음과 같은 해석이 가능하지 않을까 한다. 즉, 진한 제국시절의 신라에서는 경주지역만을 가리킬 때 '鷄林' · '徐耶伐' · '徐伐' 등이, 그리고 경주지역 외의 좀 더 확대된 영역을 가리킬 때 '斯羅' · '斯盧' 등이 사용된 것으로 보고 싶다. 이는 신라에서 처음부터 줄곧 '新羅'라는 국호를 사용한 것이 아니라 4세기 초에 이르러 비로소 진한 제국 통합세력으로서 진정한 의미에서의 새로운 나라인 신라가 탄생된 것을 의미한다고 하겠다.[64] 또한 이것은 통합과정의 성격변화, 즉 4세기 초반을 기점으로 그 이전부터 진행되어 온 신라주도의 진한 제국통합과정이 대개 군사적인 병합 내지 통합이었다고 한다면 그 이후의 통합과정이 정치적인 통합이었던 사실과도 관련된 것이라 하겠다.

그렇기 때문에 사료상에 의하는 한 이 무렵부터 신라의 대중국외교는 前秦에 사신을 파견하는 4세기 후반까지 공백상태에 놓이지만 286년(儒禮王 3)에 백제로부터 請和를 받은 이후 오랜 시간이 흐른 뒤인 337년에 와서야 공식적으로 백제로 사신을 파견하고 있고,[65] 왜국과도 4세기에 들어와서 가장 먼저 외교관계를 수립하고 있으며,[66] 나아가 혼인관계[67]를 맺는 등 이들과 절교할 때까지[68] 한동안 평화적

---

64) 문경현은 신라 국호의 처음 사용시기를 나물왕 내지 그리 멀지 않은 王代로 보았고(앞의 책, 2000, 23쪽) 주보돈 역시 『三國史記』新羅本紀 기림왕 10년이란 초기기년을 부정하고 前秦에 사신을 파견한 377년을 신라라는 국호가 처음 사용된 시기의 하한으로 보고 있다. 또한 그는 '斯盧'는 신라의 별칭이 아니라 신라의 왕도인 경주에 한정된 뜻밖에 없으며 '新羅'에는 경주뿐 아니라 한층 넓은 영역을 포괄하는 광의의 개념이 내재되어 있는 것으로 파악하고 있다.(「新羅國家形成期 金氏族團의 성장배경」『한국고대사연구』 26, 2002, 127쪽)

65) 『三國史記』, 新羅本紀, 訖解尼師今 28年條 및 百濟本紀, 比流王 34年條

66) 『三國史記』, 新羅本紀, 基臨尼師今 3年(300)條, "春正月 與倭國交聘"

67) 『三國史記』, 新羅本紀, 訖解尼師今 3年(312)條, "春三月 倭國王遣使爲子求婚 以阿飱急利女送之"

인 관계를 유지하고 있다. 따라서 4세기 초반까지 신라의 대외관계세력으로는 백제와 왜를 지목할 수 있다. 여기에서 백제는 차치하고라도 그렇다면 이때 신라와 외교관계를 수립한 왜국은 일본열도에 존재하던 수많은 소국 가운데 과연 어느 나라였던 것일까.

가)-㉠『後漢書』倭條 "(上略) 通於漢者三十許國 國皆稱王 世世傳統 其大倭王居邪馬臺國 (中略) 建武中元二年 倭奴國奉貢朝賀 使人自稱大夫 倭國之極南界也 (中略) 安帝永初元年 倭國王師升等 (中略) 願請見 桓靈間 倭國大亂 更相攻伐 歷年無主 有一女子 名曰卑彌呼 年長不嫁 (中略) 於是其立爲王 (中略) 自女王國 東度海千餘里 至狗奴國 皆倭種 而不屬女王 (下略)"
㉡『三國志』倭人條 "在帶方東南大海之中 依山島爲國邑 舊百餘國 漢時有朝見者 今使譯所通三十國 從郡至倭 循海岸水行 歷韓國乍南乍東 到其北岸狗邪韓國七千餘里 始度一海 千餘里至對馬國 (中略) 有千餘戶 (中略) 又南渡一海千餘里 名曰瀚海 至一大國 (中略) 三千餘家 (中略) 東南陸行五百里到伊都國 (中略) 有千餘戶 世有王 皆統屬女王國 郡使往來常所駐 東南至奴國百里 (中略) 有二萬餘戶 (中略) 南至邪馬臺國 女王之所都 (中略) 可七萬餘戶 (中略) 其南有狗奴國 男子爲王 (中略) 不屬女王 自郡至女王國萬二千餘里 (中略) 自古以來 其使詣中國 皆自稱大夫 (中略) 魏略曰 (中略) 國國有市 交易有無 使大倭監之 自女王國以北特置一大率 檢察諸國 諸國畏憚之 常治伊都國 (中略) 王遣使詣京都帶方郡 諸韓國及郡使倭國 (下略)"
㉢『晉書』倭人條 "(上略) 舊有百餘小國相接 至魏時有三十餘國通好 (下略)"

먼저 위의 사료 가)-㉡에 의거하여 4세기 초반까지 신라와의 접촉이 가능했을 왜국들을 열거해 본다면 대략 對馬國·伊都國·倭奴國·邪馬臺國·狗奴國 등으로 집약될 수 있겠다. 그런데 이들 국가 가운데에서 대륙지역과 가장 먼저 교섭한 나라는 서기 57년에 後漢王朝에 조공한 것

---

68)『三國史記』, 新羅本紀, 訖解尼師今 36年(345)條, "二月倭王移書絶交"

으로 알려진 倭奴國이라 하겠다. 倭奴國은 邪馬臺國과 더불어『後漢書』
와『三國志』에 기술된 倭國의 하나로서[69] 비록 大倭王이 거주하는
왜국으로서의 야마대국이 존재하긴 하지만 그외의『隋書』·『北史』·
『唐書』(新舊)등에도 왜국을 옛 왜노국으로 여길 만큼 중국과의 관계에
있어서 주도적인 역할을 수행했던 것으로 보인다.

그런데 倭奴國의 지리적 위치를 기록한 사료 가)-㉠의『後漢書』
倭條 "倭國之極南界也"에 대해서 혹자는 北部九州에 자리 잡고 있던
奴國(福岡市 板付遺跡·須玖岡本遺跡 志賀島)을 가리키고 있는 것으로
보면서 狗邪韓國을 포함시킨 한반도남부의 김해지역으로부터 北部九州
까지를 왜인이 거주하던 곳으로 이해하기도 한다.[70] 여기에서의 '왜
인'이란 물론 한반도인을 가리키고 있는 것으로 노국왕은 바로 韓人
이란 주장이다. 그 근거로써 북부구주에 분포하고 있는 한반도계 지
석묘와 부장품 등의 예를 들기도 한다. 이와 같은 역사적 지리적 배
경과 함께 신라와의 관계를 갖는 정치체로서 강대한 집단의 존재라
는 점, 인구 2만호의 대국이란 점, 1세기대이래 대외교통의 전통을 갖
고 있다는 점, 항해에 능숙한 집단이란 점 등에서 왜노국을 지적하고
있다.[71]

그러나 또 다른 독자적 집단인 구노국의 존재도 무시할 수 없다.

---

69) 明治 이후 일본학계에서는 邪馬臺國의 위치에 대해 九州와 畿內라는 두 설을 놓고 논란이 되고 있다. 井
上秀雄은『宋書』倭國傳 기사, "東征毛人五十五國 西服衆夷六十六國 渡平海北九十五國"을 근거로 왜의
왕도를 북구주지역으로 비정하고 있다.(김기섭 편역,「중국문헌에 나타난 朝鮮·韓·倭에 대하여」『고대
한일관계사의 이해-倭』, 이론과 실천, 1994, 59쪽) 山尾幸九는 邪馬臺 곧 '야마토(ヤマと)'가 원래 기
내 大和에서 독자적으로 생겨난 지명이고,『魏志』倭人傳 지리기사는 이도국과 야마대국의 소요일수일
뿐이며 '男王'이라 한 것은 후한시대의 북구주지방의 왕으로서 이를 卑彌呼와 연결시킨 것은 단지 진수
의 고증에 불과하다며 기내설을 주장하고 있다.(「魏志 倭人傳의 사료비판」앞의 책, 1994, 92~93쪽,
103쪽)

70) 泊 勝美,『古代九州と朝鮮』, 新人物往來社, 1973, 49~65쪽.

71) 연민수,『고대한일관계사』, 혜안, 1998, 379쪽.

구노국은 야마대국 및 왜노국과 더불어 일찍이 중국 측에 알려져 있던 나라로서 247년(景初 8)에 야마대국과 전쟁을 벌일 정도로 그 위세가 대단했다.[72] 그래서 狗奴國이 3세기 당시 중국과 교섭하면서 일본열도 내에서 가장 강력한 세력을 형성하고 있었던 여왕국인 야마대국과는 별개로 이 당시 야마대국의 위상이 떨어지자 기내의 야마대국을 공격, 정복한 후 야마대국에 속했던 세력들을 포섭하고 그들의 반발을 막기 위한 목적에서 狗奴國 대신 야마대국이란 명칭을 그대로 사용한 것으로 보기도 한다.[73]

다음으로 伊都國은 야마대국의 통제하에 있던 나라로서 사료 가)-ㄴ의 『三國志』 倭人條에 따르면 '郡使往來所駐'라고 하여 대방군의 駐在所가 설치되어 있던 지역인데 아마도 이도국에서는 대방군과 야마대국 등 주변 왜국과의 교역을 주관하거나 動靜 등을 입수하여 야마대국에 보고하는 역할을 했던 것으로 보인다. 이처럼 伊都國이 야마대국의 통속하에 들어가게 된 배경에 대해서는 2세기 말에 벌어졌던 일본열도 내의 亂을 계기로 이도국왕이 야마대국과 결합하여 기존 왜노국의 맹주적 지위를 계승하기 위한 목적이었을 것으로 추측하기도 하였다.[74]

그밖에 대마국은 한반도 남부지역(경상도 해안지역)과 가장 가까운 지점에 위치하고 있는 나라로서 이곳에서는 繩文時代 유물로 오래전부터 한반도와 구주지역 간 교류를 알려주는 漁撈道具가 출토된 바 있다.[75] 그런데 『三國史記』 新羅本紀 儒禮王 12年(295)條와 實聖王 7年

---

72) 『三國志』, 魏志東夷傳, 倭人條, "其八年太守王頎到官 倭女王卑彌呼與狗奴國 男王卑彌弓呼 素不和 遣倭載斯烏越等詣郡 說相攻擊狀 (……) 卑彌呼以死 (……)"

73) 강종훈, 앞의 논문, 2001, 13~14쪽.

74) 山尾幸久, 「일본고대왕권의 형성과 조선」 앞의 책, 1994, 189쪽.

(408)條에는 다음과 같은 기사가 실려 있다.

> 나)-㉠ "春 王謂臣下曰 倭人屢犯我城邑 百姓不得安居 吾欲與百濟
> 謀 一時浮海入擊其國如何 舒弗邯弘權對曰 吾人不習水戰 冒險遠征
> 恐有不測之患 況百濟多詐 常有呑噬我國之志 亦恐難與同謀 王曰善
> (下略)"
> ㉡ "春二月 王聞倭人於對馬嶋置營 貯以兵革資粮 以謀襲我 我欲先
> 其未發 練精兵擊破兵儲 舒弗邯末斯品曰 (中略) 萬一失利則懷不可追
> 不若依險設關 來則禦之 使不得侵猾 便則出而禽之 (中略) 王從之"

위 사료 나)-㉠에서는 왜인이 바다를 경유하여 신라에 내습했던
것으로, 그리고 사료 나)-㉡에서는 비록 5세기 초의 상황이긴 하지
만 왜인들이 對馬嶋를 군사기지로 삼아 습격을 모의했던 것으로 각각
이야기되고 있다. 따라서 史記 新羅本紀 초기기사에 자주 등장하는
왜의 실체, 즉 倭人이나 倭兵·倭軍 등은 대마도를 근거지로 삼아 바
다를 건너 신라에 접근할 수 있었던 존재들이기 십상이다.

이와 관련하여 그동안 한일 양국학계에서는 史記 新羅本紀 초기기사
에 등장하는 왜의 실체에 대해서 관심을 집중시켜 왔고, 倭人·倭兵·
倭軍 등이 그 규모에 있어서 적다는 점과 주로 여름철에 집중되어 있
다는 점들 때문에 신라의 토지나 사람의 지배를 노린 것이 아니라
'계절적 해적집단'의 성격을 지닌 물품이나 인간의 약탈을 목적으로
한 존재들로서 분석되기도 하였다.[76] 또한 왜의 침입 방법이나 약탈
물, 신라 측에서 왜를 격퇴하는 전과, 왜의 우로살해사건 등으로 미루
어 볼 때 왜의 실체를 동일시할 수 없으며 전통적으로 한반도 남부

---

75) 西谷 正 編, 『古代朝鮮と日本』, 吉川弘文館, 1990, 2~3쪽.
76) 木下禮仁, 「5세기 이전의 왜 관계 기사」 앞의 책, 1994, 135~137쪽.

혹은 중국과 통교해 온 북구주지역의 어떤 세력이 뛰어난 항해술을 갖춘 연해의 해민집단과 제휴 혹은 복속시켜 행동한 것으로 설명되기도 하였다.[77]

그런데 위의 두 기사에서 특히 주목되는 것은 신라의 집권세력이 모두 倭地를 공격하는 데 매우 소극적이라는 사실이다. 이에 대해 대외전쟁에는 전쟁수행의 주체인 귀족세력의 이해관계가 걸려 있고 왜인이 신라에 대해 경제적 약탈을 자행하는 집단이었기 때문에 신라의 입장에서는 공격을 통한 전리품의 획득이 사실상 불가능한 방어의 대상일 뿐이었다고 볼 수도 있다.[78]

그러나 앞 史料群의 대화 속에서 알 수 있듯이 신라는 海戰에 익숙지 못했을 뿐만 아니라 무작정 많은 군사를 倭의 본거지와 같은 먼 곳으로 보낼 경우 예기치 못한 돌발상황이 발생하여 자국에 큰 어려움을 줄 수 있을 것이라는 막연한 불안감과 함께 신라 내의 권력세력들이 軍需를 지원해야 하는 부담감, 아울러 신라사회의 부정적인 對倭觀 등이 복합적으로 작용했기 때문인 것으로 생각된다. 그렇기 때문에 신라는 왜와의 交聘이나 혼인 등 공식적인 관계에 있어서도 소극적인 자세로 일관하고 있는 것이다.

따라서 한반도 및 중국대륙국가와 왜 간의 관계를 놓고 볼 때 신라와 교섭한 왜국을 시기별로 상정해 볼 수 있다. 즉, 1세기대로부터 2세기 초반까지는 왜노국이, 2세기 후반 이후 3세기 중반 이전까지에는 각각 대마국 등의 소국들을 통제하던 여왕국의 야마대국이 주관했을 것으로 보이며 3세기 중반 이후에는 『三國史記』昔于老傳[79]과

---

77) 연민수. 앞의 책. 1998. 348~355쪽.
78) 김영하. 앞의 책. 2002. 240쪽.

新羅本紀 倭王의 求婚 기사, 그리고『三國志』倭人條의 왜왕이 婦를 다수 차지했었다는 내용 등을 함께 검토해 볼 때 그 주도세력은 男王이 다스리던 狗奴國이었을 것으로 판단된다.

　어쨌든 4세기 초반에서부터 중반까지 신라의 대외관계세력은 주로 백제와 구노국이 되겠는데 그렇다면 특히 구노국은 무엇 때문에 신라와의 외교관계를 수립하려 했던 것일까.

　이는 구노국 측에 의한 탐색전의 일환이었던 것으로 보인다. 왜냐하면 이시기는 아직 구노국이 백제와 긴밀한 정치외교관계를 형성하기 이전으로, 당시 한반도와 중국대륙에서 벌어지는 새로운 상황을 맞이하여 기존의 교류대상에도 변화가 필요했을 것이고, 그에 따라 제일 먼저 주목한 대외관계세력이 바로 신라였을 것이다. 신라는 이때 진한 제국의 통합세력으로서 대두하고 있었던 것인데 구노국으로서는 이러한 신라를 의식하지 않을 수 없었을 것이다. 당시 일본열도에서도 한반도의 경우와 마찬가지로 국가 간의 통합 움직임이 서서히 일어나고 있었고 그러한 상황 속에서 신라가 보유한 축적된 경험은 구노국에게 큰 자극이 되었을 것이다. 그러나 구노국의 이 같은 적극적인 접촉노력에도 불구하고 신라의 반응은 구노국 측에서 볼 때 그리 만족스럽지 못했던 것이고[80] 결국 구노국은 신라에 대해 斷交를 선언하고 백제 측에 기울어진 것이라 하겠다.

---

79) "沾解王 (……) 七年(253) 癸酉 倭國使臣葛那古在館 于老主之 與戲言 早晩 以汝王爲鹽老 王妃爲爨婦 倭王聞之怒 遣將軍于道朱君 (……)"

80) 왜국이 시종 신라에의 접근에 적극적이었던 것은 4세기대 일본열도에서 벌어지는 소국들 간의 주도권 다툼에 신라의 도움이 필요했기 때문인 것으로 보기도 한다.(연민수, 앞의 책, 1998, 368쪽)

제4절 4세기 중·후반의 신라와 고구려 관계

사료상에 의하는 한 신라는 일찍이 3세기대부터 고구려와 간헐적으로 접촉[81]한 경험이 있다. 그런데 기존의 연구자들 가운데에는 魏軍의 고구려 침략이 245년에 일어났던 점과 원산만에서 동해안 북부지역에 존재한 濊族 등을 이유로 고구려의 신라북침 사실을 의심하면서도 고구려와 신라 간에 어떤 충돌이 상정된다면 일부 남하한 고구려군이 신라의 북부방면을 초략하였을 정도의 것으로 보는 견해가 있다.[82]

그러나 이는 「毌丘儉紀功碑」나 『三國志』 등과 같은 기타 관련 자료에 대한 정밀한 분석을 간과한 해석이라 하겠다. 즉, 이들 기사내용을 검토해보면 魏將 관구검의 고구려침략은 1·2차에 걸쳐 행해지고 있는데,[83] 魏軍의 제1차 침략은 正始 5年(244)에 出兵하여 그 다음 해인 6년 5월에 회군하고 있고, 제2차 침략은 246년에 출병하여 그해 2월에 고구려를 격파한 후 고구려의 잔여세력을 따라 5월경에 그 남쪽지역인 東濊까지 추격하여 濊(貊)와도 충돌하고 있는 것이다.[84] 따라서 이 같은 魏軍의 침략 및 고구려의 남하경로를 놓고 볼 때 동예지역은 이미 고구려의 예속하에 들어갔을 것으로 보인다.

또한 『三國史記』 高句麗本紀 東川王 19年(245) 春 3月條에 의하면 "東海人獻美女 王納之後宮"이란 기사가 주목되는데 여기에서의 동해인 이란 구체적으로 어느 지역인을 가리키고 있는 것인지 분명치 않다. 다

---

81) 『三國史記』, 新羅本紀, 助賁尼師今 16年(245)條, "冬十月高句麗侵北邊 (……)"; 沾解尼師今 2年(248) 條, "二月遣使高句麗結和"

82) 노태돈, 「삼국사기 신라본기 고구려관계기사 검토」『경주사학』 16, 1997, 75쪽.

83) 金毓黻 『東北通史』, 백산자료원, 179∼184쪽.

84) 『三國志』, 魏志本紀, 齊王 正始 7年(246)條, "二月 幽州刺使毌丘儉 討高句驪 五月討濊貊 皆破之"

만 東沃沮에서는 신속당하고 있던 고구려에 美女를 받친 사실이 있고,[85] 閔中王 4年(47)과 太祖王 55年(107)에 '東海人 高朱利'라든가 '東海谷守' 등에 의한 獻上의 사례[86]가 보이고 있어 '東海'나 '海谷' 내지 '東海谷' 등을 대체로 당시 新城이 자리했던 北沃沮地域으로 보기도 한다.[87]

　　그러나 東沃沮의 경우처럼 각종 토산물이나 人身 등을 바치던 행위는 예속지역의 공통된 의무였다. 따라서 고구려 측에서 '東海人'이라 했을 때에는 지리적인 위치상 동옥저뿐만 아니라 동예인도 가리킬 수 있다고 본다. 그중에서도 특히 다음의 정황으로 미루어 볼 때 아마도 같은 동해지역이면서 당시 고구려에 예속되어 있던 濊人이 아니었을까 한다. 즉, 이 무렵 濊는 沃沮와 더불어 고구려에 예속된 나라[88]로 魏軍의 침략을 받기 前年인 245년 3월에 고구려가 동해안을 따라 순행해 왔을 때 濊에서 미녀를 받쳤을 것이고 그 銳鋒을 계속 남쪽으로 돌려 그해 10월에 新羅北邊을 침략했던 것으로 보인다. 이는 고고학적으로도 뒷받침되는데 4세기 이전으로 편년되는 경주 정래동고분과 월성로고분 출토의 고구려계 短甲과 綠釉土器 등을 통해서 이미 3세기대로부터 이루어졌을 양국의 접촉 가능성에 대한 지적[89]을 염두에 두고 볼 때 麗羅간에 벌어진 군사적 충돌 기사(助賁尼師今 16年條)의 사실성을 인정해도 좋을 듯싶다.

---

85) 『三國志』, 東夷傳, 東沃沮條, "(……) 遂臣屬句麗 句麗復置其中大人爲使者 (……) 又送其美女 以爲婢妾 遇之如奴僕 (……)"

86) 『三國史記』, 高句麗本紀, 閔中王 4年 및 太祖王 55年條

87) 문창로, 『삼한시대의 읍락과 사회』, 신서원, 2000, 225쪽.

88) 『三國志』, 高句驪條, "沃沮東濊皆屬焉"

89) 이현혜, 『한국 고대의 생산과 교역』, 일조각, 1998, 304쪽.

이후 신라는 4세기 중반 이후부터 본격적으로 고구려와 정치외교 관계에 돌입하게 된다. 이 시기의 신라와 고구려 간에 성립된 공식적인 관계기사는 4세기 후반 고구려가 신라에 사신을 보내오자 내물왕이 고구려와의 修好를 위해 실성을 인질로 고구려사신과 함께 보냈다는 기사뿐이다.[90] 그런데 이 무렵의 동북아시아 정세를 살펴보면 370년경 전연이 苻堅에게 멸망당한 후 고구려가 자국으로 도망해온 前燕의 太傅 慕容評을 결박하여 전진에 보내자 前秦에서도 불교문화를 고구려에 전하는 등 양국은 평화적인 관계를 유지하고 있었다. 그러한 상황 속에서 고구려는 377년경 전진에 사신을 파견했다.[91] 이때 신라사신도 고구려사신과 함께 전진을 방문했었고 이를 계기로 신라에서는 전진에 사신을 파견할 수 있었다.

이와 관련하여 당시 전진에 고구려와 신라가 사신을 파견한 것은 전진과 상하 외교관계를 맺기 위함이요 전진이 고구려에 불교를 전파한 것은 전진의 위무책에 불과하며 고구려가 불교전파에 대한 답변으로 전진에 방물을 공헌한 것은 바로 고구려에서 전진의 위무책을 받아들였다는 것이고 이는 결과적으로 황제국으로서의 전진의 위상을 고구려가 받아들였다는 점, 전진이 위무책을 펴면서 고구려세력권을 인정하였다는 점 등에서 양국의 외교관계는 바로 조공·책봉관계의 변형된 형태라는 주장이 있다.[92]

또한 신라의 입장에서는 중개와 협조가 아니라 통보라는 약간 강제성을 띤 상태에서 전진에 사신을 파견한 것이고 이때 신라는 전진

---

90) 『三國史記』, 新羅本紀, 奈勿王 37年(392)條; 同書, 高句麗本紀, 故國壤王 8年(391)條, "春 遣使新羅修好 新羅王遣姪實聖爲質"

91) 『三國史記』, 高句麗本紀, 小獸林王 7年條, "十一月 南伐百濟 遣使入秦朝貢"

92) 여호규, 「4세기 동아시아 국제질서와 고구려 대외정책의 변화」『역사와 현실』36, 2000, 64～66쪽.

과 외교관계를 맺지 않았기 때문에 대외적으로 고구려의 예하국가로 인식되었을 가능성이 있다는 것이다. 아울러 신라가 실성을 고구려에 인질로 보낸 것은 고구려와 상하관계를 체결했다는 의미라는 것인데 이는 고구려의 대백제견제 전략에서 나온 것이며 또한 고구려가 자신의 세력권을 과시할 목적에서 신라사신을 대동한 것이고 이 같은 전진과의 안정된 외교관계를 바탕으로 고구려는 군사력을 동원, 백제지역진출을 시도하는 한편으로 동북아시아 일대에 대한 독자적인 지역세력권을 구축하고자 했다는 것이다.[93]

한편 신라가 고구려와 외교관계를 맺게 된 배경에 대해 고구려국력의 상대적 우세, 즉 내적 지배체제의 확립과 신라의 국내정치적 사정, 그리고 고구려의 대백제전략 등을 들고 있으며 고구려의 강성함을 신라 스스로가 인정하여 백제와 연결을 가짐으로써 오는 위험부담을 피할 수 있고 또 강성한 고구려와의 연결을 갖는 것이 보다 유리하다고 판단한 때문인 것으로 본 견해가 있다.[94] 물론 이러한 견해들은 당시의 동북아시아 정세 속에서 고구려 및 전진 등의 일방적인 힘의 우위로 인해 발생한 신라 측의 저자세에 따른 관계로써 파악한 감이 없지 않다.

그런데 신라가 전진에 견사하거나 고구려에 대해 질자정책을 취한 것은 신라의 세력열세로 인한 것이라기보다는 백제에 대항하기 위해 고구려를 통한 중국과의 접촉을 통하여 새로운 물자나 기술유입루트를 독점하여 낙동강일대의 교역중심지에 대한 지배권을 재확보하려는 팽창적 시도로 보는 시각도 있다. 즉, 4세기 초반에 신라가 북쪽으

---

93) 여호규, 앞의 책, 2000, 68~69쪽.

94) 노중국, 「고구려·백제·신라 사이의 역관계변화에 대한 일고찰」『동방학지』28, 1981, 54~59쪽.

로 고구려와 접촉하면서 중국대륙과의 교역루트를 독자적으로 개척하여 경북일원에 대해 대북방교역로를 장악하고 남으로 교역망을 낙동강하구 및 왜에까지 확대하였으며 이에 따라 백제·왜와의 대립에는 신라의 교역망 확대와 낙동강하구의 변한 소국들이 누리던 교역중개지로서의 번영과 이익을 장악하려는 신라의 시도가 일차적 요인으로 작용했다는 것인데,[95] 이러한 견해는 당시 신라·고구려 對 백제·왜의 결합을 신라의 경제적 성장에 바탕한 적극적인 행보로써 파악하고 있다는 점에서 주목된다.

그러나 좀 더 근본적인 측면에서 볼 때 오히려 신라의 정치외교적 성장에 따른 고도의 외교술이라 하지 않을 수 있다. 즉, 당시 고구려·백제·왜 등의 동북아시아 제 세력 속에서 이들은 모두 신라의 외교대상국임에는 틀림이 없다. 그럼에도 불구하고 신라의 입장에서 볼 때 백제와 왜는 전혀 신뢰감을 주지 못하는 국가들이었다. 그것은 4세기 중반이래 백제가 본격적으로 한반도 남부를 공략해 들어와 마한의 잔존세력과 가야 제국들을 압박해왔고 여기에 왜국이 가입하는 형국을 맞게 됨으로써 신라에게는 이들의 결합이 직접적인 위협세력이 될 수밖에 없었다.

게다가 왜는 오래전부터 신라가 매우 꺼려 하는 세력이었다. 그럼에도 불구하고 백제는 자국의 세력권에 왜를 적극적으로 끌어들였던 것이고,[96] 왜는 신라와의 단교 이후 그들의 수교대상으로서 백제를

---

95) 이현혜, 앞의 책, 1998, 309쪽, 314쪽.

96) 백제가 왜와의 관계를 매우 중요시하고 있었음은 七支刀의 賜與를 통해서 엿볼 수 있다. 칠지도 명문에 보이는 제작연대에 대해서는 아직까지도 의견이 분분하지만 백제의 상황이나 동북아 정세로 보아 4세기 중반으로 봄이 타당하다. 왜냐하면 당시 동북아 강국으로서 등장한 백제가 마한지역과 가야지역은 물론이고 요서지역까지 세력확장에 열을 올리고 있었던 것인데 이 무렵 왜국의 존재가 백제 측에서 볼 때 상당히 이점이 될 수 있는 상대였기 때문이다. 그러한 연유로 인해 왜국의 환심을 사는 것이 백제로서는 무엇

선택해 버렸던 것이다. 그러한 상황 속에서 신라의 외교정책은 수동적이거나 소극적이었던 왜국에 대한 태도와 달리 고구려에 대해서는 보다 적극적이었으며 고구려는 신라가 긍정적으로 평가한 매력적인 외교대상이었다. 이것이 바로 신라로 하여금 고구려와의 정치외교관계 형성을 추구케 한 1차적 요인이었으며 고구려에 대한 人質外交政策을 시행케 한 배경이 되었다고 하겠다.

제5절 맺음말

이상과 같이 4세기대 신라 정치외교관계의 형성과 그 배경을 고구려 및 왜와의 관계를 중심으로 살펴보았다. 이를 다시 정리해보면 다음과 같다. 즉, 바야흐로 국가 간의 병합 내지 통합을 추진하던 韓 諸國은 對外交流를 통해 인적·물적 자원의 확보에 의한 국가발전이 더욱 촉진되면서 4세기 초반에 이르러 辰韓 諸國은 新羅로, 馬韓 諸國은 百濟로의 統合이 거의 마무리된다.

하지만 변한(변진)의 경우는 개개의 나라들이 낙동강 연안을 따라 분포하여 지리적으로 외부세력과의 접촉이 용이한 관계로 자체적인 통합을 추진하기보다는 諸國들의 이해관계에 따라 각기 신라·백제·왜 등과 유대관계를 형성하는 방향으로 나아가게 된다. 이와 동시에 신라는 물론이고 중국 군현의 멸망이후 새롭게 대외관계를 정립하려는

보다도 절실했을 것이고 그러한 증표로 백제에서 제작된 것이 바로 칠지도였다고 하겠다. 참고로 강종훈이나 이명규 등은 백제에서 왜왕에게 보낸 칠지도가 백제왕이 후왕적 존재로서의 왜왕에게 사여한 것이고 이는 왜의 백제복속을 의미한다고 하여 당시 백제와 왜국 간의 상호관계를 상하관계로써 규정짓고 있다. (강종훈, 앞의 논문, 2001, 25~27쪽; 이명규, 「백제 대외관계에 관한 일시론」 『사학연구』 37, 1983, 83쪽)

백제와 이미 4세기 이전부터 끊임없이 한반도제국과 접촉해 온 일본 열도의 一國인 倭 및 그때까지도 一國으로의 통합을 형성하지 못한 加耶 諸國 등이 정치·외교·경제권의 확보를 위해 고군분투하는 상황으로 전환되는 등 한반도 중남부의 세력판도에 큰 변화가 일어나게 된다.

그런데 『三國史記』 基臨尼師今 10年(307)條에는 돌연 "復國號新羅"라 하여 매우 짤막한 기사가 실려 있다. 따라서 이를 진한 제국시절의 신라에서는 경주지역만을 가리킬 때 '雞林'·'徐耶伐'·'徐伐' 등이, 그리고 경주지역 외의 좀 더 확대된 영역을 가리킬 때 '斯羅'·'斯盧' 등이 사용된 것으로 설명하고 싶다. 이는 신라에서 처음부터 줄곧 '新羅'라는 국호를 사용한 것이 아니라 4세기 초에 이르러 비로소 진한 제국 통합세력으로서 진정한 의미에서의 새로운 나라인 신라가 탄생된 것을 의미한다고 하겠다. 또한 이는 통합과정의 성격변화, 즉 4세기 초반을 기점으로 그 이전부터 진행되어 온 신라 주도의 진한 제국통합과정이 대개 군사적인 병합 내지 통합이었다고 한다면 그 이후의 통합과정이 정치적인 통합이었던 사실과도 관련된 것이라 하겠다.

한편 한반도 및 중국대륙국가와 왜 등 간의 관계를 놓고 볼 때 신라와 교섭한 왜국을 시기별로 상정해 보았다. 즉, 1세기대로부터 2세기 초반까지는 왜노국이, 2세기 후반 이후 3세기 중반 이전까지는 각각 대마국 등의 소국들을 통제하던 여왕국의 야마대국이 주관했을 것으로, 3세기 중반 이후에는 『三國史記』 昔于老傳과 新羅本紀 倭王의 求婚 기사, 그리고 『三國志』 倭人條의 왜왕이 婦를 다수 차지했었다는 내용 등을 함께 검토해 볼 때 그 주도세력은 男王이 다스리던 狗奴國이었을 것으로 해석하였다.

어쨌든 4세기 초반에서부터 중반까지 신라의 대외관계세력인 구노국에서 신라와의 외교관계에 적극적이었던 것은 구노국 측의 탐색전에 불과한 행동으로 보았다. 왜냐하면 이 시기는 아직 구노국이 백제와 긴밀한 정치외교관계를 형성하기 이전으로, 당시 한반도와 중국대륙에서 벌어지는 새로운 상황을 맞이하여 기존의 교류대상에도 변화가 필요했을 것이고, 그에 따라 제일 먼저 주목한 대외관계세력이 바로 신라였을 것이기 때문이라 하였다. 이때 신라는 진한 제국의 통합세력으로서 대두하고 있었던 것인데 구노국으로서는 이러한 신라를 의식하지 않을 수 없었을 것이다. 당시 일본열도에서도 한반도의 경우와 마찬가지로 국가 간의 통합 움직임이 서서히 일어나고 있었고 그러한 상황 속에서 신라가 보유한 축적된 경험은 구노국에게 큰 자극이 되었을 것이다. 그러나 구노국의 이 같은 적극적인 접촉 노력에도 불구하고 신라의 반응은 구노국 측에서 볼 때 그리 만족스럽지 못했던 것이고 결국 구노국은 신라에 대해 斷交를 선언하고 백제 측에 기울어진 것이라 하였다.

　또한 신라는 4세기 중반 이후부터 본격적으로 고구려와 정치외교관계에 돌입하게 되는데 신라의 정치외교적 성장에 따른 고도의 외교술을 들지 않을 수 없다. 즉, 당시 고구려·백제·왜 등의 동북아시아 제 세력 속에서 이들은 모두 신라의 외교대상국임에는 틀림이 없다. 그럼에도 불구하고 신라의 입장에서 볼 때 백제와 왜는 전혀 신뢰감을 주지 못하는 국가들이었다. 그것은 4세기 중반이래 백제가 본격적으로 한반도 남부를 공략해 들어와 마한의 잔존세력과 가야 제국들을 압박해왔고 여기에 왜국이 가입하는 형국을 맞게 됨으로써 신라에게는 이들의 결합이 직접적인 위협세력이 될 수밖에 없었다.

게다가 왜는 오래전부터 신라가 매우 꺼려하는 세력이었다. 그럼에도 불구하고 백제는 자국의 세력권에 왜를 적극적으로 끌어들였던 것이고, 왜는 신라와의 단교 이후 그들의 수교대상으로서 백제를 선택해 버렸던 것이다. 그러한 상황 속에서 신라의 외교정책은 수동적이거나 소극적이었던 왜국에 대한 태도와 달리 고구려에 대해서는 보다 적극적일 수밖에 없었으며, 고구려는 신라가 긍정적으로 평가한 매력적인 외교대상이었다. 이것이 바로 신라로 하여금 고구려와의 정치외교관계 형성을 추구케 한 1차적 요인이었으며 고구려에 대한 人質外交政策을 시행케 한 배경이 되었던 것이라 하였다.

제2장 통일신라시대 지방행정체제하의 고구려·백제지역(주)민

제1절 머리말

　주지하듯이 신라는 7세기 중반 이후에 고구려의 일부지역과 백제지역을 차지하였다. 그로 인해 신라는 고구려와 백제지역에서 망명해온 귀족들과 先代부터 터전을 잡고 오랫동안 안주하여 살아 왔던 대다수 유민들을 받아들이면서 이들의 안정된 정착에 신경을 써야 했다. 그래서 전쟁과정 전후에 걸쳐 여러 가지 시책이 마련되었다.

　신라는 끝까지 저항하는 포로들은 노비로 삼아 功이 있는 신라귀족들에게 분배하기도 하였지만 전쟁 중에 귀속해 온 귀족들 가운데 신라군을 크게 도왔던 백제인에게는 관등이나 관직을 수여한다던가, 국가적 규모의 祭祀를 규정한다던가, 향과 부곡·小京을 만들어 주민들을 사민시키는 등 그들에 대한 회유와 통제정책이 시행되었다.[1] 그런데 이것은 신라가 중앙집권적 국가 또는 전제왕권국가로서의 체제정비를 단행하는 일에 수반되는 것이다.

---

1) 小京設置의 목적에 대해서는 몇몇 연구자들에 의해 논의되었는데, 藤田亮策과 韓㳓劤·林炳泰·李仁哲 등이 있고 『韓國史新論』(一潮閣, 1967)에도 언급이 되어 있다. 이들의 견해는 조금씩 다르지만 小京이 복속민들에 대한 회유와 통제책이란 점에서 공통된 시각을 보이고 있다.

이 같은 통일 초의 신라의 고구려 및 백제유민에 대한 정책적 배려와 달리 그 후 사료상에 나타나는 이들 유민과 그 후손들의 활동 모습은 극히 제한적이다. 특히 이들은 정치인으로서보다는 예술인으로서 그리고 승려로서의 삶에서 보다 더 두드러져 나타나고 있다. 이러한 사실은 물론 이들 후손들이 사료에 그 이름을 남길 만큼 정치인으로서 두드러진 활동을 하지 않았거나 사료의 逸失이었거나 했겠지만 그렇다고 해도 그들의 신라라는 이질적 울타리에서 생활하는 것이 얼마나 힘겹고 고단한 것인가를 단적으로 보여주는 점이라 하겠다.

본고의 마지막 장에서는 현재 남아 있는 소수의 사료와 지금까지 발표된 논고를 중심으로 이들의 통일신라에서 차지하는 사회적 위치를 검토해 보기로 하겠다. 그런데 현재까지 학계에서는 통일신라시대 고구려 및 백제지역주민에 대해 그다지 주목하지 않고 부수적인 언급이나 단편적인 개인의 활동과 사상적 측면에 그치고 있다.

다만 노중국 씨의 논문인 「통일기 신라의 백제고지지배」(『한국고대사연구』1, 1988)에서 통일 초의 백제유민들에 대한 신라정부의 시책 등을 중점적으로 다룬 것과 신형식 씨의 「통일신라에 있어서의 고구려유민의 동향」(『통일신라사연구』, 三知院, 1990)에서 고구려유민의 동향을 다룬 것 이외에는 통일 초기부터 신라 말기까지의 전 시기를 대상으로 고구려 및 백제지역에 살고 있는 주민에 대한 전반적인 연구는 아직까지 나와 있지 않은 것 같다.

이러한 배경은 사료상의 제약이 큰 문제였기 때문이라 생각되는데 그렇다고 해서 그냥 지나쳐버릴 수도 없는 문제다. 왜냐하면 고구려와 백제라는 국가체제는 사라졌어도 그 후손들의 고구려인·백제인이라는 인식은 나말여초까지 면면히 이어져 신라 말의 혼란기와 후

삼국이라는 역사적 배경이 탄생할 수 있었기 때문이다.[2]

따라서 본고는 이 같은 상황을 고려한 내용이지만 다소 억측이나 무리가 있을 것으로 생각된다. 다음에서는 기존에 발표된 논고를 중심으로 하면서 필자의 생각들을 서술해 보기로 하겠다.

제2절 고구려 · 백제지역(주)민에 대한 정책

고대국가에 있어서 '遺民'의 발생은 대체로 對外戰爭이나 국내의 정치사회적 혼란 등을 통해 이루어져왔다. 이렇게 해서 생긴 유민을 당사국이 자국의 사회에 흡수하는 일은 인적자원의 확보라는 측면에서 긍정적으로 받아들여질 수 있을 것이다. 왜냐하면 유민에 대한 대책이 어떤 것이냐에 따라 이들의 활동가치는 커질 수 있고 그만큼 사회에 대한 기여도를 높일 수 있어서 거시적으로 볼 때 국가에도 이익이 될 수 있기 때문이다.[3] 따라서 유민들이 그 사회에서 어떠한 활동을 할 수 있고, 또 어떠한 위치에 놓여 있었느냐에 따라 당시 사회의 성격을 어느 정도 이해할 수 있을 것이다.

주지하듯이 신라는 骨品制라는 독특한 신분제가 지배하는 폐쇄적인 사회로 알려져 있다. 이 같은 신라가 통일 이후에 폐쇄적인 사회를 고수해 나가면서 한편으로 고구려와 백제를 멸망시킨 후 그 지역 주민들을 과연 어떻게 사회에 수용하였을까. 신라정부의 유민에 대한

---

2) 최근영의 저서인 『통일신라시대의 지방세력연구』(신서원, 1990)에서 이 문제를 다루고 있어 참조가 된다.

3) 신라는 中古期부터 국지적으로 정복한 지역민들을 軍事上에서 효율적으로 운영, 통일전쟁에서 큰 도움을 받았다는 점에서 국가적으로 큰 인적자원이 되었음을 알 수 있다.(李宇泰, 「新羅三國統一의 一要因」『韓國古代史研究』 5, 1992)

거주정책은 기본적으로 徙民이었겠지만,[4] 일부 귀족층의 加耶人이 中原京으로 사민된 경우처럼 자신의 고향에서 아주 멀리 떨어져 살아야 하는 경우도 있었을 것이고 그 외의 대다수 주민은 자기가 살던 지역에 그대로 머물러 있거나 기껏해야 원거주에서 약간의 이동만 있었을 뿐이었다고 생각된다. 그리하여 그들의 거주지에는 다음과 같은 지방행정조직이 마련되고 있다.

1. 鄕·部曲·小京의 설치

신라가 주변국을 정복해가기 시작할 무렵부터 일정한 지방행정조직이 갖추어져 있어서 피정복주민을 완전히 지배한 것이 아니라 상황에 따라 달리 대체했던 것으로 보인다. 정복한 지역과 그 주민에 대한 처리는 대체로 다음의 두 가지 유형으로 분류해 볼 수 있다.

먼저 신라정부에서는 피정복지역의 원래의 지배기반을 그대로 인정하면서 신속의 형태로 貢納 등의 형식을 요구면서도 반란을 일으켰을 경우 중앙에서 병력을 동원, 이들을 진압한 후 집단사민을 취한 점이다. 둘째는 유력한 피정복세력을 중앙으로 이주시켜 귀족화시키고 원래의 지역을 재편, 그에게 食邑 등의 형태로 지급하고 왕족일 경우 王京 6部에 소속시켜 진골귀족으로 편입시키기도 하였던 점이다.[5]

---

4) 한우근은 사민이 종래의 씨족적인 공동체와 족장층과의 유대를 단절하는데 강력히 작용하여 국가권력의 직접적인 기반을 이루는 계기가 된 것이라 하였다. 그리고 그 유형을 모두 네 가지로 분류하였다. 첫째, 정벌에 수반되는 노획·복속민 등을 다른 지역으로 이주시키는 것. 둘째, 築城과 더불어 타 지역의 民戶가 강제로 옮겨지는 것. 셋째, 신라의 경우 소경설치에 수반되어 소경에 민호를 옮기는 것. 陵墓에의 사민 등을 언급하고 있다.(「古代國家成長過程에 있어서의 對服屬民施策(上)」『역사학보』12, 1983)

5) 朱甫暾, 「新羅의 村落構造와 그 變化」『國史館論叢』35, 1992, 59~61쪽.
  위에 열거한 예들은 삼국사기에 자주 나오는 사례들로 이미 씨의 논문에서 정리되어 있기 때문에 여기에서 다시 제시하지는 않겠다.

이러한 현상은 신라의 초기지방지배와 맥락을 같이 하는 것이다. 즉, 아직 국왕을 정점으로 하는 일원적인 지배체제가 확립되지 못한 시기에 소속 지방은 물론 피정복지역에 대한 공납제를 바탕으로 한 간접지배방식이 수용된 것이라 할 수 있다. 그런데 이 같은 방식이 각 지역의 정치적 사회경제적인 상태가 달랐고 또 원래부터 신라와 이들과의 관계가 각기 다른 데서 온 결과로 보는 견해가 있다.[6]

그러나 보다 단순하게 생각해 보면 어떨까 한다. 즉 멀고 가까운 거리라는 지역적 차이 및 중요 거점지역의 확보 내지 인식에 따른 결과로 볼 수 있지 않을까 한다. 이것은 중앙집권체제가 미비한 당시에 피정복지역에 대한 지배를 가장 손쉽게 할 수 있는 방법이기 때문이다. 이러한 지역적 특성이 통일 후의 소경체제에 반영된 것이라 생각된다.[7]

통일 이후 신라는 전제왕권화에 발맞춰 피정복민, 즉 고구려·백제지역주민에 대한 보다 직접적인 지배체제를 마련하게 되었다. 그것은 기존에 공납을 통한 간접지배의 형식에서 벗어나 통일되고 주도면밀한 방법을 사용하였는데, 이미 법흥·진흥왕대부터 州와 小京이 설치된 이후 신문왕 5년에 이르러 九州·五小京制를 전국적으로 실시한 것이다. 九州와 五小京制에 대해서는 이미 많은 연구자들에 의해 논의되어 왔으므로[8] 여기에서 상세한 언급은 하지 않겠다.

九州는 신라의 王城을 중심으로 그 동북쪽인 唐恩浦路에 尚州가, 그 남

---

6) 주보돈, 앞의 논문, 61~63쪽.

7) 五小京은 주로 그 지역의 중요지점에 마련된 제도이다. 예를 들면 西原小京인 淸州의 경우 군사적 요충지로써 이곳은 三國이 각축을 벌였던 지역이었다.(최근영, 앞의 책, 122쪽)

8) 藤田亮策, 「新羅九州五京攷」『朝鮮學報』 5, 1953.
　　林炳泰, 「新羅小京考」『역사학보』 35·36합집, 1967.
　　韓沽劢, 「古代國家成長過程에 있어서의 對服屬民施策 (上)·(下)」『역사학보』 12, 1983.
　　李仁哲, 『新羅政治制度史硏究』, 일조각, 1993.

쪽에 良州가, 그 서쪽에 康州가 설치된 것을 비롯하여 백제고지에는 백제의 故城을 중심으로 城北에는 熊州가, 그 서남쪽으로는 全州가, 그 남쪽에는 武州 등의 3주가 설치되었으며, 高句麗南界에는 漢州·朔州·溟州 등이 설치되었다. 그리고 九州의 所管 郡縣이 무려 450개이며 그 외에 鄕·部曲 등이 있었다.9)

신라시대 鄕·部曲에 대해서는 몇 분의 일본인 학자 외에 최근에 朴宗基 씨 등이 검토한 바 있다. 이들에 의하면 신라의 鄕과 部曲은 고려시대나 조선시대와 같은 천민집단 거주지로서의 성격을 띤 군현의 하부조직이 아니라 군현과 동등한 행정조직이라는 것이다.10) 그러면서 이들은 그 주된 근거로『三國史記』·『三國遺事』와 金石文 및『新增東國輿地勝覽』등의 조선시대 사료에 나온 몇몇의 기사내용을 들고 있다.

즉, 井上秀雄은『三國史記』地理志 三國有名未詳地分의 地名群 가운데 맨 처음에 등장하는 88개의 지명이 王都 또는 王畿라는 것이다. 그러면서 그는 이들 지명이 8세기 후반 약 20년 밖에 사용되지 않았는데 그것은 이들 지명이 8세기 후반의 정치적 대립 가운데 발생한 정책적인 것으로 이들 지명을 사용했던 정치세력이 권좌에서 밀려남으로써 소멸해 버렸다는 것이다.11)

---

9)『三國史記』卷34, 地理1 新羅疆界

10) 井上秀雄,「新羅王畿の構成」『新羅史基礎研究』, 1974, 405~410쪽.
　　木村誠,「新羅時代の鄕」『歷史評論』403, 1983, 94~99쪽.
　　박종기,「新羅時代 鄕·部曲의 성격에 관한 연구」『한국학논총』10, 국민대, 1987, 54~57쪽.
　　藤田亮策은 향과 부곡의 성격에 대해 구체적으로 언급하지는 않았으나 향과 부곡을 村과 함께 인구의 다소에 따라 郡이 되기도 하고 縣이 되기도 하며 부곡이 될 수 있다고 말하고 있다. 따라서 필자는 그의 이러한 견해가 향과 부곡을 천인집단의 거주지로 보고 있지 않다고 생각하는데 部曲을 행정조직으로 파악하고 있어 鄕도 동일한 성격의 것으로 보고 있지 않는가 한다.(「新羅九州五京攷」『朝鮮學報』5, 1953, 118쪽)

11) 井上秀雄, 앞의 책, 394~398쪽.

그 가운데 鄕은 신라에 복속한 다수의 소국왕이 그 땅을 식읍으로 삼았던 것이며 목축이나 농경제사 등의 기능을 갖는 지역집단으로서 독자의 기능을 갖는 것으로 州에 직속하며 군현과 동격의 것이라고 한다. 따라서 그는 향이 부곡과 함께 군현에 지배된 천민집단으로 보는 것은 고려중기 김부식의 견해이지 신라시대의 사실을 전하는 것은 아니며 『東國輿地勝覽』의 기사 가운데 토지와 인구수에 따라 군·현·향·부곡으로 삼는다는 내용이 사실에 가깝다고 보아 행정적인 상하관계는 아니었다고 한다.12) 그런데 이 같은 향이 천민집단으로 전락한 것은 9세기 중엽이후의 일이란 설명이다.13)

한편 木村 誠은 『三國史記』 地理志에 나온 49개의 鄕名을 검토하면서 鄕名決定이 신라인의 사상적 배경(儒·佛·禪의 화랑제도)이 된 상서로운 것으로써 결코 경시되지 않았다는 것, 그리고 郡縣과 同名의 鄕이 만들어져 舊王族에 부여된 식읍이 군과 현이라면 구왕족의 거주지로서 鄕이 기능하였다는 것이다.14) 또한 그는 『鳳巖寺智証大師寂照塔碑』에서 建功鄕令 金효言이 왕족이며 경문왕의 측근이 건공향의 지방관으로 파견된 사실을 인정하여 향이 군현제 내에서 점하는 위치가 결코 낮지만 않다는 점을 주장하고 있다.15)

박종기는 일단 향과 부곡을 동일한 성격의 것으로 보면서도 이에 대한 구체적인 이유는 제시하고 있지 않다. 다만 그는 『三國史記』 向德列傳에 나오는 향덕의 一家와 『三國遺事』의 향득(덕)이 평민신분

---

12) 井上秀雄, 앞의 책, 409~410쪽.

13) 井上秀雄, 앞의 책, 415쪽.

14) 木村誠, 「新羅時代の鄕」 『歷史評論』 403, 1983, 96~97쪽.

15) 木村誠, 앞의 논문, 99~101쪽.

이상이란 점, 鄕司・鄕令・鄕村主의 존재와 大師 開淸의 가문이 관인 신분이란 점,16) 그리고 『新增東國興地勝覽』의 "田丁과 戶口가 縣으로 삼는데에 미달한 지역을 향과 부곡을 둔다"는 기사를 인정하여 향과 부곡이 일반군현과 같은 행정단위구획이라 설명하고 있다.17)

위와 같은 제 씨의 견해는 세부적으로 약간씩 견해의 차이가 있지만 대체로 향과 부곡을 동일한 성격의, 군현과 동등한 일반행정조직으로 파악하고 있음을 알 수 있다.

반면 이홍직은 이들과는 약간의 견해를 달리하고 있다. 그는 『高麗史』地理志에 나오는 '高句麗有疾部曲'18)을 고구려시대에 有疾部曲이 있었던 것이 아니라 신라통일기에 고구려 유민으로서 구성된 특수집단으로 보고 있는 것이다. 다시 말하면 그는 신라시대이래로 존재하였던 部曲民이 전쟁포로・반란민・군인 등의 특수집단으로 천대받는 사회의 하층계급이 포함되고 有疾部曲이 바로 高句麗 安勝의 報德國이 반란 후 생긴 반란민 가운데의 일부가 아니었을까 하였다.19) 또한 그는 고구려유민이나 보덕국민의 군대편입과 관련시켜 部曲의 설치가 屯田兵的인 것으로 생각할 수도 있다 하였다.

이로써 보면 이홍직은 부곡을 하층계급의 거주지 내지 고구려유민들의 집단지로 屯田兵的인 성격을 지닌 것으로 파악하고 있음을 알 수 있다. 이 점은 소국 간의 분립과 소국 간의 투쟁이 강화되면서 예속민 집단이 발생하고 이것이 이후 6세기경에 국가권력이 지방으로

---

16) 地藏禪圓郎圓大師悟眞塔碑, "大師諱開淸 俗姓金氏 辰韓鷄林人 其先東溟冠族 本國宗枝 祖守眞蘭省爲 郞栢臺作吏 考有車 宦遊康郡 早諧避地之心 流喙鄕 終擲朝天之心"

17) 박종기, 앞의 논문, 45~46쪽 및 52~57쪽.

18) 『高麗史』 卷57, 地理2 晉州牧條下, "又有彰善島 島本高句麗有疾部曲 高麗更今名陞爲縣屬于州 忠宣王 卽位避王嫌名改爲興善 後因倭寇人物俱亡爲直村"

19) 李弘稙, 「高句麗遺民에 관한 一・二의 史料」『韓國古代史의 硏究』, 신구문화사, 1971, 279~284쪽.

확대되면서 군현제의 일환인 賤人的 특수촌락으로 법제화된다는 林建相의 견해와 일맥상통한다.[20]

한편 한우근은 향과 부곡이 군현과 구별 없는 것으로 본 藤田亮策의 견해에 동조하면서도 피정복민의 특수부락으로서 형성된 부곡이 천민집단으로 전락한 특수예민집단으로 이해함에 있어서는 이홍직이나 임건상과 동일하다고 할 수 있다.[21]

향과 부곡에 대한 이상의 여러 연구자들의 설명은 비록 사료가 부족한 결점에도 불구하고 나름대로 타당성이 있는 내용이라 생각된다. 그런데『三國史記』有名未詳地分條를 보면 총 338개의 미상 지명 중에 鄕名은 49개에 이른다.[22] 그러나 部曲名은 하나도 없다. 따라서 신라시대에는 部曲이 없었다고 볼 수도 있겠지만『三國史記』地理志 細註의 "향과 부곡 등의 雜所는 모두 기록하지 않는다"는 기사에서 신라시대에 향과 부곡이 모두 있었음은 분명하다.

『三國史記』有名未詳地分條의 지명에 대해 井上秀雄은 王都 내지 王畿에 있는 것이라 하였다. 그렇다면 이들 지명의 소재지가 정확히 기록되어 있어야 하지 않을까. 아무리 행적조직상 그다지 중요치 않은 것이라 하여도 엄연히 왕도 부근에 있는 지명이라면 이것이 기록에서 제외되었다는 것은 바로 이들 지명이 각 지역에 흩어져 있었기 때문에 정확한 지명고증을 할 수 없었던 결과였다고 생각된다.[23]

---

20) 임건상,『조선의 부곡제에 관한 연구』, 1963; 박종기, 앞의 논문, 국민대, 1987, 43쪽에서 재인용.

21) 한우근, 앞의 논문 (상), 117쪽.

22)『三國史記』卷2, 伐休尼師今 7年條에 보면, "秋八月 百濟襲西境圓山鄕 又進圍缶谷城 (……)"이라 하여 圓山鄕이란 鄕名이 나온다. 그런데 同書 卷37 地理4 有名未詳地分條에는 이와 동일한 지명이 圓山城으로 되어 있다. 따라서 이 점과 함께 앞의 기사에서 圓山鄕에 이어 缶谷城이란 城名이 나온 사실로 미루어 볼 때 이는 圓山城이라 해야 옳다고 생각한다.

23) 木村誠도『三國史記』有名未詳地分條의 88개 지명이 王京·王畿에 한정된 것이 아니라 전국에 산재한 것으로 보고 있다.(앞의 논문, 96쪽)

필자는 신라시대의 향과 부곡이 군현과 같은 행정조직이란 위의 여러 연구자들의 의견에 동의하면서도 한편으로 신라의 향과 부곡은 통일 이후 9주·5소경을 정비할 무렵 다수의 유민들을 군현과는 별도로 州 내에 소규모로 분산, 거주케 할 목적에서 마련된 특수의 행정조직으로 보고 싶다.[24] 아울러 『三國史記』列傳 向德傳의 鄕司가 州에 보고한다는 기사내용을 통해서 鄕이 州의 관할하에 있었음이 분명하며,[25] 鄕의 직접적인 행정업무는 鄕村主가 담당하고 있었던 것으로 보이는데,[26] 部曲도 이와 동일한 상황이 아니었을까 한다.

그리고 州 내의 향과 부곡은 성격상으로 구분이 되어 鄕은 주로 승녀나 예술인들이 포함된 일반백성들이 산간벽지에, 부곡은 군인이나 반란자들이 거주한 지역으로 濱가에 설치된 것으로 보인다.[27] 물론 이들을 통제하고 감시하기 위해 鄕令이란 지방관리가 직접 파견되는데 이들은 국왕의 측근으로서 국왕에게 직접 보고할 수 있는 자격을 지닌 인물로 보인다.[28]

이렇게 보면 향과 부곡은 군현과는 별도의 특수행정구역이라 하겠는데 주로 고구려나 백제지역주민들을 대상으로 하고 있고 이 지역은 토호세력인 鄕村主가 직접 다스리는 한편 州의 관할하에 있는

---

24) 노중국은 향과 부곡의 설치시기를 전국적으로 군현제가 정비된 神文王代로 보고 있으면서도 田丁과 戶口를 기준으로 이 기준에 미달하는 지역이 향과 부곡의 대상지역으로 판단하였다.(「統一期 新羅의 百濟故地支配」『한국고대사연구』1, 1988, 143쪽)

25) 『三國史記』, 列傳 向德傳. "鄕司報之州 州報於王 王下敎 (……)"

26) "鄕村主 三長及干 朱雀大乃末"; 「菁州蓮池寺鐘」『韓國金石全文 – 古代 – 』(許興植, 亞細亞文化社, 1984)

27) 박종기는 향과 부곡을 모두 농업에 종사하는 지역으로 보고 있다.(「高麗時代 鄕·部曲의 변질과정」『한국사론』6, 1980, 서울대학교, 71쪽)

28) 『鳳巖寺智証大師寂照塔碑』에는 "大傅王 (……) 特敎菩薩戒弟子建功鄕令金立言 (下略)"이란 기사와 "近侍中可人 鵠陵昆孫立言"이란 기사가 있어 김립언이 건공향령으로서 국왕의 측근이란 사실에서 짐작할 수 있다.

鄕司가 파견되어 감시를 받기도 하며, 왕에게 직접 보고할 수 있는 지방관리인 鄕令이 파견되기도 한다는 사실에서 피정복민에 대한 직접적인 행적조직이라고 생각된다. 한편 小京은 가야지역뿐만 아니라 백제·고구려지역에 설치된 지방행정체계로 모두 5소경으로 구성되며 金海(金官)小京·中原京(國原小京)·北原京(小京)·西原京(小京)·南原小京 등을 말한다.[29] 소경을 설치한 목적에 대해서는 학자마다 조금씩 의견이 다르다.

먼저 藤田亮策의 경우는 신라의 급속한 확장으로 王京이 동남쪽에 편재되어 있어 신라의 정치·군사를 지배하는 진골이하의 귀족이 왕도에만 있는 것은 통치에 불편하기 때문에 소경제가 만들어졌다고 보고 있다.[30]

반면 林炳泰는 피정복민을 회유하고 통제할 목적에서 소경을 설치하여 이들을 사민시켜 안주시킨 것으로 보고 있다.[31]

한우근은 신라가 영역을 확대시켜 나아감에 따라 그 병합된 지역의 중요지를 택하여 종래의 村·郡·州에다 소경을 설치하고, 소경을 정치적 문화적 중심지로서 가야·백제·고구려 구령통치의 거점으로 여긴 것이라 하였다. 그리고 諸州郡의 民戶는 물론 중앙의 귀족자제와 豪民을 遷徙하여 이를 충실케 했다는 것이다.[32]

李仁哲의 경우, 小京의 설치는 수도의 편재성을 보완하고 새로운 점령지 특히 고구려·백제·가야 舊領統治의 거점을 마련함으로써 지방

---

29) 『三國史記』 卷5, 地理3.
30) 藤田亮策, 앞의 논문, 108쪽.
31) 林炳泰, 앞의 논문, 84~97쪽.
32) 한우근, 앞의 논문, 113~114쪽.

통치를 원활히 하기 위한 것이며 신라인과 원주민 사이의 갈등을 해소하는 방편으로 제3국 출신의 백성들을 사민시킨 것이라 하였다.[33]

이상과 같은 여러 연구자들의 견해를 종합해 볼 때 小京은 신라의 정복지역과 밀접한 관계를 가지며 피정복민에 대한 보다 직접적인 지배체제라 할 수 있다. 그런데 小京은 주로 정복지역의 수도나 중심지에 형성되어 州 내에 王京과 같은 구조로 이루어져 있어 이들 지역에는 王京에 거주하던 귀족들과 피정복민들, 그 가운데에서도 지위가 높았던 사람들이 주로 거주하였던 것으로 보인다.

그런데 小京은 몇 가지 특징을 가지고 있다. 첫째, 소경에는 신라인뿐 아니라 고구려인 백제인 가야인 등이 함께 거주하고 있다는 사실이다. 이에 대해 이인철은 서로 다른 출신국인으로서 생기는 갈등을 완화하려는 목적에서 이루어진 것으로 보고 있지만,[34] 확실한 이유는 알수 없다. 다만 국적이 다르기 때문에 서로 감시가 가능하여 반란 등의 모반사건이 일어날 수 없게 만들려는 의도는 아닌지 추측해 본다.

둘째, 소경은 새로운 정복지역의 통치를 위해 설치된 정치적 문화적 중심지로서 외래인이 소경에 이주함으로써 이곳에는 복합적인 문화가 형성될 수 있는 여건이 마련된다는 점이다.[35]

셋째, 통일 초까지만 해도 部制가 남아 있어 소경에 거주하는 신라인이나 귀족 출신의 遺民이든 왕경 6부의 部名을 사용, 자신의 소속을

---

33) 이인철, 『신라정치제도사연구』, 일조각, 1993, 184~191쪽.

34) 이인철, 앞의 책, 188쪽.

35) 『三國史記』卷32, 樂 玄琴條, "(……) 羅人沙湌恭 永子玉寶高 入地理山雲上院 學琴五十年 自製新調三十曲 傳之續命得 得傳之貴金先生 先生亦入地理山不出 羅王恐琴道斷絕 謂伊湌允興 方便得其音 遂委南原公事 允興到官 簡聰明少年二人 (……) 允興與婦偕進曰 吾王遣我南原者 無他 欲傳先生之技 于今三年矣 (……)"; 加耶琴條, "(……) 乃命樂師省熱縣人于勒 造十二曲 後于勒以其國將亂 攜樂器 投新羅眞興王 王守之 安置國原 (……)"

나타내고 있다는 사실이다. 그것은 강수의 예에서 찾을 수 있는데 강수는 중원경에 살고 있지만 沙梁部人이다.[36] 이러한 이유로 소경에도 6부제가 실시되었다고 보는 견해도 있고,[37] 강수의 경우를 제외하고는 전혀 다른 예를 찾아볼 수 없어서 소경에 6부가 설치되었다고 보기에는 무리가 있다는 의견도 있어[38] 소경에서의 6부의 존재여부를 확언할 수 없지만 아무튼 강수가 살던 소경에서도 部名이 계속 사용되고 있었던 것으로 보인다.[39]

넷째, 州 외에 소경에도 '小京餘甲幢'이라는 자체의 군단을 보유하고 있다는 점이다.[40]

다섯째, 소경의 장관인 仕臣(仕大等)은 지위의 상한이 州의 장관인 都督보다 한 단계 아래지만,[41] 州의 위치를 고려해 볼 때 거의 동등한 높은 수준의 책임자임을 알 수 있다.

여섯째, 州·郡에는 外司正이 배치되어 있는데 반해 소경에는 외사정이 파견되고 있지 않다. 그 이유를 이인철은 사신이 감찰기능까지 수행하였거나 주에 파견된 외사정 가운데 한 명은 소경을 감찰하였을 것으로 보고 있다.[42] 필자는 이인철의 지적 가운데 사신이 감찰기능까지 하고 있었다는 견해에 동의한다. 그것은 使臣이 일명 使大等

---

36) 『三國史記』 卷46, 强首傳.

37) 임병태, 앞의 논문, 105쪽.

38) 李文基, 「新羅 中古의 六部에 관한 一考察」 『역사교육논집』 1, 1980, 83쪽.

39) 신라 6부에 관한 연구물은 다수 있지만 그 가운데에서 최근에 나온 대표적인 논고는 다음과 같다.
  盧泰敦, 「三國時代의 '部'에 關한 研究 -成立과 構造를 中心으로-」 『韓國史論』 2, 서울대학교, 1975.
  李文基, 「新羅 中古의 六部에 관한 一考察 -骨品制와 관련하여-」 『歷史敎育論集』 1, 1980.
  全德在, 『新羅六部體制研究』, 일조각, 1996.
  李鍾旭, 「新羅上代의 王京六部」 『歷史學報』 161, 1999.

40) 이인철, 앞의 책, 190쪽.

41) 『三國史記』, 職官 外官條, "都督九人 位自級湌至伊湌爲之 仕臣或云仕大等五人 位自級湌至波珍湌爲之"

42) 이인철, 앞의 책, 219쪽.

으로서 소경 안에 있는 大等을 통솔한다는 의미[43]를 갖는다는 점에서 使臣이 小京民을 통제·감찰하고 있다고 할 수 있다.

일곱째, 소경은 군현을 갖지 않고 몇 개의 村으로 이루어져 있다.[44] 이 때문에 그 크기에 대해서는 縣 정도로 보는가 하면,[45] 郡 정도의 크기로 보기도 하고 있는데,[46] 어쨌든 소경의 크기는 郡이나 縣 정도의 작은 규모라고 하겠다.

이상으로 지방행정조직인 향과 부곡 및 소경 등에 대해 살펴보았다. 결론적으로 말하면 향·부곡·소경이 옛 고구려지역과 백제지역 주민에 대한 통제 및 안정책으로써 마련되었다는 점에서는 동일하나, 향과 부곡에는 주로 백성 이하의 하위층이 수용되고 있는데 반해 소경에는 주로 고위귀족층들이 거주하였던 것으로 보인다. 그리고 향과 부곡은 군·현과 함께 州의 관할하에 있고 소경도 주의 관할하에 있으면서 왕의 직접 통제하에 있다는 점에서 동일하나, 향과 부곡이 행정적으로 州의 밑에 위치하고 있다면 소경은 州와 동일한 위치하에서 여러 개의 村을 거느리고 있다는 점이 다르다고 하겠다.

2. 官等·官職의 수여

현재 전하는 사료에 의하는 한 고구려유민과 백제유민에게 관등이나 관직을 수여한 기사는 주로 통일 초에 집중한다. 이 무렵 신라는

---

43) 임병태, 앞의 논문, 103쪽.
44) "西原京 □□□村見內地周四千八百步合孔烟十 (……)" (『正倉院新羅民政文 書』)
45) 임병태, 앞의 논문, 107쪽.
46) 이인철, 앞의 책, 217쪽.

內外官職과 官位制(重位制[47])를 정비해 나갔는데 이에 따라 투항한 고구려·백제지배층의 신라관인으로의 포용을 위한 기반이 갖추어졌던 것이다.

이미 통일전쟁이 한창이던 태종무열왕 7년에 투항한 백제인에게 재능에 따라 관위를 주고 관리로 임용한 사실이 있다.[48] 그리고 文武王元年에도 백제인에게 관위와 관직을 주고 아울러 토지와 衣物까지 주고 있다.[49] 그런데 『三國史記』職官志 外官條에 의하면 文武王 13年과 神文王 6年에 本國에서 받은 官品에 따라 백제인과 고구려인에게 각각 일정한 기준의 관위수여를 정하고 있다.

이를 알기 쉽게 표로 작성하면 다음과 같다.[50] 아래의 <表 1·2>에 나타난 특징은 첫째, 고구려인에 대해서는 京位만을 授與하고 있고 外位는 수여치 않은 반면 백제인에게는 京位와 外位를 모두 수여하고 있다는 점이다. 둘째, 고구려인에게는 신라관등 제7위인 一吉飡을 주고 신라골품 6두품 이하에 포함시키고 있는 반면, 백제인에게는 겨우 제10위인 大奈麻까지만을 주어 5두품을 상한으로 하고 있어 양국민에 대한 관위수여상의 격차를 보여주고 있다. 셋째, 관위수여대상자에 있어서 고구려인의 경우는 主簿로부터 自位까지 고구려의 거의 모든 관위자가 해당됨에 반해 백제인의 경우는 백제의 관위 제2품인 達率에서 제7품인 德率까지만으로 제한되고 있다는 점이다.

---

47) 重位制는 阿飡과 大奈麻·奈麻·沙飡 등에 설정된 것으로 권덕영은 특히 奈麻重位制의 대상을 구백제인으로 보고 있다.(「新羅 官等 阿飡·奈麻에 對한 考察」『국사관논총』 21, 1991, 53~55쪽)

48) 『三國史記』卷5, 新羅本紀 太宗武烈王 7年條, "(……) 百濟人員 竝才任用 佐平忠常·常永 達率武守 授位一吉飡 充職摠管 恩率武守 授位大奈麻 充職大監 恩仁守 授位大奈麻 充職弟監"

49) 『三國史記』卷6, 新羅本紀 文武王 元年條, "(……) 百濟達率助服·恩率波伽與衆謀降 賜位助服級飡 仍授古阤也郡太守 波伽級飡 兼賜田宅衣物"

50) 『三國史記』卷40, 職官(下) 外官 高句麗人位 및 百濟人位條

이는 무엇을 말하는 것일까. 먼저 첫 번째로 대답할 수 있는 것은 문무왕대초에는 외위가 존재했었기 때문에 가장 일찍 來投한 백제인이 그 대상자가 될 수 있었던 것이고 나중에 來投한 고구려인은 신문왕대에 외위가 존재하지 않았기 때문에 외위의 수여대상자가 될 수 없었던 것이다.[51] 따라서 외위의 존속시기에 따른 결과였다고 할 수 있다.

다음으로 지적할 수 있는 것은 백제인에게 준 관위와 고구려인에게 준 관위의 차가 과연 양 국민에 대한 신라정부의 차별책인가 하는 점이다.

村上四男은 고구려인과 백제인의 관등상의 차가 大國인 고구려와 小國인 백제의 차이, 즉 국력의 차이와 673년 당시에 있어서 신라인의 對百濟人感情과 對高句麗人感情의 차이에서 비롯된 것이라고 하였다. 그러면서 그는 신라가 高句麗南境을 차지했다고는 하나 아직 대동강을 넘지는 못하고 있었기 때문에 투항하는 고구려인에 대한 회유책의 일환이라고 설명하고 있다.[52]

노중국은 신라가 고구려인과 백제인에게 관등을 수여하는 것이 회유책의 일환이지만 관등수여상에서뿐만 아니라 신분편제면(고구려인은 一吉湌으로서 6두품에 편입, 백제인은 大奈麻로서 5두품으로 편입됨)에서 백제인은 고구려인보다 차별을 받았다고 보고 그 이유를 다음의 세 가지로 말하고 있다. 첫째, 交戰對象者가 백제라는 점. 둘째, 백제부흥군의 투쟁이 격심하여 신라 자체가 위기에 처하기도 하였지

---

51) 한우근은 고구려인에 대하여서는 京位만 수여한 기록에 대해 고구려인에 대하여는 外官을 수여하지 않았던 것으로 보이나 문무왕 14년까지는 아직 高句麗故地가 널리 병합되지 않았던 데 연유한 것으로 보고 있다.(앞의 논문, 115쪽) 그러나 이때는 이미 고구려의 수도 평양이 나당군에 의해 함락당하여 그 국가가 멸망된 상태였으므로 그에 따른 유민들의 유입이 있었을 텐데 그 가운데는 고위관리들도 포함되어 있었을 것이므로 위의 견해는 그다지 설득력을 갖지 못한다고 생각된다.

52) 村上四男,「新羅の外位と來投者への授位」『朝鮮古代史硏究』, 開明書院, 1979, 291~292쪽.

만 고구려부흥군은 신라 영토 내에서 신라의 지원하에 망명정부를 건설하여 신라와 함께 대당투쟁을 전개하였던 점. 셋째, 안승의 무리가 신라로부터 고구려왕 또는 보덕국왕으로 책봉되어 신라의 위신을 높였고 안승은 藩國으로서의 투항이라는 의미를 가지게 되어 그와 더불어 투항한 무리들은 신라로부터 상대적으로 좋은 대우를 받았던 사실을 들고 있다.[53]

위의 두 분의 견해는 신라가 각기 본국의 관등을 수여한 투항인들에게 거기에 상응하는 자국의 관등을 수여한 사실에 대해 그것이 회유책의 일환이며, 고구려인과 백제인에게 차별적인 관등의 차이를 두고 있는 것이 신라인의 고구려인과 백제인에 대한 감정의 차이에서 비롯된 것이라고 보고 있는 점에서 대체로 일치하고 있다. 그러나 차별의 이유에 대한 세부적인 내용에 있어서는 小異함을 알 수 있다. 이같은 견해는 다른 연구자들에 의해서도 받아들여지고 있다.[54]

한편 위의 <表 1·2>를 보면 신라에 투항한 백제인 가운데 본국의 제1관위인 佐平을 소지한 인물이 없는 것으로 나타난다. 그러나 『삼국사기』 태종무열왕 7년(660)조에는 佐平 忠常·常永 등이 신라에 잡힌 것으로 기록되어 있고 이들은 一吉湌이란 관등과 摠管이란 관직을 수여받고 있다. 그리고 自間은 達率임에도 불구하고 이들과 동일한 관등을 수여받고 있으며,[55] 忠常은 1년 뒤에 관등이 阿湌으로 상승하고 있다.[56]

---

53) 노중국, 「통일기 신라의 백제고지지배」『한국고대사연구』1, 1981, 148∼149쪽.

54) 문경현이나 최근영 등이 위와 비슷한 내용을 말하고 있다.

55) 『三國史記』卷5, 新羅本紀 太宗武烈王 7年條, "(……) 虜佐平忠常·常永等二十餘人 (……) 百濟人員 竝量才任用 佐平忠常·常永·達率自間 授位一吉湌充職摠管 (……)"

56) 『三國史記』卷5, 新羅本紀 武烈王 8年條

〈表 1〉

新羅 官位(京位)	百濟 官位	高句麗 官位
7. 一吉湌		主簿
8. 沙湌		大相
9. 級(伐)湌		位頭大兄・從大相
10. 大奈麻(5頭品의 상한)	達率	
11. 奈麻	恩率	小相・狄相
12. 大舍(4頭品의 상한)	德率	小兄
13. 舍知	扞率	諸兄
14. 吉士(次)・幢	奈率	先人
15. 大烏(大烏知)	將德	自位
16. 小烏(小烏知)		自位

〈表 2〉

新羅 官位(外位)	百濟 官位	高句麗 官位
10. 貴干	達率	
11. 選干(撰干)	恩率	
12. 上干	德率	
13. 干	扞率	
14. 一伐	奈率	
15. 一尺	將德	

　　위의 표에서도 나타나듯이 一吉湌은 나중에 고구려유민들에게 수여한 최고위와 동일하다. 따라서 백제 멸망초기에 백제인에게 준 관위와 위의 표에 나타난 최고관위와는 차이를 보이고 있다. 기록상에 나타난 백제인 가운데 최고위의 本國 官衙을 소지한 인물은 충상과 상영 등이다. 이들이 신라에서 어떤 활동을 했는지 그 후의 행적은 알 수 없지만 백제의 佐平으로서 받은 신라의 阿湌과 一吉湌이란 관등이 最高位로서 유민에 대한 관등수여기준이 마련된 文武王代에 반

영되지 않은 것으로 보아 이 무렵 이들 외에 본국의 최고위를 가진 유민이 없었던 것이며, 태종무열왕 7년(660)과 문무왕 3년(673)은 시간상 약 10년의 차가 있는데 이때 이들은 이미 죽은 상태였기 때문이 아닌가 생각된다. 따라서 고구려인과 백제인에게 수여한 관등의 차이가 굳이 차별책이라고 말할 수 없다.

그럼에도 불구하고 신라가 고구려인과 백제인에게 약간의 차등을 두고 있었음은 부인할 수 없다. 왜냐하면 達率은 백제관위 제2위로서 좌평 다음으로 높은 관등인데 무열왕 때에는 一吉湌이란 관등을 수여받을 수 있었다. 그리고 문무왕 원년에는 達率인 助服이나 恩率인 波伽가 모두 一吉湌보다 한 단계 아래인 級湌의 관등을 받고 있다.[57]

그러나 문무왕 3년의 관등수여기준에는 達率의 최고위가 大奈麻로서 3계단이나 하락되어 수여되고 있다. 반면 主簿는 고구려의 제3위의 관위인데 達率이나 主簿 모두 큰 차이가 없음에도 불구하고 고구려인은 신라의 제7위관등에, 백제인은 제10위의 관등에 위치시켰다. 또한 고구려인에게는 본국관위로서 맨 마지막인 제14위의 自位까지가 수여대상이지만 백제인은 본국관위 제7위인 將德까지만이 해당됨으로써 양 국민에 대한 차등이 존재하고 있었음은 인정하겠다.[58]

이 점은 아마도 각기 본국에서의 중요 정책에 참가할 수 있는 자격에 따른 신라정부의 조치가 아닌가 생각된다. 즉, 고구려에서는 大對盧 이하 位頭大兄·從大相까지가 정책결정에 참가할 수 있었고 백제에

---

57) 『삼국사기』 권6, 신라본기 문무왕 원년조.

58) 김수태는 백제유민의 경우 백제 멸망 직후 이전보다 관등규정이 떨어지게 된 것은 당과 신라의 대립관계를 이용하면서 새로이 백제를 부흥시키려고 하는 등 신라에게 많은 어려움을 주었기 때문에 671년 이후 옛 백제지역을 실질적으로 지배하게 된 신라가 이전과 같은 동등한 관등을 줄 수 없었을 것이라고 설명하고는 있지만(「新羅 文武王代의 對服屬民 政策」『新羅文化』 16, 1999, 17~18쪽) 이것이 굳이 백제인과 고구려인에 대한 차별책이라고 보지는 않는다.(앞의 논문, 19쪽)

서는 6좌평이 국가정책을 결정할 수 있는 위치에 있었으며 이것이 평가기준이 되어 현실적으로 一吉湌이나 級湌에 해당하는 관등을 가진 인물이 고구려유민 가운데에는 있었지만 백제유민 가운데에서는 좌평에 해당하는 인물이 없었기 때문에 그 당시 관등수여의 기준에서 볼 때 백제인이 고구려인보다 낮은 관등을 받지 않았나 한다. 따라서 백제 멸망초기에 達率로서 一吉湌이란 신라의 관등을 받은 自聞은 개인적으로 신라로부터 큰 대우를 받았다고 할 수 있다.

이상으로 통일 초 유민에 대한 관등과 관직수여에 대해 살펴보았다. 고구려·백제유민에 대한 관등은 대체로 본국관위에 견주어 볼 때 고구려인의 경우 최고위는 신라관위 6두품인 一吉湌으로, 백제인의 경우 최고위는 신라관위 5두품인 大奈麻로 한정되고 있다. 백제인은 達率에서 將德까지의 관위소유자만 신라관위에 포용될 수 있었고 고구려인은 主簿에서 自位까지의 관등을 소유한 자가 신라의 관등체계에 포용될 수 있었다. 다만 왕족 등은 진골로서 포용되기 때문에 여기에서는 제외되는데, 백제의 왕족으로서 신라에 투항한 자는 기록상에 의하면 거의 모두 唐으로 끌려가고 없다. 그렇지만 고구려는 왕족 내지 귀족으로서 淵淨土와 安勝이 신라의 眞骨에 포용되고 있다.[59]

한편 관직의 경우 기껏해야 백제인인 忠常 등은 摠管에, 助服이나 波伽 등은 郡太守에 머무르고 있어 중앙의 주요 관직에는 배당받지 못했던 것으로 보인다. 이것마저도 문무왕 13년 이후에는 관등수여기

---

59) 『삼국사기』 신라본기 문무왕 6년과 同 문무왕 10년조에 의하면 연정토와 그의 무리가 신라의 王都와 州府에 안치되고 있고 안승의 출신을 연정토의 아들로서 기록하고 있다. 그러나 동서 고구려본기에는 안승을 보장왕의 庶子로 기록하고 있어 안승의 출신은 분명치 않다. 그런데 연정토의 경우는 안승의 출신이 무엇이든 안승이 신라의 진골에 편입되었고 그의 신분이 고구려의 貴臣으로서 본국에서 왕족에 버금가는 위치를 차지하고 있었기 때문에 당연히 신라정부에서 그를 진골로 편입시켰을 것임은 의심할 여지가 없다.

준에 따라 5두품이 상한이기 때문에 차관에는 임명될 수 있었지만 총관(도독) 등의 지방장관에는 임명될 수 없게 되었다.

더구나 귀족 출신의 유민들 가운데에는 관등은 수여받았어도 관직은 받지 못한 경우도 있었던 것으로 보인다. 그것은 『송고승전』 진표전에 의하면 진표의 집안이 대대로 사냥하던 가문이었다고 하며,[60] 『삼국유사』에서는 그의 父가 乃末이란 관등은 가졌어도 일정한 관직은 보이지 않기 때문이다.[61]

이는 신라의 유민들에 대한 포용정책이 일정한 한계를 가졌다고 볼 수 있다. 이 같은 한계는 국가의 권력배분이 기득권층을 보호하는 입장이고 따라서 일정한 관등군은 새로운 정치참여층을 제한하는 형태를 띠게 되고 관직의 진출도 제한적일 수밖에 없는 상황에서 나온 것이다. 말하자면 신라사회의 구조적 특성이 강하게 작용한 것이라 할 수 있다.

신라사회의 구조적 특성이란 골품제의 성격을 말한다. 골품제에 대해서는 이미 많은 연구자들에 논의되어져 왔는데, 대체로 골품제는 그의 신분명칭과 정치질서 자체에서 배타성을 엿볼 수 있다고 보고 있다.[62]

이처럼 배타적인 신라사회의 분위기 속에서도 신라정부는 고위관등을 지닌 유민들을 자국의 골품제도에 포함시키기 위한 일정한 규정을 마련하여야 했고 그 결과 고구려인은 최고위가 6두품에, 백제인은 5두품에 해당하는 관등을 수여받았던 것이다. 이러한 차등규정은 신라가 고구려계와 백제계인을 일방적으로 차별한 것이 아니라 勝戰國이라는

---

60) 『宋高僧傳』 卷14, 唐百濟國金山寺眞表傳

61) 『三國遺事』 卷4, 眞表傳簡

62) 尹善泰, 「新羅 骨品制의 構造와 基盤」 『韓國史論』 30, 1993.

입장에서 국내 상황과 아울러 당시의 대외적인 또는 국제적인 위상을 고려하여 양국유민의 관등수여기준에 반영한 것이라 생각된다.[63]

3. 祭祀(祀典)體制整備

통일 이후의 제사체제는 大・中・小祀이다. 이것은 전국의 名山大川에 마련되는데, 그중 大祀인 三山은 주로 경주지역이 대상이 되며, 中・小祀는 옛 고구려지역과 백제지역을 포함하고 있다.[64] 따라서 이 중사와 소사는 고구려유민과 백제유민들이 거주하는 지역과 밀접히 관련되어 있다.

이를 정리하면 다음과 같다.[65]

1) 中祀

가. 五岳

ㄱ. 東吐含山－慶州(王都) : 新

ㄴ. 南地理山－菁(晋)州(良州) : 新

ㄷ. 中父岳－慶山(良州) : 新

ㄹ. 西鷄龍山－公州(熊州) : 百

---

63) 최근영은 麗・濟의 유민을 제도적으로 차별한 이유에 대해 삼국통일 전 그들 간의 대립과 투쟁관계에서 얽힌 원한과 적개심 내지 麗・濟人의 부흥운동으로 인한 후유증에서 찾아야 할 것이라 했다.(앞의 책, 1990, 62쪽) 그러나 단순한 감정적 이유만으로 유민에 대한 관등수여기준에 반영했다고 생각하는 방식은 너무나 안일하고 합리적인 사고라 할 수 없으며 당시 신라사회의 신분적 특성을 고려치 않은 언급이라 생각된다.

64) 『三國史記』 卷32, 雜志1 祭祀條

65) 다음의 지명고증은 李丙燾의 『譯註三國史記』(을유문화사, 1983)와 노중국의 앞의 논문(134쪽)에 의거한 것임.

ㅁ. 北太伯山－榮州(朔州)：高

나. 四鎭

ㄱ. 東溫沐懃－미상：(新 ?)

ㄴ. 南海耻也里－密陽(康州)：新

ㄷ. 西加耶岬岳－禮山(熊州)：百

ㄹ. 北熊谷岳－安邊(溟州)：高

다. 四海

ㄱ. 東阿等邊－迎日(良州)：新

ㄴ. 南兄邊－東萊(良州)：新

ㄷ. 西未陵邊－沃溝(熊州)：百

ㄹ. 北非禮山－三陟(溟州)：高

라. 四瀆

ㄱ. 東吐只河－迎日(良州)：新

ㄴ. 南黃山河－梁州(良州)：新

ㄷ. 西熊川河－公州(熊州)：百

ㄹ. 北漢山河－서울(漢州)：高

마. 기타

ㄱ. 俗離岳－報恩(尙州)：新

ㄴ. 推心－高靈(康州)：新

ㄷ. 上助音居西－舒川(熊州)：百

ㄹ. 烏西岳－洪城(熊州) : 百

ㅁ. 北兄山城－靑道(良州) : 新

ㅂ. 淸海鎭－莞島(武州) : 百

2) 小祀

가. 신라지역

ㄱ. 경주 및 그 부근－于火·三岐·卉黃·高墟·西述

ㄴ. 尙州－嘉阿岳(報恩)

ㄷ. 良州－熊只(昌原)·非藥岳(迎日)

ㄹ. 康州－加良岳(晋州)

나. 고구려지역

ㄱ. 漢州－鉗岳(漣川)·負兒岳(서울)

ㄴ. 朔州－月兄山(堤川)·花岳(加平)·道西城(鎭川)·竹旨(榮州)

ㄷ. 溟州－霜岳(高城)·雪岳(杆城)·岳髮(蔚珍)

다. 백제지역

ㄱ. 熊州－加林城(扶餘)

ㄴ. 武州－月奈岳(靈岩)·武珍岳(光州)

ㄷ. 全州－西多山(長水)·冬老岳(茂州)

라. 기타

·波只谷原岳(?)

위에서도 알 수 있듯이 이들 지역은 王都를 비롯한 전국 각지에 분포하고 있다. 특히 中祀의 경우는 동서남북의 방위에 따라 東方과 南(中)方은 신라지역에, 그리고 西方은 옛 백제지역에, 北方은 옛 고구려지역에 고루 배치되고 있다. 그러므로 中祀 가운데 기타부분의 지명은 小祀에 들어갈 것이 잘못 끼인 것이라고 보기도 한다.[66] 한편 小祀도 경주를 비롯한 옛 고구려와 백제지역의 산악에 고루 안배하고 있다.

이는 신라가 전국의 산천에 대한 제사를 전반적으로 정비한 것을 의미하는 것으로 이 범위는 신라가 통일 후 당으로부터 浿江 이남의 땅에 대한 영유권을 인정받아 본격적으로 패강진을 개척하기 이전의 영토범위인데,[67] 고구려・백제지역주민들을 위무하고 그들의 신앙을 신라 중심의 제사체계에 재편제하려는 의도라 하겠다.[68]

그런데 中祀나 小祀 가운데 신라지역이라 해도 경주지역을 제외하고는 대부분이 신라가 성장해가면서 차지한 지역이다. 그렇기 때문에 五岳의 경우이긴 하지만 어떤 세력을 상징하는 것이란 점, 중요 군사적 거점의 산악이란 점 등에서 전국 각 방면의 국가적 위협요소를 진압한다는 보다 구체적인 목적을 지녔고 전제왕권 중심의 집권적인 정치체제와 밀접한 관계를 지닌 것이란 견해가 있다.[69]

그러나 五岳을 포함한 전반적인 제사체제의 정비가 통일 이후에 마련된 점을 감안하면 국가적 위협세력의 진압은 별다른 의미를 갖지 않는다고 생각된다. 다만 당시 북쪽으로 발해라는 커다란 정치체

---

66) 李基白,「新羅 五岳의 成立과 그 意義」『新羅政治社會史硏究』, 일조각, 1974, 195쪽.
67) 李基東,「新羅下代의 浿江鎭」『韓國學報』 4, 1976.
68) 노중국, 앞의 논문, 136~137쪽.
69) 이기백, 앞의 책, 204~205쪽.

가 성장하고 있었기 때문에 발해와의 대치가 보다 국가적인 위협이 될 수 있을 뿐이다. 따라서 제사의 기능이 그 지역에 사는 주민들의 결속을 공고히 할 수 있다는 점을 감안한다면 中祀·小祀의 정비는 신라정부가 의도적으로 옛 고구려지역과 백제지역에 있던 기존의 祭祀址를 배제하고 또 다른 전국 각 지역의 신성한 지역을 선택하여 통일신라라는 단일국가의 입장에서 山神(토속신)에 대한 제사라는 명목으로 이들 지역에 사는 고구려·백제지역에 사는 주민들의 마음을 추스르고 융화시키려 한 조처라고 생각된다.

제3절 고구려·백제 지역(주)민의 활동·생활모습

통일신라시대에 활동하던 옛 고구려·백제지역주민들의 모습을 찾기란 매우 힘든 일이다. 따라서 본고를 작성함에 있어서 고작 단편적인 몇몇 사료기사에 의존해야 한다는 사실이 필자로서는 여간 버거운 일이 아니다. 그러나 그들 가운데에는 중앙의 정치가 내지 관료로서의 생애보다는 예술인으로서, 그리고 승려로서, 또한 평범한 백성(노예)으로서 삶을 영위하고 있던 모습이 遺物이나 僧傳, 史書 등을 통해서 전해지고 있기에 그나마 다행한 일이라 하지 않을 수 없다.

먼저 예술인으로서 살아가고 있을 그들의 모습을 그려보기로 하겠다. 1979년에 소개된 '新羅華嚴經寫經變相圖(白紙墨書華嚴經寫經)'는 경덕왕 13년(754)에 제작된 것으로 통일신라시대의 유일한 그림 자료라 하겠다. 이 안에는 造成記가 있어 주목을 끄는데, 이에 대한 짧막한 논문들이 몇 편 있다.[70] 조성기의 내용은 經의 발원자인 緣起法師

가 부모와 일체중생을 위해 화엄경변상도를 제작했다는 것과 사경에
참여한 사람들의 명단으로 이루어져 있다.[70]

사경 관여자 인물들의 명단을 검토해보면 거기에는 반드시 居住地
또는 出身地가 적혀 있다. 특히 經筆師와 紙作人의 경우는 모두 일정
한 지역, 그중에서도 전라도지역 출신들이다.[72] 따라서 이들의 거주
지역이 경주지역이 아닌 옛 백제지역의 소경과 군·현 등이란 사실
로 미루어 볼 때 만일 이들 중에 고구려유민과 백제유민이 포함되어
있다면[73] 그들은 匠人으로서의 삶을 영위하기 위해 각 州나 小京·郡·
縣 등의 寫經所[74]에 소속되어 있었고 그곳에 거주하면서 국가적 사업
내지 각 사찰에서 행하는 사경사업에 참가한 것으로 생각된다.

그렇기 때문에 발원자인 연기법사가 황룡사주지였던 인연으로 중
앙의 허가를 얻어 구례의 화엄사에서 大京(경주)의 유명장인과 그가
살고 있던 官 소속 명인들을 불러낼 수 있었을 것이다. 그가 옛 백제
땅인 구례에 화엄사를 창건하고[75] 그곳에서 부모를 위해 사경사업을

70) 文明大,「新羅華嚴經寫經과 그 變相圖의 硏究」『韓國學報』 4, 1979; 李基白,「新羅 景德王代 華嚴經 寫
經 關與者에 대한 考察」『歷史學報』 83, 1979; 黃壽永,「新發見 新羅 景德王代 華嚴經 寫經」『歷史學報』
83, 1979.

71) "天寶十三載(景德王 13)甲午八月一日初乙未載二月十四日一部周己成內之 成內願旨者皇龍寺緣起法師
爲內賜第一恩賜父囗爲內 (……) 我今誓願盡未來 所成經典不爛壞 假使三灾破大千 此經與空不散破 若
有衆生於此經 見佛聞經敬舍利 (……) 紙作人仇叱珎兮縣黃珎知奈麻經筆師武珎伊州阿千奈麻異純韓舍
今巳大舍 義七大舍 孝赤沙彌南原京文英沙彌卽曉大舍 高沙夫里郡陽純奈麻 仁年大舍 尿烏大舍 仁節大
舍 經心匠大京 能古奈麻 亐古奈 佛菩薩像筆師同京義本韓奈麻丁得奈麻 光得舍知 豆烏舍 經題筆師同
智大舍六頭品父吉得阿湌"

72) 이기백, 앞의 논문, 130～131쪽.

73) 권덕영은 이들 모두를 구백제계인으로 보고 있다.(「新羅 官等 阿湌·奈麻에 對한 考察」『국사관논총』 21,
1991, 54～55쪽)

74) '寫經所'와 같은 관청이 있었는지 없었는지『삼국사기』 등의 사료상으로는 확인할 수 없다. 그러나 다만
화엄경사경변상도의 造成記에 紙作人·經筆師·佛菩薩像筆師·經題筆師 등이란 화엄경사경을 위한 직
업명의 체계가 잡힌 것으로 보아 그 당시 官에서 사용하던 관직명의 반영으로 보이며, 불교문화가 융성했
던 통일신라시대에 이 같은 직명을 가진 기관이 없었을 것이라고는 생각되지 않는다. 참고로 사경소의 존
재를 긍정하는 분은 이기백·문명대 등이다.

벌인 것은 그의 터전이 그곳이었고 따라서 그의 출신성분이 백제지역민일 가능성을 배제할 수 없다.

한편 충북 연기군 월하리의 蓮花寺에 있는 칠존비상이나 碑岩寺에서 발견된 癸酉銘三尊千佛碑像・癸酉銘阿彌陀佛三尊四面石像 등은 백제계의 조각전통이 통일신라시대까지 이어지는 중요자료로 평가되는데,[76] 위의 碑像에는 '奈末', '大舍', '小舍' 등의 신라관등명과 함께 '全氏', '眞氏', '牟氏', '達率' 등의 백제 성씨와 관등명이 보이고 있어[77] 이 碑像들은 백제 멸망후 그 지역에 거주하던 유민들이 발원하고 조성한 것으로 보인다.

이와 같이 유민들은 장인으로서의 명맥을 유지하며 살아가고 있는데, 그들은 또한 고구려출신이거나 백제지역 출신 僧侶의 傳記를 서술하며 이름 없는 문학가로서의 삶을 구가하기도 하였을 것이다. 승려의 전기는 통일신라시대에 성행한 문학장르로 金大問의『高僧傳』이나 최치원의『義湘傳』등과 같은 것이 있는데,『三國遺事』卷3, 興法3 寶藏奉老 普德移庵條에 의하면 普德의 제자인 開心・普明 등의 僧傳도 따로 있었음을 볼 때 이들에 대한 전기는 開心・普明 등의 인물들이 모두 옛 고구려지역 출신 승려이므로 동일한 지역 출신인이 지었을 것이라 추정된다.[78]

---

75) 황수영, 앞의 논문, 123쪽.

76) 김리나, 『한국고대불교조각사연구』, 일조각, 1989, 151~154쪽.

77) 黃壽永, 『韓國金石遺文』, 一志社, 1976.
　"全氏□□述況□□二今 (……) □□癸酉年四月十五日 (……) 全□□□□等□五十人知識共國王大臣及七世父母含靈發願敬造寺知識名記 達率身次願眞武舍□□舍願 (……) 上次乃末三久知乃末 (中略) 惠信師夫乃末願林乃末願惠明法師道師"(癸酉銘阿彌陀佛三尊四面石像)
　"歲在癸酉年四月十五日香徒□□及諸佛菩薩像造石記 是者爲國王大臣及七世父母法界衆生故敬造之 香徒名□彌次乃□牟氏 (……)"(癸酉銘三尊千佛碑像)

78) 盧鏞弼, 「普德의 思想과 活動」『한국상고사학보』2, 1989, 136~138쪽.
　郭丞勳, 「統一新羅時代 僧傳의 著述과 그 意義」『한국학보』69, 1992.

통일신라시대에 고구려·백제지역민들은 유능한 예술인으로서 뿐만 아니라 高僧으로서 그 자신의 이름을 남기고 있다. 대표적인 인물들로는 옛 고구려지역 출신의 丘德과 普德, 元表, 그리고 옛 백제지역 출신의 眞表, 憬興 등을 꼽을 수 있다. 丘德의 경우는 『三國史記』와 『三國遺事』에 그의 入唐과 그가 경전을 갖고 귀국하자 왕과 신도들이 흥륜사 앞길에 나와 그를 맞이했다는 내용이 전할 뿐이다.[79] 이 같은 짧막한 글을 통해 당시 丘德이 옛 고구려지역 출신의 승려로서 중국을 왕래하며 신라불교문화발전에 큰 역할을 수행했고 아울러 그가 국민적인 존경과 신뢰를 받고 있었을 것임을 유추해 볼 수 있다.

다음으로 普德은 여러 개의 僧傳이 전하고 있고,[80] 그의 활동모습이 『三國遺事』와 『三國史記』 등에 실릴 정도로 통일신라시대 지성계의 관심인물이었다.[81] 이 같은 관심은 그 후 고려시대에도 계속 이어져 『삼국유사』의 編者 一然에게도 예외일 수는 없었다. 일연은 당대의 僧侶였던 만큼 그가 보덕의 불교상의 행적에 관심을 가졌을 것임

---

79) 『三國史記』 卷10, 「新羅本紀」 興德王 2年 3月條, "高句麗僧丘德入唐 賚經至 王集諸寺僧徒 出迎之"; 『三國遺事』 卷3, 塔像4 前後所藏舍利條, "興德王代大和元年丁未 入學僧高麗釋丘德 賚經若干函來 王與諸寺僧徒 出迎于興輪寺前路"

80) 『三國遺事』 卷3, 寶藏奉老 普德移庵條 속에서 인용한 "文烈公(金富軾)著傳行世"를 통해 노용필은 김부식이 쓴 普德의 傳記와 최치원의 『普德傳』(이규보의 『동국이상국집』에서 언급함) 및 고구려 출신민이 지었을 『보덕전』 등이 있다고 하였다.(앞의 논문, 139쪽) 그러나 이름 없는 작가가 쓴 보덕전기가 반드시 고구려 출신민이 아닐 가능성도 있다.

81) 노용필은 그 이유에 대해 다음과 같이 말하고 있다. 즉, 옛 고구려지역민의 입장에서는 자신의 先祖에 대한 그릇된 저술이 널리 유포될 것을 막기 위한 목적과 전통계승의식 등이 작용한 것일 것이며, 최치원의 입장에서는 보덕의 망명이 신라국가의 발전 및 삼국통일의 위업달성에 결정적인 기여를 했고 엄격한 골품제하의 신분제 사회에서 불교의 평등사상을 표방하던 보덕에게 인간적인 매력을 느꼈기 때문일 것이며, 김부식의 입장에서는 유교적 합리주의 사관의 시각에서 上下가 화목하지 못하고 나라가 不義하고 백성이 不仁해서 망한 나라의 인물 중 보덕을 대표적인 예로 여겼을 것으로 볼 수 있다는 것이다.(앞의 논문, 138~140쪽) 그런데 최치원의 경우는 좀 달리 해석해 보아야 하지 않을까 한다. 즉, 그는 불교사상에도 관심이 매우 많았던 인물로 高僧들과의 교류가 긴밀했고 그에 따라 그들의 비문을 지어 주기도 하였다. 그런 그가 보덕의 전기를 남긴 것은 자신이 처한 신분적 한계 때문에 나온 것이라고 하기보다는 불교계에서 차지하는 보덕의 위치로 볼 때 불교사상에도 관심이 많았던 최치원의 입장에서는 당연한 결과였으리라 생각된다.

은 당연하며 보덕의 전기를『삼국유사』에 실음으로써 佛法의 정당성 내지 신이성을 널리 전하려 하였을 것이다.

그의 행적을 살펴보면, 그는 고구려의 盤龍寺에 주석하고 있다가 고구려에서 佛法이 행해지지 않자 신라의 完山 孤大山으로 거처를 옮겼다 한다.[82] 그가 신라로 망명한 이유에 대해서는 고구려에서 道敎가 성행하고 佛法이 믿어지지 않았다는 것을 기술하고 있는데,[83] 망명하기 전 그는 고구려에서 열반경을 講經하고 靈塔寺를 건립할 정도로 명망이 있던 인물이었다.[84] 그런 그가 고국이 멸망할 무렵 신라로 망명한 것은 그의 사상과 관련하여 정치적인 이유 내지 탄압이 있었기 때문인 것으로 보는 견해가 있다.[85]

어쨌든 그는 고구려가 망할 무렵에 제자들과 함께 신라로 망명하여 完山州 孤大山에 위치한 한 암자에서 계속 불교활동에 전념할 수 있었고 그의 제자들도 각각 절을 창건하며 활발한 활동을 벌였던 것으로 보인다.[86] 그리고 이들은 그곳에 있는 고구려인이나 백제인 등의 정신적 지주로서 자리매김하고 安勝의 報德國과도 긴밀한 관계를 유지하며 그들의 사상에 영향을 주기도 하였을 것이다.[87]

한편 普德과 마찬가지로 옛 고구려지역 출신의 승려로서 元表를 들수 있다. 그는 유학승으로서 당에 머물러 있다가 귀국하여 寶林寺를 창건하고 경덕왕의 개혁정치에 참여한 인물이었다.[88]『송고승전』에

---

82) 『三國史記』卷22, 高句麗本紀 寶藏王 9年條
83) 『三國遺事』卷3, 寶藏奉老 普德移庵條
84) 同書, 高麗 靈塔寺條
85) 노용필, 앞의 논문, 128쪽.
86) 『三國遺事』卷3, 寶藏奉老 普德移庵條, "(……) 大安八年辛未 祐世僧統到孤大山景福寺飛來方丈 禮普聖師之眞 (……) 師有高弟十一人 無上和尙與弟子金趣等 創金洞寺 (……)"
87) 노용필, 앞의 논문, 135～136쪽.

는 그의 출신이 고(구)려인으로 효傳되어 있다.[89] 원표의 출신을 고구
려와 관련지어 이해한 사실은 그가 스스로 고구려임을 자처하며 자
부심을 갖고 있었거나 보덕국의 고구려유민 거주지 출신이었음을 말
해 준 것으로 보는 견해가 있다.[90]

원표의 행적에 대해서는 중국의 『송고승전』에 효傳됐을 뿐 『삼국
유사』 등 국내 사료에 거의 보이지 않는다. 그러나 그는 천관보살신
앙의 소유자이며 신라중대 화엄사상에서도 빼놓을 수 없는 인물이었
다.[91] 그런 그가 중국 측 사료에 실려 있을 정도였다면 그는 통일신
라시대에 유능한 승려로서 알려졌을 것이다. 그럼에도 불구하고 그의
전기가 국내자료에 전혀 소개되지 않은 것을 보면 그의 활동이나 사
상이 당대의 신라사회에서는 그다지 큰 주목을 받지 못했거나 그의
전기가 逸失되었다고밖에 생각되지 않는다.

元表와 마찬가지로 경덕왕대에 활략한 승려로 眞表를 들 수 있다.
그에 관한 기사는 『宋高僧傳』과 『三國遺事』 등에 실려 있다. 『송고승전』
에 의하면 그는 백제인으로서 집이 金山에 있었고 집안 대대로 사냥
을 하였는데 表는 대단히 날렵하고 민첩하였으며 활쏘기를 잘 하였
다고 전한다.[92] 그리고 『三國遺事』 眞表傳簡에 의하면 그는 完山州 萬
頃縣人으로 아버지는 眞乃末이고 어머니는 吉寶娘이며 姓은 井氏요
12세에 출가하였다 한다.[93]

88) 呂聖九,「元表의 生涯와 天冠菩薩信仰硏究」『국사관논총』 48, 1993, 224~227쪽.

89) 『宋高僧傳』 卷30 唐高麗國元表傳에서의 '高麗國'과 내용 속의 '三韓人'이 바로 그것이다.

90) 呂聖九, 앞의 논문, 221쪽.

91) 여성구, 앞의 논문, 247쪽.

92) 『宋高僧傳』 卷14, 唐百濟國金山寺眞表傳, "釋眞表者百濟人也 家在金山世爲戈獵 表多踘捷弓矢最便 (……)"

93) 『三國遺事』 卷4, 眞表傳簡, "釋眞表 完山州(今全州牧)萬頃縣人(或作豆乃山縣 或作那山縣 今萬頃 古名
瓦(豆)乃山縣也 貫寧傳釋[表]鄕里 云金山縣人 以寺名及縣名混之也) 父曰眞乃末 母吉寶娘 姓井氏 年至

그가 백제인이란『송고승전』의 기사에 대해, 金煐泰는 진표가 통일 직후의 湖南 즉 百濟故土의 사람이 아니라 해서 백제인이라 한 것 같다고 하여 이는 백제 때의 백제인이란 것이 아니고 신라 때의 백제 땅 사람이란 뜻으로 보아야 한다며,[94] 진표의 출신이 단순히 거주지에서 유래한 것으로 보고 있다. 이기백은 진표 자신이 스스로 백제인으로 자처했기 때문에 중국사료에 실린 것이며 백제의 고위중앙귀족의 후예였던 진표의 신라에 대한 반항심의 표현이라 해석하고 있다.[95] 金南允은 중국이 吳나 楚와 같이 이전에 있던 나라 이름으로 그 지역을 부르는 예가 많아 백제지역 출신이라는 것을 나타내는 표기로 보고 있어 앞의 김영태와 견해를 같이하고 있는데, 그러면서 그는 『송고승전』에서 진표의 집안이 대대로 사냥하는 집안이라고 한 사실에 대해 진표가 백제의 귀족 출신으로 멸망 후 신라에서 우대를 받은 가문 출신이라 하였다.[96]

　필자도 김남윤이 진표를 구백제인으로 본점에서는 동의하지만 그가 신라에서 우대를 받은 가문 출신이었다고 볼 수는 없다. 그것은 진표의 父가 眞氏이고 어머니는 井氏인 점에서 진표는 구백제 귀족 출신이긴 하지만 그의 父가 乃末이란 관등을 소유했을 뿐 어떠한 관직을 가진 것이 아니고 대대로 사냥을 한 집안으로서 사냥이 그 집안의 생계수단이었을 것이기 때문이다. 따라서 경제적으로는 풍족했을지 몰라도 다른 지역 출신과 마찬가지로 신분적으로 제약이 따랐을

　十二歲 投金山寺崇濟法師講下 落彩請業 (……)"

94) 김영태,「신라 점찰법회와 진표의 教法 연구」『불교학보』9, 1972, 119쪽.

95) 이기백,『신라사상사연구』, 일조각, 1986, 267~268쪽.

96) 金南允,「眞表의 傳記 資料 檢討」『국사관논총』78, 1997, 94쪽.

것이다. 이 점은 그의 출가동기와 연결이 되지 않을까 한다.

　『송고승전』에 의하면 진표는 사냥을 나갔다가 자신이 잡아먹으려고 버드나무가지에 꿰어 물속에 넣어둔 여러 마리의 두꺼비가 1년이 지나도록 죽지 않고 살아 있는 사실에 깨달음을 얻고 출가의 뜻을 품었다고 한다.[97] 이 기사에 대해 이기백은 이 이야기는 가상적인 설화이기보다는 현실성이 있는 실화로 여겨지며 그 의미는 이미 멸망한 백제의 고통받는 유민들에 대한 애달픈 심정을 나타내 주는 것으로 버드나무 줄기에 꿰인 두꺼비는 백제인을 상징하는 것이라 하였다. 그리고 이미 죽어 있었어야 할 두꺼비가 살아 있었다는 것은 이미 멸망한 백제유민들 속에 아직도 백제에 대한 의식이 살아 있었다는 것으로 백제인을 다시 살려야겠다는 각오가 진표의 출가 동기라 하였다. 또한 그는 진표의 백제인 부활운동은 정치적인 운동이 아니라 종교적인 신앙운동으로 나타났고 그가 택한 길은 지극히 자연스러운 길이었다고 보고 있다.[98]

　그러나 『삼국유사』에 의하면 진표는 12세의 어린 나이에 출가하였다. 이처럼 어린 나이였던 그가 백제유민으로서 과연 백제인을 부활시키겠다는 뜻을 품고 출가를 결심했었을까 하는 점에서 전적으로 수긍하기 어렵다. 왜냐하면 어린 나이에도 불구하고 진표에게 오로지 백제인을 부활시키겠다는 의지가 있었다면 무예에 능한 진표가 선택할 수 있는 길은 출가보다는 軍人이 된다거나 정치인 내지 관료가 되어 백제인의 부활을 위해 좀 더 적극적으로 신라국가체제를 부정하는 방법까지도 얼마든지 생각할 수 있었다고 볼 수 있기 때문이다.

---

97) 『宋高僧傳』 卷14, 唐百濟國金山寺眞表傳
98) 이기백, 앞의 책, 269~270쪽.

따라서 후에 승려로서의 그의 행적은 어디까지나 통일신라라는 국가 체제 안에서 비록 그의 출신이 지방에 거주하는 백제지역주민이기는 하지만 유능한 종교인으로서 열심히 살아가고 있는 모습이었고 그의 사상은 신라불교계의 발전에 큰 보탬이 되었다고 하겠다.

따라서 진표의 출가동기에 대한 위의 기사내용은 표면적으로는 단순히 그에게 일찍 사상적 변화 내지 전환을 유발한 원인으로써 제시한 설화이며, 그 이면에는 무엇보다도 그가 어린 나이임에도 불구하고 어려운 주변 환경이나 옛 백제지역 출신이기 때문에 받는 신분적인 차별이나 한계를 스스로 인식한 계기를 말한 것이라고 볼 수 있다. 그가 이 같은 자신의 처지를 도피하는 방편으로 택할 수 있었던 길은 그래도 당시에 가장 각광받았던 승려의 삶이었지 않나 생각된다.

결과적으로 진표는 옛 백제지역 출신의 종교인으로서 크게 성공을 거두었던 것으로 보인다. 그는 점찰법과 미륵신앙으로 전 지역에 걸쳐 이름을 떨쳤다.[99] 그리하여 경덕왕은 그를 궁중으로 불러들여 보살계를 받을 정도로 진표를 王師처럼 대하였다.[100] 이 같은 경덕왕과 진표의 관계에 대해 당시 경덕왕이 추진하던 왕권강화정책에 권위를 부여하고자 하는 목적에서 이루어진 것이란 견해가 있고,[101] 진표의 세력이 커지자 이를 억제하기 위한 정책적인 고려이며 신라 말의 국왕들이 지방호족을 기반으로 하고 성장한 선종에 대하듯이 진표의 신앙운동을 회유하기 위한 노력으로 보기도 한다.[102] 아무튼 진표는

---

99) 『三國遺事』卷4, 關東楓岳鉢淵藪石記

100) 『三國遺事』卷4, 眞表傳簡 "(……) 景德王聞之 迎入宮闥 受菩薩戒 嚫租七萬七千石 椒庭列岳皆受戒品 施絹五百端 黃金五十兩 皆容受之 分施諸山 廣興佛事 (……)"

101) 김남윤, 앞의 논문, 108쪽.

102) 이기백, 앞의 책, 275쪽.

신라 말의 불교계나 후삼국을 이끈 주역들에게도 사상적인 측면에서 영향을 준 인물로 평가받고 있다.[103]

이외에도 憬興을 들 수 있다. 그는 姓이 水氏로 옛 백제지역인 熊川州 출신이다.[104] 그에 관한 행적은 『三國遺事』에 전해지고 있다. 이에 따르면 그는 18세에 출가하여 문무왕 말년과 신문왕대에 주로 활동한 인물이다. 비록 그가 옛 백제지역민이었다고는 하나 그는 신문왕대에 國師(國老)가 되어 三郎寺(경북 경주에 있던 절)에 주재하기도 하였는데 그의 학문은 三藏에 통하고 그의 명성은 일세를 풍미했다고 한다. 따라서 경흥은 옛 백제지역 출신의 高僧으로서 중앙에서 활동하였고, 학식과 덕망을 겸비한 인물이었음을 알 수 있다.

한편 평범한 백성의 활동모습은 向德(得)에서 찾아볼 수 있다. 그는 熊川州 板積鄉人으로 흉년이 들어 먹을 것이 없자 병이 든 노부모를 위로하고 부모를 위해 자신의 허벅지살을 베어 공양한 효성이 왕에게 알려져 상을 내렸다는 유명한 일화를 남긴 인물이다.[105] 『三國遺事』 向得條에 따르면 그는 '舍知'라는 관등을 소유하고 있다. 舍知는 신라 관위 13등으로 4두품의 하위귀족층에 해당하는 관등이다. 그가 관등을 소유하고 있었다는 것은 두 가지 의미를 지닌다고 생각된다.

하나는 그가 원래는 평민이었는데 후에 그의 효성이 세상에 알려지자 이를 참작하여 치하하는 의미에서 관등을 상승시켰을 것이란

---

103) 金杜珍, 「高麗初의 法相宗과 그 思想」 『한우근기념사학논총』, 지식산업사, 1981, 216~251쪽.
  이기백, 앞의 책, 274쪽.
  한편 김두진은 진표를 완산주 출신의 朴氏로서 진골귀족이 아니라고 말함으로써 진표를 신라인으로 보고 있는 것 같다.(앞의 논문, 228쪽) 그런데 사료상에 의하는 한 진표가 박씨가 아님은 분명하다. 따라서 그가 진표를 박씨라고 한 것은 잘못된 언급이며 어떤 근거로 진표를 박씨라고 보고 있는지 도무지 이해할 수 없다.

104) 『三國遺事』 卷5, 憬興遇聖條

105) 『三國史記』 卷48, 列傳8 向德條

점이다. 또 하나는 그가 옛 백제지역 출신이기 때문에 관등만을 수여받았을 뿐 그의 관직은 없었을 것이라는 점이다. 따라서 일반백성과 마찬가지로 그의 경제적 처지도 그리 좋은 편은 아니었을 것이다. 왜냐하면 일정한 수입이 없었다면 흉년이 들었거나 홍수와 같은 큰 재난을 당했을 때 곤궁한 상태를 면키 어렵기 때문이다.

향덕의 사례처럼 옛 고구려나 백제지역의 거주민들에 대해서 효성이 매우 지극하다거나 국가를 위해 큰 기여를 했을 경우 일정한 상벌규정이 있어서 국가에서 관등을 수여하기도 하였음을 알 수 있다. 그러나 이는 官職은 없고 官等만이 수여된 경우로 일정한 官職이 주어지지 않았다면 생계의 곤궁함은 그대로였을 것이기 때문에 대다수 옛 고구려·백제지역민들은 매우 어려운 처지에 놓여 있었을 것임은 익히 짐작할 수 있다.

제4절 고구려·백제지역(주)민의 사회的 위상

법흥왕대까지만 하더라도 신라는 점령지역민들을 王京에 거주하는 주민들과 달리 취급하고 있었다. 즉, 그들에게 '奴人法'[106]이라는 일종의 차별법을 적용, 국왕에 대한 奴와 같은 존재로 인식하고 있었던 것이다.[107] 그러다가 진흥왕대에 들어와서는 적성지역의 토지와 가

---

106) 蔚珍鳳坪碑, "別敎令 居伐牟羅男只本是奴人 雖是奴人 前時王大敎 (……) 其餘事種種奴人法" 위 기사에서 奴人法이 구체적으로 어떠한 내용인지는 알 수 없다.

107) 趙法鍾, 「한국고대신분제연구」『국사관논총』52, 1994, 147쪽.
高慶錫, 「三國 및 統一新羅期의 奴婢에 대한 고찰」『韓國史論』28, 1992, 21~22쪽.
한편 奴人의 성격에 대해서는 여러 견해가 있는데 대체로 예속민과 지방민을 奴人으로 보고 있다.(고경석, 앞의 논문, 19~22쪽)

옥 등에 대한 규정을 실시한 '赤城佃舍法'처럼 점령지역의 주민들을 국왕의 백성으로서 간주하고 있었던 점에서 점차 유민에 대한 적극적이며 개방된 인식을 보여주기도 하였다.[108]

이는 왕권의 신장과 결부되는 현상으로 통일전후 신라가 벌인 고구려 및 백제귀족에 대한 官等·官職의 수여정책도 같은 맥락에서 이해할 수 있다.[109] 즉 그들에게 관등과 관직을 수여함으로써 그들을 신라의 골품제 내에 편입시켜 신라사회에 포용할 수 있었던 것이다.[110]

그러나 여기에는 일정한 제약이 있었다. 그것은 왕족인 경우는 진골에 편입되어 우대를 받기는 했지만 그 이하의 귀족은 본국의 관등과 비교할 때 신라인에 비해 관등이 낮고, 관등을 수여받았다 해도 일정한 관직은 배당받지 못한 경우가 있었다는 사실이다. 이러한 현상은 통일신라 중·후반에 이를수록 심화되었을 텐데 眞骨과 頭品層의 증가에 따라[111] 고구려 및 백제지역 출신의 관등소유자들을 모두 수용할 수 있는 관직이 부족했던 당시의 사회적 추세도 한몫을 하지 않았나 생각된다.

이외에 대다수 점령지역민들은 대대로 보유해 온 토지를 국가로부터 승인받아 일반백성으로서 살아갔겠고 그렇지 못한 주민들의 사회경제적 처지는 매우 열악한 상태였을 것이다. 그리하여 사회에 적응

---

108) 金基興, 「신라시기 民의 사회경제적 위상」 『한국사연구』 102, 1998, 151~153쪽.
　　조법종, 앞의 논문, 1994, 151쪽.

109) 三池賢一은 6部外의 지방인뿐만 아니라 고구려·백제유민에게까지 京位가 수여된 것은 골품규제의 해체·저하를 가져왔는데 결국 이것은 왕권기반으로서 단계적인 정치효과를 가져오게 되어 전제왕권·중대왕권이 형성되는 결과를 가져온 것으로 보고 있다.(「新羅官制と社會身分」 『日本史研究』 150·151, 1975, 88쪽)

110) 김수태는 골품제가 신라통일기에 들어오면 이전보다 좀 더 개방되어 나갔다고 보고 있다. 그 주된 이유로 그는 외위제의 소멸을 들고 있는데 지방인이 경위를 받게 되면서 골품제에 편입된 대상이 그만큼 확대되었던 것과 직접 관련이 있을 것이라 하였다.(앞의 논문, 1999, 21쪽)

111) 김기흥, 앞의 논문, 169쪽, 주 44.

하지 못한 사람들은 노비로 전락하기도 했을 것이다. 또한 전쟁포로였던 자는 戰功이 있던 신라의 귀족들에게 분배되어 奴僕의 처지로 떨어지기도 하였고,[112] 신라정부에 반항한 자들도 노비로 전락되었을 것이다. 그들 가운데에는 점차 최하층의 지위에서 벗어나 일반백성으로서 살아가기도 하였을 것이다.[113] 그렇다 해도 기존사회와 분리되고 토지와 유리된 이들은 자기노동력 이외의 생산수단이 확보되어 있지 않았다면 신분적으로 매우 불안정한 위치를 유지하고 있었을 것이다.[114]

점령지역민 가운데 노비로서 처한 위치를 특별히 전하는 기록은 없지만 간접적으로 유추해 볼 수 있는 기사가 있다. 『三國遺事』卷5 郁面婢念佛西昇條에 따르면, 주인공 郁面은 阿干의 관등을 가진 貴珍의 婢이다. 그녀는 주인이 다니던 절에 가서 매번 염불을 하지만 주인은 그녀가 직분에 맞지 않는 행동을 한다고 나무라며 그녀에게 많은 곡식을 찧게 하는 힘겨운 일을 시키게 된다. 그러나 그녀의 신앙에 대한 열성은 오히려 주변사람들의 격려를 받아내고 끝내는 佛이 되어 승천했다는 줄거리이다.[115]

여기에서 유념해 볼 수 있는 것이 있다. 그것은 당시 신라라는 엄격한 신분제사회에서 가장 최하층에 있던 노비가 신앙행위마저 구속

---

112) 『三國史記』卷6, 新羅本紀 文武王 2年條

113) 전쟁포로로 노비가 된 경우 그 소유권은 그 배당자에게 주어져 그 신분을 해방시킬 수 있는 권한까지 소유하였다 한다.(趙法鍾,「韓國古代奴婢의 發生 및 存在樣態에 대한 考察」『百濟文化』22, 1992, 27쪽)

114) 조법종, 앞의 논문, 1992, 43쪽.

115) "景德王代 康州(今晉州 一作剛州 則今順女)善士數十人 志求西方 於州境創彌陀寺 約萬日爲契 時有阿干貴珍家一婢名郁面 隨其主歸寺 立中庭 隨僧念佛 主憎其不職 每給穀二石 一夕春之 婢一更春畢 歸寺念佛(俚言己事之忙 大家之春促 盖此 出乎) 日夕徵怠 庭之左右 竪立長橛 以繩穿貫兩掌 繫於橛上合掌 左右遊之激勵焉 時有天唱於空 郁面娘入堂念佛 寺衆聞之 勸婢入堂 隨例精進 未幾天樂從西來 婢湧透屋樑而出 西行至郊外 捐骸變現眞身 坐蓮臺 放大光明 (……)"

을 받았다는 사실이다. 물론 노비의 사회 신분적 위치가 저열하고 차별이 뚜렷한 것에 비해 종교적인 측면에서의 위치는 상당히 완화되었다고 볼 수 있다.[116] 그리고 비록 주인에 의해 郁面이 일이 부가되고는 있지만 염불하고 예배행위를 하는 것 자체는 금해지지 않았다.[117] 하지만 노비는 주인에 의한 生死與奪이 좌지우지된 최하층신분이었다. 그 때문에 그의 신앙행위 자체도 주인에 의해 얼마든지 제제를 받을 수 있었던 존재였음은 충분히 상정할 수 있다고 본다. 이같은 사실을 놓고 볼 때 옛 고구려지역민과 백제지역민으로서 노비가 된 자들도 이와 마찬가지의 처지가 아니었을까 한다.

한편 小京·鄕·部曲 등에 주로 거주하고 있던 점령 지역민들은 정치적 사회적으로 차대를 받는 존재에서 쉽게 벗어나지 못했을 것이다. 그리하여 그들은 그나마 제약을 덜 받는 종교인이 되어 국왕이하 백성들의 존경을 받는 위치에 서기도 하고 자신의 능력을 발휘할 수 있는 匠人이 됨으로써 신라사회에 참여하기도 하였다. 따라서 그들의 정치적·사회적 처지는 대체로 열악하다고 볼 수 있으며 고구려와 신라가 멸망한 지 오랜 시간이 흘렀어도 그들의 本國에 대한 의식은 그들 자손에게까지 면면히 이어져 신라 말 후삼국이 탄생할 수 있었던 밑바탕이 되었다.[118]

---

116) 『三國遺事』 卷8 避隱條에는 沙彌智通이 伊亮公의 家奴로서 7세에 출가하였다고 전한다. 그러나 그가 奴로서 어린 나이에 출가할 수 있었던 것은 주인의 허락이 있었거나 주인의 권한으로 노비신분에서 벗어날 수 있었기에 가능하였다고 생각된다.

117) 조법종, 앞의 논문, 1992, 42쪽.
그는 이를 불교가 갖는 평등사상과 연결되어 파악될 수 있어 그들의 신분변화를 초래케 하는 매우 중요한 계기로 파악된다고 하였다.

118) 최근영은 신라가 통일 후 麗·濟人을 차별한 것은 신라에 대한 적개심을 갖게 하고 國系的 歸巢意識(自國民意識)을 유도시킨 자극제가 되고 만 것이라 하였다.(「후삼국 성립배경에 관한 연구」 『국사관논총』 26, 1991, 35쪽) 그리고 이러한 국계의식은 신라의 왕권이 약권되거나 사회가 혼란하면 그들은 반신라적 집단세력으로 규합될 가능성이 충분히 있다고 하였다.(『통일신라시대의 지방세력연구』, 신서원, 1990, 66쪽)

제5절 맺음말

  지금까지 통일신라시대 지방행정체제하의 고구려지역 및 백제지역 주민들에 대해 모두 3장에 걸쳐서 살펴보았다. 여기에서는 본고에서 서술한 내용들을 간략히 요약하는 것으로 맺음말에 대신하고자 한다.

  먼저 제1장에서는 통일 이후 신라정부의 고구려·백제지역주민에 대한 정책을 검토하였다. 본장의 내용은 대략 3가지로 나누어 볼 수 있다.

  첫째, 신라가 삼국을 아우른 후 그 병합지역주민에 대한 統制와 安住策으로써 일정한 지방행정체제를 마련하였는데, 그것의 일환으로 설치된 제도가 鄕·部曲·小京制 등이라 하겠다. 향·부곡·소경이 각각 옛 고구려지역과 백제지역주민에 대한 통제 및 안정책으로써 마련된 행정구역이었던 점에서 모두 동일한 성격을 갖고 있지만 향과 부곡이 지역민 가운데 주로 일반백성이하의 하위계층을 수용하기 위해 마련되었던 것이라고 한다면, 小京은 王京에 견주어 작은 수도라는 의미에 부합되게 주로 고위층을 거주시키기 위해 설치한 것이라 하겠다.

  또한 향과 부곡은 郡·縣과 함께 州의 관할하에 있고 소경도 주의 관할하에 있으면서 王의 직접 통제하에 있다는 점에서 동일하나 향과 부곡이 행정적으로 州의 밑에 위치하고 있다면 소경은 州와 동일한 위치하에서 여러 개의 村을 거느리고 있다는 점이 다르다고 하겠다.

  둘째, 신라정부의 고구려·백제지역민에 대한 官等과 官職의 수여는 주로 통일 초에 집중한다. 전쟁전후라는 시대적 상황에 의한 필연적인 결과라 하겠다. 이 시기에도 骨品制라는 엄격한 신분제가 존속한 신라에서 이들 지역민에게 일정한 기준에 의해 官等을 수여하고 제한적이나마 官職까지도 부여한 것은 전승국이라는 입장에서 국내 상황과 아울러 대외적인 또는 국제적인 위상을 고려한 점이라고 하겠다.

셋째, 통일 이후 신라의 제사체제는 大祀·中祀·小祀이다. 王京을 포함한 전지역의 名山大川에 마련된 것으로 이 중 중사와 소사는 주로 고구려 및 백제지역과 관련되고 있다. 이는 신라가 고구려와 백제지역을 아우른 후 기존의 제사지 대신 또 다른 신성한 지역을 선택하여 제사라는 명목하에 지역주민들의 결속을 공고히 하고 단일국가라는 의미에서 주민들의 마음을 추스르고 융화시키려 한 조처였다고 파악된다.

제2장에서는 고구려 및 백제지역주민의 활동 내지 생활모습을 간략히 살펴보았다. 이들은 중앙에서 활동하는 정치인이나 관료로서의 삶보다는 예술인으로서, 승려로서, 평범한 백성으로서 살아가는 모습만이 단편적인 기록으로 전할 뿐이다. 비록 영향력 있는 정치인이나 관료는 아니더라도 종교인과 匠人으로서 그 시대를 풍미하고 있는 그들의 모습을 엿볼 수 있었다. 동시에 당시의 신라사회에서 차지하는 이들의 신분적 한계도 확인할 수 있었다.

제3장에서는 고구려지역과 백제지역민의 사회적 위상을 살펴보았는데 통일 이전까지만 해도 정복주민은 奴와 같은 존재로 취급되었다. 그러다가 진흥왕대 이후부터 점차 국왕의 백성으로서 인식하게 되었고 통일 전후에는 본국의 관등을 소지한 귀족층에게는 그에 상응하는 신라의 관등과 관직을 수여하기도 했지만 신라하대로 갈수록 특히 관직의 경우는 거의 배당받지 못한 경우가 많았던 것으로 보이며 따라서 이들에게는 경제적인 어려움이 따랐을 것으로 보인다. 그리고 이들의 열악한 처지는 신라 말 후삼국이 탄생하게 되는 요인으로 작용했던 것이라 생각된다.

제3장 신라 성덕왕(효성왕)·경덕왕·혜공왕대의 대일외교

제1절 신라 성덕왕·효성왕대(702~742)의 대일외교

1. 對外(對日)業務 機構의 整備

1) 국내외 행정업무총괄 官府-執事部(省)

新羅 中代의 대표적 왕권직속관부인 執事部는 上代의 稟主에서 기원한다.[1] 품주는 글자그대로 倉廩, 곧 재정을 담당하기 위한 기구에서 출발하였다. 그러다가 진흥왕 26년(565)에 典大等 2인이 추가로 보강되면서 기존의 재정담당 이외에도 왕의 기밀사무를 담당하는 기구로까지 확대되었다.

신라의 재정을 담당하던 稟主의 임무와 설치연대에 대해서는 그동안 많은 학자들에 의해 언급되어 왔다.[2] 그러나 신라 상대 품주의 연

---

1) 『三國史記』卷38, 雜志7 職官(上), "執事省 本名稟主(或云祖主) 眞德王五年改爲執事部 興德王四年改爲省 中侍一人 眞德王五年改爲侍中 (……)";『三國史記』卷5, 新羅本紀 眞德王 5年 2月條, "改稟主爲執事部 仍拜波珍湌竹旨爲執事中侍 以掌機密事務 (……)"

2) 품주의 임무에 대해서 일찍이 이병도는 품주의 一名인 祖主의 祖를 租의 刊誤일 것이란 점, 그리고 뒤에 倉部가 되었던 점 등을 고려하여 처음 직책이 국가재정 중 가장 중요한 재정을 주로 맡았는데 뒤에 다른 정무를 겸하여 점점 복잡성을 띠게 되었다고 보았다.(앞의 책, 박영사, 1976, 637쪽) 李弘稙도 이병도와 의견을 같이하였는데 품주의 일명인 祖主가 단순히 租의 오자가 아니라 서로 田賦로서의 穀物도 되고 또 그것을 저장 관리하는 창고의 뜻으로도 통용될 수 있음을 언급하였다.(『韓國古代史의 硏究』, 신구문화사,

원에 대한 연구는 거의 이루어지지 않았다. 그런데 최근에 품주의 연원과 관련하여 物藏庫에 주목한 연구가 나왔다.

일찍이 沾解尼師今 5년(251)에 한기부인 夫道를 왕이 직접 선발하여 물장고사무를 맡긴 일이 있었다.[3] 그런데 이 물장고가 기존 南堂會議에서 재물의 관리와 분배를 맡을 관리, 즉 물장고사무를 맡을 인물에 대해 논의하여 선출하였기 때문에 물장고는 공적재정을 담당하는 품주의 연원적 조직이었을 것이란 견해가 그것이다.[4]

그러나 『三國史記』職官志에는 왕실 직속의 內省 안에 物藏典이란 기구가 존재한다.[5] 이 물장전은 물장고사무와 관련 있으며, 물장고는 왕실 소유의 물품을 보관하고 관리하던 기구였을 것이다.[6] 따라서 품주가 반드시 물장고사무에서 비롯되었다고 볼 수 없다.

다만 신라 상대에는 왕실 소유의 창고를 전담하는 기구만이 있다가 품주가 새롭게 설치되면서 국가재정을 담당하는 기구로 확대되고 여기에 왕의 기밀사무라는 직능까지 추가되었을 것이다. 眞平王 6년

1971, 502~504쪽) 이기백도 품주가 재정에 관한 일을 맡았을 것이라는 사실에 동조하였다.(앞의 책, 1974, 135쪽) 반면 김창석은 품주가 재정 관련 업무를 주로 담당한 관부라는 점에 대해 재고의 여지가 있다고 하며 租主=租主인데 (이는 원래 租와 租가 통용되던 글자로서 전통적인 제사와 祭堂을 관장하던 존재에서 비롯된다고 하였다.(앞의 책, 일조각, 2004, 68쪽) 지금까지 품주의 설치연대에 대해서는 智證王 · 法興王代일 것이란 견해,(井上秀雄, 「『三國史記』にあらわれた新羅の中央行政官制について」『新羅史基礎研究』, 東京, 1974, 255쪽) 南堂會議가 성행한 麻立干時代일 것이란 견해,(李丙燾, 「古代南堂考」『韓國古代史硏究』, 박영사, 1976, 636쪽) 典大等이 설치된 眞興王 26년(565)일 것이란 견해,(李基白, 『新羅政治社會史硏究』, 일조각, 1974, 136~140쪽) 4세기 중엽에서 마립간 시대 초엽에 이르는 시기일 것이란 견해(김창석, 『삼국과 통일신라의 유통체계 연구』, 일조각, 2004, 127쪽) 등으로 의견이 분분한 상태다.

3) 『三國史記』 卷2, 新羅本紀 沾解尼師今 5年 春 正月條, "始聽政於南堂 漢祇部人夫道者 家貧無諂 工書算 著名於時 王徵之爲阿湌 委以物藏庫事務"

4) 李京燮, 「新羅 上代의 稟主와 內省」『韓國古代史硏究』 22, 한국고대사학회, 2001, 197~198쪽.

5) 『三國史記』 卷39, 雜志 職官(中), "物藏典 大舍四人 史二人"

6) 이인철은 고려 태조대의 물장성의 사무가 '工技寶藏'이었다는 사실에 의거하여 신라의 물장전도 이와 비슷한 것으로 추정하였다.(『新羅政治制度史硏究』, 一志社, 1993, 67쪽)
김창석은 물장고가 국왕이 직접 적임자를 선정하여 관등을 내리고 책임자를 임명하는 왕권의 경제기반과 관련된 창고였을 것이나 왕실의 귀중품을 보관하는 寶庫는 아니며 곡물이나 각종 수공업품 등 왕실 운영에 필요한 물품을 수납하였을 것으로 보았다.(앞의 책, 일조각, 2004, 124쪽)

(584)에 調府가 설치되어 재정 수입 기능의 貢賦가 품주로부터 조부로 이관되면서 품주는 재정지출만을 담당하였다. 품주는 眞德王 5년(651)에 재정 지출 담당의 倉部[7]와 機密事務 담당의 執事部 등으로 다시 분리되고 神文王 5년(685)에 舍知가 설치됨으로써 완성되었다.

신라 중대의 집사부는 왕권직속 기관으로서 국내 행정업무뿐만 아니라 대외 관련 행정업무도 담당하였다. 대표적인 사례로는 764년(경덕왕 23) 신라사 김태렴이 唐使 韓朝彩의 부탁으로 일본에 파견되었을 때 執事部牒을 지참한 일을 들 수 있다.[8] 또한 비록 下代의 일이긴 하지만 興德王 4년(829)에 省으로 승격된 執事省이 일본의 太政官[9]에게 보낸 牒의 내용 속에서 찾아볼 수 있다. 이에 의하면 僖康王 원년(836)에 일본조정은 遣唐使를 파견하면서 紀三津을 遣新羅使로 파견하였는데 이때 일본조정은 舊例에 준하여 紀三津에게 신라 집사성에 보내는 첩을 지참케 하여 출발하도록 하였다고 한다.[10] 그러나 신라조정에서는 紀三津을 僞使로 보고 太政官牒도 위조한 것으로 판단하여 紀三津을 放還하였다.[11]

---

7) 『三國史記』卷39, 雜志8 職官(中), "倉部 昔者倉部之事兼於禀主 至眞德王五年分置此司"

8) 『續日本紀』卷25, 淳仁天皇 天平寶字 8年 7月條

9) 『養老令』職員令2 太政官에 기술된 내용에 의하면 태정관 내에는 모두 27개의 관직명이 보이며 약 230명이 넘는 방대한 조직으로 구성된 일본의 중요 정치기구로서 장관인 太政大臣 1인이 모든 사무를 총괄하는데 여기에는 외교업무와 관련된 공문서를 작성하는 일이 포함되어 있다. 따라서 모든 업무를 처리하는 이 같은 태정관의 성격 때문에 신라의 집사부(성)와 비교되기도 하는데 다만 신라의 집사부는 일본의 태정관에 비해 격이 낮고 관할업무도 적다고 한다.(李仁哲, 『新羅政治經濟史硏究』, 일지사, 2003, 207쪽)

10) 『續日本後紀』卷5, 仁明 承和 3年(836) 5月條, "恐遣唐使舶風濤或變漂着新羅境 所以太政官准舊例 牒彼國執事省 先告喩之日 不渝舊好 鄰穆弥新 迺發皇華 朝章自遠 仍今遣使修聘巨唐 海晏當時 雖知利涉 風濤或變 猶慮非常 脫有使船漂着彼境 則扶之送過 不俾滯關 因以武藏權大掾紀三津爲使 賚牒發遣 賜三津御被"

11) 『續日本後紀』卷5, 仁明 承和 3年(836) 12月條, "遣新羅使紀三津復命 三津自失使旨 被新羅誣却傲来 (……) 新羅執事省牒 日本國太政官 紀三津詐稱朝聘兼有贄貢 及撿公牒仮僞非實者 牒 得三津等狀倂 奉本王命 專來通好 及開函覽牒 但修聘巨唐 脫有使船漂着彼境 則扶之送過 (……) 口与牒乖 旣匪交隣之使 必匪由衷之賂 偸學官印 仮造公牒 (……) 然兩國相通 必無詭詐 使非專對 不足爲憑 (……) 其來久矣 事湏牒太政官并牒菁州 量事支給過海程粮 放還本國 請處分者 奉判准狀 牒太政官請垂詳悉者"

여기에서 신라에 파견된 紀三津은 일단 菁州(晉州)[12]에 당도한 뒤 이 지역 관리에게 자신의 입국 배경에 대한 설명과 함께 公牒(太政官牒)을 제출하였을 것이다.[13] 그리고 이를 접수한 菁州의 관리가 집사성에 일본의 公牒을 첨부하여 집사성에 이 사실을 문서로 보고하면 집사성에서는 일본의 公牒과 함께 청주관리가 작성한 보고서의 내용을 토대로 紀三津 일행의 입국여부를 엄밀히 조사한 뒤 그 可否를 관할지역 관리에게 다시 하달했을 것이다.

따라서 집사성은 최고외교권자인 왕의 직속기관으로서 왕의 지시에 따라 혹은 왕을 대신해서 대외관련 행정업무를 총괄하고 있었다고 보아도 큰 무리가 없을 것이다.[14] 집사성의 전신이기도 한 집사부역시 중대 이후 신라의 빈번한 대외관계로 볼 때 하대와 마찬가지로 대외관련 행정업무를 총괄했을 것이다. 그러나 왕의 기밀사무를 관장하던 집사부가 처음 개설된 진덕왕 5년(651)경부터 대외관련 행정업무를 총괄했었을지는 다소 의심스럽다.

그렇다면 집사부가 언제부터 대외관련 업무를 수행했을까. 추측컨

---

12) 『三國史記』卷34, 雜志3 康州條, "神文王五年唐垂拱元年 分居陁州 置菁州 景德王改名 今晉州 (……)"

13) 濱田耕策는 일본사신의 입국경로에 대해 울산 방면으로부터 東川을 따라 毛火里의 關門에 이르거나, 혹은 태화강을 약간 거슬러 鹿洞里의 關門에 이르면 신라관리의 인도를 받아 毛火郡의 관문을 통과했을 것으로 보았다. 그러면서 그는 이 모화리의 관문을 일본적인 침입뿐만 아니라 일본사신의 入京 경로, 즉 모화군의 관문을 거쳐 金城의 京都驛(都亭驛)에 이르면 다시 객관으로 인도되었을 것이라 추측하였다.(『新羅国史の研究』, 東京: 吉川弘文館, 2002, 151~152쪽) 菁州가 대일외교의 관문역할을 수행한 것은 성덕왕 21년(722)에 있었던 毛火郡城 축성 이후였을 것으로 파악한 견해가 있다. 즉, 모화군은 경주에서 울산 방면으로 나아가는 길목에 자리 잡고 있었고 이곳에 일본적의 침입을 막기 위해 관문성으로서 성을 쌓은 대신 신라사절의 출항지와 일본사절의 입항지를 기존의 울산(굴헐역→율포)에서 청주의 주치인 진주 부근으로 바꾸었다는 것이며 그 배경에는 성덕왕대에 대일관계의 변동으로 인해 청주가 왕실과 관계를 맺으면서부터였다는 것이다.(김창석, 「菁州의 祿邑과 香徒」『신라 하대의 사회변동 － 농민봉기 이전까지 －』, 제25회 신라문화학술회의발표논문집, 동국대학교 신라문화연구소, 2005, 49~55쪽)

14) 집사성이 일본의 태정관 앞으로 牒을 보낸 것은 집사성이 외교업무를 담당한 기관이었기 때문에 그랬던 것이 아니라 국왕의 근시기구로서 단지 왕명출납의 일환으로 牒을 보낸 것에 불과하다는 견해가 있다.(이인철, 앞의 책, 2003, 219쪽)

대, 성덕왕대였을 것이다.[15] 즉, 『三國遺事』에는 侍中職이 성덕왕대, 또는 다른 本에는 효성왕대에 처음 설치된 사실을 전하고 있다. 이는 경덕왕 6년에 시중으로 개칭했다고 기술한 『三國史記』 직관지의 내용과는 상당한 차이를 보인다. 이러한 현상은 아마도 왕권강화정책를 위한 제도정비가 성덕왕대와 효성왕대에 걸쳐 계속 추진되고 있었던 관계로 인해 시중의 설치연대에 대한 서로 다른 기사가 존재하면서 벌어진 결과였을 것이다.

집사부는 왕권을 뒷받침하는 주요 관부로서 존립해 왔다. 집사부의 최고 수장은 中侍로서 중시는 왕과 혈연적으로 가장 가까운 진골 출신의 인물이 맡았으며 왕권의 방파제 내지 前衛的 역할을 담당케 하던 관직이었다. 이로 인해 천재지변이 일어난다거나 정치적 책임을 져야 할 때 왕을 대신하여 중시가 물러나는 사례를 다수 발견할 수 있다.[16]

집사부가 왕의 기밀사무를 담당하는 관계로 인해 왕권과 직결된다.[17] 따라서 중시는 상대등과 같은 진골세력들에 의해 상당한 견제를 받을 수밖에 없었을 것이다. 이로 인해 집사부의 格도 제한받을 수밖에 없었을 것이다. 그것의 반증으로서 집사부의 장관인 중시의 관등이 上大等이나 兵部令과 같은 다른 관직자들의 관등보다도 상대적으로 낮았다는 사실을 들 수 있다.

하지만 王位가 거의 적통으로 이어지던 중대와 달리 하대에는 반대로 진골세력들 가운데 정국을 장악할 수 있는 권력의 소유자에 의해

---

15) 『三國遺事』 卷2, 紀異2 聖德王條, "第三十三聖德王 (……) 始有侍中職 一本系孝成王"
   학계에서는 대체로 『三國史記』 직관지의 기사를 인정하고 있다.

16) 이기백, 앞의 책, 1974, 162~170쪽.

17) 『三國史記』 卷5, 新羅本紀 眞德王 5年 2月條, "改稟主爲執事部 仍拜波珍湌竹旨爲執事中侍 以掌機密事務 (……)"

얼마든지 왕위가 찬탈될 수 있는 매우 불안정한 시대였기 때문에 왕권 직속의 집사부는 오히려 그 위상이 한층 높았을 것이다. 중대의 집사부가 하대에 이르러 집사성으로 개칭된 것도 그 결과로 볼 수 있다.

그렇다면 신라 중대에 있어서 대외관계가 본격적으로 활발해지기 시작한 성덕왕대에 이르러 집사부가 왕의 주요 권한이기도 한 외교행위와 관련하여 명목상이나마 왕을 보좌하거나 또는 왕의 지시하에 실질적인 대외관련 행정업무를 총괄했다고 볼 수 있다. 왕의 기밀사무가 과연 어느 범위까지를 말하는 것인지, 광범위하고 분명한 자료가 없는 이상 추정에 의거할 수밖에 없으나 집사부가 실질적인 대외관련 행정업무를 총괄적으로 집행하고 하달하는 일에도 깊이 관여했을 것이다. 왜냐하면 신라 하대에 이르러 집사부가 집사성으로 바뀌었다고 해서 집사부의 기능 내지 업무에 어떤 변화가 초래되었다기보다는 조직의 구성이라든가 폭, 인적구성 및 위상강화 등과 같은 조직상에서의 변화가 있었을 것이기 때문이다.

2) 文書·書表 담당관직-通文博士

집사부가 대외업무의 행정을 총괄하는 관부였다고 하면, 通文博士는 국왕으로부터 직접 명령을 받아서 文書·書表의 일을 관장하던 관직이었다.[18] 집사부의 牒과 같이 대외관련 문서의 경우에는 外交修辭의 규정 내지 원칙 등을 마련하고 이를 근거로 문서를 작성했을 것이며, 여기에는 각국의 국제적 위상이나 상황에 따른 문서양식의 차이를 반영하는 조처도 포함되어 있었을 것이다.

---

18) 『三國史記』 卷8, 新羅本紀 聖德王 13年 2月條, "改詳文司(師)爲通文博士 以掌書表事"

사료상에는 통문박사의 관원구성이라든가 관원수에 대해서 구체적으로 전하는 바가 없다. 다만 신라에서는 성덕왕 13年(714)에 통문박사로 개칭될 때까지 詳文司(師)라는 관직이 이미 개설된 바가 있었다는 사실과 통문박사가 경덕왕대에는 翰林이라 개칭되면서 나중에 學士가 설치되었다는 사실만이 전해지고 있으며,[19] 혜공왕 7年(772)에 작성된 「聖德大王神鍾銘」에는 翰林郎·翰林臺書生·待詔란 관직명이 보이고 있을 뿐이다.

翰林郎과 翰林臺書生 등은 그 표기에서도 알 수 있듯이 신라의 翰林臺 소속의 관직으로서 당의 翰林院에서 유래한다. 당의 한림원에는 翰林待詔와 翰林學士란 관직이 있었다. 당의 한림대조는 玄宗 즉위 초에 설치되어 '四方表疏批答 應和文章'을 관장하였다.

한림학사는 당이 처음에 文學之士를 선발하여 翰林供奉과 集賢院學士라는 명칭으로 '制詔書勅'을 분장케 하다가, 738년(孝成王 27, 開元 26)에 翰林供奉을 총 6인으로 구성된 한림학사로 변경하면서 學士院을 별치하여 內命, 즉 '獨承密命'을 專掌케 하였다.[20] 이러한 기능의 한림학사가 신라에서는 경덕왕대에 설치되었는데 여기에는 성덕왕 20年(721)에 설치된 所內學生이 흡수·통합되었을 것이다.[21] 따라서 신라의 翰林臺는 翰林郎이란 장관을 필두로 書生·待詔와 후에 별치되는 學士 등으로 구성되었을 것이다.[22]

---

19) 『三國史記』卷39, 雜志8 職官(中)條, "詳文師 聖德王十三年 改爲通文博士 景德王又改爲翰林 後置學士"

20) 『舊唐書』卷43, 志23 翰林院條; 『新唐書』卷46, 百官志

21) 所內學生이란 內廷 소속의 학생을 말하며 명문가의 자제들로 구성되어 있고 구체적으로는 國學學生을 의미하는 것으로 파악된다.(三池賢一, 「新羅內廷官制考(下)」『朝鮮學報』62, 東京, 1972, 23~24쪽) 그런데 이 所內學生을 翰林臺學生으로 파악하여 당의 한림원과는 달리 학생들에게 書表에 대한 교육을 담당했을 것으로 보기도 한다.(李仁哲, 앞의 책, 일지사, 1993, 62쪽)

22) 翰林臺는 郎과 書生을 기본 官員으로 하고 所內學生과 待詔가 따로 설치되었을 것이라 파악한 견해가 있으며(三池賢一, 앞의 논문, 1972, 24쪽) 翰林臺의 장관인 郎이 翰林學士로 바뀌었을 것이라 추정한 견

그런데 성덕왕 13년(714)에 상문사에서 통문박사로 개칭된 배경에 대해서는 唐制의 영향을 받아 왕권신장을 꾀했다고 본 견해가 있다.[23] 또한 신라가 고구려의 계승국인 발해를 견제하기 위해 당에의 遣使朝貢을 강화시킬 필요가 있었던 국제적 사정 때문에 당으로부터 冊書를 받은 성덕왕 13년에 개칭한 것이고, 이는 대당외교에서 書表를 사용하는 형식을 굳히기 위한 목적, 즉 당과 '蕃屬國'으로서의 관계를 깊게 하려 했기 때문이며 '宗主國'인 唐에 글을 통한다는 뜻으로 해석된다는 의견도 있다.[24]

그러나 신라는 통문박사로 개칭하기 이전부터 이미 상문사를 통해서 唐과의 외교관계를 깊게 형성하고 있었다. 그런 신라가 새삼스럽게 성덕왕 13년에 이르러 또다시 당에 대한 '蕃屬國'으로서의 관계를 깊게 하려고' 통문박사라고 개칭해야 했는지 의문스럽다. 더구나 경덕왕대의 한림학사와 달리 통문박사란 관직명은 당의 官制上에서도 보이지 않는 職名이기 때문에 그것이 唐制의 영향을 받았다고 볼 수는 없다.

따라서 성덕왕이 기존의 상문사를 통문박사로 개칭한 배경에는 외부의 영향보다는 신라 내의 정세에 기인한 바가 있다. 즉, 당시 성덕왕이 추진하고 있던 왕권강화정책 방향과 상관관계를 지니고 있었다. 왜냐하면 통문박사에서의 '通文'이란 '글을 널리 통한다'는 의미로, 그 속에는 '王의 뜻을 담긴 글이 四方에 널리 퍼지게 한다'라는 뜻이 함축되어 있기 때문이다.

해가 있는데(이인철, 앞의 책, 1993, 61쪽) 翰林郎이 翰林學士로 바뀌었다는 견해는 잘못된 것임을 지적해 두고 싶다.

23) 三池賢一, 앞의 논문, 1972, 24쪽.

24) 濱田耕策, 앞의 책, 2002, 131쪽.

후대 고려의 대외관련 기관으로서 通文館과 吏學都監이 있었다. 통문관은 고려후기인 충렬왕 2년(1276)에 설치된 漢語의 학습에 중점을 둔 기관이었고, 이학도감은 충혜왕 원년(1348)에 설치된 외교문서를 담당한 기관이었는데 후에 司譯院으로 통합되어 운영되었다. 이들 기관은 여러 나라들과 외교를 펴 나가는 데 있어서 필요한 언어소통 문제를 해결하기 위해 설치되었다.[25]

이는 주변국가와 대외관계가 활발하였던 신라 성덕왕대에 통문박사가 마련된 것과 관련하여 시사하는 바가 크다. 즉, 신라의 통문박사와 유사한 이름의 고려 통문관이 중국어학습을 담당했다는 점에서 書表의 일을 주로 담당하는 신라의 통문박사와 직능상에서 약간의 차이를 보인다. 그러나 이러한 차이는 아마도 고려와 달리 신라에서는 외교관련 업무가 세분되지 않은 채 통문박사에서 대외관련 書表를 관장하면서도 이에 부수되는 언어에 대한 학습을 병행하여 담당했기 때문일 것이다. 이런 맥락에서 통문박사는 당뿐만 아니라 일본과 같이 신라와 외교관계를 갖는 모든 국가를 상대로 문서 내지 書表의 일을 관장하던 관직으로 보아야 할 것이다. 그러므로 통문박사는 국왕의 의지에 따라 외교문서를 작성할 수 있었다는 점에서 당시 성덕왕이 추구하고자 했던 왕권강화라는 정책방향과도 그대로 일치한다.

3) 對日 儀典과 물품의 생산·관리·조달 관부 – 倭典

倭典은 국왕 직속기관이며 眞平王 13년(591)에 주로 倭人들을 상대하기 위해 처음 설치된 외교기구였다.[26] 그런데 7세기를 전후한 시기

---

25) 박용운, 「고려시기의 통문관(사역원)에 대한 검토」『한국학보』120, 2005.

26) 진평왕 43년에 영객전으로 개편되기 이전의 倭典은 倭에 대한 客館·鴻臚館事務에 상당하는 기능을 갖

에 동아시아 정세가 급변하면서 신라 내에서는 이러한 정세변화에 따른 대외기구의 확대개편 필요성이 대두되었고 이에 따라 진평왕 43년(621)에 기존의 왜전을 폐지하는 대신 領客典을 마련하였다. 왜전은 이후 별도의 기구로서 다시 설치되었다.

그런데 진덕왕 5年(651)에 들어와 다시 신라의 중앙행정관제가 대폭 개편되면서 영객전은 장관(令) 2인에 의해 운영되는 領客府로 승격되었고 경덕왕대에는 司賓府라 개칭되었던 데 반해 왜전은 그 명칭 그대로 후대에까지 존속되었다.[27] 그렇다면 왜전이 별치된 시점과 그 배경은 무엇이고 언제부터 왕의 직속기관에 속한 것일까. 이에 앞서 먼저 왜전의 별치 시점과 그 배경에 대한 기존의 견해들을 살펴보면 다음과 같다.

이성시는 신라의 대당관계가 긴밀해지는 649년에 당의 衣冠制 도입 및 연호채용 등을 통해 신라가 실질적으로 당의 책봉체제에 들어갔다는 점, 그리고 그 다음 해인 651년에 신라의 여러 제도가 대규모로 개편될 무렵 신라의 외교의례가 중국의 예적 규제의 영향을 받을 수밖에 없었던 사실 등으로 인해 당과 왜는 신라에게 있어서 전혀 차원을 달리하는 교섭대상국이 되었을 것이고 이것이 영객전의 확대개편과 함께 대왜교섭을 위한 별도의 창구로써 왜전을 별치할 필요성에 직면하게 되었을 것이라 한다.[28]

고 있었는데 이는 신라 측에게 있어서 양국 간에 개재한 임나문제의 조정필요성을 갖고 있는 것이기 때문이라고 보는 견해가 있다.(鈴木靖民,「新羅の倭典について」『古事類苑 外交部月報』 33, 1969, 45쪽)

27)『三國史記』卷38, 雜志7 職官(上), "領客府 本名倭典 眞平王四十三年改爲領客典 後又別置倭典 景德王又改爲司賓府 惠恭王復故 令二人 眞德王五年置 位自大阿湌至角干爲之 卿二人 文武王十五年加一人 位與調府卿同 大舍二人 景德王改爲主簿 惠恭王復稱大舍 位與調府大舍同 舍知一人 景德王改爲司儀 惠恭王復稱舍知 位與調府舍知同 史八人"; 『三國史記』卷39, 雜志8 職官(中), "倭典 已下十四官員數厥"

28) 이성시(김창석 역),『동아시아의 왕권과 교역』, 청년사, 1999, 100~101쪽.

濱田耕策는 진평왕대에 영객전으로 개편되기 이전과 이후의 왜전을 각각 前期倭典과 後期倭典으로 구분해 보았다. 특히 후기왜전은 일본사를 領客典에서 따로 분리하여 賓對하려고 한 개편으로 파악하였다. 그러면서 그는 후기왜전의 별치 시점을 신라의 대일본외교예식의 전환으로부터 唐使와 분리하여 처우하던 8세기 무렵으로 보았고, 별치시기의 상한과 하한을 각각 통문박사가 설치된 성덕왕 13년(714)과 鴻臚寺를 司賓寺로 개칭한 唐의 명칭에 의거하여 경덕왕 18년(759)이었을 것으로 추측한 바 있다.[29] 또한 그는 왜전이 내성에 소속된 뒤 일본과의 외교로 일본조정으로부터 얻은 다량의 綿·絲·布·金·銀 등의 원료를 신라왕실에 소속케 하고 실용화한 것이 왜전의 職掌이라고 하였다.[30]

서영교는 왜전이 내정관부인 내성에 별치된 시점을 일본에 대한 조공품 생산이 대폭 증가하는 문무왕 19년(679)으로 추정하였다. 그 근거로 신라가 문무왕 말년에서 신문왕대에 걸쳐 일본에 대한 대규모 물량공세를 펼쳤던 시대적 배경에서 찾고 있다. 따라서 왜전은 바로 대일교역품의 활동에 소요되는 공물들을 직접 지원해 주기 위해 별도로 설치된 기구였을 것이라 하였다.[31]

김창석은 왜전이 奈勿王代로부터 그리 멀지 않은 시기에 대일외교기구로서 창설되었을 것이고 후에 왜전을 다시 따로 둔 시기는 성덕왕대 關門城을 축조한 전후시기로 파악하였다. 또한 그는 후기왜전이 내성 소속으로 대일외교업무뿐만 아니라 그에 수반된 물품 및 대일교역

---

29) 濱田耕策, 앞의 책, 2002, 133~134쪽.
30) 濱田耕策, 앞의 책, 2002, 166쪽.
31) 徐榮敎, 「나당전쟁사연구」, 동국대학교 박사학위논문, 2000, 139~143쪽.

을 위한 수공업품 생산에도 관여하고 있었을 것으로 추정한 바 있다.[32]

이상과 같이 왜전에 대한 기존의 견해들을 살펴보았다. 신라에서는 진평왕대 후반기부터 당시 동북아에서 현실적으로 드러나는 당과 일본의 국가적 위상을 고려하여 차별적인 접대방식을 취했을 것임은 분명하다. 신라에서는 7세기 중엽 이전부터 국가적 현안으로써 이미 주변국과의 외교에 힘을 기울이고 있었기 때문에 일단 외교기구로서의 기존의 왜전을 폐지하고 영객전으로 확대 개편하였다고 볼 수 있다.

그러다가 진덕왕 5년에 이르러 대외기구의 강화조치에 따라 영객전을 영객부로 승격시키면서 대왜 관련 외교기구인 왜전을 부활시켜 대당 관련 외교기구인 영객부의 하부조직에 배치시켰을 것이다. 이후 왜전이 왕권 직속의 기구 안에 재배치된 시기는 성덕왕 13년(714)에 통문박사를 개칭한 무렵으로 파악된다. 이때 별치된 왜전은 기존에 설치된 영객부의 하부조직으로부터 분리되어 왕권의 부속기관, 그것도 생산관계 관부 안에 재배치된다.

이때 재배치된 왜전은 왕권의 주요 외교기능으로서 신라에 入朝하는 일본사신을 맞아 이들의 영접에 필요한 경비・물자 등을 관리하고 조달하던 기구였다고 판단된다.[33] 이는 唐의 관부인 '典客署'에서 유추해 볼 수 있다.[34] 이 전객서는 당에 入朝하는 외국사신을 맞아서 여기에 소요되는 경비 및 물자 등을 공급해주던 관부였다. 신라의 경우 당시의 외교관계 주요 대상국이 당과 일본이었으나 일본과 달리

---

32) 김창석, 앞의 논문, 2005, 54~55쪽.

33) 후에 별치된 倭典에 대해서는 각각 생산관계관부였다는 주장(三池賢一, 앞의 논문, 1972, 41쪽)과 신라의 하급관리들이 일본사신을 영접하던 곳이라는 주장(이인철, 앞의 책, 1993, 71쪽) 등이 있다.

34) 『新唐書』 卷10, 百官志 37, "典客署令一人從七品下丞十三人從八品下 掌二王後介公酅公之版籍及 四夷歸化在藩者朝賀宴享送迎皆豫焉 酋渠首領朝見者給稟食 病則遣醫給以湯藥 喪則給以所須 還蕃賜物則佐其受領教拜謝之節"

당은 신라의 왕권강화과정 속에서 그의 정치제도를 수용할 정도로 동아시아에서는 문물제도의 모범이 되는 국가였다. 따라서 이러한 점을 고려해 볼 때 신라의 儀禮에서는 당과 일본의 儀典을 달리하는 체계가 갖추어졌을 것으로 판단된다.

2. 羅・日 兩國 사신의 往來와 그 배경

신라 성덕왕대와 효성왕대에는 왕권과 밀착된 제반제도의 정비를 통해 활발한 대당외교와 함께 대일외교가 추진되었다. 그런데 이 시기의 羅唐關係에 있어서 신라가 거의 일방적으로 당에 사신을 파견하고 있었던 데 반해 당은 신라왕의 즉위 및 승하 등과 같은 특별한 경우를 제외하고는 신라에 사신을 파견하는 일이 드물었다. 이는 양국간의 사신파견이 오로지 자국의 필요여하에 따라 이루어지고 있었음을 보여준다.

반면 신라와 일본의 외교관계에 있어서 이때 왕래한 신라 遣日本使[35]의 횟수와 일본 遣新羅使의 횟수는 각각 12차례와 11차례로써 거의 동일하다. 마치 상대국이 사신을 파견하면 당사국은 그 답례로써 자국의 사신을 파견하는 형식으로 진행되었다. 신라와 일본 두 나라 사이를 왕래한 사절단의 체재기간을 보면, 신라사절은 대략 2개월에서 4개월 정도로 비교적 짧은 편인데 반해 일본사절은 대략 7개월에서 10개월 정도로 매우 긴 편이다.

그런데 이들 신라사신은 대개 제6위인 重阿湌로부터 제11위인

---

35) '遣日本使'란 용어는 우리나라 사료에 없는 말이지만 일본사료에 등장하는 일본의 견신라사에 대응해 신라가 일본에 파견한 사신을 나타내고자 편의상 사용한 것임을 밝혀둔다.

奈麻까지로 遣唐使에 비해 비교적 관등이 낮았고 신라 왕족과 같은 김씨 성을 가진 관료들로서 어느 정도 일본사회에 대해 인지하고 있었으며 일본어에도 익숙한 인물들이었다. 일본사신 역시 대개 학식능력이 뛰어난 지식인이 많았고 외교업무에 종사하던 가계출신이었으며 정치적으로 중요한 위치에 있었던 인물들이 담당하고 있었다.[36]

성덕왕대에 들어와서 행해진 신라사의 첫 일본파견은 703(성덕왕 2)에 있었다. 이는 효소왕의 喪을 일본조정에게 공식적으로 알리기 위한 것이었다.[37] 이에 대한 답례로써 일본의 文武天皇도 같은 해에 사신을 보내왔다. 이때의 일본사절은 遣新羅使 波多朝臣廣足 등 총 204인으로 구성되어 있었는데 이들은 일차적으로 효소왕의 죽음을 애도하기 위한 弔喪使의 성격을 갖는 것이었지만 동시에 성덕왕의 즉위를 축하하기 위한 賀騰極使의 성격도 갖고 있었다.[38]

이 같은 遣新羅使의 入朝에 대해서 일본조정이 신라조정에게 大寶令의 제정을 알리고 '朝貢'을 요구하기 위한 또 다른 목적이 있었을 것이라고 추측하는 견해가 있다.[39] 하지만 일본 遣新羅使의 숫자가 204인으로 많다는 점과 그들의 체류기간이 9개월 정도로 비교적 길다는 사실 등에서 오히려 신라의 문물을 익히기 위한 목적에서 이루어졌

---

36) 延敏洙, 「統一期 新羅와 日本關係」『강좌 한국고대사』 4, 2003, 234~236쪽; 「고대 일본의 동아시아 교류와 정보」『동아시아 역사상과 우리 문화의 형성』, 한국학중앙연구원 동북아고대사연구소, 2005, 138쪽.

37)『續日本紀』卷3, 文武天皇 大寶 3年 春正月條, "新羅國遣薩湌金福護 級湌金孝元等 來赴國王喪也": 同書 卷3, 文武天皇 大寶 3年 閏4月條, "饗新羅客于難波館 詔曰 新羅國使薩湌金福護表云 寡君不幸 自去秋疾 以今春薨 (……)"

38)『三國史記』卷8, 新羅本紀 聖德王 2年 7月條, "日本國使至 摠二百四人";『續日本紀』卷3, 文武天皇 大寶 3年 8月 및 冬 10月條
    그런데『三國史記』와『續日本紀』에는 遣新羅使의 新羅來朝 시점이 각각 7월과 10월로 되어 있어 약간의 차이를 보인다. 하지만『三國史記』에서는 聖德王 2년 7월조에 일괄적으로 日本國使의 來朝時期를 설정해 둔 것일 뿐 별 문제는 없으며 7월 이후 10월 사이에 日本國使가 온 것만은 확실하다.

39) 濱田耕策, 앞의 논문, 1979, 216쪽.

을 것으로 보는 것이 타당하다.[40)

〈표 1〉 8세기 초·중반 신라 遣日本使와 일본 遣新羅使의 횟수 및 왕래기간

新羅王曆	日本王曆	遣日本使			遣新羅使		
		횟수	渡日時期 (年月)	歸國時期 (年月)	횟수	向發時期 (年月)	歸國時期 (年月)
聖德王 2	文武天皇 大寶 3	1	703. 1.	703. 5.	1	703. 10.	704. 8.
聖德王 3	文武天皇 慶雲 1				2	704. 10.	705. 5.
聖德王 4	文武天皇 慶雲 2	2	705. 10.	706. 1.			
聖德王 5	文武天皇 慶雲 3				3		
聖德王 8	元明天皇 和銅 2	3	709. 3.	709. 6.			
聖德王 11	元明天皇 和銅 5				4	712. 10.	713. 8.
聖德王 13	元明天皇 和銅 7	4	714. 11.	715. 3.			
聖德王 17	元正天皇 養老 2				5	718. 5.	719. 2.
聖德王 18	元正天皇 養老 3	5	719. 5.	719. 7.	6	719. 8.	720. ?
聖德王 20	元正天皇 養老 5	6	721. 12.	721. 12.			
聖德王 21	元正天皇 養老 6				7	722. 5.	722. 12.
聖德王 22	元正天皇 養老 7	7	723. 8.	723. 8.			
聖德王 23	聖武天皇 神龜 1				8	724. 7.	725. 5.
聖德王 25	聖武天皇 神龜 3	8	726. 5.	726. 7.			
聖德王 31	聖武天皇 天平 4	9	732. 1.	732. 6.	9	732. 2.	732. 8.
聖德王 33	聖武天皇 天平 6	10	734. 12.	735. 2.			
聖德王 35	聖武天皇 天平 8				10	736. 4.	737. 2.
孝成王 2	聖武天皇 天平 10	11	738. 1.	738. 6.			
孝成王 4	聖武天皇 天平 12				11	740. 4.	740. 10.
孝成王 6	聖武天皇 天平 14	12	742. 2.	742. (2)			

出典: 『三國史記』·『續日本紀』

일본의 遣新羅使 波多朝臣廣足 일행은 수개월이 지난 704년 8월경에 가서야 일본으로 돌아갔는데 이들이 귀국하자마자 일본의 文武天皇은

---

40) 金恩淑, 「8세기 新羅와 日本의 關係」 『國史館論叢』 29, 국사편찬위원회, 1991, 112쪽.

그해 10월에 재차 幡文通을 遣新羅使에 임명하였다.[41] 이처럼 弔喪使節로서 신라에 파견된 일본사절단 波多朝臣廣足 일행이 장기간 체재할 수 있었고, 이들이 일본으로 돌아간 뒤 얼마 지나지 않아서 또다시 幡文通이 遣新羅使에 임명될 수 있었던 계기는 성덕왕이 703년(성덕왕 2)에 前王인 孝昭王의 喪을 알리기 위해 遣日本使를 파견하고 난 이후에야 가능할 수 있었다.

따라서 성덕왕이 효소왕의 告喪을 위해 일본에 사절을 파견한 사실은 신라 문무왕대 후반부터 지속된 양국 간 結好와 往來之親의 관계를 성덕왕 當代에도 계속 추진하겠다는 의지를 보여준 것이며 이 점이 일본조정에게 그대로 전달되었을 것이다. 이를 계기로 일본조정에서는 당시 일본사회가 상당히 관심을 가지고 있었던 율령이라든가 불교문화와 같은 문물제도를 도입하는 작업에 대해 신라조정에 지원을 요청했을 것이며, 이러한 일본조정의 요구를 신라조정이 받아들였다고 볼 수 있다.

그렇다면 성덕왕은 왜 즉위한 지 얼마 지나지 않은 시점에서 일본에 대해 結好와 往來之親을 원하고 있었던 것일까. 이와 함께 일본조정은 왜 신라왕의 뜻을 그대로 받아들인 것일까. 이러한 의문들은 다음과 같이 설명될 수 있다.

당시 신라에서는 왕권을 강화하는 방향으로 모든 정책이 추진되었다. 그런데 이러한 정책의 추진과정에 있어서 정치적 효과를 보다 극대화하기 위해서는 무엇보다도 주변국과의 외교관계 수립이 절실했다. 이러한 국내정세의 필요성에서 나온 대외정책이 당과의 관계정상

---

41) 『續日本紀』卷3, 文武天皇 慶雲 元年(704) 冬 10月條, "正六位上幡文通爲遣新羅大使"; 同書 卷3, 慶雲 2年 5月條, "幡文造通自新羅至"

화뿐만 아니라 일본과의 지속적인 외교관계 수립이었다.

일본의 경우에도 신라와 마찬가지로 왕권강화를 위한 정책추진 및 제도정비 작업이 한창 진행 중에 있었다.[42] 따라서 일본 역시 신라와의 結好와 往來之親을 마다할 이유가 없었다. 이처럼 양국 간의 이해관계가 맞아 떨어지면서 결국 신라와 일본은 8세기 이전과 마찬가지로 우호적인 외교관계를 그대로 이어나갈 수 있었다.[43]

그리하여 성덕왕대에는 춘 정월을 앞둔 시점에서 양국사신의 入朝가 이루어지는가 하면, 일본조정에서는 일본열도 해안에 표류해온 신라인을 고향으로 돌려보내기도 하고,[44] 신라조정에서는 일본의 사절이나 학문승 등을 자국에 장기간 체재할 수 있게 편의를 제공해 주기도 하였다.[45] 특히 춘 정월을 앞둔 시점에서 신라사신이 渡日한 경우는 모두 세 차례에 불과하지만 일본사신이 신라에 내조한 사례는 모두 일곱 차례로 신라보다도 오히려 빈번하였다.

여기에서 신라가 춘 정월을 앞두고 渡日한 배경에는 아무래도 항해에 큰 영향을 미치는 계절적 요인이 크게 작용하였을 것이다. 신라에서 일본으로 갈 때에는 겨울의 계절풍을 이용하는 것이 유리하였는데 신라사절의 경우에는 특히 650년부터 700년까지 일본에 입국한

---

42) 『續日本紀』에는 신라와의 빈번한 사신왕래 속에서 일본의 왕권을 중심으로 한 다양한 정책추진 및 제도 정비와 관련된 기사들이 눈에 띄는데 그 가운데에서도 특히 율령제정과 역사편찬 사실을 들 수 있다.(『續日本紀』卷3, 文武天皇 3年(703) 2月條, "詔從四位下毛野朝臣古麻呂等四人 豫定律令 宜議功賞 (……)"; 同書 卷8, 元正天皇 養老 4年(720) 5月條, "(……) 先是 一品舍人親王奉勅 修日本紀 至是功成 奏上紀三十卷系圖一卷")

43) 『續日本紀』卷4, 元明天皇 和銅 2年(709) 5月條, "是日 新羅使金信福等貢方物 宴金信福等於朝堂 (……) 是日 右大臣藤原朝臣不比等 引新羅使於辨官廳内 語曰 新羅國使自古入朝 然未曾與執政大臣談話 而今日披晤者 欲結二國之好 成往來之親也 (……)"

44) 『續日本紀』卷3, 文武天皇 大寶 3年(703) 5月條, "流來新羅人付福護等還本鄕"

45) 『續日本紀』卷3, 文武天皇 慶雲 4年(707) 5月條, "從五位下美努連淨麻呂 及學問僧義法義基總集慈定淨達等至自新羅"

시기가 거의 10월에서 12월 사이에 집중되고 있었기 때문이다.[46]

그런데 <表 1>에서도 알 수 있듯이 8세기 초·중반경인 성덕왕대와 효성왕대의 경우 신라 및 일본사절의 渡日 또는 向發·歸國時期 등을 비교해 보면, 신라의 견일본사는 겨울인 10월에서 12월 사이에 渡日한 경우가 네 차례, 춘 정월에 渡日한 경우가 세 차례, 2월 이후 10월 이전인 경우도 다섯 차례나 된다. 반면 일본의 견신라사는 겨울철을 피하여 向羅하기 좋은 봄에 출발하는 경우가 네 차례, 여름철이 두 차례, 춘 정월을 앞두고 출발하는 경우가 일곱 차례, 10월에서 12월 사이에 출발하는 경우도 다섯 차례나 된다.

이처럼 8세기 초·중반 경에는 앞선 시대와 달리 신라와 일본의 양국사절 모두 특정 계절에 상관없이 왕래했다. 특히 일본사절단의 경우 新羅入朝가 일본열도에서 항해하기 힘든 10월에서 12월 무렵과 춘 정월쯤에 많았다는 사실이 주목된다. 그렇다면 성덕왕대와 효성왕대에 신라와 일본은 각기 항해하기 어려운 계절임에도 불구하고 상대국에 사신을 파견하였다. 그 이유는 과연 무엇일까.

일본은 8세기에 접어들면서 외국사절을 元日朝賀의 儀에 참가시키곤 하였다. 그런데 이러한 의식은 일본의 지배층에게 있어서 왕권을 외부세계와 연결짓는 통로란 점에서 매우 중시되었다.[47] 신라에서도 일찍이 진덕왕 5년(651) 춘 정월 때부터 왕이 朝元殿에서 신하들에게 賀正禮를 받아왔는데,[48] 이 시기는 신라가 왕권을 강화하기 위한 제반제도를 정비해나가던 매우 중요한 시점이었다.

---

46) 尹明哲, 「해양조건을 통해 본 고대 한일관계의 이해」『日本學』14, 동국대학교 일본학연구소, 1995, 93~94쪽.
47) 田島公, 「日本の律令国家の'賓礼' ― 外交儀礼より見た天皇と太政官―」『史林』68-3, 1985, 57~58쪽.
48) 『三國史記』卷5, 新羅本紀 眞德王 5年條, "春正月朔 王御朝元殿 受百官正賀 賀正之禮 始於此"

따라서 성덕왕대 이후 신라사절이 일본의 조정행사인 元日朝賀의 儀에 참석했던 것[49]으로 볼 때 일본사절 역시 신라의 하정례에 참석했을 가능성이 크다. 이는 신라와 일본 두 나라가 각기 입국한 외국사절을 국내 조정행사에 참가시킴으로써 왕의 권위를 한층 드높일 수 있는 계기로 삼았을 개연성이 크며, 춘 정월을 앞둔 시점의 사절파견이란 점에서 두 나라 모두 往來之親의 중요한 좌표로 삼았을 것이다.

이때 신라조정에서는 일본사절을 맞이할 때 引見儀式을 행했을 것이다. 여기에서 인견의식이란 곧 '賓禮'를 말한다. 이 빈례는 당시 당을 중심으로 한 고대 동아시아 국가 간에서 널리 행해지던 외교의례였다. 그런데 신라의 인견의식이 과연 어떠한 과정을 밟아서 진행되었는지 이에 대한 구체적인 내용을 확인할 길은 없다. 다만 동시대의 당과 일본의 사례를 통해 대체적인 윤곽이나마 엿볼 수 있지 않을까 한다.

우선 당의 외교의례절차는 '賓禮'라 하여 다음과 같은 절차로 행해지고 있었다.[50] 첫 번째로는 '迎勞'란 의식을 들 수 있다. 이는 대체로 외국사신(蕃國主)이 체재하는 客館에 황제가 使者를 파견하여 束帛을 내리면 외국사신은 황제의 使者에게 '物'을 바쳐야 하고, 鴻臚寺의 관인이 외국사신을 迎引하여 朝堂에 이르면 舍人은 勅에 따라 위로를 행한다. 이러한 절차가 모두 끝난 뒤 외국사신은 일단 客館으로 돌아가게 된다. 두 번째로는 '戒見日'이란 의식을 들 수 있다. 이는 皇帝가

---

49) 714년 11월에 渡日한 신라사절의 경우 『續日本紀』에 일본의 元日朝賀 의례에 참석한 기록이 없는 것은 일본 측이 신라사절의 참석을 요구했지만 신라사의 거부에 의해 좌절된 것으로 보는 견해가 있다.(연민수, 앞의 책, 2003, 231쪽)

50) 『新唐書』卷16, 禮樂志6, "賓禮以侍四夷之君長與其使者 蕃國主來朝 遣使者迎勞 (……) 皇帝遣使戒蕃主見日 (……) 蕃主奉見 (……) 若蕃國遣使奉表幣 其勞及戒見皆如蕃國主 (……) 宴蕃國主及其使(……)"; 『大唐開元禮』卷79, 賓禮, "蕃國主來朝以束帛迎勞 遣使戒蕃主見日 蕃主奉見(蕃辭禮同) 受蕃國使表幣 (……)"

客館에 관리를 파견하여 외국사신에게 引見할 날짜를 전하는 행위이다. 세 번째와 네 번째는 각각 '奉見'·'奉(受)表幣'란 의식이다. 이는 외국사신이 承天門에 이른 후 황제가 직접 사신을 만나 위문하는 행위로 이때 외국사신이 國書와 獻物을 봉정하면 황제가 외국사신에 대해 문답과 위로를 행하게 된다. 다섯 번째로는 외국사신을 궁성 내로 초빙하여 황제가 직접 참석한 宴會를 베풀어주는 의식이다.[51]

일본에서는 외국사절을 맞이할 때 행하는 빈례의식이 있었다. 고대 일본에서는 唐朝의 빈례를 모방한 외교의례를 마련해 놓았는데 대체적인 절차는 다음과 같다.[52] 먼저 외국사절이 일본에 내착하게 되면 大宰府[53]나 沿海諸國에 安置되어 供給을 받게 된다. 그러다가 외국사절의 入京이 허락되면 그들은 迎使에 의해 送迎되고 入京 즈음에 郊勞가 시행된다. 入京한 외국사절은 客館에 머물게 되고 客館에서 慰勞의 행사가 이루어지게 되는데 외국사절이 正月을 낀 시기에 체재했다고 한다면 元日朝賀의 儀를 필두로 한 일본조정의 연중행사에 참석하게 된다. 특히 일본의 賓禮에서 元日뿐만 아니라 冬至의 朝會에 외국사신이 참가하는 일은 外交儀禮의 일부로써 매우 중시되었는데 入京을 허락하고 元日朝賀의 儀 등 정월의 연중행사에 참가시켰다. 이밖에도 궁내의 朝堂에서는 國書나 王言 및 信物을 받는다거나, 賜宴·授位·賜祿 및 國書·答信物 등을 使者에게 부여하는 행위 등이 일본

---

51) 『大唐開元禮』 卷80, 賓禮. "皇帝宴蕃國主 皇帝宴蕃國使 (……)"

52) 田島公, 앞의 논문, 1985, 47〜82쪽.

53) 大宰府는 일본의 推古政權 시절 고구려·백제·신라 등 한반도 제국의 사신을 儀禮로서 응대하기 위해 筑紫에 筑紫大宰를 배치한 데에서 비롯된다. 외국사신이 筑紫에 도착하게 되면 제일 먼저 筑紫大宰는 사신의 이름과 관직명, 來日한 목적, 지참한 물품 등을 정부에 보고하게 된다. 정부는 이를 기반으로 하여 사신을 대접하는 掌客의 임명이나 의례에 따른 환영의 준비를 개시하게 되며 筑紫大宰는 정부의 지시를 기다리며 사신을 入京시킨다. 그런데 筑紫大宰는 701년 大宝令의 규정으로 大宰府가 설치된 뒤 701년에 비로소 太宰帥로 바뀌게 된다.(田村圓澄, 『古代東アジアの國家と佛敎』, 吉川弘文館, 2002, 207쪽)

의 외교의례로써 수행되었다.[54)

이 같은 당과 일본의 賓禮로 볼 때 신라에서도 나름대로의 외교의
례가 마련되어 있었을 것이다. 唐과 일본의 賓禮와는 약간의 차이를
보이겠지만 기본적으로는 迎勞(郊勞)와 國書 또는 使旨 및 信物의 授受,
賜宴·授位·賜祿 등이 행해졌을 것이다. 그리고 외국사절에 대한 신
라왕의 引見은 사료상에 의하는 한 주로 崇禮殿 또는 朝元殿 등에서
이루어졌고 연회는 아마도 평소 왕과 신라 관리들의 연회장소로 쓰
였던 臨海殿에서 개최되었을 것이다.[55)

그런데 신라와 일본은 726년경(성덕왕 25) 薩湌 金造近의 渡日 이후
727년(성덕왕 26)부터 731년(성덕왕 30)까지 약 5년간에 걸쳐서 각기
상대국에 사신을 파견하지 않았다. 그런 와중에서 727년(성덕왕 26)에
는 처음으로 발해사 高齋德이 渡日하고 있었으며,[56) 731년에는 일본과
의 군사적 충돌이 있었다.[57) 더구나 이보다 앞선 시기인 성덕왕 21년
(722)에도 신라가 日本賊의 侵寇를 막기 위해 城을 쌓은 일이 있었
다.[58)

이러한 몇몇 사건들로 인해 기존의 연구자들 가운데에는 우호적이
었던 신라와 일본의 관계가 730년 내지 731년을 기점으로 악화되기
시작하였다고 말한다.[59) 그러나 신라는 발해와의 충돌이 없었던 721

---

54) 田島公, 앞의 논문, 1985, 39쪽, 50쪽.

55) 『三國史記』卷8, 新羅本紀 孝昭王 6年 9月條, "宴君臣於臨海殿"; 同王 7年 3月條, "日本國使至 王引
見於崇禮殿"; 同書 卷11, 新羅本紀 憲康王 4年 8月條, "日本國使至 王引見於朝元殿"

56) 『續日本紀』卷10, 聖武天皇 神龜 4年 9月條

57) 『三國史記』卷8, 新羅本紀 聖德王 30年(731) 4月條, "日本國兵船三百艘 越海襲我東邊 王命將出兵 大破之"

58) 『三國史記』卷8, 新羅本紀 聖德王 21年(722) 冬 10月條, "築毛伐郡城 以遮日本賊"

59) 奧田尙, 「天平初期における日羅關係について」『日本史論集』, 1975, 11쪽.
김은숙, 앞의 논문, 1991, 116~117쪽.
全德在, 「신라 중대 대일외교의 추이와 진골귀족의 동향」『한국사론』37, 서울대학교 국사학과, 1997, 21쪽.

년에도 동해안 지역인 *何瑟羅道*의 장정 2천여 명을 징발하여 만일의 사태에 대비하기 위한 방비책으로써 발해의 국경과 접한 지역에 장성을 쌓은 일이 있었다.[60] 따라서 일본사신의 왕래가 있는 지역에 城을 축조했다는 점, 신라와 일본 두 나라 간에 군사적 충돌이 발생하기는 했지만 외교단절이라는 극단적 사태에까지 이르지 않았다는 점,[61] 그리고 732년경 신라사가 일본에 간 이후 효성왕대까지도 양국의 외교가 지속되었던 사실 등을 고려해 볼 때 신라와 일본의 관계가 악화되었다고 볼 수 없다.[62] 다만 간혹 신라와 일본 간의 외교상에서 벌어질 수 있는 갈등을 감안한 신라 측의 대일방비책이었다고 보아야 한다.

이후 신라는 735년(성덕왕 34)에 이르러 金相貞을 일본에 신라사절로서 파견한 바 있다. 이때 일본 관리가 김상정에게 入朝의 이유를 물었는데 김상정이 일본 관리에게 자국을 '新羅國'이 아닌 '王城國'으로 소개하였다.[63] 이 일로 인해 大宰府에 머물러 있던 김상정 일행이 일본조정으로부터 入京을 거부당하고 말았으며 급기야 일본조정 내에서는 신라를 정벌하자는 주장까지도 나왔다.[64]

---

60) 『三國史記』 卷8, 新羅本紀 聖德王 20年 秋 7月條, "徵何瑟羅道丁夫二千 築長城於北境"

61) 奧田尚은 앞의 논문(1975, 119~120쪽)에서 필자와 비슷한 견해를 이미 피력한 바 있는데 그는 하슬라도에 대한 신라의 대책과 마찬가지로 모벌군성에 대한 신라의 방어책이 반드시 신라와 일본 두 나라 관계 악화의 증거가 될 수 없다고 하였다. 그는 또한 신라의 '日本賊'이란 말이 관념적 표현에 불과하며 일본국 병선이 신라의 동변을 습격한 사건도 일본병선을 가장한 '발해의 병선'이라 보기도 했으나 일본병선을 발해의 병선으로 추정한 그의 견해는 좀 지나친 유추라고 생각한다.

62) 奧田尚은 역시 앞의 논문(1975, 121~128쪽)에서 732년(天平 4)의 신라사와 견신라사 기사는 물론이고 節度使에 대한 면밀한 분석을 통해서 이 시기 신라와 일본의 관계가 악화되었다고 볼 수 없음을 주장하고 있다.

63) 『續日本紀』 卷12, 聖武天皇 天平 7年(735) 2月條, "新羅使金相貞入京 遣中納言正三位多治比眞人縣守 於兵部曹司 問新羅使入朝之旨 而新羅國輒改本號曰王城國 因玆返却其使"

64) 『續日本紀』 卷12, 聖武天皇 天平 7年(735) 2月條; 同書 卷12, 聖武天皇 天平 9年(737) 2月條, "諸司奏 意見表 或發兵加征伐"

이와 같이 신라사는 자국을 왕성국이라 소개하였고 일본조정은 오랜만에 渡日한 신라사에게 그 이전에는 볼 수 없었던 入朝의 이유를 묻는다거나 신라사가 자국을 왕성국이라 칭했다고 해서 신라사절을 돌려보내며 신라를 정벌하자는 주장까지 서슴지 않았다. 이러한 양국의 태도는 그 이전에 진행된 우호적 관계로 볼 때 매우 이례적이란 점에서 향후 두 나라 사이에 벌어질 외교관계의 향방을 예시하고 있었다.

신라사 김상정이 일본 관리에게 자국을 '新羅國'이 아닌 '王城國'으로 호칭한 사실이 주목된다. 이는 김상정이 신라의 국호를 변경하여 불렀다기보다는 신라가 자존의식을 강조하기 위해 사용한 외교적 수사에 불과하였다.[65] 따라서 신라의 자존적 관념을 그대로 반영한 김상정의 言辭는 일본의 入唐留學生에 의한 唐禮(永徽禮)의 전수 시점[66]과 맞물려 역시 당왕조와 같은 중화의식에 사로잡힌 일본조정에게 거부감으로 다가올 수밖에 없었다.[67]

이러한 신라와 일본 간의 외교적 마찰과 관련하여 일부에서는 신라의 외교를 둘러싼 갈등, 즉 金思恭을 중심으로 하여 당과의 외교정책을 중시하는 세력과 김순정을 중심으로 하여 대일외교를 종전대로 유지하려는 세력 사이에서 대일외교를 중시하는 세력이 퇴조한 것으로 파악하기도 한다.[68] 이 같은 시각은 당시 정국을 주도한 정치세력

---

65) 연민수는 왕성국이란 표현에 대해 신라가 일본에 대해 강한 자존의식을 드러내기 위한 것으로 일본조정을 압박하는 신라왕의 의지를 반영하는 외교적 언사였을 가능성이 있다고 하였다.(앞의 책, 2003, 242~243쪽)

66) 박석순, 앞의 책, 2002, 98쪽.

67) 일본은 唐의 永徽禮를 모범으로 하고 신라의 율령을 참조하면서 大寶令을 만들었는데 이는 天皇制 율령국가의 정치적 이념이 강하게 반영되어 있다. 초법적 존재로서의 천황은 일본이 이상으로 삼은 절대적 인격체이다. 특히 일본천황은 신라국, 신라국왕을 의식해서 성립된 것이며 신라국왕보다 우월적 존재로서 자리매김하고자 한 현실적 기대 이상이라는 사실이다. 일본이 신라에 대한 열등감을 극복하고자 노력한 사건으로 일본 견당사의 파견을 들 수 있다. 이때 일본은 신라와 교류 중임에도 불구하고 독자적으로 南道路를 개척하여 신라를 경유하지 않고 入唐하려 하였는데 이는 일본의 견당사 파견계획이 신라에 알려지는 것을 피하기 위한 목적 때문이었을 것으로 보기도 한다.(연민수, 앞의 논문, 2005, 136~137쪽)

이 신라의 외교정책에 큰 영향을 끼친 것으로 판단하는 견해에도 그대로 반영되었다.[69]

그러나 성덕왕대의 대일외교자세는 당시 집권층간의 대외관계를 둘러싼 갈등에서 비롯된 것이라 볼 수 없다. 오히려 왕권을 둘러싼 불안한 신라정세 속에서 찾아야 한다. 가령, 성덕왕은 재위 3년째 되던 해(704)에 乘府令 蘇判 金元泰의 딸을 왕비로 맞이한 적이 있었다.[70] 그런데 성덕왕은 재위 15년(716) 만에 김원태의 딸인 엄정왕후를 출궁시키고 왕 19년(720)에 金順元의 딸을 다시 아내로 맞이하였다.[71]

김순원은 일찍이 효소왕대에 중시를 역임하다가 모반사건에 연루되어 실각된 뒤 성덕왕대에 들어와 다시 왕실과의 긴밀한 관계 속에서 조금씩 세력을 키워가던 인물이었다.[72] 그는 성덕왕대 정국의 주도권을 둘러싸고 김원태와 각축을 벌이기도 했는데 그러한 자의 딸이 성덕왕의 妃에 책봉되었다. 이러한 김원태 세력의 후퇴와 김순원 세력의 성장에 따른 정치주도세력의 변동 속에서 성덕왕은 왕비의 간택이란 적극적인 방식을 통해 왕권의 기반을 더욱 공고히 하고 있었다.

김순원 역시 納妃를 통한 성덕왕과의 밀착관계 덕분에 효성왕대뿐만 아니라 경덕왕대에까지 막강한 권력을 유지할 수 있었다. 김순정의 딸이 경덕왕과 혼인할 수 있었던 배경에는 김순원의 후원이 있었기에 가능했다.[73] 이처럼 김순정이 김순원 세력을 등에 업고 신라 내

---

68) 濱田耕策, 앞의 책, 2002, 137쪽.

69) 전덕재, 앞의 논문, 1997.

70) 『三國史記』 卷8, 新羅本紀 聖德王 3年 夏 5月條, "納乘府令蘇判金元泰之女爲妃"

71) 『三國史記』 卷8, 新羅本紀 聖德王 15年 3月 및 19年 3月條

72) 金壽泰, 「신라 성덕왕·효성왕대 김순원의 정치적 활동」 『동아연구』 3, 1983.

73) 박해현, 앞의 책, 2003, 94~95쪽.

에서 막강한 세력을 형성하였을 때 김사공은 성덕왕 17년(716)부터 중시를 역임하였다. 그런데 김순원의 딸이 왕비로 책봉된 성덕왕 19년(718)에 김사공은 돌연 사임하고 만다.[74] 이후 김순원의 세력은 훨씬 막강해졌고 성덕왕의 외교정책도 큰 변화 없이 그대로 추진될 수 있었다.

『三國史記』 신라본기 성덕왕 34년(735)조에 의하면, "그해 봄 정월에 熒惑이 달을 범했다"고 한다.[75] 성덕왕 34년은 성덕왕이 사망하기 2년 전의 시점이다. 따라서 앞의 기사는 왕의 신변에 어떤 변고나, 또는 비록 성덕왕이 재위 23년(724)에 후계자로서 왕자 承慶을 태자로 책봉하기는 했지만,[76] 당시 후계자를 놓고 신라조정 내에서 벌어진 집권세력 간의 심상치 않은 동향을 암시하는 내용이 아닌가 한다. 만일 그렇다면 성덕왕 혹은 太子를 지지하는 세력으로서는 무엇보다도 왕권의 안정이 매우 긴요했을 것이다. 이에 따라 그들은 분열되기 쉬운 왕권의 틈새를 사전에 막기 위한 움직임이나 조처들을 취했을 것이다. 그러한 배경 속에서 파생된 사건이 바로 신라사에 의한 소위 '王城國' 발언이었다.[77]

따라서 신라사신이 일본 관리에게 자국을 왕성국이라 존칭했다고 해서 이것을 곧 신라의 대일외교 정책변화 내지 반일적 외교자세와

---

74) 『三國史記』 卷8, 新羅本紀 聖德王 17年 및 19年條

75) 『三國史記』 卷8, 新羅本紀 聖德王 34年(735)條

76) 『三國史記』 卷8, 新羅本紀 聖德王 23年條, "春 立王子承慶爲太子"

77) 신라국이 本號를 '王城國'으로 고쳐 부른 것은 722년에 축성하기 시작한 '毛伐郡城'에 관련된 발언이었던 것이라고 보는 견해가 있다. 즉, 대일본 관계를 의식하고 만들어진 모벌군성에 관련된 발언이 735년의 신라사절의 말 가운데 돌발적으로 포함되었을 가능성이 있다는 것이다.(박석순, 『일본고대국가의 왕권과 외교』, 경인문화사, 2002, 273~274쪽) 그러나 722년의 모벌군 축성과 735년의 '왕성국' 발언과를 일련의 사건으로 연계시키는 데에는 다소 무리한 점이 있다. 왜냐하면 두 사건은 시간상의 간극이 있기 때문이다. 다만 신라를 '왕성국'이라 한 발언이 당시 신라정세로 볼 때 신라사의 돌발적인 태도였을 가능성은 충분하다고 본다.

연결시킬 필요는 없다. 만일 신라가 일본에 대해 반일적 외교정책으로 돌아섰다고 한다면 735년 이후부터 일본사신은 신라에 파견하지 않았을 것이다. 그러나 일본은 736년에도 신라에 사절을 파견하였다.

이때 신라조정에서는 入朝하여 성덕왕을 친견하려 했던 일본의 遣新羅使를 받아들이지 않았다. 이는 일본의 遣新羅使 壬生使主宇太麻呂 등이 737년 정월에 入京하여 조정에 보고한 내용 가운데 '신라가 常禮를 잃고 使旨를 받지 않았다'고 한 점에서 알 수 있다.[78] 사료상에는 구체적으로 使旨의 내용이 무엇인지, 그리고 신라조정에서 왜 일본의 遣新羅使를 不納했는지에 대한 이유가 분명치 않다. 다만 735년에 있었던 일본조정의 신라사에 대한 返却措置를 염두에 둔다면 '使旨'는 아마도 735년에 일어난 신라사의 왕성국 발언사건에 대한 일본 측의 항의와 함께 신라 측의 해명을 요구하는 내용이었을 것이다.[79]

그런데 성덕왕은 그 이듬해인 737년에 승하하였다.[80] 따라서 성덕왕은 737년을 앞둔 어느 시점부터 건강상태가 좋지 못했을 것이다. 이로 인해 일본의 國書[81]와 信物의 授受는 물론이고 일본사신에 대한

---

78) 『續日本紀』卷12, 聖武天皇 天平 9年(737) 春 正月 및 2月條, "遣新羅使大判官從六位上壬生使主宇太麻呂少判官正七位上大藏忌寸麻呂等入京 (……)"; "遣新羅使奏 新羅國失常禮 不受使旨 (……)"

79) 연민수는 발해와의 관계를 지속하겠다는 일본 측의 의사를 전하고 신라의 양해를 구하려는 것으로 추측하기도 한다.(앞의 책, 2003, 242~243쪽)

80) 『三國史記』卷8, 新羅本紀 聖德王 36年(737)條, "春二月 (中略) 王薨 謚曰聖德 葬移車寺南"

81) 국가 간에 오고 간 공식 외교문서에는 국왕에 의한 國書 이외에도 牒이나 表가 포함될 수 있다. 國書는 두 나라 간의 만남을 상징하는 매개체라 하겠다. 물론 고대 국가에서는 사절에 의한 구두전달의 형식도 통용되고 있었다. 그런데 일본학계에서는 특히 表에 대해 외국왕으로부터의 親書와 동일시하거나 혹은 양자 사이를 명확히 구별하지 않고 해석하는 경향이 있고 더구나 신하가 왕에게 바치는 문서양식조차 諸國의 왕이 일본과의 교섭에도 사용되었다고 봄으로써 일본 고대국가의 小帝國意識을 마치 당시의 실제 현상인 양 이해하고 있다는 사실에 문제가 있음을 지적하면서 여러 사례를 조목조목 들며 신라에서 일본에 보낸 문서란 것의 대부분이 신라국왕의 親書가 아니라 來日한 新羅國使의 차원에서 진상한 表文이라고 보는 견해가 제시되었다.(박석순, 「고대 일본의 대외관계 문서」 『동방학지』 112, 연세대학교 국학연구원, 2001, 71~87쪽)

授位・賜祿 및 宴會 등과 같은 외교의례를 행하지 못했을 것이다. 그렇다면 성덕왕 35년(736)에 신라가 일본의 遣新羅使를 不納한 일은 신라의 국내 사정에 따라 취해진 불가피한 조처였을 것이다.[82] 그리고 일본으로 돌아간 遣新羅使는 자국의 천황에게 '신라국에서 상례를 잃고 使旨를 받지 않았다'고 告하게 되었을 것이다.

『續日本紀』에 의하면 경덕왕대인 752년에 신라사 김태렴이 渡日했을 때 孝謙天皇이 김태렴을 면담하는 자리에서 前王인 孝成王(承慶)과 大夫 思恭에 대해 '말과 행동이 태만하며 恒禮를 잃었다'고 지적하였다.[83] 이러한 언급은 736년 당시 일본의 견신라사가 신라왕의 引見을 거부당하고 멸시당한 사실을 가리키며, 일본 측은 신라 측이 그 같은 결정을 내린 배후 인물로서 효성왕과 김사공을 염두에 두고 있었던 것 같다.

그러나 신라는 그 다음 해인 738년(효성왕 2) 춘정월에 金相純 등 신라사절단 147인을 일본에 파견하였다. 김상순 등은 성덕왕의 승하를 알리기 위해 파견된 사절단이었다고 볼 수 있다. 그런데 일본 측은 신라사절을 入京시키지 않고 대재부에서 향연만을 베풀고 돌려보냈다.[84] 이 무렵 일본 내에는 신라사절단을 入京시키지 못할 특별한 사정도 없었음에도 불구하고 대재부에서 처리케 했다.

또한 孝成王 末年(742) 2월에도 新羅使 金欽英 등 117명의 일행이 일

---

82) 일본의 경우에도 국내 사정으로 인해 신라사절을 되돌려 보낸 일이 있다. 즉, 성덕왕 20년(721)에는 신라사 金乾安 金弼 일행이 來日하였는데 당시 元正天皇의 사망을 이유로 入京을 허락하지 않고 放還한 일이 있고(『續日本紀』 卷14, 元正天皇 養老 5年 12月條) 孝成王 6년(742, 天平 4)에도 당시 新羅使 金欽英 일행이 日本의 大宰府에 도착하여 入京을 기다리던 중 이 무렵 새로이 천도한 恭仁京의 宮室이 아직 완성되지 않았다는 이유로 신라사절을 放還한 일이 있다.(『續日本紀』 卷14, 聖武天皇 13年 8月・9月 및 14年 2月條)

83) 『續日本紀』 卷18, 孝謙天皇 天平勝寶 2年(752) 6月條

84) 『續日本紀』 卷13, 聖武天皇 天平 10年(738) 春 正月 및 6月條

본의 大宰府에 당도했을 때 일본조정에서는 새로운 수도의 宮室이 완성되지 않았다는 이유를 들어 신라사절단을 入京시키지 않고 그곳에서 향연만을 베풀고 그대로 放還[85])해 버린 일이 있었다.[86] 이 같은 일본조정의 조치는 이 무렵 新京이 아직 완성되지 않은 사정은 물론이고 740년(天平 12) 9월에 일어난 大宰府의 藤原廣嗣의 亂 및 그 후 계속되던 귀족정변과 밀접히 관련되었다.[87]

따라서 738년에 김상순 등을 되돌려 보낸 것은 일본 측이 신라에 대해 빈례의식을 적용하지 않을 만큼 효성왕에 대한 일본조정의 유감이 크게 작용한 것임에 틀림없다. 그러면서도 일본조정은 2년 뒤인 740년(효성왕 4) 춘 정월과 3월에 견발해사와 함께 遣新羅使를 각각 보냈다. 그리고 이들은 그해 10월에 귀국하였다.[88] 물론 그해 8월에 신라에서는 영종의 모반사건이 일어나는 등 어수선한 상황이었다.[89] 그럼에도 불구하고 신라조정에서는 일본의 견신라사를 받아들였다. 따라서 일본의 견신라사는 신라 측의 해명과 신라 내의 급박한 정세를 파악하고 돌아갈 수 있었을 것이다.

---

85) '放還'에 대해 종래에는 주로 신라와 일본 간의 관계악화를 전제로 하여 追放과 같은 부정적인 의미로 파악해왔다. 하지만 '放還'이란 용어는 동아시아 여러 나라에서 일반적으로 사용된 표현이며 단지 국내 사정에 따라 '사절을 돌려 보낸다'는 의미에 불과하다(박석순, 「일본 율령국가의 왕권과 대 신라외교」『한국고대사연구』 25, 2002; 「신라사절 放還과 일본의 왕권」『일본고대국가의 왕권과 외교』, 경인문화사, 2002)고 볼 때 신라와 일본의 외교관계에서 放還이라는 용어 자체의 의미를 일률적으로 적용시킬 필요는 없을 것이다.

86) 『續日本紀』 卷14, 聖武天皇 天平 14年(742)條, "二月 (……) 太宰府言 新羅使沙飡金欽英等一百十七人來朝 詔以新京草創宮室未成 便令右大辨紀朝臣飯麻呂等饗金欽英等於太宰 自彼放還"

87) 『續日本紀』 卷13, 聖武天皇 天平 12年(740)條
박석순은 일본이 신라사를 入京시키지 않은 요인으로 740년(天平 12) 9월에 일어난 大宰府의 藤原廣嗣의 亂과 그 후 계속되던 귀족정변 및 大宰府의 폐지 등 복잡한 일본의 국내 사정을 들고 있다.(앞의 논문, 2002, 208쪽)

88) 『續日本紀』 卷13, 聖武天皇 天平 12年(740) 春 正月·3月·冬10月條, "(……) 又以外從五位下大伴宿禰犬養爲遣渤海大使"; "以外從五位下紀朝臣必登爲遣新羅大使"; "遣新羅國使外從位下紀朝臣必等還歸"

89) 『三國史記』 卷9, 新羅本紀 孝成王 4年 8月條

3. 贈與物을 통해 본 대일외교의 특징

고대 동아시아 세계에서는 국가 간 사신의 왕래가 발생할 때면 그 나라의 물산(물품)을 지참하는 것이 하나의 외교관례였다. 고대 동아시아 국가 간에 행해진 물산의 증여는 물산의 내용을 어떻게 구성하느냐에 따라 왕권의 주요 매개수단으로써 기능하였는데 이는 물산이 주는 심적 효과가 그만큼 강할 수 있다는 사실을 말해주는 대목이다.[90]

그런데 중국대륙 역대 왕조의 사서에는 외국으로부터 들어온 물품에 대해 자국 중심의 표현으로써 方物·貢物·貢職 등의 용어를 사용하였다. 중국대륙에 존재해왔던 역대왕조는 주변의 여러 나라들로부터 方物을 받으면 그에 대한 대가로써 상당량의 賜物을 하였는데 이러한 국가 간에 행해지는 물산의 증여에는 정치적 관계의 모습이 반영되었다.[91]

일본사서에는 중국사서의 예를 그대로 모방하여 신라가 일본에 보낸 물산을 調·調賦·調物·貢(御)物·方物·土物·土毛·贈物·苞苴·(別)獻物·貢獻物(將來物)·(國)信物·答信物 등으로 다양하게 표현하였다. 특히 '調'는 중국 측 사서에 잘 보이지 않는 용례로서 고대 일본(倭)에서는 6세기 전반 이후 신라 세제의 영향을 받아 국내세제 용어로 사용하였고 이를 신라와의 외교관계에까지 좀 더 확대 적용시킨 것이었다.[92]

---

90) 唐의 貞觀 21년(647) 정월, 鐵勒의 來朝 때 당태종이 '未甞聞見'의 물산을 증여함으로써 鐵勒으로부터 말할 수 없는 놀라움을 이끌어낸 일이 있다.(『唐會要』卷96, 鐵勒) 신라의 성덕왕 역시 당에서 받은 '羅錦彩章 金銀寶鈿'에 대해 '見之者爛目 聞之者驚駭'라고 언급한 사실이 있다.(『三國史記』卷8, 新羅本紀 聖德王 32年 12月條) 이처럼 物産은 贈者의 문화와 권력의 기호를 상징하며 물산의 증여관계에 미치는 심적 효과나 작용의 양태를 잘 보여주고 있다.(新川登亀男,「日羅間の調」『日本古代の対外交渉と仏教』, 東京: 吉川弘文館, 1999, 9～10쪽)

91) 保科富士男,「고대 일본의 대외관계에 있어서 증진물의 명칭 － 고대 일본의 대외인식에 관련하여 －」『장보고관계연구논문선집 － 중국·일본편 －』, 해상왕장보고기념사업회, 2002, 478쪽.

그런데 『三國史記』에는 신라조정이 일본사신으로부터 증여받은 물산을 '進'物 · '獻'物 등으로 표현하였다. 비록 9세기대의 기록이긴 하지만 『三國史記』에는 804년(哀莊王 5)에 일본사신이 황금을 바친 사실에 대해 '進黃金三百兩'이라고 기술한 예에서 알 수 있다. 이는 지방으로부터 중앙으로 보내는 물산을 지칭하는 용례로서 효소왕 6년(697)조에 '完山州進嘉禾'라든가 성덕왕 19년조에 '熊川州獻白鵲' 등의 표현으로 기술된 예가 있다.[93] 따라서 신라에서는 일본으로부터 증여받은 물산에 대해 국내세제 용례와 마찬가지로 '進物(調)' 내지 '獻物' 등의 표현을 사용하였을 것이다. 이는 신라가 일본에 대해 정치적 우위를 고려한 進物 · 獻物 등의 용어를 사용함으로써 일본에 대한 차별적 인식을 드러냈다.

그런데 당의 단치와 동일한 신라의 기가 일본에도 사여되었다. <表 2>와 같이 성덕왕대 및 효성왕대에 신라가 당과 일본에 보낸 물산 가운데 사료상에 드러난 것만을 추려보면, 당에 증여한 물산은 대개 약물이나 광물 및 고급직물과 동물, 그리고 고도의 가공물 등 다양한 반면 일본에 증여한 물산은 당과 달리 주로 진귀한 조류나 가축 내지 동물들이 대종을 이루고 있다.

92) 石上英一, 「古代における日本の稅制と新羅の稅制」『古代朝鮮と日本』, 東京: 龍溪書舍, 1974, 254~258쪽, 保科富士男, 앞의 책, 2002, 489쪽.
93) 『三國史記』卷8, 新羅本紀 孝昭王 6年 秋7月條; 同書 卷8, 聖德王 19年 秋7月條

〈表 2〉 8세기 초·중반 신라가 당과 일본에 증여한 물산의 내용

西曆	王曆	당에 증여한 물산	일본에 증여한 물산
719	聖德王 18		調物·驛馬·牡牝
723	聖德王 22	果下馬·牛黃·人蔘·美髢·朝霞紬·魚牙紬·鏤鷹鈴·海豹皮·金·銀	
730	聖德王 29	小馬·狗·金·頭髮·海豹皮	
731	聖德王 30	牛黃·金·銀	
732	聖德王 31		種種財物·鸚鵡·鴝鵒·蜀狗·獵狗·驢·騾
734	聖德王 33	狗·金·銀·布·牛黃·人蔘·頭髮·海豹皮·小馬	
738	孝成王 2	金寶·藥物	
739	孝成王 3	黃金·布·人蔘	

出典: 『三國史記』·『續日本紀』

〈表 3〉 7세기 후반 신라가 당과 일본에 증여한 물산의 내용

西曆	王曆	당에 증여한 물산	일본에 증여한 물산
670	文武王 11	銀·銅·針·牛黃·金·布	
679	文武王 20		金·銀·鐵·鼎·錦·絹·布·皮·馬·狗·騾駱·刀·旗
681	神文王 2		金·銀·銅·鐵·錦·絹·鹿皮·細布·霞錦·幡·皮
685	神文王 6		馬·犬·鸚鵡·鵲
686	神文王 7		細馬·騾·犬·鏤金器·金·銀·霞錦·綾羅·虎豹皮·藥物·金器·屛風·鞍皮·絹·布
688	神文王 8		金·銀·絹·布·銅·鐵·佛像·彩絹·鳥·馬·彩色·珍異之物
689	神文王 9		金銅阿彌陀佛·金銅觀世音菩薩像·金銅大勢至菩薩像·彩帛·錦·綾

出典: 『三國史記』·『日本書紀』

<表 2>·<表 3>에 각각 제시해 놓았듯이 신라가 당과 일본에 각기 증여한 물산의 내용을 살펴보면, 金·銀·銅·布·牛黃과 같이 신라가 670년과 8세기 초·중반 무렵 당에 증여한 물산과 동일한 것이

존재하기도 하고 佛像과 같은 고도의 제작기술을 요하는 물산처럼 당에 증여하지 않은 것도 보인다. 신라가 일본에 증여한 물산 가운데에는 상당한 가치가 있는 물품들로 이루어졌다. 이러한 물품들은 당과 비교해 보아도 기본적으로 소위 '方物'이라고만 볼 수 없다.[94] 이는 신라가 일본에 대해 신라의 왕권을 과시하려는 의도에서 비롯되었다.

즉, 686년에 신라가 일본에 증여한 금속성의 器物은 8세기대에 신라가 당으로부터 증여받은 것과 동일한 것이다. 그런데 이 금속성의 기물을 당과 같은 방식으로 신라가 일본에도 증여하고 있다는 점에서 이 금속성의 기물에 대해 바로 신라가 일본에 대해 경악과 두려움을 부식시키는 일종의 文化的·權力的 攻勢로 보기도 한다.[95]

신라 측의 증여물에는 신라의 일본에 대한 차별적 인식이 그 밑바탕에 깔려 있다. 특히 문무왕 20년(679)에 신라가 일본에 증여한 '旗'의 경우, 일찍이 善德王 12년(643)에 唐帝가 신라사신에게 주변국의 侵寇를 막는 대책의 한 가지 수단으로 내세운 丹幟와 동일한 종류인데, 당의 권력을 상징하는 단치를 신라가 받아서 이를 세워 진열시키면 주변국의 군대가 달아날 것[96]이라고 제안한 점에서도 알 수 있듯이 당의 기는 당제국의 권력과 문화의 기호로써 상징되었다.

8세기 초에 신라가 일본에 증여한 鸚鵡의 경우 비슷한 시기에 당이 신라에 증여한 바도 있는 진귀한 물산 중에 하나였다. 앵무는 아열대지역으로부터 열대의 삼림, 남반구의 온대지방에서 서식하며 아프리카·아시아(남태평양제도)·오스트레일리아·중남미 등에 널리

---

94) 新川登龜男, 앞의 책, 1999, 16쪽.
95) 新川登龜男, 앞의 책, 1999, 18~22쪽.
96) 『三國史記』卷5, 新羅本紀 善德王 12年 9月條, "(……) 我又能給爾數千朱袍丹幟 二國兵至 建而陳之 彼見者以爲我兵 必皆奔走 此爲二策 (……)"

분포하던 조류로서 중국왕조에서는 漢武帝 元狩 2년(B.C. 121)에 南越로부터 앵무를 증여받은 일이 있었고, 7~8세기의 唐代에도 중인도 지역뿐만 아니라 인도네시아반도의 東岸, 安南의 남부지역으로부터 증여받은 일이 있었다.[97]

그렇다면 이 앵무가 신라에는 언제부터 그리고 어떻게 들어올 수 있었던 것일까. 먼저 신라에 앵무가 들어온 시점을 살펴보면, 640년대에 신라가 당시의 왜국에 앵무를 보낸 일이 있었다. 685년에도 신라가 일본에 앵무를 증여한 일이 있었다. 따라서 앵무가 신라에 들어온 시점은 당과의 외교관계가 본격화되면서부터였고 신라에 들어온 앵무는 주로 당으로부터의 증여물이었거나 당의 교역지에 들어오던 교역품이었을 것이다.

〈表 4〉 8세기 초・중반 당이 신라에 증여한 물산

西暦	王暦	물산의 내용
724	聖德王 23	錦袍・金帶・綵素
730	聖德王 29	絹・紫袍・錦細帶
731	聖德王 30	綾綵・帛
733	聖德王 32	白鸚鵡雄雌・紫羅繡袍・金銀細器物・瑞紋章・五色羅綵
734	聖德王 33	緋襴袍・平漫銀帶・絹

出典 : 『三國史記』・『册府元龜』

당의 交易地로는 廣州・洪州・錢塘・揚州까지 연결되는 지역을 들 수 있다. 특히 이들 지역은 아라비아・페르시아계의 상인들이 드나들며 번영을 이루던 곳이었고 신라인들도 통일 이전부터 빈번히 왕래하던 지역이었다.[98] 당에서 교역된 이국적인 문물이 당대 신라인의

———
97) 新川登龜男, 앞의 책, 1999, 24~25쪽.

생활에 큰 영향을 미친 사실은 『三國史記』 雜志에 실려 있는 色服·
器用·車騎·屋舍條의 각 기사에서 엿볼 수 있다.[99] 당시 신라에서는
孔雀尾·翡翠毛·瑟瑟鈿과 같은 고가의 이국적인 물품이 들어와 널리
애용되고 있었기 때문에 이를 규제할 필요성에서 각 신분에 따라 차
등을 두는 법을 제정해야만 했다.

〈表 5〉 8세기 초·중반 일본이 신라에 증여한 물산의 내용

西曆	新羅王曆	日本王曆	물산의 내용
703	聖德王 2	文武 大寶 3	錦·絁
709	聖德王 11	元明 和銅 2	絹·美濃絁·絲·綿
715	聖德王 14	元明 靈龜 1	綿·船
726	聖德王 25	聖武 神龜 3	黃絁·綿

出典: 『續日本紀』

　　그런데 733년(성덕왕 32)에 당의 玄宗은 흰 앵무새 암수 한 쌍과 자
주색 얇은 비단에 수놓은 두루마기, 금·은으로 세공한 그릇, 상서로
운 무늬가 있는 비단, 다섯 가지 색깔로 물들인 얇은 비단 등의 물산
을 성덕왕에게 증여한 일이 있었다. 성덕왕은 현종에게 감사의 글을
보내면서 '각종 비단의 다채로운 문양과 금은 보물의 새김질은 보는
이의 눈을 부시게 하고 듣는 이의 마음을 놀라게 한다'라고 하는 찬
탄을 쏟아냈다. 이러한 성덕왕의 찬사가 단순한 수사에 불과할 수도
있다. 그러나 적어도 唐帝에게 있어서만큼은 주변국의 왕에게 사여하
는 물산이란 점에서 정치적 의미를 갖는다.[100]

---

98) 李龍範, 「處容說話의 一考察」 『韓滿交流史研究』, 동화출판사, 1989, 40～41쪽.
99) 『三國史記』 卷33, 雜志2 色服·車騎·器用·屋舍, "色服 (……) 眞骨女 (……) 袴禁罽及繡用金銀絲孔
　　雀尾·翡翠毛者 梳禁瑟瑟鈿玳瑁 (……) 車騎 眞骨 車材不用紫檀 沈香 不得帖玳瑁 (……)"
100) 『三國史記』 卷8, 聖德王 32年條, "(……) 羅錦綵章 金銀寶鈿 見之者爛目 聞之者驚心 (……)"

이에 반해 8세기 초·중반경 일본이 자국에 온 신라사신을 통해 신라왕 앞으로 증여한 물산의 내용을 보면, 신라에 대해 어떠한 과시나 감탄을 자아낼만한 물품들은 전혀 찾아볼 수 없다. 가령, 일본이 709년에 渡日한 新羅使 金信福을 통해 성덕왕 앞으로 증여한 물산의 내용을 보면 船 이외에 絹 20疋, 美濃絁 30疋, 絲 200絢, 綿 150屯 등 모두 5종으로 옷감류가 그 대부분을 차지하였다. 이는 일본이 자국의 관리들에게 수여하고 있는 祿의 내용[101]과 견주어볼 때에도 비록 수량 면이나 종류 면에 있어서 정도의 차이를 보이고는 있지만, 그다지 주목할 만한 물품이라고 볼 수 없는 것들이다.

일본은 당과 신라가 각기 물산의 증여를 통해 얻고자 한 의도와는 매우 대조적인 태도를 보여주었다. 아울러 신라와 일본 간에 오고 간 물산의 내용을 통해서 당시 두 나라 사이에 존재한 생산기술이나 문화수준의 차이라든지 당시 국내외적으로 필요한 물자공급을 조달할 수 있는 대외교역여건 등을 쉽게 확인할 수 있으며, 신라와 일본 사이의 정치적 우위가 어디에 있었는지를 단적으로 보여준다.

<表 2>와 <表 3>에서 알 수 있듯이 8세기를 기점으로 그 이전에는 신라가 다양한 종류와 다량의 물산을 일본에 자주 보냈다고 한다면 8세기 이후에는 단지 2차례만, 그것도 상대적으로 빈약한 물산이지만 진귀한 조류 및 가축 내지 동물들로부터 '調物'·'種種財物' 등의 修辭가 딸린 물산을 보냈다. 이 같은 현상은 일본 내에서 발생한 물산의 증여방식 변화에 따른 결과다.[102]

---

101) 『續日本紀』卷5, 元明天皇 和銅 3年(710) 冬10月條, "始定祿法 職事二品二位 各絁三十匹 絲一百絢 錢二千文 (……)"

102) 8세기를 기점으로 물산의 내용이 변화된 것과 관련하여 8세기 이후에 신라와 당의 관계가 회복되면서 점차 대외무역이 활성화되는 등의 국제정세 변화로 인해 신라에 반입되는 물품들을 국가의 관리하에 두

8세기 이전 외국에서 일본조정에 보낸 물산에는 일본이 '調物'이라 부르는 것과 별도로 보낸 物, 곧 '(別)獻物'이란 것이 있었다. 전자는 일반적으로 '국가 대 국가의 차원이란 의미를 지닌 物'로서 국가 간의 정치·외교적 교류의 성립을 의미하는 상징물이다. 후자는 정권자나 정계의 주요 인물 등 양국의 교류에 의의가 있는 사람에게 보내지며 외교교섭을 직접 담당한 사절차원에서 특별히 보내는 형태의 물산이 포함된 것이다. 일본에서 다른 나라에 보내는 물산에도 같은 경향을 볼 수 있다.

8세기 이후에 접어들면서 일본에서는 공식 사절들에 의해 전해지는 소위 '貢調物'이나 '國信物' 등이 일원화되는 경향을 보이고 있었다. 즉, 物의 상징성 강화란 차원에서 王權, 곧 외교대표권자에게 의미를 지닌 物로 표징화되고 있었다.[103] 신라에서는 이 같은 일본 내의 상황변화에 맞춰 그동안 관행적으로 행해져온 이중적인 물산의 증여방식을 대부분 '國信物'이란 명목으로 단일화시켜야 했을 것이다.

따라서 신라가 일본에 보낸 물산의 내용이나 수에 대한 구체적인 명목을 사료상에 일일이 제시하지 않았다할지라도 증여물의 내용이나 수에 대해서는 시대적인 편차나 사료상에서 흔히 나타날 수 있는 기록상의 不備[104]를 감안해야 할 것이다. 가령, 『日本書紀』에는 671년

고 이를 일본에 중계, 수출하는 무역정책을 취하면서 상품가치가 높은 외국산품을 교역의 대상으로 바꾸었기 때문에 나타난 현상으로 보는 견해가 있다.(永正美嘉,「新羅의 對日香藥貿易」, 서울대학교 국사학과 석사학위논문, 2003, 43쪽; 김창석, 앞의 논문, 2004, 34쪽)

103) 박석순, 앞의 책, 2002, 70~77쪽.

104) 한국 측 사료의 경우 『三國史記』 新羅本紀를 보면, 對唐 사절에 대해서는 그 파견과 귀환에 걸쳐서 오고 간 인물과 國書의 내용, 물품내역 등을 비교적 상세히 기록하고 있으나 對日 사절의 경우는 그 구체적인 내용을 싣지 않고 일본과의 교빙 결과만을 간략히 쓰고 있다. 이런 사실과 관련하여 신라 측 자료자체가 이러한 형태였을 가능성이 크다고 본 견해가 있다. 즉, 신라가 국내적으로는 자국 중심의 천하관과 제도를 갖고 있었고 일본에 대해서 당에 대한 태도와는 달리 蕃國視하거나 문화적 후진국으로 치부하는 중층적 대외인식을 갖고 있었기 때문에 교섭의 내역을 상세히 밝힐 정도로 국가체제나 제도, 문화

경 新羅使 金萬物이 '進調'했다는 사실을 전하면서도 물산의 내용을
구체적으로 기술하고 있지 않는데, 이 기사에 이어지는 『日本書紀』의
傳言에 따르면 김만물이 天智天皇에게 '進調'한 바로 그해의 그 달에
天智天皇은 袈裟·金鉢·象牙·沈水香·栴檀香 및 여러 보물들을
佛事에 공양했다고 한다. 신라에서 보낸 물품의 내용이 구체적으로
나열되어 있지는 않지만 바로 뒤에 나오는 일본사서의 기술순서로
볼 때 신라의 증여물이란 일본이 경탄할만한 불교용품이었던 것이고
그 종류나 수량에 있어서도 매우 다양했다고 볼 수 있다.[105]

8세기대를 전후하여 신라조정에서는 일본조정에게 진귀한 가축 내
지 동물이나 조류 위주의 물산을 증여하였다. 만일 신라에서 국산품
위주로 물산을 증여하는 대신 외래품만을 교역대상으로 삼았다고 한
다면 일본조정에서는 신라가 보낸 물품에 대해 한마디라도 언급하였
을 것이다. 하지만 일본조정에서는 신라의 증여물에 대해 별다른 이의
를 제기하지 않았다.[106] 결국 『續日本紀』가 전하는 신라사의 渡日기사
가운데에서 성덕왕과 효성왕이 보낸 증여물의 품목을 구체적으로 명
시하지 않았음을 감안하다면 성덕왕대와 효성왕대 역시 이전 시대와
마찬가지로 일본이 감탄할만한 증여물은 계속되었을 것이다.[107]

의 典範이 되는 국가가 아니었다고 보는 신라인의 對日觀이 반영된 결과라는 주장이다.(김창석, 앞의 논
문, 2004, 18쪽) 물론 일리 있는 견해라 생각된다. 그러나 『三國史記』 新羅本紀에 기재된 대당관계 기
술의 대부분이 중국 측 사료에 의거하여 작성된 점(권덕영, 「신라 견당사 연구」, 한국정신문화연구원 한
국학대학원 박사학위논문, 1995, 2쪽)과 『三國史記』 新羅本紀 대외관계기사 가운데 대일관계 기술이
일본 측 사료에 비해 매우 소략하다는 점 등으로 볼 때에는 아무래도 신라 측 자료의 부재에서 그 원인
을 찾을 수 있지 않을까 한다.

105) 『日本書紀』 卷27, 天智天皇 10年(671) 冬10月條, "新羅遣沙湌金萬物等進調 於內裏開百佛眼 是月天
皇遣使奉袈裟金鉢象牙沈水香栴檀香 及諸珍財於法興寺佛"

106) 『續日本紀』 卷3, 文武天皇 慶雲 3年(706) 春正月條, "(……) 饗金儒吉等于朝堂 (……) 賜其王勅書曰
天皇敬問新羅王 使人一吉湌金儒吉薩湌金今古等至 所獻調物並具之 王有國以還多歷年歲 所貢無虧行
李相屬 疑誠旣著 嘉尙無已 (……)"

107) 신라에서는 외국사절에 의해 들어온 물산을 구체적으로 어떻게 처리했는지 알 수 없다. 일본의 경우에는 8세

제2절 신라 경덕왕대(742~765)의 대일외교

1. 경덕왕의 개혁정치와 對日外交政策

경덕왕이 즉위하기 전 孝成王에게는 왕위를 이을 王子가 없었다. 이로 말미암아 효성왕대에는 왕비와 후궁세력 간의 알력[108] 및 그의 형제들을 둘러싼 정치세력 간의 치열한 왕위쟁탈전이 벌어질 수밖에 없었다. 그 과정에서 경덕왕은 김순원·김순정 세력의 도움으로 太子로서 王位를 차지하는데 성공할 수 있었다.[109]

이처럼 신라의 왕권은 불안정했다. 따라서 경덕왕은 왕위에 오른 뒤에도 王座를 유지하고 보존하기 위한 필사적인 노력을 기울여야만 했다. 경덕왕은 효성왕의 弟[110]로서 왕위에 오르는 데 성공하긴 했지만 이미 성덕왕 27년(728, 唐 開元 16)에 당으로 건너간 그의 형 無相

기 이후 신라와의 관계 전개에 따라 들어온 物을 일본천황이 특정의 계층에게 사여하거나 諸山陵에 바친 사실이 전해지고 있다. 이러한 행위를 통해 일본천황은 物의 소유권자이며 배분권자로서 권위를 드러내고자 했고 외교권 소지자로서의 권한을 대내적으로 체현할 수 있었다고 한다.(박석순, 앞의 책, 2002, 78~85쪽)

108) 『三國史記』卷9, 新羅本紀 孝成王 4年 8月條에 의하면 "波珍湌永宗謀叛 伏誅 先是 永宗女入後宮 王絶愛之 恩渥日甚 王妃嫉妬 與族人謀殺之 永宗怨王妃宗黨 因此叛"이라 하여 파진찬 영종이 모반을 일으켰는데 이에 앞서 후궁으로 들어간 영종의 딸이 왕비의 질투로 인해 살해당하자 영종이 왕비종당을 원망하며 반란을 일으켰다고 한다. 이에 대해서는 이미 기존의 연구에서도 언급이 되었지만 대체로 김순원이라는 외척세력의 지위를 둘러싼 압력 내지는 그들이 누리고 있던 권세에 대한 저항, 각 파벌 간의 대립, 불만이라는 측면에서 바라보고 있다.(井上秀雄, 「新羅政治體制の變遷過程」『新羅史基礎研究』, 1974, 455~456쪽; 李昊榮「新羅 中代王室과 奉德寺」『史學志』8, 1974, 11쪽; 金壽泰, 「신라 성덕왕·효성왕대 김순원의 정치적 활동」『동아연구』3, 1983, 226쪽) 필자 역시 이 사건에 대해 표면적으로는 효성왕의 총애를 둘러싸고 벌어진 후궁과 왕비 간의 갈등으로 이해할 수 있으나 그 이면에는 왕좌를 둘러싼 각 세력 간의 권력다툼으로 파악해 볼 수 있다.

109) 경덕왕, 즉 태자시절의 憲英이 왕위를 차지할 수 있도록 결정적 역할을 한 金順元·金順貞 등은 성덕왕대와 효성왕대의 왕비교체 및 헌영의 태자책봉, 경덕왕과의 혼인관계 등을 통해 서로 상당한 친연성을 유지하고 있었다.(박해현, 『신라 중대 정치사 연구』, 국학연구원, 2003, 126쪽) 한편 김수태는 김순원과 김순정을 각각 전제주의 옹호세력과 반전제주의 세력이라는 상호 대립관계로 파악하고 있다.(앞의 논문, 1983, 219~228쪽)

110) 『三國史記』卷9, 新羅本紀 景德王 元年條에 의하면 경덕왕 헌영은 효성왕의 同母弟라 한다.

이 언제든지 신라에 돌아와 왕좌를 위협할지 모른다는 두려움 때문에 한 발 앞서 無相을 살해할 목적으로 그가 머물고 있던 *淨衆寺*에까지 자객을 보낸 일이 있었다.[111]

게다가 경덕왕은 왕위에 오르기 전 이미 김순정의 딸인 三毛夫人과 혼인한 바 있었다. 그러나 그는 삼모부인에게서 자식을 얻지 못하자 등극한 직후 바로 그녀를 출궁시키는 대신 김순정의 손녀이며 金義忠의 딸인 滿月夫人과 재위 2년만인 743년에 다시 혼인하고 말았다. 결국 경덕왕은 재위한 지 17년만인 758년에 그토록 원하던 왕자 乾運을 낳는 데 성공할 수 있었고 출생한 지 불과 2년(760)도 안 된 王子 乾運을 太子로 책봉하였다.[112]

경덕왕의 아들에 대한 강한 집념은 왕권은 물론이고 정국의 안정을 도모하기 위한 바람에서 비롯되었다.[113] 경덕왕의 그 같은 면모는 당시 신라 최고의 승려인 表訓大德에게 어떤 대가를 치르더라도 아들을 얻고자 했던 일화 속에서도 엿볼 수 있다.[114] 그런데 경덕왕이 즉위한 해인 742년 10월(경덕왕 원년)에 日本國使가 來朝하였다.

---

111) 『宋高僧傳』 卷19, 唐成都淨衆寺無相傳(智詵禪師) "釋無相本新羅國人也 是彼土王(聖德王)第三子 于本國正朔年月生 于郡南寺落髮登戒 以開元十六年泛東冥至于中國 (……) 相之弟本國新羅爲王矣 懼其却迴其位殆將遣 刺客來屠之 相已冥知矣"

112) 『三國遺事』 卷1, 王曆 第三十五景德王 및 第三十六惠恭王條, "金氏名憲英 父聖德 母炤德大后 先妃三毛夫人 出宮無後 後妃滿月夫人 諡景垂王后 垂一作穆 依忠角干之女 (……)", "金氏名乾運 父景德 母滿月王后 先妃神巴夫人 魏正角干之女 妃昌(思)昌夫人 金將角干之女 乙巳立 理十五年"; 『三國史記』 卷9, 新羅本紀 景德王 2年(743) 夏4月條, "納舒弗邯金義忠女爲王妃", 同王 17(758)年 秋7月 條, "二十三日 王子生", 同王 19(760)年 秋7月條, "封王子乾運爲王太子"

113) 박해현은 반대세력이 無子를 구실로 정치적 공세를 펼 가능성을 배제할 수 없었기 때문에 김순정 가문에서 새 왕비를 간택함으로써 이러한 문제에 대비하고자 한 것이며 아울러 삼모부인과 경덕왕의 관계가 원만하지 않은 것도 한 요인이 되었다고 본다.(앞의 책, 2003. 126~127쪽)

114) 『三國遺事』 卷2, 紀異 景德王 忠談寺 表訓大德, "(……) 王一日詔表訓大德 曰 朕無祐不獲其嗣 願大德請於上帝而有之 訓上告於天帝 還來奏云 帝有言 求女卽可 男卽不宜 王曰 願轉女成男 訓再上天請之 帝曰 可則可矣 然爲男則國殆矣 訓欲下時 帝又召曰 天與人不可亂 今師往來如隣里 漏洩天機 今後宜更不通 訓來以天語諭之 王曰 國雖殆 得男而爲嗣足矣 於是 滿月王后生太子 王喜甚 (……)"

그러나 경덕왕은 일본사를 접견하지 않았다.[115] 그 이유에 대해서는 『三國史記』에서 구체적으로 설명하고 않아 분명하지 않다. 다만 당시의 신라정세는 孝成王의 喪과 경덕왕의 등극 및 三毛夫人의 出宮 등으로 이어지던 매우 어수선한 상황이었다. 따라서 신라조정에서는 일본사절을 받아들일 처지가 되지 못했을 것이다.

그런데 이때의 일본사절이 先王의 죽음을 애도하고 경덕왕의 즉위를 축하하기 위한 사절이었다고 한다면 문제는 간단치 않다.[116] 왜냐하면 신라조정은 日本國使가 入朝한 직후인 경덕왕 2년 3월에 唐國에서 보낸 弔祭使·冊封使를 받아들였기 때문이다.[117] 따라서 일본조정이 이와 비슷한 시기인 天平 13년(741)과 14년(742)에 遣新羅使를 임명한 일이 없다는 점, 그리고 만일 사절을 보냈다고 하더라도 신라로부터 『三國史記』의 글대로 非禮를 받았다고 한다면 일본 측의 怒한 문장이라도 『續日本紀』 어딘가에 있어야 하는데 그러한 기사가 전혀 보이지 않는다는 점 등을 지적하여 경덕왕 원년의 日本國使 新羅來朝 사실에 대해 부정적으로 보는 견해도 있다.[118]

그러나 이보다 앞선 시점인 孝成王 末年(742)에 新羅使 金欽英 등 117명의 일행이 일본의 大宰府에 당도했을 때 일본조정에서는 새로운 수도의 宮室이 완성되지 않았다는 이유를 들어 신라사절단을 入京시키지 않고 그곳에서 향연만을 베풀고 그대로 放還해 버린 일이 있었

---

115) 『三國史記』 卷9, 新羅本紀 景德王 元年(742)條, "冬十月 日本國使至不納"

116) 이때 일본조정에서 신라에 사절을 파견한 것은 경덕왕의 즉위를 축하하고 양국 간의 관계를 개선하기 위한 목적이었을 것으로 보는 견해도 있다.(金恩淑, 「8세기의 新羅와 日本의 關係」 『國史館論叢』 29, 1991, 122쪽)

117) 『三國史記』 卷9, 新羅本紀 景德王 2年 春3月條, "唐玄宗 遣贊善大大魏曜來弔祭 仍册王爲新羅王 襲先王官爵 (……)"

118) 和田軍一, 「淳仁朝に於ける新羅征討劃について」 『史學雜誌』 35-10, 1924, 53~54쪽.

다.[119] 이 같은 일본조정의 조치는 新京이 아직 완성되지 않았다는 점, 藤原廣嗣의 亂과 같은 일본 내에서 벌어지던 어수선한 정세 등과 밀접한 관련이 있었다.[120] 따라서 일본과 마찬가지로 신라에서도 경덕왕 즉위 초의 어수선한 상황으로 인해 일본 국사를 받아들일 여력이 없었다고 본다면 일본사신이 신라에 왔던 사실을 부정할 필요는 없다.

그런데 경덕왕은 唐使와 다르게 일본사신을 직접 접견하지 않았다. 그 이유는 신라의 국내 사정과 함께 경덕왕의 정치·외교적 입장에서 찾을 수 있다. 경덕왕은 父王이신 聖德王과 마찬가지로 왕권강화 및 국내안정의 추진과 관련하여 정치·경제·문화 등 모든 면에서 제반제도를 수용할 필요가 있었던 唐과 긴밀하고 우호적인 관계를 유지해야만 했다. 이러한 사실은 경덕왕이 재위 24년간 11차례에 걸쳐 당에 사신을 파견했던 점에서도 알 수 있다.[121] 그러므로 경덕왕의 입장에서는 唐使에 대한 관심과 대우가 각별할 수밖에 없었으며 日本使에 대한 태도와는 차원을 달리했다.

그러나 경덕왕은 일본과의 외교관계를 완전히 단절하지 않았다. 日本國使가 신라에 來朝한 지 얼마 지나지 않은 743년에 金序貞 등 新羅使 일행을 일본에 파견하였다. 그런데 일본조정에서는 筑前에 보낸 多治比眞人土作과 葛井連廣成을 통해 신라사가 자국에 증여할 물품을 '土毛'라고 칭하며 物數만을 적어 제출한 일에 대해 常禮를 크게 잃은 것이라고 지적하면서 신라사절단을 되돌려 보내고 만다.[122]

---

119) 『續日本紀』 卷14, 聖武天皇 天平 14年(742) 2月條

120) 『續日本紀』 卷13, 聖武天皇 天平 12年(740)條

121) 조이옥, 앞의 책, 2001, 139~143쪽.

122) 『續日本紀』 卷14, 聖武天皇 天平 15年(743)條, "三月 (……) 新羅使薩湌金序貞等來朝 遣從五位下多治比眞人土作 外從五位下葛井連廣成於筑前 檢校供客之事 夏四月 (……) 檢校新羅客使多治比眞人土作等言 土毛 書奧注物數 稽之舊例 大失常禮 太政官處分 宜召水手已上 告以失禮之狀 便卽放却"

여기에서 신라사절이 贈與物을 '土毛'라 칭한 사례는 일본사서에 의하는 한 743년 이전에는 전혀 볼 수 없었다.[123] 또한 신라 측이 증여물을 '土毛'라 하고 物數만을 적은 것에 대해 일본 관리가 '失禮'라고 지적한 일도 없었다. 원래 '土毛'란 용어는 땅에서 나는 풀 곡식 채소 따위를 말한다.[124]

일본의 養老令 賦役令에도 土毛條[125]가 따로 마련된 점으로 볼 때 일본 고대 율령에 있어서의 土毛는 단지 해당지역에서 공납해야 할 물품으로 지방에서 중앙정부에 보내오는 생산물이었다. 따라서 土毛는 '調'와 수취품목과 수취방식에 차이가 있었을 뿐 上下關係의 의미가 있는 것은 아니었다.[126]

이는 '土毛'라는 용어를 군이 정치적 의미로 해석할 필요가 없음을 말한다. 그런데 경덕왕대 이전에는 신라의 對日贈與物이 일본지배층의 심리를 이용하려는 정치적 목적의 진귀한 物品들로 구성되었다고 한다면[127] 당시 신라사 김서정이 일본에 가져온 물품은 신라에서 생

---

123) 신라사가 '土毛'라 칭한 것에 대해 일본 측이 신라사에게 항의한 것과 관련하여 田村圓澄은 土毛가 동등한 지위, 동등한 신분의 사람이 상호 교환하는 증여품을 말하고 상하의 질서를 재생산하는 '調'와 다르기 때문에 이를 일본조정에서 인정하지 않으려 한 것이며 또한 일본조정에서 '土毛'를 인정한다는 것은 곧 신라사의 '調'를 매개로 한 양자의 기본적 관계, 즉 신라는 부용국, 일본은 종주국이라는 설정을 자국에서 부정하는 일이 되기 때문이라는 해석을 달기도 한다.(「平城京と新羅使」『日本學』 8 · 9합집, 동국대학교 일본학연구소, 1989, 35쪽) 김창석은 신라사가 '土毛'라 개칭한 것에 대해 일본 측이 항의한 사실이 그 전에는 신라가 일본 측의 '貢調'인식을 외교적으로 양해했을 뿐만 아니라 일본에 파견된 신라사절의 경우에는 일본조정에 대해서 스스로가 이를 '調'라고 표현했을 가능성이 있다고 주장한다.(앞의 논문, 2004, 12쪽) 이에 반해 김은숙은 신라사가 土毛라 칭한 것에 대해 일본 측에서 신라의 선물을 朝貢國의 '調'로 인식하고 있었던 것을 확인한 신라 측이 '調'가 아님을 주장한 것이며 일본 측의 대신라 외교형식을 확인한 신라 측의 공식적인 태도표명이라는 견해를 밝힌 바 있다.(앞의 논문, 1991, 122쪽)

124) 『左傳』 昭公 7年條, "封略之內 何非君土 食土之毛 誰非君臣"; 『後漢書』 馬融傳 "其土毛則摧牧 薦草 芳茹 甘茶〈李賢注〉毛 草也"(『漢韓大辭典』 3, 단국대 동양학연구소, 2000)

125) "凡土毛臨時應用者 竝准當國時價 價用郡稻"

126) 연민수, 「統一期 新羅와 日本關係」『강좌 한국고대사』 4, 2003, 249쪽; 김창석, 「8세기 신라 · 일본 간 외교관계의 추이」『역사학보』 184, 2004, 29∼30쪽.

127) 김선숙, 본고 제2장 참고.

산되는 토산물 위주로 간소하게 채워졌을 것이고, 그 이전에는 신라사가 일본조정에 증여물을 제공하면서 상세한 품목이나 수량 등을 일본조정에 알리는 성의를 보여주었다고 한다면 경덕왕대에 들어와서는 신라사 김서정이 일방적으로 증여물을 土毛라 하여 物數만을 적어 보낸 사실에 대해 일본 측은 常禮를 잃은 것이라 지적하며 반발하였다고 볼 수 있다.

그렇다면 경덕왕은 무엇 때문에 일본사신을 不納한 뒤 얼마 지나지 않아 공식사절을 일본에 파견하였고 그러면서 왜 전례와 다른 방식으로 물품을 구성했을까.

경덕왕은 왕권과 왕위계승에 대한 강한 집착의 소유자다. 경덕왕의 왕권과 왕위계승에 대한 강한 집념은 다양한 제도개혁 정비와 그대로 연결된다.[128] 경덕왕은 집권한 뒤 가장 먼저 한 일이 東宮을 수리하고 司正府 · 少年監典 · 穢宮典 등을 설치하는 작업이었다.[129]

東宮은 왕위계승의 제1순위자인 太子가 머물던 곳으로 일찍이 문무왕 19년(679)에 처음 설치된 뒤 경덕왕 4년(745)과 11년(752)에 비로소 東宮이 수리되고 東宮衙官이란 관직도 새로이 마련되었다. 司正府는 일찍이 太宗武烈王 6년(659)에 처음 설치된 뒤 경덕왕대에 와서 肅正臺라는 명칭으로 바뀐 관부인데 명칭 그대로 관리를 감찰하는 업무였다.[130] 특히 경덕왕 5년(746)에는 內省 소속의 관원들을 감찰하는

---

128) 김수태는 경덕왕이 왕권강화책을 실시한 배경으로 그의 즉위과정이 비정상적인 데에서 찾고 있다. 즉, 효성왕은 자신의 새로운 왕비를 맞아들인 후에 아들이 없다는 이유로 경덕왕 헌영을 태자로 책봉하였는데 효성왕의 사망 후 태자 헌영이 왕위에 오르는 과정에서 지지하는 세력과 함께 반대세력을 낳는 등 상당한 알력이 있었고 경덕왕이 즉위와 함께 앞서 야기된 문제들을 제거하기 위하여 왕권강화책을 실시했다는 것이다.(앞의 논문, 1983, 139~140쪽)

129) 『三國史記』卷9, 新羅本紀 景德王 4年條, "秋七月 葺東宮 又置司正府 少年監典 穢宮典"; 同王 11年 8月條, "置東宮衙官"

130) 『三國史記』卷38, 雜志 職官(上), "司正府 太宗王六年置 景德王改爲肅正臺 惠恭王復故 (……)"; 同書

內司正典이 처음 설치된 뒤 同王 7년(748)경 內司正典에 貞察 一人이 다시 추가되기도 하였다.[131]

경덕왕은 재위 6년(747)에 中侍를 侍中으로 改名하고 아울러 國學을 정비하였다.[132] 侍中은 唐의 門下省 侍中과 같은 것으로 재상직이며 出納帝命을 관장하였다. 그런 점에서 경덕왕은 일찍이 진덕왕대부터 이어져 온 中侍職을 명칭의 변경과 함께 專制的 색채가 짙은 唐나라의 제도인 侍中을 받아들임으로써 신라 내에서 차지하는 中侍의 위상을 한 단계 높이고 왕권 역시도 唐帝와 같은 수준으로 끌어올리려는 의도하에 설치했다고 볼 수 있다.

국학 역시 왕권 아래의 臣僚組織을 운영 유지하기 위해 조직된 기관으로서 관료들에게 유교이념을 교육하는 일종의 교육기관이었다.[133] 國學은 禮部 소속으로서 眞德王 5년(651)에 담당 관직인 大舍 2인이 이미 설치된 바 있었고, 神文王 2년(682)에 확립되었는데, 경덕왕대에 이르러서 그 기능이 좀 더 확대되고 조직도 보강되었다.

경덕왕은 왕 18년(759)에 侍從・秘書 기관인 洗宅을 中事省으로 개명하였다.[134] 또한 경덕왕은 국내안정을 꾀하기 위한 일련의 조치로서 왕 8년(749)에 과학 분야의 天文博士 1員과 漏刻博士 6員을 증치하였다. 이는 각종 自然災害에 대한 좀 더 체계적이고 과학적인 분석을 통해 사회 안정을 도모하기 위한 매우 긴요한 조치였다.[135] 또한 그

卷39, 雜志(中), "少年監典 景德王改爲釣天省 後復故 大舍二人 史二人", "槥宮典 景德王改爲珍閣省 後復故 (……)"

131) 『三國史記』 卷9, 新羅本紀 景德王 7年 秋8月條, "(……) 始置貞察一員 糾正百官 (……)"; 同書 卷39, 雜志 職官(中), "內司正典 景德王五年置 十六年改爲建平省 後復故 議決一人 貞察二人 史四人"

132) 『三國史記』 卷9, 新羅本紀 景德王 6年 春正月條, "改中侍爲侍中 置國學諸業博士助敎 (……)"

133) 李基東, 『新羅社會史硏究』, 일조각, 1997, 142쪽.

134) 『三國史記』 卷39, 雜志 職官志(中)

는 孝를 권장하기 위해 孝를 실천한 신하와 백성들에 대해 旌閭表彰하는 조처를 취하였다.[136)

이와 같이 景德王은 왕권을 공고히 하고 국내안정을 도모하기 위해 새로운 관리를 배치한다거나, 기존 관부의 명칭을 보다 선명하고 세련된 용어로 바꾸는 한편, 기존의 관부에 인원을 좀 더 보강하는 조치와 같은 일련의 제도정비와 개혁 등을 추진하였다.[137) 그런데 이러한 정책들은 경덕왕대에 진행된 문화사업과도 연계되고 있었다.

가령, 경덕왕은 왕 13년(754)에 父王이신 성덕왕에 대한 崇仰을 후세에까지 널리 알릴 수 있는 聖德王碑를 건립한 바가 있다.[138) 또한 비록 혜공왕대에 주조되긴 했지만 경덕왕은 살아생전에 성덕왕의 명복을 빌기 위해 창건된 奉德寺[139)에 聖德大王神鍾을 주조하여 안치하고자 하였다.[140) 이 같은 일련의 문화사업 추진 및 계획 등을 통해 경덕왕은 성덕왕의 追福을 기원하는 功德行爲를 통해서 선왕의 업적을 찬양하고 동시에 경덕왕이 추진하는 왕권강화정책을 성덕왕의 그것과 자

---

135) 『三國史記』 卷9, 新羅本紀 景德王 8年條, "春二月 暴風拔木 三月 置天文博士一員 漏刻博士六員"

136) 『三國史記』 卷9, 新羅本紀 景德王 14年條, "春 穀貴民饑 熊川州向德 貧無以爲養 割股育 飼其父 王聞 使賚賜頗厚 仍使旌表門閭"; 『三國遺事』 卷5, 孝善 向得舍知割股供親 "熊川州有向得舍知者 年凶其父饑 於餒死 向得割股以級養 州人具奏聞 景德王賞賜租五百碩"

137) 『三國史記』 卷9, 新羅本紀 景德王 8年(749) 3月條, "置天文博士一員 漏刻博士六員", 同王 9年(750) 2月條, "置御龍省奉御二員", 同王 11年(752) 秋8月 및 10月條, "置東宮衙官", "加置倉部史三人"; 同書 卷39, 雜志 職官(中), "東宮衙官 景德王十一年置 上大舍一人 次大舍一人 御龍省 大舍二人 稚省六人"

138) 『三國史記』 卷9, 新羅本紀 景德王 13年(754) 5月條, "立聖德王碑 (……)"

139) 『三國遺事』 卷2, 紀異 聖德王條에 의하면 봉덕사는 일찍이 성덕왕이 태종무열왕을 위해 건립한 사찰이라 전한다.["王爲太宗大王創奉德寺 設仁王道場 七日 (……)"] 이에 대해 이호영은 봉덕사가 성덕왕 6년(707)에 태종무열왕을 위해 창건되었으나 효성왕 2년(738)에 완공되면서 성덕왕의 명복을 비는 원찰로 바뀌었다는 견해를 피력한 바 있다.(앞의 논문, 1974, 2~9쪽)

140) 『三國遺事』 卷3, 塔像 皇龍寺鍾 芬皇寺藥師 奉德寺鍾, "(……) 又捨黃銅一十二萬斤 爲先考聖德王欲 鑄巨鍾一口 未就而崩 其子惠恭大王乾運 以大曆庚戌十二月 命有司鳩工徒 乃克成之 安於奉德寺 寺乃 孝成王二十六年戊寅 爲先考聖德大王 奉福所創也 故鍾銘曰聖德大王神鍾之銘(聖德乃景德之考興光大 王也 鍾本景德爲先考所施之金 故稱云聖德鍾爾) (……)"

연스럽게 연결시킴으로써 정책 추진의 정당화를 꾀하고자 했다.[141]

결국 경덕왕의 주된 관심은 집권 초기부터 추진된 다양한 제도개혁과 近侍機構의 정비 및 문화사업을 통해 강력한 왕권의 수립과 국내안정을 도모하는 일이었다. 여기에는 상당히 많은 재정이 필요했다. 따라서 경덕왕으로서는 前王代부터 정치적 목적에 따라 일본에 보내지던 여러 가지 값비싼 증여물에 대해서 그 내용이나 수량을 조절할 필요가 있었고 이를 일본과의 교역품으로 대체하고자 하였다.

이러한 결정에는 경덕왕의 정치적 판단이 크게 작용하였다. 즉, 신라에서는 모든 분야에 걸쳐 신라의 영향을 받은 일본에 대해 신라인의 우월의식이 자리 잡으면서 과거로부터 이어져 온 신라인의 일본에 대한 부정적 인식이 함께 어우러지면서 멸시적 내지 下位視하는 경향이 강했다.[142] 이에 따라 신라지배층 내에서는 일본의 풍속이나 언어에 대해서조차 아는 자가 거의 없는 실정이었다.[143] 경덕왕의 대일인식 역시 이와 크게 다를 바 없었다고 볼 수 있다.

따라서 이 같은 경덕왕의 정치·외교적 성향이나 신라 내의 여러 정황 등으로 볼 때 경덕왕이 일본조정에 대해 일방적으로 土毛를 보냈을 개연성도 있다. 비록 신라사가 일방적으로 '土毛'라 칭하며 物數

---

141) 이호영은 경덕왕이 유교적 질서를 표방하고 여기서 부왕인 성덕왕을 추존함으로써 자신의 정통성을 강조하여 그 기반 위에서 전제왕권을 강화해 보려는 의도였던 것이라 하였다.(앞의 논문, 1974, 11쪽) 박해현도 이 같은 견해를 따르고 있다.(앞의 책, 2003, 137쪽) 곽승훈은 경덕왕이 聖德王碑를 세운 것에 대해 성덕왕의 치적을 선양하고 또 계승하여 나가겠다는 의지를 나타냄으로써 신료들로부터의 충성을 간접적으로 유도하고자 하였다는 견해를 피력한 바 있다.(『통일신라시대의 정치변동과 불교』, 국학자료원, 2002, 23쪽)

142) 新羅 中代인 670년 이후 일본의 국명이 기존 倭國에서 日本國으로 바뀌었음에도 불구하고 聖德王代에 別置된 對日 관련 업무기구가 하대에 이르기까지도 '日本典'이 아닌 '倭典'으로 유지된 점에서 일본에 대한 신라인의 인식을 그대로 엿볼 수 있다.(全德在, 「신라 중대 대일외교의 추이와 진골귀족의 동향」 『한국사론』 37, 서울대학교 국사학과, 1997, 19쪽)

143) 『續日本紀』卷23, 淳仁天皇 天平寶字 4年 9月條, "新羅國遣級湌金貞卷朝貢 (……) 本國王令齎御調貢進 又無知聖朝風俗言語者 (……)"

만을 적은 행위에 대해 失禮로 규정한 일본조정으로부터 신라사절단
은 入京을 거부당하면서 곧 귀국할 수밖에 없었지만,[144] 경덕왕이 집
권초기에 신라사를 일본에 파견한 목적은 일본조정에게 향후 전개될
대일외교정책을 분명하고 강력하게 보여주기 위함이었다. 이후 두 나
라의 외교관계는 거의 10년 동안 중단되기에 이른다.

2. 752년 金泰廉의 渡日背景과 그 의미

743년을 끝으로 중단된 신라와 일본의 외교관계는 여러 해가 지난
752년 춘 정월경인 경덕왕 11년 곧 일본의 孝謙天皇 天平勝寶 4년에
일본의 山口忌寸人麻呂가 신라에 入朝하고, 같은 해 윤 3월에 신라사
김태렴이 渡日하면서 양국의 외교는 재개될 수 있었다.[145] 그렇다면
일본조정은 왜 수년 동안 중단된 신라로의 사신파견을 다시 단행했
을까. 그리고 경덕왕은 왜 신라사절단을 일본에 파견했을까.
『續日本紀』에 의하면 752년에는 일본의 東大寺에서 盧舍那大佛像
개안식이 벌어지고 있었다. 이 시기 일본의 동대사에서 盧舍那大佛像
개안식이 벌어질 수 있었던 배경에는 바로 新羅僧 審祥과 관련이 매
우 깊었기 때문이다. 심상이 언제 일본으로 건너갔는지 그 정확한 시
기를 알 수 없으나 그는 신라인으로서 대안사에 주지로 있었다. 일본
의 良辨僧正이 審祥에게 金鍾寺(東大寺 法華堂)에서 화엄경을 강의해

---

144) 濱田耕策은 742년과 743년의 사건에 대해 양국 간 외교형식을 둘러싼 분쟁으로 보고 신라가 일본과의
    외교의 장에서 조공형식을 고쳐 대등한 외교형식, 즉 亢禮의 형식을 채택했기 때문에 조공형식을 고집
    하는 일본과의 사이에 누차 마찰을 일으킨 것이며 그 배경으로 당·신라·발해를 둘러싼 국제정세 속에
    서 신라가 당과 긴밀해지고 성덕왕대 후반부터 효성왕대에 걸쳐서 김사공 주도로 대일정책을 취했기 때
    문이라 하였다.(「中代·下代の内政と對日本外交」, 앞의 책, 2002, 329쪽)

145) 『續日本紀』 卷18, 孝謙天皇 天平勝寶 4年(752) 春正月 및 閏3月條

줄 것을 청하였고, 이후 심상은 일본 화엄종의 始祖로 추앙받을 만큼 학덕이 높았는데,[146] 그의 강설을 들은 聖武天皇이 그에 감복하여 동대사와 盧舍那大佛像을 건립하였다고 한다.[147]

이 같은 일본의 정황으로 볼 때 일본조정은 신라와 밀접히 관련된 자국 내의 주요 불교행사와 관련하여 신라의 고위인사들을 초청하면서[148] 자신들이 필요로 하는 다량의 물품교역을 요청키 위해 사절단을 파견했음에 틀림없다.[149] 이는 일본에 파견된 신라사절단의 규모가 700여 명으로 7척의 배를 동원해야만 했다는 점, 그리고 金泰廉[150]과 같은 신라 고위층 인사가 사절단의 일원으로서 일본에 가는 배에 동승하여 難波館에 머문 뒤 일본천황과 면담하고 나서 그들의 불교행사에 참석했던 사실 등에서 알 수 있다.

---

146) 凝然 撰, 『華嚴法界義鏡』 第10章 宗緖相承, "(……) 至大日本國者 昔人王第三十代欽明天皇御宇十三年壬申 從百濟國始傳佛法 至四十五代聖武天皇御宇天平八年丙子經百八十五年 (……) 于時良辨僧正有感靈夢 遂請大安寺審祥大德於金鍾寺(今東大寺法華堂也) 講華嚴經 此時則天平十二年庚辰十月八日也 集京城名僧以爲聽衆 其初講之日紫雲上現亘覆東山 (……) 最初開講審祥爲尊 發源興宗良辨爲本 審祥是新羅人 渡唐謁賢首 受學華嚴宗而來此國住大安寺 今且約就開講敎授 審祥爲日本華嚴始祖 (……)"

147) 李杏九, 「東大寺의 創建과 新羅의 審祥」 『日本學』 8·9합집, 동국대학교 일본학연구소, 1989.

148) 이성시(김창석 역)는 신라의 사절을 요청한 것이 대불개안회를 풍부한 국제색을 연출하기 위한 시나리오의 일환으로 보았다.(「752년 교역의 성격」 『동아시아의 왕권과 교역』, 청년사, 1999, 139~140쪽) 최재석은 752년 정월 무렵 신라에 온 일본사가 동대사 개안식 때 신라인이 참석할 수 있도록 초청하기 위한 목적에서 파견된 사신이었지만 일본사서에서 그와 관련된 기사가 전혀 없는 것은 왜곡이라고 비판한 바 있다.(崔在錫, 「8세기 동대사 조영과 통일신라」 『한국학연구』 9, 1997, 288쪽)

149) 永正美嘉는 752년 신라가 취급한 교역품 중 香藥에 주목하여 신라의 대일무역양상을 밝힌 바 있다. 그에 따르면 752년 신라와 일본 간에 교역된 공무역에서는 128개의 물품이 교역되었고 그 가운데에서도 특히 香藥은 불교의식의 필수품으로 동아시아에서 널리 사용되었는데 각 불교경전에 기록될 정도로 가장 중시된 주요 물품이었다고 한다.(「新羅의 對日香藥貿易」, 서울대학교 대학원 국사학과 석사학위논문, 2003)

150) 일본사서에서는 金泰廉을 왕자로 소개하고 있다. 그렇다면 문제는 과연 김태렴이 신라왕자인가 하는 점이다. 만일 김태렴이 신라의 왕자였다면 경덕왕의 아들 중에 한 사람이어야 할 텐데 752년 당시 경덕왕의 왕자로서 유일한 인물로는 후에 惠恭王이 되는 太子 乾運을 들 수 있다. 따라서 김태렴은 신라왕자가 될 수 없다. 그럼에도 불구하고 일본사서에서는 김태렴을 신라왕자로 표현하고 있는 것이다. 그렇다면 김태렴은 과연 어떤 인물일까. 이와 관련하여 주목되는 인물로는 성덕왕의 조카인 金志廉을 들 수 있다. 당시 신라에서는 돌림자의 이름이 꽤나 존재하고 있었던 것으로 알려져 있고 그런 점에서 본다면 김태렴과 김지렴은 그 이름이나 생존시기상 형제관계이면서 경덕왕과는 사촌지간일 가능성이 높고 또한 그가 왕족이라는 점(김은숙, 앞의 논문, 1991, 123쪽)에서 신라사신이 일부러 일본 관리에게 그를 왕자로 소개했을 가능성이 있다.

당시 일본의 왕족이나 귀족들은 사신의 왕래를 통해서 그들이 필요로 하는 물품을 구입하곤 했다. 이들은 자신들이 필요로 하는 물품을 구입하기 위해 사신의 왕래라는 공적인 루트를 통해야만 가능했다. 왜냐하면 당시까지만 해도 대부분의 교역은 모두 국가에 의해 통제되고 있었기 때문이다. 일본의 왕족이나 귀족들이 이따금씩 왕래하는 신라사신으로부터 물품구입을 간절히 원하고 있었던 사실은 752년의 교역상황을 짐작케 하는 일본 정창원 소장 貼布記 '買新羅物解'[151] 내의 '念物'이란 문구 속에서도 엿볼 수 있다.[152]

일본은 만주와 한반도 일대에서 벌어진 전쟁의 종식 이후 신라와의 和親을 도모하며 신라문화 내지 대륙문화를 적극적으로 수용해왔다. 그런데 그 주된 수단의 하나가 사신의 왕래 및 신라로부터의 증여물이었다. 이러한 상황은 8세기 초반에 들어와서도 지속되었다.

그런 와중에서 일본은 왕권강화정책들을 꾸준히 추진할 수 있었다. 일본은 정치·경제·사회·문화 등 모든 분야에서 소위 天皇을 중심으로 한 제반제도를 마련해 나갔고 天皇과 臣下 및 百姓과의 상하관계를 보다 形式化·專制化시킬 수 있었다. 당시 일본에서는 외국사신의 入京과 더불어 자국에 증여되는 물품에 대해 천황의 권위를 높이는 수단으로써 중시하였다.[153]

---

151) '買新羅物解'는 752년 6월에 김태렴 등이 來日했을 때 일본의 귀족층이 구입할 예정이던 신라물의 종류와 가치를 기입하여 大藏省이나 內藏寮(외국사신이 보내 온 물품 및 일본천황이 쓰는 물품의 관리·출납을 관장하는 官司)에 보고한 문서이다.(東野治之,「鳥毛立屛風下貼文書の研究」『正倉院文書と木簡の研究』, 塙書房, 1978)

152) 李蘭暎은 '念物'을 교역문서에 흔히 보이는 주문품으로 해석한다.(「나라 정창원에 보이는 신라문물」『중재장충식박사화갑기념논총』, 1992, 644쪽) 이성시는 원하는 물건(희망품)이라 하여 신라문물로 보았는데 이 '신라문물'은 일본귀족이 소유하고픈 물건이었다고 한다.(앞의 책, 1999, 56쪽) 윤선태는 '念物'을 간절히 바라는 물품으로 해석한다.(앞의 논문, 1997, 64쪽)

153) 이성시 저·김창석 역, 앞의 책, 1999, 137~138쪽; 박석순,「外來의 物과 古代日本의 王權」, 앞의 책, 2002.

그러므로 일본의 입장에서 그 같은 대규모의 국가적 행사에 외국 사신의 참석은 필요하였다. 일본이 752년경 山口忌寸人麻呂를 신라에 파견한 목적도 국가적 행사에 신라사의 참석을 요청키 위함이었다.[154] 그리하여 일본사가 신라에 파견된 뒤 경덕왕은 김태렴 이하 수백 명의 신라사절단을 일본에 보냈고 일본조정에서는 이들을 맞이하여 朝堂에서 향연을 베풀었다.

그런데 만일 신라에 파견된 일본의 山口忌寸人麻呂가 경덕왕을 면담하는 자리에서 무례하게 처신했다고 한다면 경덕왕의 정치외교적 성향상 그들의 제안은 단호하게 거절되었을 것이다. 왜냐하면 경덕왕은 바로 다음 해인 753년의 경우처럼 신라에 파견된 일본사신이 신라의 외교의례에 벗어난 행동을 하게 되면 가차 없이 接見을 불허할 정도로 단호하고 강경한 태도를 취하고 있었기 때문이다.[155]

따라서 752년경 자신들의 필요에 의해 신라에 入朝한 일본국사가 당시의 신라정세를 파악하지 못한 채 파견되었다고 생각되지 않는다. 비록 사료상으로 구체적인 상황을 확인할 길이 없지만 신라에 내조한 일본국사는 景德王을 謁見하였을 때 신라의 외교의례에 따라 공손한 태도 내지 저자세로 일관하며 자국의 이해를 관철시키려 노력했을 것이다.

---

154) 濱田耕策은 외교관계의 악화와 교역의 정체를 타개하기 위한 신라의 대일외교책이 752년의 '假王子' 김태렴의 파견이라 하면서 신라는 이 '假王子'의 파견에 의해 외교형식을 고집하는 일본 측을 만족시키고 20여 년간 정체된 대일교역을 성대하게 진행시키려 했다고 보았다.(앞의 책, 2002, 350쪽) 하지만 이러한 그의 견해는 당시 경덕왕의 정치 외교적 성향이나 신라의 관련 사료들을 도외시한 측면이 강하다. 그것은 만일 경덕왕이 대일외교의 악화와 교역의 정체를 타개하고자 했다면 그 이후의 양국관계도 신라의 양보와 타협으로 일관되어야 했을 것이나 실제의 사정은 그렇지 않았다. 즉, 경덕왕은 대당외교를 중시한 반면 일본에 대해서는 거의 무시하는 듯한 태도를 보여주었는데 경덕왕이 753년에 신라에 온 일본사신을 무례하다는 이유로 不納한 사실에서도 엿볼 수 있다.

155) 『三國史記』 卷9, 新羅本紀 景德王 12年(753) 秋8月條, "日本國使至慢而無禮 王不見之及廻 (……)"

그렇다면 이와 같은 일본 측의 요구에 대해 경덕왕은 과연 어떠한 태도와 의도를 갖고 답방의 형식으로 일본에 대규모의 사절단을 파견했을까.

경덕왕이 신라사절을 일본에 파견한 목적에 대해서는 이미 여러 의견들이 제시된 바 있다. 먼저, 신라는 당시 한반도 북부에서 국경을 맞댄 발해와의 대립상황에서 일본을 고려해야만 하는 절박한 상황에 처해 있었기 때문에 자국 보전책의 일환으로써 대량의 문물을 가지고 일본이 원하는 번국의 예를 갖춰 입조했다는 견해가 있다.156) 이 밖에도 **東大寺**의 대불개안을 축하하는 사절이라고 보는 견해,157) 무역의 목적이 강하였음을 지적하는 견해,158) 일본에 영합하는 '**貢調使**' 파견이란 정치적 목적과 함께 교역활동의 목적도 수반되었다고 보는 견해,159) **大安寺・東大寺 參拜**와 **交易**의 두 가지 목적을 달성하기 위한 외교적 편법이라는 견해160)들이 있다.

그런데 경덕왕은 당시 신라와 일본 두 나라의 관계가 외교적으로

---

156) 今西龍, 「新羅中代下代の外國關係」『新羅史研究』, 國書刊行會, 1970; 酒寄雅志, 「八世紀におけゐ日本の外交と東アジアの情勢 — 渤海との關係を中心として」『渤海と古代の日本』, 校倉書房, 東京, 2001; 김창석 편역, 「752년 교역의 성격」, 앞의 책, 1999.

157) 濱田耕策, 앞의 책, 2002, 336쪽.

158) 東野治之, 「正倉院文書からみた新羅文物」『日本のなかの朝鮮文化』47, 1980; 김은숙, 앞의 논문, 1991, 124쪽; 윤선태, 「752년 신라의 대일교역과 바이시라기모쯔게(買新羅物解)」『역사와 현실』24, 1997; 구난희, 앞의 논문, 1999, 23쪽; 石井正敏, 「天平勝寶四年の新羅王子金泰廉來日の事情をめぐって」『日本渤海關係の研究』, 吉川弘文館, 2001.

159) 鈴木靖民, 「正倉院佐波理加盤付屬文書の基礎的研究」『朝鮮學報』85, 1977; 濱田耕策, 「中代・下代の內政と對日本外交」, 앞의 책, 2001. 이들과 약간 다른 측면에서 정치적 목적과 경제적 목적을 제시한 견해도 있다. 즉, 최재석은 일본의 정치를 지도하는 관인집단과 일본에 물품을 판매하는 무역인단으로 신라의 사절단이 구성되었다고 주장한다.(「통일신라 일본의 관계와 일본이 신라로부터 구입한 물품」『민족문화』18, 1995, 138쪽)

160) 田村圓澄, 앞의 논문, 동국대학교 일본학연구소, 1989; 李炳魯, 「8세기 일본의 외교와 교역」『일본역사연구』4, 1996; 池田溫, 「天寶後期の唐羅日關係をめぐって」『東アジアの文化交流史』, 吉川弘文館, 2002; 연민수, 앞의 책, 2003, 251〜252쪽; 김창석, 앞의 논문, 2004.

갈등을 겪고 있었음에도 불구하고 그 유례를 찾을 수 없을 정도로 신라의 고위층 인물과 함께 대규모의 신라사절단을 일본에 파견하였다. 이는 당시 신라에 來朝한 일본사신이 독실한 불교신자이기도 한 경덕왕에게 자국 내에서 활동하고 있던 신라 승 심상의 역할과 그의 위상 및 일본의 불교행사 소식을 전하면서 초청의사를 밝히고 이에 필요한 물품의 교역[161] 등을 요청했기 때문이다. 이에 대해 경덕왕 역시 관심을 보이고 그들의 초청을 받아들임으로써 일본에서의 불교행사에 직접 고위층을 비롯한 다수의 신라사절단을 파견할 수 있었다.

이러한 결정에는 신라에게 경제적 이익을 도모할 수 있는 기회의 획득과 함께 경덕왕 자신의 권위는 물론이고,[162] 높은 수준의 신라문화를 일본사회에 과시할 수 있는 좋은 계기로 판단한 경덕왕의 의지가 크게 작용했다.[163] 따라서 불교를 기반으로 하는 동일 문화권에 속해 있는 신라와 일본이 비록 외교적으로 갈등관계를 노정하고 있었음에도 불구하고 두 나라 사이의 문화교류는 공적이든 사적이든

---

161) 신라와 일본 간에 행해진 무역의 주된 대상은 5위 이상의 귀족과 사원이었다. 특히 일본의 東大寺司主典에서는 신라사절단으로부터 주로 香藥을 구입하였는데 동대사에서 행하는 불교의식에 사용하기 위해서였을 것이다.(永正美嘉, 앞의 논문, 2003, 35쪽) 또한 동대사의 천장 장식에 사용된 안료 17종 가운데에 金靑·朱砂·銅黃 등 8종은 752년 일본의 동대사 비로자나불 개안식에 초대되어 참가한 신라사절로부터 구입한 물품에 포함되어 있었다는 사실을 보아도 알 수 있다.(최재석, 앞의 논문, 1997, 303쪽)

162) 이성시는 신라왕권 측에서 사절파견과 교역으로 얻어진 재물을 귀족들에게 재분배하였고 외부의 재물을 관리 독점하여 이를 재분배함으로써 왕권의 강화를 도모하였을 것으로 보고 있다.(앞의 책, 1999, 138쪽) 박남수는 752년에 파견된 신라사신들이 개인적으로 준비한 물품을 가지고 교관의 형식을 빌려 부를 축적하는 수단으로 삼았을 것이라 추정한 바 있다.(「통일신라 동아시아 교역과 수공업생산」 『해상왕 장보고 연구회 워크샵』, 2006, 23쪽)

163) 신라의 뛰어난 기술은 조선술과 항해술에서 뿐만 아니라 비록 후대의 기록이긴 하지만 839년경 일본조정에서 태재부에게 新羅船을 만들어 능히 풍파를 견딜 수 있게 하라고 하는 명령이 내려진 사실(『續日本後紀』卷8, 仁明天皇 承和 6年 秋7月條) 과 840년경 대마도의 관리가 신라선의 우수성을 말하고 신라선 6척 중에서 1척을 나누어 달라고 요청한 일(『續日本後紀』卷9, 仁明天皇 承和 7年 9月條), 그리고 경덕왕이 762년 전후에 당의 代宗에게 '萬佛山香'을 보낸 적이 있는데 당의 代宗은 신라의 '萬佛山香'을 보자 그 기술을 찬탄하며 '天造'라고 칭찬하였다는 일화가 전해지고 있는 점 등으로 볼 때 당시 경덕왕의 신라문화에 대한 자부심은 대단했던 것으로 보인다.(『三國遺事』卷3, 塔像 四佛山掘佛山萬佛山; 『香乘』卷12, 香事別錄下 萬佛山香, "新羅國獻萬佛山香 雕沈檀木珠玉以爲之")

항상 개방되어 있었음을 알 수 있다.

결국 752년에 신라사 김태렴 등이 渡日하여 일본천황을 만나게 된다. 이때 이들을 면담하는 자리에서 일본천황은 전례 없이 신라국왕의 親來는 물론이고 만일 여의치 않아 다른 인물을 入朝시킬 경우 '表文'을 지참하도록 요구한다. 여기에서 '表文'이란 구체적으로 무엇을 말하는 것인지 알 수 없다.

정황상 신라국왕이 일본천황에게 직접 보내는 글을 말하는 것으로 판단된다. 그렇다면 752년 당시는 물론이고 그 이전에도 신라는 국왕의 親書없이 주로 일본에 파견된 신라사신의 口奏를 통해서 일본 측과 意思를 전달하고 있었음을 알 수 있다. 이는 경덕왕의 일본을 무시하는 외교정책에 대한 일본 측의 맞대응이라고 할 수 있다.

또한 752년 김태렴의 渡日 이후 일본은 이때 비로소 국가 간에 행해지는 공식적인 외교문서를 요구한 것이다.[164] 이는 김태렴 이하 신라사절단이 渡日하기에 앞서 신라에 파견된 일본사가 신라조정에게 일본의 蕃禮를 따르도록 강요하는 어떠한 요구조건도 제시하지 않았음을 말해준다. 그러나 경덕왕은 이 같은 일본의 요구를 묵살했다. 이는 경덕왕이 753년에 來朝한 日本國使 小野朝臣田守를 무례하다는 이유로 받아들이지 않았던 점이나 이후 두 나라 사이의 외교교섭이 또다시 중단된 사실에서 알 수 있다.

---

164) 이병로는 일본 측이 요구하는 表文이란 '新羅國王이 天皇의 朝貢國'이라는 표현의 國書를 말하는 것으로 보고 있다.(「8세기의 羅日關係史 － 中華思想과 交易을 중심으로 －」『일본학연보』 4, 1992, 14쪽)

3. 8세기 중반 전후의 동북아 정세와 신라의 대응

1) 新羅使 金貞卷·金體信의 渡日과 그 배경

760년대 전후의 신라는 경덕왕의 적극적인 노력에도 불구하고 여전히 왕권에 도전하는 불안정한 정세마저 계속되었다.[165] 게다가 경덕왕 4년(745) 이후 신라에서는 가뭄과 기근 및 역병이 횡행하였다.[166] 또한 경덕왕대에는 왕권의 권위를 강화하기 위한 사찰과 불상, 기타 여러 건축물들이 조성되었다.

이에 따라 여기에 소요되는 비용은 막대하였고 국가 세입의 규모 역시 감소할 수밖에 없었다. 그런데 문제는 이러한 국가재정의 궁핍으로 인해 관리들의 月俸을 제대로 지급하지 못한다면 이들의 불만은 당시의 집권세력에게 상당한 위협 요소로 받아들여질 수 있다.[167] 더구나 잦은 재해는 농민층의 몰락과 도산 및 국가재정의 궁핍을 유발하는 중요한 계기가 되었다.[168]

그리하여 당시 上大等이었던 金思仁이 경덕왕 15년(756)에 時政得失을 극론하기에 이른다.[169] 김사인은 일찍이 성덕왕대에 將軍을 역임

---

165) 『三國遺事』卷5, 感通 月明師兜率歌, "景德王十九年庚子四月朔 二日並現 挾旬不滅 日官奏 請緣僧作 散花功德則可攘 於是潔壇於朝元殿 駕幸靑陽樓 望緣僧 時有月明師 行于阡陌時之南路 王使召之 命開 壇作啓 明奏云 臣僧但屬於國仙之徒 只解鄕歌 不閑聲梵 王曰旣卜緣僧 雖用鄕歌可也 明乃作兜率歌賦 之 (……)"

166) 『三國史記』卷9, 新羅本紀 景德王 4年 5月·6年 3月 및 冬條, "民饑且疫 出使十道 按撫"; 同王 景德王 13年 春·14年 8月條

167) 전덕재, 앞의 논문, 1992, 45쪽.

168) 『續日本紀』卷21, 淳仁天皇 天平寶字 2年(758) 8月條에 의하면 新羅僧 32인과 尼 2인, 그리고 남녀 40인이란 많은 수의 신라인이 일본에 귀화하자 일본조정에서는 이들을 武藏國 閑地로 이주시켰는데 이 곳에 처음으로 新羅郡이 설치되었다고 한다. 이러한 사실로 볼 때 당시 신라정세가 자연재해는 물론이고 여러 공사 등으로 인한 노역 및 많은 佛事의 남발에 따른 과중한 부담으로 인해 승려들조차 신라를 떠나게 만들었음을 알 수 있다. 물론 승려들 가운데에는 포교와 같은 종교적인 목적으로 신라를 떠났을 수도 있다. 일본의 武藏에 있는 신라군에 대해서는 다음과 같은 논문이 있다. 中山淸隆, 「古代武藏の新羅郡について」『考古學ジャーナル』349, 1992.

한 바가 있었고,[170] 효성왕대에는 大臣으로서 정치적 비중이 큰 인물이었다.[171] 또한 그의 아들 惟正[172]은 그가 상대등에 임명되기 1년 전인 경덕왕 3년(744)에 中侍에 오른 바가 있었기 때문에[173] 당시 신라 정계 내에서 차지하는 김사인의 정치적 영향력은 매우 컸다.

그런 그가 경덕왕에게 時政得失을 극론하고 난 뒤 그 다음 해인 경덕왕 16년(757)에 病을 핑계로 10여 년 동안 맡아오던 上大等職을 그만두고 정계에서 물러난다.[174] 이는 당시 천재지변이 잦았고 신라 국내 정세마저 매우 유동적인 상황이었기 때문에 어디까지나 最高位에 있는 한사람으로서 그가 책임을 통감하고 경덕왕에게 사회 안정을 위한 좀 더 적극적인 시책을 강요하기 위해 취한 그의 마지막 행보였다.[175]

이처럼 그가 시정득실을 극론한 뒤 상대등직에서 물러나자 경덕왕은 金信忠을 상대등에 임명하고[176] 곧바로 김사인의 시정극론을 嘉納하여 김신충과 함께 기존의 개혁정책들을 계속 추진해 나갔다. 경덕왕이 가장 먼저 행한 조치는 왕 16년(757) 3월에 月俸을 폐지하고 대신 祿邑을 復置하는 일이었다.[177]

祿邑은 內外官에게 職務의 대가로 일정한 지역을 賜與한 일종의

---

169) 『三國史記』 卷9, 新羅本紀 景德王 15年條, "春二月 上大等金思仁 以比年災異屢見 上疏極論時政得失 王嘉納之"

170) 『三國史記』 卷9, 新羅本紀 聖德王 31年條, "冬十二月 以角干思恭伊湌貞宗允忠思仁 各爲將軍"

171) 『三國史記』 卷9, 新羅本紀 孝成王 5年條, "夏四月 命大臣貞宗思仁閱弩兵"

172) 김정숙, 「金周元世系의 성립과 그 변천」 『백산학보』 8, 1983, 155~157쪽.

173) 『三國史記』 卷9, 新羅本紀 景德王 3年條, "春正月 拜伊湌惟正爲中侍 (……)"; 同王 4年條, "春正月 拜伊湌金思仁爲上大等 (……)"

174) 『三國史記』 卷9, 新羅本紀 景德王 16年條, "春正月 上大等思仁病免"

175) 김사인이 시정득실을 상소한 것은 귀족세력의 이익을 대변하는 상대등으로서 귀족세력들의 입장을 피력하여 경덕왕의 권력독점에 대한 경고를 하였다고 보는 견해가 있다.(조이옥, 앞의 책, 2001, 35쪽)

176) 『三國史記』 卷9, 新羅本紀 景德王 16年條, "春正月 上大等 金思仁病免 伊湌信忠爲上大等 (……)"

177) 『三國史記』 卷9, 新羅本紀 景德王 16年(757) 및 同王 18年(758)條

祿俸이다.[178] 祿邑은 신라가 중앙집권체제를 정비하기 전 고대국가로 팽창해 나가는 과정에서 새로 편입된 여러 지역의 세력들을 중앙세력으로 끌어들이기 위해 그들에게 緣故地의 지배권을 부여한 제도였다. 이러한 제도가 中古期 이후에 설치·운영되어 오다가 神文王 9년(689)에 이르러 비로소 폐지되었다.[179]

그런데 祿邑이 神文王代에 이르러 폐지[180]된 배경에는 오랜 동안 전쟁을 거치면서 확대된 관료들의 토지소유에 불균등이 더욱 심화되고 여러 가지 폐해가 나타나는 등 새로운 통일국가의 정치운영과 사회편성을 지향하는 데에 걸림돌이 되자 이를 해결하고자 했던 것이다.[181] 그러한 祿邑이 그 후 경덕왕 16년(757)에 이르러 다시 설치되었다.

따라서 경덕왕대에 이르러 또다시 녹읍이 설치된 것은 정치적 위기를 타개할 수 있는 시정책과 밀접한 관련이 있었다. 그러한 시정책에는 농민층의 도산과 그에 따른 사회적 불안의 해소, 국가재정 상태의 개선책 등이 포함되어 있었을 것이다.[182] 祿邑은 국가재정의 궁핍함을 모면할 수 있는 것임은 물론이고 관료들에 대한 불만도 어느 정도 해결할 수 있는 방안이 되기 때문이다.[183]

---

178) 祿邑에 대한 지금까지의 연구성과물은 많은데 여기에서 몇 가지만 소개하기로 하겠다.
姜晋哲, 「新羅의 祿邑에 대하여」『한국중세토지소유연구』, 일조각, 1989.
李喜寬, 「신라의 祿邑」『한국상고사학보』3, 1990; 『통일신라토지제도연구』, 일조각, 1999.
全德在, 「新羅 祿邑制의 성격과 그 변동에 관한 연구」『역사연구』1, 1992.
趙二玉, 「통일신라 경덕왕대 전제왕권과 祿邑에 대한 재해석」『東洋古典研究』1, 동양고전학회, 1993.
木村誠, 「新羅の祿邑制と村落構造」『古代朝鮮の國家と社會』, 吉川弘文館, 2004.

179) 『三國史記』卷8, 新羅本紀 神文王 9年條, "春正月 下敎罷内外官祿邑 逐年賜租有差 以爲恒式 (……)"

180) 신문왕대에 祿邑이 폐지되고 '逐年賜租'라고 하는 개혁이 가능했던 것은 창고제도의 정비를 통한 곡물의 원활한 유통이 그 기반이 되었기 때문이라는 견해가 있다.(김창석, 『삼국과 통일신라의 유통체계』, 일조각, 2004, 127~133쪽)

181) 이경식, 앞의 책, 2005, 114쪽.

182) 전덕재, 앞의 논문, 1992, 46~46쪽.

183) 녹읍은 패강지역을 중심으로 비옥한 농경지의 확보와 상관관계를 갖는 것이란 전제하에 專制化의 제도

앞서 祿邑은 일정한 지역에 대한 지배권을 부여한 제도라고 언급한 바 있다. 이는 관료들의 租를 중앙에서 지출할 필요 없이 祿邑主에게 전가할 수 있으므로 관리들의 경제기반을 안정시키면서도 중앙재정에서 이에 소요되는 비용과 행정력의 낭비를 줄일 수 있게 된다.[184] 따라서 祿邑이 폐지될 무렵인 신문왕대의 정치·경제 상황과 달리 100여 년이 지난 경덕왕대에는 祿邑의 復置가 오히려 부족한 국가재정의 효율성을 증가시키면서 왕권을 강화할 수 있는 수단으로 인식되었다. 실제로 祿邑이 復置된 이후 국가재정기구의 관원이 증가되었다.[185]

경덕왕은 왕권안정 나아가 사회 안정에 대해 상당한 관심을 갖고 있었다. 이는 忠談師의 安民歌 속에서 유추해볼 수 있다. 안민가는 景德王 治世 24년(765)에 왕의 요청으로 충담사가 지은 歌謠로서 그 주된 내용이 君과 臣의 윤리를 강조하고 있다는 점[186]에서 안민가에는 왕권안정과 사회 안정을 간절히 원하는 경덕왕의 바람이 고스란히 담겨져 있다.

그런데 이보다 앞선 시점인 경덕왕 19년에 侍中인 廉相이 물러나고 金邕이 侍中에 임명되었다.[187] 이때 廉相이 시중직에서 물러난 것은 歷代 侍中들이 그랬듯이 왕을 대신해 천재지변에 대한 책임을 짊어진

정비선상에서 확대된 영토에 대한 효율적인 운영을 기하기 위한 방편으로 종래의 歲租 지급에 따른 행정상의 어려움을 줄이는 대신에 중앙집권체제를 정점으로 행정의 효율적 운영을 꾀하고자 하는 것이고 아울러 귀족세력에 대한 경제적 우대조치의 일환이었다고 한다.(조이옥, 앞의 논문, 1993, 95~96쪽; 앞의 책, 2001, 53~54쪽)

184) 전덕재, 앞의 논문, 1992, 47~48쪽.

185) 『三國史記』 卷9, 新羅本紀 景德王 16年條, "八月 加調府史二人"

186) 『三國遺事』 卷2, 景德王 忠談師 表訓大德, "(……) 王曰然則爲朕作理安民歌 僧應時 奉勅歌呈之 王佳之 封王師焉 僧再拜固辭不受 安民歌曰 君隱父也 臣隱愛賜尸母史也 民焉狂尸恨阿孩古爲賜尸知民是愛尸 知古如窟理叱大肹生以支所音物生此肹喰惡支治良羅 此地肹捨遣只於冬是去於丁 爲尸知國惡支持以 支知右如後句 君如臣多支民隱如 爲內尸等焉國惡 大平恨音叱如 (……)"

187) 『三國史記』 卷9, 新羅本紀 景德王 19年條, "夏四月 侍中廉相退 伊飡金邕爲侍中"

행동이었다. 그러나 이후 그의 활동은 눈에 띄지 않다가 혜공왕 11년 (775)에 그는 金正門과 함께 謀叛을 일으키고 죽음을 당하고 만다.[188]

이런 사실로 볼 때 그는 혜공왕의 즉위를 반대하던 세력 가운데 한 명으로서 일찍이 경덕왕과 그의 측근들에게 불만을 품고 있었던 인물 가운데 하나였다고 판단된다. 따라서『三國遺事』에 경덕왕 19년 4월경 두 해가 나타났다고 하는 기사는 경덕왕대 말년에 어린 태자를 둘러싼 갈등과 그 이후에 전개되는 廉相과 같은 反惠恭王勢力들의 王權에 대한 도전을 예시한 것으로 볼 수 있다.[189]

이 같은 신라의 불안한 정세 속에서 경덕왕은 760년에 752년 이후 수년 동안 중단된 외교사절을 일본에 파견하였다. 이때 신라사절단을 맞이한 陸奧按察使 從四位下 藤原惠美朝臣朝獦이 級湌 金貞卷에게 일본에 온 이유를 묻자 金貞卷이 本國王께서 보낸 증여물을 가져왔으며 신라에는 일본의 풍속과 언어를 아는 자가 없으므로 學語 2인과 동행하였다고 대답한다.[190]

신라사의 응답내용에 의하는 한 경덕왕은 일본과의 외교관계를 재개할 목적으로 김정권 등을 파견했다고 볼 수 있다. 그러나 이것은 어디까지나 신라사의 형식적인 대답일 뿐이다. 왜냐하면 만일 경덕왕이 일본과의 외교관계수립에 큰 관심을 가졌다고 한다면 일본에 대한 정책을 바꿔 그들이 원하는 국왕의 表文과 物品의 증여는 물론이고 신라사는 적어도 고위직의 인물이었거나 일본 측에 영합하는 言行 등을 했을 것이다. 그러나 경덕왕은 대일외교정책을 변경하지도 않았

---

188) 『三國史記』卷9, 新羅本紀 惠恭王 11年條, "秋八月 伊湌廉相與侍中正門謀叛 伏誅"

189) 경덕왕대의 왕권에 위협적인 세력은 김옹 등의 외척세력인데 당시의 불안정한 정세는 이들이 정국의 전면에 나서는 것과 관련이 있었을 것으로 보는 견해가 있다.(박해현, 앞의 책, 2003, 144쪽)

190) 『續日本紀』卷23, 淳仁天皇 天平寶字 4年(760) 秋9月條

고 신라사 김정권이 스스로 밝혔듯이 그는 고위직의 인물도 아니었으며 일본 측에 영합하는 언행도 하지 않았다.

따라서 과연 경덕왕이 단순히 일본과의 외교관계수립을 위해 신라사를 일본에 파견하였는지는 매우 의문스럽다. 그렇다면 신라사가 순수하게 외교관계의 수립을 목적으로 일본에 파견되었다기보다는 일본의 동태를 엿보기 위한 목적에서 사신을 파견했다고 볼 수 있다.[191] 즉, 경덕왕은 7세기대이래 일본의 九州와 그 주변지역에 거주하면서 신라 본국과 왕래하던 신라계 도래인들[192]로부터 750년대 후반 이후 진행된 일본 측의 침략계획을 사전에 알게 되었고,[193] 이러한 일본의 분위기를 탐색하려는 의도가 있었을 것이다.

일본 측 역시 신라침략계획을 진행시키면서 신라 측의 동태에 의심스러워하고 경계하며 민감하게 반응하고 있었다. 그렇기 때문에 일본조정에서는 이러한 신라사의 방문에 대해 그다지 달갑게 생각하고 있지 않았다. 즉, 藤原惠美朝臣朝獦이 고압적인 태도로 753년 당시의 일을 환기시키면서 이는 신라의 闕禮라며 불만을 드러냈다. 이에 대해 金貞卷이 당시 자신은 지방관으로 나가 있었으며 또한 미천한 사람이기 때문에 자세한 일을 알지 못한다고 해명했다. 그럼에도 불구하고 이를 문제 삼은 일본 측에서 몇 가지 요구조건과 함께 그가 미천하고 보잘것없다는 이유 등을 내세워 결국 '되돌려 보낸(却迴)' 사

---

191) 김은숙, 앞의 논문, 1991, 126쪽.

192) 최재석, 「7~9세기 일본열도 내의 신라방에 대하여」『한국학보』91 · 92, 1998.

193) 일본에서 신라에 대한 主戰論이 일어난 배경에 대해 일본학계에서는 일본이 신라에 대해 전통적으로 조공국시하려는 데 반해 신라에서는 일본과 대등관계를 세우려 함으로써 양국의 평화관계가 깨질 수밖에 없었다는 시각을 견지하고 있다. 이와 함께 일본이 발해와 교통을 하면서 신라를 통한 당과의 교류가 해소된 점, 그리고 일본에 귀화한 옛 백제 고구려 유민들이 일본조정에서 큰 비중을 차지하게 되자 이들을 중심으로 신라에 대한 원한이 일어나면서 주전론이 고개를 든 것이란 점 등을 제시하고 있다.(和田軍一, 「淳仁朝に於ける新羅征討計劃について」『史學雜誌』35-11, 1924, 20~28쪽)

실에서 알 수 있다.

신라와 일본의 외교관계는 일본 측이 753년에 일어난 경덕왕의 日本使 不納事件을 내세움으로써 또다시 갈등을 노정하게 되었다.[194] 이러한 두 나라의 외교적 갈등은 763년(경덕왕 22)에도 지속되었다. 이는 신라조정에서 新羅使 金體信 등 211인을 일본에 파견하자 신라사를 맞이한 大原眞人今城과 池原公禾守 등이 김정권에게 약속한 일을 물었을 때 김체신이 국왕의 敎를 받들어 왔기 때문에 나머지 일은 알지 못한다고 답변하면서 今城이 이는 사신된 자로 마땅히 말할 바가 아니라고 하며 乾政官의 처분에 의거하여 김체신에게 이후부터 파견되는 신라사에 대해 왕자나 執政大夫가 아니면 來朝하지 말 것을 전한 사실에서 알 수 있다.[195]

그런데 신라사 김체신은 경덕왕대로부터 선덕왕대에 이르기까지 활동하던 인물로 혜공왕 7년(771) 제작의 『성덕대왕신종명』에 김옹 및 김양상과 함께 副使로서 이름을 남기는 등 경덕왕의 외교노선을 추종한 자였다. 그런 그가 일본에 파견된 것이다. 또한 『續日本紀』에는 신라사 김체신 일행의 귀국여부에 대해서 일체 언급이 없다. 다만 이들 일행의 숫자가 200여 명으로 외교교섭만을 위해 동행하기에는 적지 않은 수라는 점, 그리고 760년대에 들어와서 交易의 場이 京師에서 대재부로 바뀐 사실[196] 등을 고려해 볼 때 이들은 비록 일본 측이 요구하는 외교의례에 따라 入京하지 않더라도 교역이라는 명분하에 대재부에 머물며 일본정세에 대한 정보를 수집하고 했을 것으로 판단된다.

---

194)『三國史記』卷9, 新羅本紀 景德王 12年(753) 秋8月條
195)『續日本紀』卷24, 淳仁天皇 天平寶字 7年(763) 2月條
196) 이성시 저·김창석 역, 앞의 책, 1999, 189∼190쪽.

2) 760년대의 국제관계와 金才伯의 渡日

발해와 일본은 720년대 후반부터 교섭을 벌였다.[197] 학계에서는 대체로 발해와 가장 가까이 국경을 맞댄 신라가 8세기에 접어들면서 당과 매우 긴밀한 관계를 유지하고 있었기 때문에 외교적 고립에 빠질 수밖에 없었던 발해가 자국에 불리한 국제정세를 타개하기 위한 방책의 일환으로써 일본이란 나라를 주목한 것이라 해석한다.[198]

물론 8세기 초반의 동북아 정세가 발해에게 불리한 것만은 틀림없는 사실이다.[199] 그러나 발해가 신라와 당의 군사적 위협 및 외교적 압박에 대항하기 위해서 대일외교를 적극적으로 전개했다고 보기는 어렵다. 그것은 발해가 727년에 일본과 처음 교류를 시작하기는 했으나

---

197) 『續日本紀』卷10, 聖武天皇 神龜 4年(727) 9月 및 12月條, "渤海郡使首領高齋德等八人 來著出雨國 遣使存問 兼賜時服"; "天皇於中宮 高齋德等上 其王書幷方物 其詞曰 武藝啓 山河異域 國上不同 (……) 复高麗之舊居 有扶餘之遺俗 但以天崖路阻 海漢悠悠 音耗未通 吉凶絕問 親仁結援 庶叶前經 通使聘隣 始乎今日 (……)"

198) 朴眞淑, 「渤海 文王代의 對日本外交」『歷史學報』153, 1997, 30~31쪽.
구난희는 발해가 대일외교를 전개한 궁극적 목적에 대해 안사의 난이라는 대외적 위기와 말갈통치의 불완전성을 보완하고자 하는 것으로 대내적 문제에 대처하기 위한 배후세력을 설정하는 데 있었다고 보았다. (앞의 논문, 1999, 15쪽) 酒寄雅志는 727년 발해사의 來日에 대해 발해를 둘러싼 唐·羅에 대항할 필요에서 발해가 일본에의 군사적 원조를 얻으려 했던 것이며 대신 일본은 養老期로부터 대등한 지위에 서려 한 신라와 관계를 끊고 신라북방의 발해에 깊은 관심을 갖고 있었다면서 이는 일본에게 中華思想을 만족시키고 발해를 번국으로 위치 짓는 일이라고 보았다.(「八世紀におけゐ日本の外交と東アジアの情勢」『渤海と古代の日本』, 校倉書房, 2001, 199~202쪽) 이성시는 발해의 대일외교가 국제적으로 고립된 정세를 타개하고 안전보장을 위해 시작된 것이며 발해는 신라를 배후에서 견제하는 역할을 일본에게 기대하려 했기 때문에 발해가 자세를 낮추어 일본 측이 요구하는 번국으로서의 지위를 감수하며 적극적인 대일외교를 전개했던 것으로 파악한 바 있다.(앞의 책, 1999, 146쪽) 하지만 당시 발해를 둘러싼 불리한 국제정세로 인해 발해가 일본과 通交를 했다고 해서 일본에 대해 자세를 낮춰 번국으로서의 자세를 취했다고 볼만한 객관적인 근거는 찾아볼 수 없다. 오히려 『續日本紀』에 의하면 발해왕이 일본 천황에게 보낸 국서에서는 발해가 일본에 대해 당당한 자세로 通使聘隣을 요구하고 있을 뿐이다. 〔其詞曰 武藝啓 山河異域 國上不同 (……) 复高麗之舊居 有扶餘之遺俗 但以天崖路阻 海漢悠悠 音耗未通 吉凶絕問 親仁結援 庶叶前經 通使聘隣 始乎今日〕따라서 일본이 발해에 대해 어떠한 요구를 했고 발해가 일본에 대해 어떠한 요구를 했는지에 대한 구체적인 내용을 확인할 길이 없는 이상 발해와 일본의 외교관계에 대한 평가는 좀 더 냉정하고 신중하게 판단할 필요가 있다.

199) 『舊唐書』卷199, 渤海傳, "(……) (開元)十四年 黑水靺鞨遣使來朝 詔以其地爲黑水州 仍置長史 遣使鎭押 武藝謂其屬曰 黑水途經我境 始與唐家相通 舊請突厥吐屯 皆先告我同去 今不計會 卽請漢官 必是與唐家通謀 腹背攻我也 遣母弟大文藝及其舅任雅發兵以擊黑水 文藝曾充質子至京師 開元初還國 至是謂武藝曰 黑水請唐家官吏 卽欲擊之 是背唐也 (……)"

발해사가 渡日하기 앞서 일본은 720년부터 이미 말갈국에 관리를 보내 그 나라의 풍속을 관찰케 했던 사실이 있다.[200] 따라서 일본은 당시 동북아에서 대두하고 있던 발해를 주목하고 있었다고 볼 수 있다.

말갈국의 실체에 대해서는 이미 다양한 견해가 제시된 바 있다.[201] 그런데 당시의 동북아 정세로 보거나 당에서 발해를 발해말갈 또는 발해, 말갈 등으로 혼용하여 호칭한 점, 일본이 720년을 전후로 하여 아직 발해와 교섭관계를 갖고 있지 않았기 때문에 발해에 대한 인식이 부족했다는 점, 일본의 『類聚國史』 渤海條에 "州縣館驛이 없고 곳 곳에 촌리가 있다. 모두 말갈부족이다. 그 백성은 말갈이 많고 土人이 적다. 모두 土人으로서 村長을 삼는다. 大村은 都督이라 말하고 다음은 刺史라 말하며 그 아래 백성이 수령이라 한다."[202]라고 하는 발해 건국 초기의 풍속을 전하는 내용들이 실려 있는 점 등으로 미루어볼 때 이때의 말갈국은 발해를 지칭한 것이라 보아도 무방할 것이다.

따라서 720년 무렵 당시 발해와 일본 사이에는 정식 외교관계가 성립되지 않았다고 해도 이미 일본조정은 당과 신라를 오고가는 사절이나 학문승 등을 통해서 발해에 대한 소식을 접했을 것이다. 이에 따라 일본조정에서는 발해에 대한 관심이 높아졌을 것이며 발해의 풍속이나 지리를 직접 알아보기 위해 그곳과 근접한 지역의 관리를

---

200) 『續日本紀』 卷8, 元正天皇 養老 4年 春正月條, "遣渡島津司從七位上諸君鞍男等六人於靺鞨國 觀其風俗"

201) 예를 들면, 발해의 지배하에 있던 말갈이나 또는 발해에 복속되지 않고 독자적인 세력을 유지하던 말갈을 지칭하는 것으로 보는가 하면, 말갈이 'アシハセ'로 肅愼과 통하기 때문에 숙신의 주거지역인 列島의 北邊 내지 북해도지방을 가리키는 것이라고 하여 여기에서의 말갈국을 肅愼·蝦夷 북방에 위치한 민족으로 이해하기도 하며(石井正敏, 「日本·渤海通交養老四年開始說の檢討」앞의 책, 2001) 일본의 최북단에 해당하는 渡島津 輕津에 출현했던 肅愼과 多賀城의 비문에 나타나는 말갈국이 동일한 지역에서 출현한 사실로 볼 때 渡島津 輕津의 관리인 諸君鞍男 등이 파견된 말갈국은 발해가 아니라 두만강 일대에서 한반도 북부일대에 광범위하게 분포하고 있던 정치단체 중의 하나로 보아야 한다는 주장을 펴기도 한다.(조이옥, 앞의 책, 2001, 168쪽)

202) 『類聚國史』 卷193, 殊俗部 渤海

파견하였을 것이다.

그런데 720년대 이후 발해와 일본의 관계는 지속되지 못하고 중단된 뒤 739년에 와서야 재개되었다. 만일 발해가 신라와 당의 군사적 위협 및 외교적 압박에 대항하기 위해 적극적으로 대일외교를 전개했다고 한다면 발해와 일본 두 나라의 교류는 동북아 정세가 발해에게 불리하게 돌아가던 727년 이후에도 중단 없이 지속되어야 했다.

즉, 732년(성덕왕 31)에 발해가 당의 등주를 침공했을 때 신라가 唐國의 요청에 의해 부득이 발해의 南邊을 공격한 일이 있었다. 그러나 그 이후 신라와 발해 사이에는 어떠한 분쟁도 일어나지 않았다. 더구나 발해가 727년에 대일사절단을 파견하여 일본과의 通交를 추진한 뒤 일본은 731년에 新羅의 東邊을 습격하는가 하면,203) 발해 역시 732년에 唐의 登州를 공격하는 등 발해와 일본이 각각 신라와 당에 대해 군사적인 공격을 감행했다.204) 그러나 이러한 발해와 일본이 각기 상대국에 군사적 원조를 위한 움직임이라든가 증거 등을 전혀 찾아볼 수 없다.

그렇다면 일본은 왜 발해에 대해 관심을 가졌던 것일까. 酒寄雅志는 신라와의 국교악화의 상황에 있었던 일본이 716년에 견당사로서 入唐한 多治比縣守와 阿倍安麻呂 등을 통해 唐에서 靺鞨이라 부르던 발해의 국정을 관찰하고 신라를 배후로부터 견제할 수 있는 세력인지를 탐색하기 위해 일본사를 파견한 것이라고 설명한 바 있다.205)

---

203) 『三國史記』 卷8, 新羅本紀 聖德王 30年(731) 4月條, "日本國兵船三百艘 越海襲東邊 王命將出兵 大破之"

204) 『舊唐書』 卷199, 渤海傳, "(……) (開元)二十年 武藝遣其將張文休率海賊攻登州刺史韋俊 詔遣文藝往幽州徵兵以討之 仍令太僕員外卿金思蘭往新羅發兵以攻其南境 屬山阻寒冷 雪深丈餘 兵士死者過半 竟無功而還 武藝懷怨不已 密遣使至東都 假刺客刺文藝於天津橋南 文藝格之 不死 詔河南府捕獲其賊 盡殺之 (……)"

205) 酒寄雅志, 앞의 논문, 2001, 202쪽.

그러나 당시 신라는 성덕왕대로서 일본과 큰 마찰없이 화친관계를 유지하고 있었기 때문에[206] 그와 같은 견해에 대해서는 수긍하기 어려운 측면이 있다.

다만 발해의 己珎蒙이 739년에 일본의 遣唐使인 平郡朝臣廣成을 帶同하고 일본에 온 사실이 있다.[207] 이 시기는 일본이 738년에 渡日한 신라사 김상순 일행을 入京시키지 않고 대재부에서 향연만을 베풀고 되돌려 보내는 등 신라와 일본 두 나라의 관계가 그리 원만하지 못한 상황이었다. 따라서 일본에서는 당나라의 교류에 필요한 신라경유의 기존 遣唐路線으로부터 새로운 遣唐路線으로서의 발해경유노선에 주목하였을 것이고 발해로 사신을 파견하여 그들과의 협력관계를 모색했을 가능성이 있다.

이에 대해 발해조정에서도 일본 측의 요구를 거부할 이유가 없었다. 발해조정으로서도 일본과의 사신왕래를 통한 인적 물적 교류가 가능해지기 때문이다. 그리하여 발해에서는 무왕의 뒤를 이어 문왕이 등극한 사실을 일본에 알리는 사절단과 함께 자국에 체재하고 있던 일본의 견당사를 동행시킬 수 있었다. 이후 발해와 일본 두 나라는 상대국에 빈번히 사신을 보내게 된다. 그리하여 일본은 발해를 통해 唐國의 소식은 물론이고 당에 사신을 파견할 수 있었다.

그런데 발해와 일본은 일본이 신라에 대한 침략계획을 추진하던 750년대 후반에 접어들면서부터 더욱 긴밀해지기 시작한다. 실례로 758년의 경우, 일본의 小野朝臣田守는 遣渤海使로서 임명된 바 있다. 그의 임무에 대해서는 757년에 발생한 橘奈良麻呂의 난으로 인해 사

---

206) 金善淑, 본고 제2장 참조.
207) 『續日本紀』 卷13, 聖武天皇 天平 11年 7月 및 11月條

료가 逸失되어 분명하게 알 수 없지만,208) 그는 聖武天皇의 喪을 알리고 당나라의 소식을 전해 듣기 위해 파견되었음이 분명하다.209)

이는 小野朝臣田守 등의 渤海入國을 계기로 그의 귀국 편에 발해조정에서 揚承慶을 일본에 파견하였는데 양승경이 日本使節의 無事歸還과 함께 弔問使로서 성무천황의 죽음을 애도하고 일본조정에 보내는 발해왕의 信物 및 傳言 등을 전달한 점이나 小野朝臣田守는 조정에 唐國의 소식을 보고한 사실 등210)에서 알 수 있다.211) 이러한 喪告使의 파견은 일찍이 일본이 신라와 절친한 관계를 유지하고 있었을 때와 동일하다는 점에서 주목된다.212)

또한 759년에 來日한 발해사 高南申 등의 일행은 일본의 遺唐使 藤原河淸을 맞이하러 발해에 온 일본사신 일행을 안전하게 귀국 시키면서 발해왕이 보내는 信物과 傳言 등을 전달하기 위해 파견된 사절이었다.213) 762년에 來日한 王新福 등의 일행 역시 발해에 파견된 일본사절 伊吉連益麻呂 등의 일행을 이끌고 공식적인 외교업무를 수행하기 위해 파견된 대일사절이었다.214) 그러므로 이들은 모두 일본조정으로부터 극진한 대접을 받고 돌아갈 수 있었으며, 이들 가운데에는 일본의 當代 文士들과 送別・和答의 詩를 주고받으며 돈독한 우의

---

208) 上田雄,『渤海使の研究』, 明石書店, 2002, 270~271쪽.

209) 上田雄은 小野朝臣田守의 파견이 표면적으로 성무천황의 喪을 알리는 일이었지만 그 외에 신라침략계획에 발해를 끌어들일 목적에 두어졌던 것으로 보고 있다.(앞의 책, 2002, 271쪽)

210) 『續日本紀』卷21, 淳仁天皇 天平寶字 2年(758) 9月・12月條; 同書 卷22, 淳仁天皇 天平寶字 3年(759) 春正月 및 2月條

211) 발해사 양승경 일행이 일본을 방문했을 때 발해와 일본 사이에 신라정토의 '군사동맹'이 체결되었을 것이라고 추정한 견해가 있다.(이성시 저・김창석 역, 앞의 책, 1999, 149쪽; 酒寄雅志,「渤海國家の史的 展開と國際關係」앞의 책, 2001, 66~67쪽)

212) 酒寄雅志, 앞의 논문, 2001, 213쪽.

213) 『續日本紀』卷22, 淳仁天皇 天平寶字 3年 冬10月 및 4年 春正月條

214) 『續日本紀』卷24, 淳仁天皇 天平寶字 6年(762) 冬10月 및 7年 2月條

를 과시하기도 했다.[215]

이러한 발해와 일본 간에 조성된 우호적인 분위기 속에서 일본은 757년부터 신라침략과 관련된 논의를 시작하였고,[216] 759년 이후에는 신라에 대한 침략을 본격적으로 추진하였다.[217] 그리하여 759년(경덕왕 18)에는 신라정벌을 위해 北陸道와 山陰道에 造船을 지시하는가 하면,[218] 新羅의 침략을 예상하고 일본의 大宰府가 신라의 동해변과 마주한 일본의 博多大津이나 壹岐 및 對馬 등의 요충지에 兵船을 배치하여 만일의 사태에 대비해야 한다는 의견을 들고 나오는가 하면,[219] 761년에는 천황이 신라정벌을 위해 美濃國과 武藏國의 소년 각각 20여 명을 선발하여 신라어를 가르치도록 명하였으며,[220] 763년에는 이를 위한 실제적인 군사훈련을 진행시키기도 하였다.[221]

그런데 764년(경덕왕 23)에 大奈麻 金才伯 등 91인의 신라사절단이

215) 『續日本紀』 卷22, 淳仁天皇 天平寶字 3年 春正月 및 2月 · 冬10月, 4年 春正月條; 同書 卷24, 淳仁天皇 天平寶字 7年 春正月條

216) 『經國集』 卷20, 策下 對策, "問 三韓朝宗 爲日久矣 占風輸貢 歲時靡絕 頃棄爾新羅 漸闕蕃禮 蔑先祖之要誓 從後主之迷圖思欲 多發樓船 遠揚威武 斬奔鯨於鯷壑 戮封豕於鷄林 但良將伐謀 神兵不戰 欲到斯道 何施而獲 (……) 天平寶字元年十一月十日"

217) 일본 내에서 신라정벌을 주도한 인물은 右大臣으로서 후에 太政大臣이 되는 藤原惠美朝臣押勝, 즉 藤原仲麻呂로 그는 757년에 황태자 道祖王을 폐하고 大炊王을 천황으로 등극시키는 데 주도적 역할을 한 인물이기도 하다. 그런데 그는 755년부터 계속 일어난 安祿山의 亂과 史思明의 亂 등으로 인해 신라의 후원세력인 당이 한반도를 돌아볼 여력이 없다고 판단, 정치적 반대세력들의 관심을 국외로 돌리기 위해 신라정벌을 내세우게 되었던 것으로 보는 견해가 있다.(和田軍一, 앞의 논문, 1924, 35~37쪽) 한편 당시 신라와의 경제적 교류가 활발했던 일본으로서는 신라를 공격할 이유가 없으며 단지 중화사상의 실현이라는 명분적 입장에서 신라정토의 길로 나간다는 것은 생각하기 어렵다고 전제한 뒤 신라정토계획은 실제의 상황을 염두에 둔 계획이 아니라 이를 명분으로 하여 대신라경계태세를 강화하고 국내의 권력집중을 꾀하기 위한 수단이었던 것으로 보는 견해도 있다.(연민수, 앞의 책, 2003, 257~258쪽)

218) 『續日本紀』 卷22, 淳仁天皇 天平寶字 3年(759) 8月條, "遣太宰率三品船親王於香椎廟 奏應伐新羅之狀 九月 (……) 造船五百艘 北陸道諸國八十九艘 山陰道諸國之內成 功爲征新羅也"

219) 『續日本紀』 卷22, 淳仁天皇 天平寶字 3年 3月條

220) 『續日本紀』 卷23, 淳仁天皇 天平寶字 5年(761)條, "春正月 (……) 令美濃武藏二國少年 每國二十人 習新羅語爲征新羅也"

221) 『續日本紀』 卷24, 淳仁天皇 天平寶字 7年(763) 11月條, "遣參議從三位武部卿藤原朝臣勢麻呂 散位外從五位下土師宿禰犬養 奉幣于香椎廟 以爲征新羅調習軍旅也"

일본의 大宰博多津에 도착한 일이 있었다. 이들은 唐國 使臣 韓朝彩의 요청에 따라 執事部의 牒을 휴대하고 日本僧 戒融이 도착했는지의 여부를 확인하기 위해 특별히 파견된 임시사절단이었다.[222] 한조채는 발해에 파견된 唐의 特使로서 자신의 임무를 마치고 귀국하기 전 신라에 잠시 들렀던 인물이다.

그가 발해를 거쳐 신라로 들어간 경로에 대해서는 발해왕성으로부터 鴨綠江口로 내려가서 신라 서북지역의 長口鎭을 거쳐 唐恩浦에 안착하여 상륙한 뒤 신라왕성까지 700리에 이르는 陸路로 使行하는 것을 상정해 볼 수 있다.[223] 그러나 이 경로는 신라 경주까지 들어가기에 너무나 멀기 때문에 자주 이용되지 않았다.[224] 또 하나는 발해의 국내성으로부터 평안도지역을 경유하여 경주에 이르는 길인데,[225] 이 길 역시 거리가 멀기 때문에 발해와 신라의 교통로로서 자주 이용되지 않았다.[226]

唐使 한조채는 빡빡한 그의 일정을 고려할 때 그는 발해의 王城에서 출발하여 발해 五道의 하나로서 新羅道의 기점인 柵城府로부터 南海府(함남 함흥 내지 북청)[227]를 거쳐 발해의 南界[228]이면서 신라의

---

222) 『續日本紀』 卷24, 淳仁天皇 天平寶字 8年(764) 秋7月條

223) 『新唐書』 卷43, 地理志 河北道, "(……) 烏骨江百里 乃南傍海壖 過烏牧島 貝江口 椒島 得新羅西北之長口鎭 又過秦王石橋 麻田島 古寺島 得物島 千里至鴨淥江唐恩浦口 乃東南陸行 七百里至新羅王城 (……)"

224) 방학봉, 『발해경제 및 주요 교통로 연구』, 신성출판사, 2005, 339~340쪽.

225) 『三國史記』 卷37, 雜志 地理, "(……) 國內城從平壤至此十七驛 則此城亦在北朝 (……)"

226) 방학봉, 앞의 책, 2002, 336~337쪽.

227) 河上洋, 「渤海の交通路と五京」 『史林』 72-6, 1989.
발해의 南京南海府에 대해서는 濱田耕策이 함경남도 함흥에 비정하고 있고(『新羅國史の研究』, 吉川弘文館, 2002, 154쪽) 이외에 신창설·덕원설·종성설 등이 있는데 그 가운데 북청설이 가장 유력한 설이다. 최근에 이곳에서는 발해 남해부의 유지로 추정되는 청해토성 혹은 토성리토성이 발견된 바 있는데 발해의 성 중 가장 크고 많은 유물들이 출토되면서 발해의 중요 건축물로 인정되고 있다.(방학봉, 앞의 책, 2005)

북경지역인 **井泉郡**(함남 덕원)[229) 사이에 설치된 39개의 역[230)을 통해 최단거리로 신라에 들어갔을 개연성이 매우 높다.[231)

신라에서는 경덕왕대에 발해와 국경을 접한 **井泉郡**에 **炭項關門**을 쌓은 적이 있었다.[232) 이는 국경의 확정을 의미하는 것으로 국경이란 국가의 명령체계가 미치는 지역이다. 국경의 확정은 곧 상대국의 존재를 인정하는 것이며 관문은 양국 간의 교통을 전제로 한다.

따라서 정천군의 탄항관문은 발해와 관련해 중요한 의미를 갖는다. 탄항관문은 바로 양국상설 교통로로서의 역할을 갖기 때문이다.[233) 이와 관련하여 신라사가 발해에 파견된 사실은 『三國史記』에 남아 있는 짤막한 기사를 통해서 알 수 있다.

즉, 시대가 조금 내려가는 元聖王 6년(790)과 헌덕왕 4년(812)에 각각 一吉湌 伯魚와 級湌 崇正을 北國에 보낸 일이 있었다.[234) 여기에서 '北國'이란 물론 신라의 북쪽나라에 해당하는 발해를 가리킨다. 그런데 이때 신라가 처음으로 또는 갑작스럽게 발해에 사신을 파견했다

---

228) 新妻利久, 「渤海國の南界について」 『國史學』 67, 1956.

229) 『新增東國輿地勝覽』 卷49, 德源都護府

230) 『三國史記』 卷37, 雜志 地理, "渤海國南海鴨淥夫餘柵城四府 并高句麗舊地自新羅泉井郡至柵城府 凡三十九驛"

231) 濱田耕策은 唐使 韓朝彩가 동해안의 신라도를 이용하여 신라에 들어간 것이 아니라 기존 서해안의 노선을 통해 신라에 입국한 것으로 보고 있다. 즉, 당의 한조채는 발해와 신라가 당에 사신을 빈번히 보내던 기존 경로를 통해 들어왔는데, 驛·館·津 등 육로와 해로의 교통시설이 동해안의 신라도보다 잘 정리되어 있었다는 점과 한조채가 당의 勅使였던 사행의 중요성을 감안한다면 당사 한조채는 서해노선을 따라 신라에 입국했을 것이라 보고 있다.(「唐の勅使韓朝彩の渤海國行」 『日本古代の傳承と東アジア』, 吉川弘文館, 1995, 418쪽) 반면 赤羽目 匡有는 일본 승 계융의 출항지를 발해의 남해부로 보고 당사 한조채도 이 길을 이용하여 동해안을 따라 신라의 경주에 들어갔을 것으로 보고 있다.(「8世紀中葉における新羅と渤海との通交關係」 『古代文化』 56-5, 2004, 36쪽) 방학봉 역시 발해의 신라도와 신라의 동해안 노선을 통해 경주에 들어갔을 것으로 보고 있다.(앞의 책, 2005, 338쪽)

232) 『三國史記』 卷35, 雜志 地理 井泉郡, "井泉郡本高句麗泉井郡 文武王二十一年取之 景德王改名 築炭項關門 令湧州"

233) 趙二玉, 『統一新羅의 北方進出研究』, 서경문화사, 2001, 147~148쪽.

234) 『三國史記』 卷10, 新羅本紀 元聖王 6年 3月 및 憲德王 4年 秋9月條

고 볼 수 없다.

신라는 735년(성덕왕 34)에 唐國으로부터 浿江 이남의 땅을 인정받은 이후로 747년(경덕왕 6) 신라와 발해사신이 함께 당의 하정례에 참석한 일이 있었다.[235] 748년(경덕왕 7)에는 발해와 국경을 맞댄 新羅北邊에 14개의 郡縣을 설치한 일이 있었다.[236] 그렇다면 이 무렵부터 신라와 발해 간에는 어떠한 형식으로나마 직접적인 交涉을 진행시켰을 것이다.[237]

게다가 737년에는 발해의 武王인 大武藝가 사망한 이후 발해와 당 사이에 관계가 회복되었다. 즉, 발해에서 武王의 사후 大欽茂가 왕위에 올랐을 때 당에서 책봉사를 발해에 보낸 것은 물론, 762년(경덕왕 21)에는 당이 발해를 渤海國으로, 文王인 大欽茂를 渤海國王으로 승격시켰다. 이러한 신라와 발해, 당의 관계 속에서 唐使 韓朝彩는 발해를 거쳐 신라에 들어올 수 있었다.

그런데 764년 7월에 金才伯이 渡日했을 때 일본조정에서는 당시 신라에서 군사를 동원하여 엄히 경비하고 있었던 사실에 대해 매우 민감하게 반응하고 있었다. 이에 대해 金才伯은 '唐에서 소요가 발생하고 해적이 빈번하게 출몰하여 이에 대한 대비책을 마련했던 것'이라고 해명하였다.[238] 그러나 당시 일본에서는 신라에 대한 침략을 준비

---

235) 『册府元龜』卷991, 外臣部 朝貢4. "天寶六載正月 新羅渤海龜玆于闐馬者拂菻罽賓雜姓平蠻黃阿室韋黑水靺鞨並遣使賀正各獻方物"

236) 『三國史記』卷8, 新羅本紀 聖德王 34年 2月條; 同書 卷9, 景德王 7年 秋8月條

237) 조이옥은 경덕왕 16년(757)을 전후한 시점에 泉井郡이 회복됨에 따라 신라가 발해와의 관계를 모색하게 되었다고 한다.(앞의 책, 2001, 148쪽)

238) 『續日本紀』卷24, 淳仁天皇 天平寶字 8年(764)條, "秋七月 (……) 勅曰 比來彼國投化百姓言 本國發兵警備 是疑日本國之來問罪也 其事虛實如何 對曰 唐國擾亂 海賊寔繁 是以徵發甲兵 防守緣邊 乃是國家之設 事旣不虛 (……)"
한편 당나라에서는 755년(唐 玄宗 天寶 14)부터 安祿山(安史)의 亂이 일어난 것을 비롯해 수도가 토번의 침략을 당하는 등 매우 혼란한 상황에 처해 있었다.(『舊唐書』卷9, 玄宗本紀 下; 同書 卷10, 肅宗本

하고 있었던 시점임을 감안한다면 자국에서 진행된 신라침략준비가 760년과 763년 두 차례에 걸쳐 渡日한 신라사신들이나 또는 일본 내에 거주하면서 신라 본국과 연락하던 사람들[239]에 의해 신라조정에게 알려져서 이에 대한 대비책을 마련하지 않았을까 하는 의구심을 품고 있었다고 볼 수 있다.[240]

이처럼 신라에서는 唐의 內亂과 해적들의 頻發을 이유로 군사력 강화와 주변 경계가 삼엄하였다. 당에서는 755년에 平盧·范陽·河東의 절도사를 겸임한 安祿山이 宰相으로서 長安에서 권세를 누리고 있던 楊國忠을 제거한다는 구실로 거병한 뒤 763년에 史朝義가 李懷仙에게 살해됨으로써 9년간에 걸친 당의 내란이 종식되었다. 그렇다면 이러한 동북아 정세의 변화와 唐使 한조채가 발해를 거쳐 신라에 들어왔다는 사실 및 그의 부탁에 따른 신라사 김재백의 渡日 등이 신라를 침략하려는 일본 측의 계획에 상당한 압력으로 작용했을 것이다.

게다가 당시 일본 내에서 신라침략계획[241]을 주도한 인물은 太政大臣(太師) 藤原惠美朝臣押勝, 즉 藤原仲麻呂 또는 惠美仲麻呂였다. 그는 신라사 김재백이 渡日한 해인 764년(天平寶字 8) 9월에 난을 일으킨 장

紀; 同書 卷11, 代宗本紀) 758년 당시 일본에서도 난을 일으킨 안록산의 소식을 접하고 있었다. 〔『續日本紀』 卷21 淳仁天皇 天平寶字 2年 12月條, "遣渤海使小野朝臣田守等 奏唐國消息曰 天寶十四載 歲次乙未十一月九日 御史太夫兼范陽節度使安祿山反 擧兵作亂 (……) 於是 勅太宰府曰 安祿山者 是狂胡狡豎也 違天起逆 事必不利 疑是不能計西 還更掠於海東 (……) 委以重任 宜知此狀 預設奇謀 縱使不來 儲備無悔 其所謀上策 (……)"〕

239) 최재석, 앞의 논문, 1998, 117쪽.

240) 이러한 신라사신의 대답은 사실이기도 하지만 일본 측과의 외교마찰을 피하려는 외교적 수사에 불과하고 일본의 정토계획을 알고 있었던 신라가 이에 대한 대비책을 수립하고 있었을 것으로 보기도 한다.(전덕재, 앞의 논문, 1997, 29~30쪽)

241) 일본학계에서는 759년부터 일어난 소위 일본의 신라정벌계획을 대체로 '신라정벌계획' 내지 '신라정토계획'등으로 명명해 왔는데 이에 대해 한국학계에서는 정토나 정벌의 사전적 의미가 죄 있는 무리를 군대로 친다는 것으로 이는 일본인의 인식기반이기 때문에 이를 우리 학계에서 그대로 사용하는 것은 무리이므로 '신라협공계획'이나 '신라침공계획' 등으로 칭해야 한다는 견해가 있다.(具蘭憙, 앞의 논문, 1999, 5~6쪽)

본인이기도 하였다.[242] 따라서 당시 그가 주도했던 신라침략계획은 그의 반란과 직접적으로 연결되어 있었다고 볼 수 있다. 왜냐하면 그는 都督으로서 자신의 휘하에 군사력을 집중시킬 수 있었기 때문이다.[243]

그러나 일본의 신라침략계획은 난의 진압 뒤 그의 몰락과 함께 실행되지 못했다.[244] 비록 실행에 옮겨지지는 못했지만 이처럼 藤原仲麻呂가 일본 내에서 신라에 대한 침략계획을 구체화할 수 있었던 배경에는 당시 일본지배층의 신라에 대한 열등감과 경쟁심, 반신라감정 등이 크게 작용하였다. 이는 당시 唐朝를 중심으로 한 동아시아 세계에 있어서 신라의 국제적 위상이 일본보다 높았기 때문에[245] 이를 극복하고자 하는 일본인들의 열망에서 비롯되었다. 이를 잘 보여주는 사례가 있다.

『續日本紀』에 의하면, 754년(景德王 13)에 일본의 遣唐副使 大伴宿禰古麻呂가 귀환한 뒤 자국 조정에 보고한 내용 가운데 753년 정월에 唐의 관리들과 외국사신들이 신년을 축하하기 위해 蓬萊宮 含元殿에 모였는데 일본은 西畔 제2인 吐蕃 아래에, 신라사는 東畔 제1위인 大食國위에 있어서 大伴宿禰古麻呂가 예로부터 지금까지 신라는 일본국에 조공한 지 오래되었으나 지금 오히려 일본이 신라 아래에 있으니 이

---

242) 『續日本紀』 卷25, 淳仁天皇 天平寶字 8年(764) 9月條

243) 『續日本紀』 卷25, 淳仁天皇 天平寶字 8年(764) 9月條, "以太師正一位藤原惠美朝臣押勝爲都督 使四畿內 三關近江丹波播磨等國蒭兵事"

244) 和田軍一은 일본에서 신라정토계획이 중지된 이유로 애초 신라정토계획을 수립한 藤原惠美朝臣押勝의 몰락에 따른 결과로 보고 있다.(앞의 논문, 1924, 41~42쪽) 酒寄雅志는 일본왕권의 분열과 이로 인한 仲麻呂正權 기본구조의 붕괴 및 발해와 당 간의 관계회복에 따른 발해 측의 방침 변경 등을 들고 있다. (앞의 논문, 2001, 224~225쪽) 김은숙은 762년·763년의 기근·역병·물가등귀 등의 사회불안과 仲麻呂를 둘러싼 정치적 상황의 악화와 같은 일본 국내 사정, 762년 발해 측의 대당사정변화에 의한 방침 변경과 같은 국외의 사정 등을 들고 있다.(앞의 논문, 1991, 126쪽)

245) 이는 당의 외교문서형식에서도 신라가 발해와 일본 보다 우위에 있었음을 확인할 수 있는데 이에 대한 검토는 이미 山內晋次(『奈良平安期の日本とアジア』 吉川弘文館, 2003)에 의해서 이루어진 바가 있다.

치에 합당치 않는다고 불만을 토로하자 장군 오회실이 곧 신라사를 서반 제2위인 토번 아래에, 일본사를 동반 제1위인 대식국 위에 배열시켰다는 것이다.[246]

대부분의 일본학자들은 大伴宿禰古麻呂의 보고내용을 사실로서 인정하고 있다.[247] 그러나 『續日本紀』에 전하는 大伴宿禰古麻呂의 보고에 대해 의문을 제기하는 학자들도 있다.[248] 그 근거로 신라와 일본이 東畔에, 吐蕃과 大食이 西畔에 위치하는 것이 당시의 국제정세상 합당하기 때문에 당의 조정에서 신라와 일본을 東畔과 西畔에 배열시킨 것은 상식에 어긋나며 753년(天寶 12) 정월의 賀禮式典에 신라사 및 일본사가 참석하지 않았을 뿐만 아니라 吐蕃使 즉 티벳의 사신이나, 大食國 즉 아라비아 사신 등도 당시 당과 전쟁을 벌이고 있었기 때문에 당 조정에 사신을 보낼 수 없었다는 점을 든다.

大伴宿禰古麻呂의 보고내용이 꾸며낸 것이든 아니든 그가 허위보고를 감행할 수 있었던 배경에는 당시 일본지배층 내에서 강하게 일어난 신라에 대한 반발심과 열등감, 경쟁심 등과 밀접한 관련을 갖는다.[249] 이는 일본 측의 獨斷的 思考를 잘 보여주는 사례이며, 이러한 思考는 일본지배층에게 신라침략이란 명분을 제공할 수 있었다.

---

246) 『續日本紀』卷18 孝謙天皇 天平勝寶 6年(754)

247) 和田軍一, 앞의 논문, 1924, 57쪽; 이병로, 앞의 논문, 1998, 89쪽; 酒寄雅志, 앞의 논문, 2001, 214쪽; 濱田耕策, 「唐朝における渤海と新羅の爭長事件」앞의 책, 2002, 406쪽; 池田溫, 앞의 책, 2002, 106~107쪽.

248) 卞麟錫, 「唐代 外國使의 爭長事例에서 본 古麻呂抗議의 再論」『東洋史學研究』 26, 1987, 61쪽, 65쪽; 변린석, 「唐代 外國使 爭長의 研究」『아세아연구』 10-4, 고려대학교 아세아문제연구소, 1967, 141~142쪽; 山尾幸久, 앞의 논문, 1984, 137쪽; 洪淳昶, 「통일신라의 대일본관계연구」『국사관논총』 31, 1992, 86쪽; 池田溫, 앞의 책, 2002, 116~118쪽.

249) 卞麟錫은 古麻呂의 항의가 한편으로 일본의 席列에 신라사의 아래에 놓이는 기존의 예우에 대한 콤플렉스를 나타낸 것이며 일본의 율령제국가의 등장과 함께 大國意識을 키워나가야 했던 지배층의 이데올로기에 부응하여 新羅席次를 능가하는 것으로 꾸며질 수밖에 없었던 데에서 비롯된 것이라 하였다.(위의 논문, 1987, 47쪽)

4. 경덕왕대 대일외교의 특징

경덕왕대에는 모두 다섯 차례 정도 신라사절이 일본에 파견되었고 신라사절의 일본체재기간은 752년의 약 4개월 정도를 제외하면 대체로 2개월 미만이거나 入京조차 하지 못하고 放還 내지 放却조치를 당하였다. 일본사신이 신라에 파견된 횟수도 모두 세 차례정도였고 신라사절단을 초청키 위해 파견된 752년의 경우를 제외하면 일본사신은 경덕왕을 접견조차 할 수 없었다. 이는 신라와 일본의 외교관계가 그다지 긴밀하다거나 활발하지 못했음을 말해주며 이러한 상황은 두 나라의 외교관계상에서 언제든지 갈등을 표출할 수 있는 여지를 만들었다.

743년에는 경덕왕대 최초의 신라사 김초정 일행이 일본에 파견되었다. 그런데 신라사가 대일증여물을 일방적으로 '土毛'라 칭하면서 物數만을 적어 보내자 일본 측이 상례를 크게 잃은 것이라 하여 신라사의 入京을 거부하였다. 일본에 대한 신라 측의 외교행위는 그 이전에 볼 수 없던 일이었다. 이는 경덕왕이 김초정을 통해 이전 王代와 다른 대일외교정책을 분명하게 보여준 것인데 경덕왕대에 진행된 강력한 왕권의 수립 및 안정을 위한 개혁의 일환이었으며 경덕왕의 정치·외교적 성향과 연결된다.

그런데 752년(경덕왕 11)에는 예외적으로 신라사 김태렴 등 수백여 명의 대인원이 일본에 파견되었다. 이는 그보다 앞서 신라에 入朝한 일본사 山口忌寸人麻呂가 경덕왕에게 신라사절단의 참석을 요청하면서 이를 수용한 경덕왕의 결정에 따른 것이었다. 경덕왕대에 신라와 일본이 비록 외교적으로 갈등을 겪고 있었으나 문화적으로는 불교에 기반을 둔 두 나라 간에 공적이든 사적이든 문화교류가 이루어지고 있었음을 의미한다. 경덕왕은 신라 승 審祥과 밀접히 관련된 일본 내의 불교행사에 신라사절단을 파견하면서 자연스럽게 신라문화의 선진성을 알리는 효과를 얻는 동시에 여기에서 행해지는 불교의례는 물론이고 일본의 왕족 및 귀족들이 필요로 하는 물품의 교역을 통해 왕권강화 및 안정에 도움을 얻고자 했다.

그러나 일본에서는 8세기에 들어와 천황 중심의 이념이 더욱 심화되면서 신라에 대한 반발심, 열등감, 국가적 경쟁심 등이 일어나고 있었다. 이에 따라 750년대 후반부터는 일본이 발해를 통해 알게 된 당내의 혼란을 틈타 신라에 대한 침략계획이 구체화되는 등 일본조정내의 분위기가 심상치 않았다. 경덕왕은 일본과의 교섭이라고 하는 표면적인 이유를 내세워 760년과 763년 두 차례에 걸쳐 일본에 공식사절을 파견하였다. 물론 이러한 신라 측의 대응은 경덕왕대 대일외교상에서 매우 이례적인 일인데 7세기대이래 일본의 九州와 그 주변지역에 거주하면서 신라 본국과 왕래하던 신라계 도래인들부터 신라침략계획을 전해들은 경덕왕이 일본조정의 사정을 직접 탐색하려는 목적이 있었다.

764년에도 경덕왕은 唐使의 개인적 요청에 따라 임시신라사절을 일본에 파견하였는데, 이 무렵 당에서는 안사의 난이 진압되었고 일본에서는 신라침략을 계획하던 민감한 시기였다. 그런데 唐國의 使臣이 발해를 거쳐 신라에 들어왔다는 사실과 唐使의 개인적 부탁에 따라 신라사가 파견되는 등 唐使의 행보에 대해 일본 측으로서는 신라를 침략하려는 계획에 상당한 압력으로 작용하였을 것이다. 결국 일본의 신라침략계획을 주도한 藤原仲麻呂가 난을 일으킨 뒤 그가 몰락함으로써 현실화되지 못했다.

제3절 신라 혜공왕대(765~780)의 대일외교

1. 760년대 중반 이후의 동북아 정세와 국제관계

760년대 중반 이후의 동북아 정세는 755년부터 763년에 걸쳐 진행된 安史의 亂으로 인해 이전과 다른 변화를 맞게 된다. 즉, 8세기 중엽부터 불붙기 시작한 안사의 난으로 인해 당 조정의 힘이 미약해지자 이 기회를 노린 迴紇과 吐蕃 등의 對唐侵攻은 더욱 거세졌고,[250] 난이 끝난 뒤에도 이 같은 당내의 혼란은 완전히 수습되지 못한 채 藩鎭 또는 方鎭 등으로 불리며 軍事와 民政을 겸한 강대한 지방분권적 세력이 당의 중앙정부와 대립·발호하고 있었다.[251]

발해 역시 요동을 점령하여 州를 설치하는 등 독자적인 체제를 영위하고 있었다.[252] 뿐만 아니라 발해는 730년대에 또 하나의 강대세력이면서 긴밀한 관계를 유지하고 있던 돌궐이 거란과 해 등을 정벌하기 위해 협력을 요청했을 때 이를 거절하면서 당과 가까워지게 되었는데,[253] 이후 발해와 당의 관계는 737년경에 발해의 세 번째 왕인

---

250) 『舊唐書』 卷11, 代宗 永泰 元年(765) 및 同書 卷195, 列傳 迴紇, 同書 卷196, 列傳 吐蕃

251) 이성시 저·김창석 역, 『동아시아의 왕권과 교역』, 청년사, 1999, 193쪽; 최재수, 「장보고에 대한 기록과 장보고의 재당활동과 해상지배권 장악의 배경」 『장보고연구』 2, 1999, 20쪽.

252) 758년에 내일한 발해사 楊承慶은 木底州刺史의 官帶를, 759년에 내일한 高南申은 玄菟州刺史의 官帶를 지니고 있었다. 이런 사실은 발해가 안사의 난을 틈타 당의 安東都督이 있던 小高句麗國의 요동지역을 점령하여 설치한 州의 장관임을 나타내주는 것이다.(日野開三郎, 「安史の亂による唐の東北政策の後退と渤海の小高句麗國占領」 『日野開三郎東洋史學論集』 8卷, 1984, 327쪽)

253) 金毓黻, 『東北通史』(백산자료원, 1976, 403~404쪽), "(……) 祚榮曾服屬突厥 至武藝時尙未之改 開元

文王(737~793) 大欽茂가 집권했을 때 당이 발 빠르게 內(常)侍 段守簡을 발해에 파견하여 문왕을 渤海郡王에 책봉한 데 이어 발해에 들어간 唐使로 하여금 발해의 사신과 함께 入朝케 하는 등[254] 우호적이었다.

이와 함께 760년대 이후 侯希逸에 이어 고구려유민으로서 당의 平盧淄青節度觀察使 海運押新羅渤海兩蕃使에 오른 이정기가 산동반도 전역을 점유하면서 당의 중앙정부에 항거하며 반독립적인 태도를 취하자 발해는 이정기의 번진세력과 무역을 하는 등 이들과 긴밀한 교류관계를 유지함으로써[255] 당 조정과 번진 세력인 李正己와의 사이에서 적절한 외교를 통해 자국의 위상을 높여 나갔다.

이후 大曆 연간(766~779)에 들어와서 발해 문왕은 당에 자주 사신을 보냈다. 1년에 두세 차례 연이어 보낼 정도로 빈번하였다.[256] 이 시기 발해는 당과의 교류를 통해 무역의 이익은 물론이고 문화의 수입에도 적극적이었다. 또한 발해는 새로 정복한 지역에 대한 통치체제를 정비하는 등 영토 확장과 국력강화에 힘을 기울였다.[257] 이러한 발해의 强盛에 대해 당에서도 발해왕을 발해국왕으로 계속 인정하는 조치를 취함으로써 두 나라는 돈독한 관계를 유지해 나갈 수 있었다.[258]

그런데 764년에 당의 사신 韓朝彩가 발해를 거쳐 신라에 입국한 일

　　五年復營州 奚契丹皆內屬 是時渤海已受唐封 而未與突厥絶 至是突厥結渤海 欲攻兩蕃 武藝旣拒其請
　　又表上之 是則已脫去突厥之羈絆矣 渤海自斯役後 則始終親附於唐 朝貢不絶"

254) 『舊唐書』 卷199, 渤海靺鞨, "(開元)二十五年 武藝病卒 其子欽茂嗣立 詔遣内侍段守簡往册欽茂爲渤海
　　郡王 仍嗣其父爲左驍衛大將軍 忽汗州都督 欽茂承詔赦其境内 遣使隨守簡入朝貢獻"

255) 『舊唐書』 卷124, 列傳 李正己; 김문경, 『당 고구려 유민과 신라교민』, 일신사, 1986.

256) 『舊唐書』 卷199, 渤海靺鞨, "(貞元)十四年 嵩璘父欽茂 開元中 襲父位爲郡王左金吾大將軍 天寶中 累
　　加特進 (……) 寶應元年 進封國王 (……)"; "(開元)二十五年 (……) 大曆二年至十年 或頻遣使來朝 或
　　間歲而至 或歲内二三至者 十二年正月 遣使獻日本國舞女一十一人及方物 四月 十二月 使復來"

257) 송기호, 「발해 文王代의 개혁과 사회변동」 『한국고대사연구』 6, 1993.

258) 『舊唐書』 卷199, 渤海靺鞨

이 있었다. 唐使 韓朝彩가 구체적으로 어떤 임무를 띠고 발해와 신라를 왕래했는지는 알 수 없다. 다만 762년에 당에서는 발해 문왕을 군왕에서 국왕으로 승격시킨 일이 있었고, 『續日本紀』淳仁天皇 天平寶字 8年條에 의하면 그는 內常侍라는 관직을 갖고 있었는데, 내상시는 발해왕의 책립을 위해 당이 특별히 파견한 사신의 관직이었다. 이런 점들로 미루어 볼 때 764년경 발해에 파견된 唐使 韓朝彩는 762년에 있었던 당의 발해왕 책봉사실을 알리기 위한 特使임에 틀림이 없다.[259]

그러나 한조채는 당의 內常侍로서 자신의 임무를 마친 뒤 당으로 돌아가지 않고 그와 함께 발해에 왔다가 먼저 귀국한 일본의 遣唐留學僧 戒融이 무사한지 여부를 확인하기 위해 신라에 들어왔다.[260] 당사 한조채가 발해를 거쳐 신라에 입국한 배경에 대해서는 변경·외국정보의 간첩으로서 그가 일본 승 계융의 일을 핑계로 삼아 안사의 난 이후의 동아시아 동정을 살펴보기 위한 정보수집 차원이었다는 견해가 있다.[261]

당시 안사의 난 이후의 불안한 국제정세로 볼 때 당의 입장에서는 동북아 여러 국가에 사신을 파견하여 정보수집목적의 첩보활동을 벌였을 가능성이 있다. 그러나 만일 한조채가 정보수집차원에서 간첩활동을 벌이기 위해 발해와 신라를 경유했다고 한다면 그는 이들 두 나라뿐만 아니라 일본도 직접 방문해야 했다. 그런데 한조채는 일본을 직접 방문하지 않고 신라사를 통해 자신의 의사만을 간접적으로 전

---

259) 당이 代宗의 즉위를 계기로 안사의 난의 종결을 신라와 발해 두 나라에 알리고 우호관계를 확인하기 위해 신라와 발해에 特使를 파견하였다고 보는 견해가 있다.[丸山裕美子, 「唐國勅使韓朝彩についての覺書」 『續日本紀研究』 290, 1994.(平 澤 加奈子, 「八世紀後半の日羅關係 － 寶龜十年新羅使を中心に－」『白山史學』 42, 2006, 50쪽에서 재인용]

260) 『續日本紀』 卷25, 淳仁天皇 天平寶字 8年 7月條

261) 赤羽目 匡有, 앞의 논문, 2004, 38쪽.

달했을 뿐이다. 따라서 한조채의 발해와 신라 방문이 당시의 동아시아 동정과 정보를 수집할 목적에 두어졌을지는 의문스럽다.

지금까지 한국과 일본학계에서는 신라와 발해의 정치적 관계를 대체로 대립적인 것으로 이해하여 왔다.[262] 그러나 신라와 발해를 경유한 唐使 韓朝彩의 여정으로 본다면 760년대를 전후로 하여 신라와 발해의 관계가 대립적이었는지는 매우 의심스럽다. 왜냐하면 그가 신라로 들어갈 무렵 이미 신라와 발해 사이에는 발해의 柵城府에서 신라의 井泉(泉井)郡에 이르는 39驛의 新羅道[263]와 신라의 정천군을 기점으로 高城郡 및 王京 경주에 이르는 교통로인 北海通(溟州街道)이 양국의 상설교통로로서 개설되어 있었기 때문이다.[264]

이에 대해 李鎔賢은 신라와 발해의 관계를 평화적인 교섭보다는 시종일관 적대관계에 있었던 것으로 이해하고 발해의 신라도를 대신라 방위간선도로서, 신라의 북해통은 대발해방위시설로서 간주하였다.[265] 赤羽目 匡由 역시 宦官인 唐使 韓朝彩가 당시 唐에서 安史의 亂과 같은 소요 등으로 인해 혼란한 와중임에도 불구하고 공식업무를 수행하기 위해 발해를 거쳐 신라에 들어오긴 했지만 이 같은 사실만 가지고 신라와 발해 사이에 우호적이고 빈번한 교섭을 상정하는 것으로 보기

---

262) 발해의 대외관계사와 관련된 지금까지의 연구현황에 대해서는 다음의 논문이 참조된다. 김은국, 「발해의 대외관계사연구의 현황과 과제」 『한국사연구』 122, 2003.

263) 『三國史記』 卷35, 雜志 地理, "井泉郡 本高句麗泉井郡 文武王二十一年取之 景德王改名 築炭項關門 今湧州 領縣三"; 同書 卷37, 雜志 地理, "賈耽古今郡國志云 渤海國南海鴨淥扶餘柵城四府 並是高句麗舊地也 自新羅泉井郡至柵城府 凡三十九驛"; 『新唐書』 卷219, 渤海傳, "龍原東南瀕海日本道也 南海新羅道也 鴨淥朝貢道也 長嶺營州道也 扶餘契丹道也"

264) 신라에는 소위 通과 驛 등의 교통로가 설치되어 있었는데, 현재 『三國史記』 三國有名未詳地分條에서 전하고 있는 通名은 모두 5개로 北海通・鹽池通・東海通・海南通・北傜通 등이며 驛名도 모두 5개로 乾門驛・坤門驛・坎門驛・艮門驛・兌門驛 등이 있다. 특히 5通은 5道 내지 5街道의 의미는 왕도로부터 각 지역, 즉 九州의 州治와 五小京에 통하는 중요한 군사・행정 도로로 파악되기도 한다.(井上秀雄, 「五通と五門驛」 『新羅史基礎研究』, 東出版社, 1974, 400쪽)

265) 李鎔賢, 「統一新羅の傳達體系と北海通」 『朝鮮學報』 171, 1999.

어렵다는 입장이다.266)

　물론 신라와 발해 사이에 개설된 교통로와 같은 한 가지 사실만으로 양국의 관계를 우호적이었다거나 빈번한 교류의 증거로 삼기에는 분명 한계가 있다. 그러나 신라와 발해가 정치적 군사적으로 계속 적대관계에 있었다고 볼 만한 근거도 없다.267) 발해에는 엄연히 日本道와 함께 新羅道 등의 5道가 설치되어 있었다.

　이는 발해와 일본의 관계처럼 신라와의 교섭을 전제로 하지 않으면 안된다.268) 따라서 비록 사료상으로는 직접 확인할 수 없지만 공식적이든 비공식적이든 이 길을 통해 양국의 商人이나 일반백성들, 심지어 사신들까지 왕래하면서 인적 물적 교류가 가능했을 것이고,269) 발해로부터 신라로 이어지는 교통로가 정비되어 있었을 것이다. 한조채는 바로 이 동해안 길을 통해 신라의 경주에 들어올 수 있었다.270)

　그렇다면 이 같은 교통로가 두 나라 사이에 언제 개설되었을까.271) 경덕왕은 756년에 견당사를 파견한 적이 있었다. 이는 755년(경덕왕 14)에 발생한 안록산의 난으로 인해 곤경에 처한 현종을 위로하기 위해서였다.272)

---

266) 赤羽目 匡有, 「8世紀中葉における新羅と渤海の通交關係」『古代文化』 56-5, 2004, 36쪽.

267) 송기호, 앞의 책, 1989, 48쪽.
　金恩國, 「新羅道를 통해 본 渤海와 新羅 관계」『白山學報』 52, 1999, 739~742쪽.

268) 赤羽目 匡有는 신라와 발해간에 개설된 교통로를 통해 두 나라의 교류가 중단 없이 계속될 수 있었지만 이것이 반드시 양국 간에 우호적 관계를 나타내준다거나 빈번한 교류를 했다고 볼 만한 근거가 되지 않는다고 하였다.(앞의 논문, 2004, 38~40쪽)

269) 한규철은 이 39개의 역을 주로 이용한 대상이 경제와 문화교류의 주인공인 민간인이라고 보았다. 하지만 그는 이 길을 중심으로 신라와 발해 사이에 정치 군사적 긴장이 존재했다고 하여 양국의 관계를 대립적인 것으로 이해하고 있다.(『발해의 대외관계사』, 신서원, 1994, 11쪽, 173쪽)

270) 송기호, 앞의 논문, 1993, 75쪽; 김은국, 앞의 논문, 1999, 742쪽; 赤羽目 匡有, 앞의 논문, 2004, 38쪽.

271) 송기호는 721년에서 757년 사이에, 특히 대흠무 문왕 전기에 양국 간 신라도라는 교통로가 개설되었을 것으로 추정한 바 있다.(앞의 논문, 1999, 74~75쪽)

272)『三國史記』卷9, 新羅本紀 景德王 15年(756) 春2月條, "(……) 王聞玄宗在蜀 遣使入唐 泝江至成都

경덕왕은 즉위 초까지만 해도 당에 사신을 보낸 적이 없었다. 그럼에도 불구하고 당현종은 찬선대부 위요를 신라에 보내 前王에 대한 조의와 함께 경덕왕의 책립을 시행케 할 정도로 신라에 대한 우의와 배려를 보여주었다.[273] 따라서 756년의 신라견당사는 아마도 경덕왕이 당 조정과의 관계를 고려하여 파견한 특사였을 것으로 추정된다.

그러나 이 무렵 당왕조는 내란의 여파로 인해 매우 위험한 상황에 빠져 있었다. 따라서 경덕왕은 굳이 위험을 무릅쓰고 신라사절단을 당에 파견할 필요가 없었다. 그럼에도 불구하고 경덕왕은 사신을 파견하였다. 이는 唐內의 혼란으로 인해 현종이 蜀(四川省) 지역으로 피신가는 등 동북아 정세가 급박하게 돌아가자 신라조정에서는 당내의 사정을 직접 탐색하고 자국에 미칠 영향 등을 파악하고자 했기 때문이다.

이후 신라에서는 이에 대한 대비책을 마련할 수 있었다. 이 같은 사실은 758년에 귀국한 遣渤海使 小野朝臣田守가 일본조정에게 당에서 일어난 난의 소식을 상세히 전한 뒤 다음과 같이 기술한 내용에서 엿볼 수 있다.

"(생략) 758년경 당의 安東都護 王玄志가 발해에 將軍 王進義를 보내어 聘問하고 唐 내의 일을 말하기를, '天子는 西京으로 돌아갔습니다. 太上天皇을 蜀으로 맞아들여 별궁에 머무르고 있습니다. 賊徒를 완전히 멸하고 下臣을 보내어 명을 알리도록 하였습니다'라 하였습니다. 발해왕은 이 말을 믿기 어렵다고 여겨 進義를 머물게 하고 사신을 보내어 자세히 물었습니다. 간 사람이 아직 이르지 않아 알 수 없었는데 당왕이 발해국왕에게 勅書 1권을 내렸고 또 덧붙여서 狀을 올렸습니다. 이에 대재부에 칙을 내려 '안록산은 미친 오랑캐로 교활한 놈이다. 하늘을 어기고 역모를 일으켰으니 일이

朝貢 玄宗御製御書五言十韻詩 賜王曰 (……)"
273) 『三國史記』 卷9, 新羅本紀 景德王 2年 春正月條, "唐玄宗遣贊善大夫魏曜來朝祭 仍册立王爲新羅王 襲先王官爵 制曰 (……)"

반드시 불리하게 될 것이다. 아마도 서쪽으로 도모할 수 없어서 도
리어 다시 해동을 칠 것이다. (생략) 마땅히 이러한 상황을 알아서
미리 기이한 모책을 세우라. 비록 설사 오지 않더라도 미리 대비하
여 후회가 없도록 하라'라고 하였다."(『續日本紀』 卷21 淳仁天皇
天平寶字 2年 12月)

　이처럼 일본조정에서는 758년 발해에 들어간 사신이 당의 정세를
보고 하자 곧 대재부에 명을 내려 대비책을 마련하도록 지시하였는
데, 신라에서도 이와 비슷한 시기인 756년의 견당사를 계기로 안록산
의 난에 대해 그 여파와 대책을 논의하였을 것이다. 이는 764년 7월
에 金才伯이 渡日했을 때 일본조정에서 당시 신라가 군사를 동원하여
엄히 경비하고 있었던 사실을 지적하자 金才伯이 '唐에서 소요가 발
생하고 해적이 빈번하게 출몰하여 이에 대한 대비책을 마련했던 것'
이라고 해명한 점에서 알 수 있다.[274]

　또한 신라에서는 발해와 국경을 접한 지역에도 관심을 기울였을
것이다. 신라에서는 경덕왕대에 이르러 발해와 국경을 접한 井泉郡에
炭項關門을 쌓은 일이 있다. 비록 그 구체적인 축성 시기는 알 수 없
지만 이 관문은 758년(경덕왕 17)부터 축성이 시작되었을 것이며 유
사시에는 방어를 목적으로, 평상시에는 발해와의 交通路로서 이용되
었을 것으로 추정된다.

---

274) 『續日本紀』 卷24, 淳仁天皇 天平寶字 8年(764)條, "秋七月 (……) 勅曰 比來彼國投化百姓言 本國發
　　兵警備 是疑日本國之來問罪也 其事虛實如何 對曰 唐國擾亂 海賊寔繁 是以徵發甲兵 防守緣邊 乃是
　　國家之設 事旣不虛 (……)"
　　한편 당나라에서는 755년(唐 玄宗 天寶 14)부터 安祿山(安史)의 亂이 일어난 것을 비롯해 수도가 토번의
　　침략을 당하는 등 매우 혼란한 상황에 처해 있었다.(『舊唐書』 卷9, 玄宗本紀 下; 同書 卷10, 肅宗本紀;
　　同書 卷11, 代宗本紀) 758년 당시 일본에서도 난을 일으킨 안록산의 소식을 접하고 있었다.〔『續日本紀』
　　卷21, 淳仁天皇 天平寶字 2年 12月條, "遣渤海使小野朝臣田守等 奏唐國消息曰 天寶十四載 歲次乙未
　　十一月九日 御史太夫兼范陽節度使安祿山反 擧兵作亂 (……) 於是 勅太宰府曰 安祿山者 是狂胡狡竪
　　也 違天起逆 事必不利 疑是不能計西 還更掠於海東 (……) 委以重任 宜知此狀 預設奇謀 縱使不來 儲
　　備無悔 其所謀上策 (……)"〕

발해에서도 신라의 움직임과 거의 비슷한 시점인 760년에 신라도를 개설한 일이 있다.[275] 신라도의 설치가 신라와의 교섭을 전제로한 것인지는 알 수 없다. 왜냐하면 이 무렵 신라와 발해의 교섭 실태를 확인할 수 있는 직접적인 자료가 없기 때문이다.

그러나 당시 발해에서도 안록산의 난 이후 전개된 불안한 동북아정세에 대해서 대책을 강구하지 않을 수 없었을 것이고 이를 계기로발해는 신라와의 교섭을 진행시켰을 것이다. 764년의 시점에서 발해의 신라도로부터 신라의 정천군에 이르는 지역까지 개설된 39개의역은 두 나라 간 교통로로서의 역할뿐 아니라 교역로로서의 기능까지도 수행할 수 있었을 것이다.[276] 당나라사신 한조채는 바로 이러한노선을 통해서 신라에 들어왔을 개연성이 있다.[277]

그렇다면 당나라사신 한조채가 신라에 입국한 배경은 과연 무엇이었을까. 만일 그가 일본 승 계융의 소식을 접할 목적으로 신라에 들어왔다고 한다면 당시 발해와 당, 일본의 우호적인 관계로 볼 때 한조채는 굳이 신라에 들어올 필요 없이 발해를 경유하여 소기의 목적을 달성할 수 있었을 것이다. 또한 만일 그가 763년에 종결된 亂의 상황을 알리고자 했다면 이 소식을 신라와 발해뿐만 아니라 일본조정에게도 알렸을 것이다. 그런데 『續日本紀』에 의하는 한 그의 부탁으로 일본에 파견된 신라사 김재백은 일본에 있는 戒融의 소식을 물었

---

275) 조이옥은 양국에 교통로가 설치된 시기를 발해의 南京이 설치된 760년으로 보고 있다.(앞의 책, 2001, 181쪽)

276) 『渤海國志長篇』 卷19, 叢考 渤海後志. "渤海盛時 與日本通使交易往來頻繁 南與新羅連疆 道路通利
豈無信使往來 且渤海交通五道 以南海府爲新羅道 尤有兩國交通之明證"
조이옥, 앞의 책, 2001, 179~181쪽.

277) 조이옥은 당이 강국으로 성장한 발해로부터 현실적인 도움을 얻기 위해 기왕의 우방인 신라와 발해를
연결하는 네트워크를 형성하여 동북아지역의 안전과 평화를 도모하고자 했던 것으로 보고 있다.(앞의 논
문, 2006, 4쪽)

을 뿐 일본조정에게 난의 종식에 대한 어떠한 언사도 하지 않았다.

그의 新羅入國이 일본의 신라침략 움직임과 관련되어 있었기 때문이다. 즉, 이미 당 조정에서는 신라침략의 명분으로 군사력을 강화하는 일본의 동향을 파악하고 있었다. 이에 따라 당 조정에서는 동북아 정세의 안정을 위협하는 일본의 움직임을 좌시하지 않았을 것이다. 唐使 한조채가 애써 발해를 경유하여 신라로 들어간 배경은 日本僧 戒融의 안부를 빌미로 신라와 발해, 당의 삼각관계를 일본 측에게 전시함으로써 일본조정을 압박하고자 했다고 볼 수 있다.

발해 문왕대(737~792)에는 발해와 일본의 사신왕래가 신라에 비해 빈번한 편이었다. 이는 일본이 唐과의 交通을 위해 신라가 아닌 발해를 주목했기 때문이다.[278] 가령, 758년 9월에 이보다 앞서 발해에 간 일본의 遣渤海使 小野朝臣田守가 귀국했는데 이 小野朝臣田守 등의 渤海入國을 계기로 渤海使 揚承慶 등 23인이 함께 도착한 일이 있었다. 이때 양승경 등은 日本使節의 無事歸還과 함께 弔問使로서 성무천황의 죽음을 애도하며 일본조정에 보내는 발해왕의 信物 및 傳言 등을 전달하였다.[279]

이처럼 일본은 小野朝臣田守등을 발해에 파견하여 천황의 죽음을 알리고 당의 소식도 접하고자 했다. 이것은 발해사 양승경의 일본입국 때 일본천황이 발해왕에게 보내는 글에서도 알 수 있다. 즉, 일본천황은 발해왕에게 758년경 발해로부터 당국에 들어간 일본의 견당사 藤原河清을 맞이할 수 있게 해달라고 부탁하였다.[280] 이후 759년 10월

---

278) 박석순, 『일본고대국가의 왕권과 외교』, 경인문화사, 2002, 277쪽.

279) 『續日本紀』 卷21, 淳仁天皇 天平寶字 2年條 및 同書 卷22, 淳仁天皇 天平寶字 3年條

280) 『續日本紀』 卷22, 淳仁天皇 天平寶字 3年(759) 2月條, "賜高麗王書曰 敬問高麗國王 使揚承慶等遠涉滄海 (……) 仍差單使 送還本蕃 便從彼鄕達於大唐 欲迎前年入唐大使朝臣河清 宜知相資 餘寒未退 想

에 발해사 高南申이 藤原河清을 맞이하러 간 遣渤海使 內藏忌寸全成과 함께 渡日하여 당에 머물던 藤原河清의 表文을 가져왔고[281] 761년에 8월에는 高元度가 당에서 귀국하였는데 그는 遣唐使 藤原河清을 맞이하고자 발해의 견당사를 따라 渤海道를 통해 唐國에 들어갈 수 있었다.[282]

발해와 일본의 사신왕래는 특히 일본이 신라에 대한 침략을 공언할 무렵에[283] 더욱 각별했다. 이 같은 일본 측의 움직임은 당 내부의 불안한 정세 및 발해와의 親交 등을 바탕으로 추진되었다.[284] 그러나 760년대 초반에 들어서면서 安史의 亂은 진정 국면을 맞게 되었고 한 조채가 발해를 경유하여 신라로 들어오는 등 신라와 발해 간에 평화적인 교섭이 꾸준히 진행되면서 일본에게도 상당한 압력으로 작용하였다. 결국 일본이 계획했던 신라침략은 국내 정치상황의 악화와 맞물리면서 현실적으로 불가능하게 되었다.

770년대에 접어들면서 발해와 일본의 우호적 관계에도 변화가 엿

王如常 遣書指不多及 (……)"

281) 『續日本紀』 卷2, 淳仁天皇 天平寶字 3年 10月 및 4年 春正月條

282) 『續日本紀』 卷23, 淳仁天皇 天平寶字 5年 8月條, "迎藤原河清使高元度等至自唐國 初元度奉使之日 取渤海道 隨賀正使揚方慶等 往抄唐國 事畢欲歸 (……)"

283) 일본학계에서는 신라를 '조공'하는 '蕃國'으로 위치 지으려는 일본지배층의 의식과 일본과 대등하려고 하는 신라 측 지배층의 의식 사이에 모순이 심화되면서 일본이 신라정토계획과 같은 극단적인 상태를 일으킨 것이고 그 후 계속되는 신라사에 대한 견책과 방환조치 등도 일어나게 된 것이라고 보는 경향이 강하다.(山內晉次, 『奈良平安期の日本とアジア』, 吉川弘文館, 2003, 75쪽) 하지만 당시 신라가 일본과 대등하고자 하는 의식이나 행동을 보여준 사실이나 근거가 전혀 없다. 오히려 신라는 사방의 이웃 나라들이 주인으로 섬긴다(「聖德大王神鍾銘」 '四方隣國 萬里歸賓'; 771년 제작)고 하는 강한 자부심을 갖고 있었고 후대의 기록이긴 하지만 836년(희강왕 원년)에 신라의 집사성에서 일본의 태정관에 보낸 牒의 내용 가운데 '恕小人荒迫之罪 申大國寬弘之理'(『續日本後紀』 卷5, 仁明天皇 承和 3年 12月條)라고 하여 자국을 大國으로 인식하고 있었다. 또한 일본에 간 신라사가 증여물의 명칭을 '토모'라든가 '방물'이라 표현함으로써 신라는 일본 측의 일방적인 貢調 요구를 아예 무시해 버리고 있었다. 따라서 신라와 일본 두 나라는 경쟁적으로 자국을 상위국으로 위치 지으려는 의식을 갖고 있었으며 이에 따라 양국은 필연적으로 외교전을 벌일 수밖에 없었을 것이다.

284) 일본의 소위 '신라정토계획', 그 이면에는 일본 내의 蕃別諸氏의 획책이 있었고 그중심에는 공명심으로 가득한 藤原惠美朝臣押勝이라는 인물이 있었다는 것이다.(和田軍一, 「淳仁朝に於ける新羅征討計劃について」 『史學雜誌』 35-11, 1924)

보인다.[285) 발해의 대당·대신라관계가 호전되고 문왕의 개혁정책 등이 계속 진행되면서 발해의 자신감은 한층 고조되었다. 가령, 771년에 渡日한 발해사 壹萬福이 일본조정에 表文을 전달한 일이 있었다. 그런데 일본 측은 발해의 表文이 무례하다고 비난하며 일만복에게 표문을 고쳐짓고 사죄토록 하였다.

즉, 일본 측은 727년에 문왕의 先考인 左金吾衛大將軍 渤海郡王 무왕이 사신을 보내어 비로소 두 나라가 통교를 갖게 되었는데 이후 문왕이 遺風을 계승하여 前王의 遺業을 이어서 사신을 보내왔으나 771년에 발해사신이 가져온 글에는 날짜 아래에 관품과 성명을 쓰지 않고 글의 말미에 거짓으로 천손임을 참칭하는 칭호를 써놓는 등 이전과 다른 법식을 따르고 있다면서 다음과 같이 강하게 비난한 사실에서 알 수 있다.

> "高氏의 때에는 병란이 그치지 않아 조정의 위엄을 빌리기 위하여 그쪽에서 형제를 칭하였다. 바야흐로 이제 大氏는 일찍이 아무 일 없이 편안한 연고로 함부로 외숙과 생질이라 칭하는데 예를 잃은 것이다."(『續日本紀』卷32 光仁天皇 寶龜 3年(772) 2月)

또한 8세기 후반이 되면 발해의 사절단 규모는 최소 수십 명에서 최대 100여 명에 이르던 이전에 비해 300여 인을 넘을 정도로 크게 늘어난다. 그 대표적인 사례가 771년 6월에 渡日한 발해사 일만복 일행으로서 이들은 총 325인으로 구성되었는데 배 17척에 나눠 타고 일본에 올 정도로 대규모의 인원이었다.

---

285) 이성시와 石井正敏 등은 발해와 일본이 762년을 기점으로 성격을 달리하는 관계, 즉 정치적인 관계에서 경제적인 관계로 변모하였다고 보았다.(이성시 저·김창석 역, 앞의 책, 1999, 150~151쪽; 石井正敏, 『日本渤海關係史の研究』, 吉川弘文館, 2001)

"발해국 사신 靑綬大夫 壹萬福 등 325인이 배 17척을 타고 出羽國의 賊地 野代湊에 도착하였다. 常陸國에 안치하고 (물건을) 공급하였다."(『續日本紀』 卷32 光仁天皇 寶龜 2年(771) 6月)

"발해국 사신 靑綬大夫 壹萬福 이하 40인을 불러 새해를 축하하는 조회에 참석하게 하였다."(『續日本紀』 卷32 光仁天皇 寶龜 2年(771) 10月)

이러한 규모의 발해사절단은 일찍이 찾아볼 수 없었다. 일만복 일행의 구체적인 파견목적에 대해서는 그 후 773년 6월에 渡日한 渤海使 烏須弗이 能登國에 도착하여 일본의 使人에게 전한 말에서 알 수 있는데, 烏須弗에 의하면 그 이전 발해에 체재하면서 音聲을 배우고 돌아갔던 일본사 內雄 등이 10년이 지나도록 안부를 알리지 않자 발해조정에서 일만복을 일본에 보냈는데 아직까지 일만복이 귀국하지 않아 이를 확인하기 위해 자신이 일본에 온 것이라고 말하였다.[286]

上田雄은 일만복 일행이 일본에 온 목적에 대해 발해에 체제하다 이보다 앞서 귀국한 일본의 音聲留學生 內雄(高內弓)이란 인물의 안부를 묻기 위한 것이며 일만복 일행은 발해연안에서 일상적으로 부리는 漁船과 그 인부를 동원하여 일본에 내항했던 것이라 보았다.[287] 구난희는 그보다 앞서 渡日한 신라사 김초정 일행이 대일교역을 달성하고 돌아갔기 때문에 이들 신라사절이 비록 土毛라는 이유로 일본조정으로부터 入京을 거부당했으나 발해 측의 신라에 대한 견제 차원에서의 대일외교일 가능성을 간과할 수 없다고 하였다.[288]

그러나 발해조정이 단지 발해에 체재했던 일본사 內雄의 안부를 묻

---

286) 『續日本紀』 卷32, 光仁天皇 寶龜 4年(773) 6月條
287) 上田雄, 『渤海使の硏究』, 明石書店, 2002, 316쪽.
288) 구난희, 「8세기 후반 일본의 대외관계에 관한 고찰」 『일본역사연구』 10, 1999, 34~37쪽.

기 위해 일만복을 포함한 300여 인이 넘는 대규모의 인원수를 파견했다는 것은 상식적으로 납득이 되지 않는다. 그것도 일만복 일행이 일본사행을 마치고 귀국하려다가 폭풍우를 만나 간신히 죽음을 면하여 일본에 그대로 머물러 있어야만 했듯이[289] 당시 발해와 일본의 사신왕래는 위험을 무릅쓰고 바다를 건너 가야야 할 정도의 힘든 여정이었다.

비록 발해와 일본이 우호적인 관계에 있었다고 해도 발해사 일만복 일행이 목숨을 걸고 渡日한 배경에는 內雄의 안부를 내세워 일본 측으로부터 발해에게 이익이 되는 경제적 보답이 있었기 때문일 것이다. 즉, 일본조정이 이들을 常陸國에 안치하고 물건을 공급한 점이나 발해사 일만복 이하 40인만을 조회에 참석시킨 점 등으로 미루어 볼 때 발해의 외교담당 사신뿐 아니라 경제적인 목적을 위해 발해 측이 공식적으로 허가한 상인들까지 포함되었을 가능성이 매우 크다.

이처럼 771년에 발해사 일만복이 渡日한 배경에는 안사의 난 이후 신라-발해-당을 중심으로 한 우호적인 유대가 형성되면서 발해를 둘러싼 국내외 정세의 안정은 물론 발해의 정치적 발전과 경제규모의 확대가 더욱 촉진되었고 이에 따라 교역에 대한 욕구가 한층 높아지면서 이를 충족시키기 위한 목적에서 단행되었다고 볼 수 있다. 따라서 이때의 발해사절단은 발해내의 경제규모의 확대에 따른 수요와 공급의 측면에서 경제적인 측면에 좀 더 비중을 두고 파견되었을 것이다.

그런데 일본 측은 발해사 일만복이 가져온 表文이 무례하다고 하여 처음으로 入京을 거부하고 되돌려 보내려 하였다. 그러자 일만복은 表文을 일본 측의 구미에 맞는 문장으로 고쳐 겨우 入京을 허가받을

---

289) 『續日本紀』 卷32, 光仁天皇 寶龜 4年(773) 6月條

수 있었다.[290] 773년 6월에도 渤海大使 烏須弗가 表函의 내용이 예에 어긋나고 무례하다고 하여 일본 측으로부터 책망을 당하고 일본조정이 烏須弗에게 이후 越前 加賀→能登을 취하여 들어오던 길을 금하고 筑紫道(대재부를 경유하는 길)를 따라 入朝토록 선포한 일이 있었다.[291]

이처럼 일본은 753년에 발해사 慕施蒙에게 表文을 지참하도록 요구한 적이 있으나[292] 발해에 대해 表文의 내용을 지적한 사실은 이때가 처음이다. 이는 예의 문제가 발해와의 외교에서도 강조되고 있었으며 전쟁의 위기 등 내정을 동요시킬 만한 직접적인 대외관계 문제가 사라진 시대임을 알 수 있다.[293] 그럼에도 불구하고 779년까지 발해가 史都蒙·張仙壽·高洋粥 등을 잇달아 일본에 파견한 것은 발해조정의 필요에 의해 정치적 목적보다 경제적 목적에 비중을 두었다고 볼 수 있다.

그 가운데에서도 押領 高洋粥의 발해사절단이 鐵利人을 동반하여 왔다는 사실이 주목된다. 779년 9월에 渡日한 발해 및 철리의 사절단도 모두 395인으로 그 수가 매우 많았다.[294] 당시 철리인들은 발해에 귀속된 부족으로 발해의 국가사절로서 대일교역에 참가하였다. 이처럼 발해사절단이 772년 이후 전례와 다른 모습을 보이며 대규모화한 것은 철리부족과 같은 발해의 여러 주변부족에 대한 통합과정과 관련이 있는 등 발해의 정치과정을 반영한다.[295]

---

290) 『續日本紀』 卷32, 光仁天皇 寶龜 3年(772) 春正月條
291) 『續日本紀』 卷32, 光仁天皇 寶龜 4年(773) 6月條
292) 『續日本紀』 卷19, 孝謙天皇 天平寶字 5年(753) 6月條
293) 박석순, 앞의 책, 2002, 285쪽.
294) 『續日本紀』 卷32, 光仁天皇 寶龜 10年(779) 9月條
295) 이성시 저·김창석 역, 앞의 책, 1999, 156~159쪽.

2. 신라 정치세력의 동향과 對日外交

1) 惠恭王의 登極과 金初正의 渡日

764년에 경덕왕의 뒤를 이어 태자 乾運이 왕위에 오르니 그가 바로 혜공왕이다. 어린 나이에 등극한 혜공왕은 모후인 滿月夫人으로부터 섭정을 받았다.[296] 이로 인해 그의 권위는 母后와 그 측근세력들의 손에 좌지우지되고 貴戚들의 득세는 절정에 이른다.

신라 혜공왕대 초반의 대표적인 귀척들 가운데 金隱居라는 인물이 있었다. 그는 혜공왕 3年(767)에 왕과 왕비의 冊命을 요청하기 위해 당에 들어간 적이 있었다.[297] 그 다음 해에는 그가 당의 代宗으로부터 歸崇敬이라고 하는 당의 사신을 신라에 파견하는 데 큰 역할을 하면서[298] 같은 해 10월에 侍中職을 맡았다. 이후 그는 왕의 측근이자 집사부의 최고 책임자로서 정계에 두각을 나타내기 시작하였다.[299] 그러나 그는 나중에(혜공왕 11년, 775년)에 반란을 일으켰다는 죄목으로 伏誅를 당하고 만다.[300]

혜공왕대에 들어와서 신라가 처음 일본에 사신을 파견한 시기도 김은거가 득세하던 혜공왕 5年(769) 11월이었다. 이처럼 신라에서는 혜공왕이 등극한 지 5년이 지난 시점에 이르러 일본에 사신을 파견하였는데, 그 배경에는 두 나라의 관계가 그다지 친밀하지 못했던 사정에

---

296) 『三國史記』 卷9, 新羅本紀 惠恭王 卽位年(765)條
297) 『三國史記』 卷9, 新羅本紀 惠恭王 3年條, "秋七月 遣伊湌金隱居入唐貢方物 仍請加冊命 (……)"
298) 『三國史記』 卷9, 新羅本紀 惠恭王 4年條, "春 唐代宗遣倉部郎中歸崇敬 兼御史中丞 持節賚冊書 冊王 爲開府儀同三司新羅王 兼册王母金氏爲大妃"
299) 『三國史記』 卷9, 新羅本紀 惠恭王 4年 冬10月條
300) 『三國史記』 卷9, 新羅本紀 惠恭王 11年 夏6月條

기인한 바도 있지만 당시의 신라 국내정세와 밀접한 관련을 갖는다.

즉, 신라의 정세는 혜공왕의 등극을 전후로 하여 안정을 찾지 못하였다. 이러한 사정은 혜공왕이 재위한 지 2년 무렵에 기이한 자연현상이 자주 나타났다는 『三國史記』의 기사 속에서 알 수 있다.[301] 그리하여 신라에서는 왕의 즉위 직후가 아니라 3년에 이르러서야 겨우 당에 사신을 파견할 수 있었다. 게다가 혜공왕 4년에는 大恭·大廉의 난[302]이 일어나면서 33일간 궁궐이 포위되는 위험한 상황을 맞기도 하였다.[303]

그런데 769년에 이르러 신라의 정세가 어느 정도 진정을 보이자 조정에서는 일본견당사 藤原河淸의 부탁을 계기로 新羅使 金初正 등을 일본에 파견하였다.

"신라사신 급찬 김초정 등 187인 및 導送者 39인 등이 對馬島에 도착하였다. 員外右中弁 大伴宿禰伯麻呂와 攝津大進 津連眞麻呂 등을 大宰에 보내어 신라사신이 入朝한 까닭을 물었다. 앞서 신라사신에게 내조한 까닭을 묻던 날에 김초정은 '당에 있는 大使 藤原河淸과 學生 朝衡 등이 宿衛王子 金隱居의 귀향 편에 고향의 부모에게 보내는 서신을 보냈다. 이 때문에 국왕이 초정을 뽑아 河淸 등의 서신을 보내게 하였다. 또한 사신이 나아가는 편에 土毛를 바친다'라고 말하였다. 다시 묻기를 '신라가 調를 바친 것은 그 유래가 오래되었다. 그런데 토모라고 고쳐 칭한 것은 그 뜻이 어디에 있는가'라고 하니 '편의상 부수적으로 바치는 것이므로 調라고 칭하지 않았다'라고 대답하였다. 이에 左大史 堅部使主人主를 보내어 초정 등에게 이르기를, '앞의 사신 정권이 귀국하던 날에 명령한 바의

---

301) 『三國史記』 卷9, 新羅本紀 惠恭王 2年條, "春正月 二日並出 大赦 二月 王親祀神宮 良里公家 牝牛生 犢五脚 一脚向上 康州地陷成池 縱廣五十餘尺 水色靑黑 冬十月 天有聲如鼓"

302) 大恭의 亂 등이 일어난 것은 태후와 당으로부터 大妃 책봉을 받은 직후에 일어난 사실과 무관하지 않는다고 본 견해가 있다.(박해현, 앞의 책, 2003, 157쪽)

303) 『三國史記』 卷9, 新羅本紀 惠恭王 3年 秋7月 및 4年 秋7月條

일에 대하여는 일찍이 보고하지 않고 이제 한갓 사사로운 용무만을 가지고 나왔기 때문에 이번에는 손님의 예로 맞이할 수 없다. 이후로는 마땅히 入朝한 사람이 일을 아뢸 수 있도록 할 것이며 그를 평상시와 같이 대할 것이다. 모름지기 이러한 사정을 너의 나라 왕에게 고하여 알리도록 하라. 다만 당나라의 소식과 당에 있는 우리 사신 藤原朝臣河淸 등의 서신을 전하여 준 노고를 가상히 여겨 대재부에게 명령하여 안치시키고 잔치를 베풀 것이니 마땅히 그것을 알라.'고 하였다. 그리고 국왕에게 祿으로 絁 25疋, 絲 100絇, 綿 250屯을 내리고 大使 김초정 이하에게도 주었는데 각각 차등이 있었다."(『續日本紀』 卷30 稱德天皇 神護景雲 3年 3月, 11月, 12月)

新羅使 金初正이 187인의 사절단과 導送者 39인을 이끌고 일본의 대마도에 도착하자 일본조정에서는 大伴宿禰伯麻呂와 津連眞麻呂 등을 보내 入朝의 이유를 물었는데 이때 김초정이 국왕의 명으로 宿衛王子 金隱居의 귀향 편에 일본의 遣唐大使 藤原河淸과 學生 朝衡 등이 부탁한 편지와 함께 土毛를 전달하기 위해 왔다고 대답한다.[304] 따라서 이때 파견된 신라사절단은 당시 정치적 영향력이 강했던 侍中 김은거의 주도하에 이루어졌음을 알 수 있다.

그런데 일본의 大伴宿禰伯麻呂 등은 김초정에게 土毛라 고쳐 부른 이유를 다시 물었다. 그러자 김초정이 '부수적으로 바치는 것(便以附貢)'이므로 調라 칭하지 않았다고 대답한다.[305] 따라서 이때 신라사절단

---

304) 濱田耕策은 김초정의 일본파견에 대해 당의 代宗이 일본의 견당사를 배려하기 위해 唐使 陸珽을 일본에 파견할 예정이었는데 陸珽가 신라의 경주에 머무른 채 일본에 가지 않자 대신 신라왕이 김초정에게 명하여 일본견당사의 서신을 일본에 전달한 것이며 여기에 당의 의지가 개재한 사례라 하였다.(『新羅國史の硏究』, 吉川弘文館, 2002, 383쪽)

305) 『日本六國史 韓國關係記事 譯註』(가락국사적개발연구원, 1994, 261쪽)에는 土毛에 대해 공물을 낮추어 표현한 것으로 해석하였다. 金恩淑은 신라사가 土毛라 칭한 것에 대해 신라사가 일부러 入京을 원하지 않았기 때문이라고 하였다. 왜냐하면 일본의 중앙귀족들은 신라사가 가지고 온 물건을 博多에서 사교역으로 입수할 수 있었기 때문이며 일본조정에서는 768년에 자국의 좌우대신 이하가 신라의 교관물, 즉 무역품을 살 수 있도록 태재부에 면을 지급한 사실이 있고 이런 사실로 미루어 볼 때 이때의 신라사는 태재부에서 교역만 하고 돌아갔을 가능성이 있는 것으로 파악하였다.(「8세기의 新羅와 日本의 關係」 『國史館論叢』 29, 1991, 128쪽)

이 가져온 土毛는 사사로이 증여되는 물품임을 알 수 있다.[306]

이에 대해 일본 측은 김초정이 調라 하지 않고 土毛라 칭하였기 때문에 빈례로써 대우하지 않겠지만 대신 唐國의 소식과 遣唐使 藤原河清 등의 서찰을 가지고 왔으므로 그 노고를 위로하기 위해 大宰府에서 향연을 베풀고 신라국왕 및 신라사 등에게도 증여물을 준다고 하였다.

이 같은 일본 측의 대신라자세에 대해 신라사 김초정 일행이 일본의 동정을 엿보기 위한 것으로 일본 측이 의심했던 데에서 그 연유를 찾는 견해도 있다.[307] 그러나 이때 渡日한 김초정 이하 신라사절단의 규모는 200여 명 정도다. 送導者 39인을 제외하더라도 이러한 규모는 당시 唐에 머물고 있던 일본사신의 부탁만을 받고 일본에 파견되기에 적지 않은 수다.

그런데 이보다 앞선 시점인 768년 10월경에 일본조정에서는 좌우대신에게 大宰의 綿 각 2만 屯, 大納言 諱와 弓削御淨朝臣淸人에게 각각 1만 屯, 從2位 文室眞人淨三에게 6천 屯, 中務卿 從3位 文室眞人大市 등에게 3천 屯, 正4位下 伊福部女王에게 1천 屯 등 총 7만 1천 屯을 주어 新羅의 交關物을 사도록 허가한 일이 있었다.[308] 일본조정에서는 신라사절이 대재부에 도착할 것이라는 사실을 미리 파악하고 이들과 교역할 수 있도록 조처했던 것이다.

따라서 이때의 신라사절단은 외교적 목적보다는 일본과의 교역이라는 경제적 목적에 중점을 두고 파견되었던 것으로 볼 수 있다. 물

---

306) 본고 제3장 제2절 참조.

307) 奧村佳紀, 「신라인의 來航에 대하여」『장보고관계연구논문선집 ─ 중국・일본편 ─ 』, 해상왕장보고기념사업회, 2002, 11쪽.

308) 『續日本紀』卷29, 稱德天皇 神護景雲 2年(768) 10月條

론 일본 측이 자신들의 외교의례절차에 따라 내조의 연유를 묻고 신라의 증여물에 대해 문제를 제기하기도 하였다. 그러나 일본의 『延喜式』 大藏省 조항에는 외국사신이 來朝하여 交易에 응하는 자와 관련된 규정이 따로 마련되어 있었다는 점[309]에서 이들 신라사절단은 入京할 필요 없이 大宰府에 머물면서 일본과 교역할 수 있었다고 판단된다.[310]

그렇다면 신라사 김초정 일행의 渡日은 일본견당사의 부탁을 빌미로 일본 측과 사전 협의가 있었을 것이고 신라 측에게 일본과의 교역은 상당히 매력적으로 받아들여졌을 것이다.[311] 이에 따라 신라조정에서는 신라사절단의 일본파견으로 그 이전시기에 발생한 叛亂과 자연재해에 따른 경제적 어려움을 다소 해결할 수 있었을 것이다. 이에 따라 이를 주도한 김은거의 立地는 그만큼 신라정계 내에서 커질 수밖에 없었을 것이다.

2) 金邕의 執政과 金三玄의 渡日

혜공왕대에 신라와 일본의 외교관계가 소원했던 상황은 774년(혜공왕 10)까지도 지속되었다. 이는 769년(혜공왕 5)의 신라사 김초정 파견 이후 5년 만에 다시 김삼현 일행이 파견되었는데 다음과 같은 양국사신 간에 오고 간 대화 속에서 알 수 있다.

---

309) 『延喜式』 卷30, 大藏省, "凡蕃客來朝者 官人史生各一人率藏部等 向郊勞處供設幄幄"

310) 대재부에는 당·신라와의 교역을 위해 交關用의 재원이 비축되었다. 따라서 외국사절이 入京할 필요 없이 대재부에 잠시 머물러 있다가 방환되더라도 교역이 이루어질 수 있었다. 당시 신라와 일본은 교역이 쌍방의 관심사였기 때문이다.(東野治之, 「鳥毛立屛風下貼文書の研究」 『正倉院文書と木簡の研究』, 塙書房, 1977, 305쪽)

311) 박남수, 「통일신라 동아시아 교역과 수공업생산 - 신라와 일본의 교역을 중심으로 - 」『해상왕 장보고 연구회 워크샵』, 2006, 21쪽.

"신라국 사신 禮府卿 金三玄 이하 235인이 대재부에 도착하였다. 河內守 紀朝臣廣純과 大外記 內藏忌寸全成 등을 보내어 내조한 까닭을 물었다. 삼현은 '우리나라 왕의 教를 받들어 옛날의 우호를 닦고 서로의 사신방문을 청하기 위함이다. 아울러 우리나라의 信物과 在唐大使 藤原河淸의 글을 가지고 내조하였다'라고 말하였다. '대저 옛날의 우호를 닦고 서로의 사신방문을 청하는 일은 대등한 이웃이어야 하며 職貢을 바치는 나라로서는 옳지 않다. 또한 貢調를 國信이라고 고쳐 칭한 것도 옛 것을 바꾸고 상례를 고친 것이니 그 뜻이 무엇인가'라고 물었다. 대답하기를, '우리나라의 上宰 金順貞의 때에는 배와 노가 서로 이어졌으며 항상 職貢을 닦았다. 이제 그 손자인 邕이 자리를 계승하여 정권을 잡고 있는데 가문의 명성을 좇아서 供奉하는 데 마음을 두고 있다. 이 때문에 옛날의 우호를 닦고 서로의 사신방문을 청하는 것이다. 또한 삼현은 본래 調를 바치는 사신이 아닌데 우리나라에서 문득 임시로 파견되어 오로지 土毛를 올리게 되었을 뿐이다. 그러므로 御調라 칭하지 않고 감히 편의대로 진술한 것이며 나머지는 알지 못한다'라고 말하였다. 이에 신라가 입조한 까닭을 물어보도록 보낸 사신 등에게 칙을 내려, '신라가 원래 신라를 칭하며 調를 바친 것은 예나 지금이나 다 아는 바이다. 그런데 옛날의 법규를 따르지 않고 함부로 새로운 뜻을 지어내어 調를 信物이라 칭하였다. 조정에서는 우호를 닦기 위해서 前例로 지금의 잘못을 바로잡는다. 특별히 달리 예우하지 말고 마땅히 바다를 건너는 식량만을 주어 조속히 돌려보내도록 하라.'고 하였다."(『續日本紀』 卷33 光仁天皇 寶龜 5年 3月)

新羅使 禮府卿 김삼현이 모두 2백여 명의 인원을 이끌고 일본의 대재부에 도착했다. 이때 일본의 관리 河內守 紀朝臣廣純 등이 入朝의 이유를 묻기 위해 대재부에 파견되었는데 김삼현이 국왕의 명으로 예전처럼 우호관계를 맺어 서로의 사신왕래를 청하기 위해 왔다고 대답한다. 이는 김삼현의 渡日 시점까지도 신라와 일본의 관계가 그리 원만하지 못했음을 보여준다.

이 시기는 김옹이 上相으로서 집정하던 무렵이었다. 이때의 신라사절단은 김옹의 주도하에 추진되었다.[312] 이는 신라사가 '貢調'를 信物로 개칭한 이유에 대해 또다시 묻는 일본 관리에게 김삼현이 일찍이 성덕왕대의 집정자로서 대일외교를 추진했던 김순정의 손자인 김옹을 소개하며 김옹 역시 할아버지의 뜻을 이어 받아 일본과 우호적인 외교관계를 수립하려 한다고 말한 사실[313]에서 알 수 있다.

그러나 신라사 김삼현 역시 그 자신이 국왕의 명으로 在唐大使 河淸의 편지를 전달하기 위해 임시로 파견되었을 뿐 조를 바치는 사신이 아니라고 하였다. 결국 신라사 김삼현은 일본조정으로부터 聘問을 말하고 國信物을 칭한 것이 前例에 어긋난다고 하여 入京은 물론이고 특별한 대우도 받지 못한 채 방환되고 만다.

신라사가 '聘問'을 말하고 '信物'이라 칭했다는 것은 김옹이 대일외교수립에 관심을 가지고 있었지만 자국의 명분과 실리를 중시한 인물이었다고 볼 수 있다.[314] 이는 신라사절단의 책임자라고 할 수 있는 김삼현이 일본으로 출발하기에 앞서 혜공왕은 물론이고 당시 최고의 집정자인 김옹과의 사전협의 없이 독단적으로 또는 개인적 所見으로 그와 같은 말을 했다고 보지 않기 때문이다.

김옹의 이 같은 태도는 당시 혜공왕의 측근 인물로서 어린 혜공왕

---

312) 김옹이 당시 上相으로서 兵部는 물론이고 왕실 관련 寺院의 首長이라고 하는 최고위직에 위치해 있었던 사실을 알려주는 혜공왕 7년(771) 제작의『聖德大王神鐘銘』에 의해서도 재확인할 수 있다.("檢校使 兵部令 兼 殿中令 司馭府令 修城府令 監四天王寺府令 幷 檢校眞智大王寺使上相大角干 臣 金邕")

313)『續日本紀』卷33, 光仁天皇 寶龜 5年 3月條

314) 전덕재는 김옹이 일본과의 외교를 매우 중시한 가문의 출신으로서 성덕왕대 중반 이후 소원해진 일본과의 관계개선을 위하여 적극 노력하였던 인물로 보고 있다.(앞의 논문, 1997, 13쪽) 하지만 김옹이 신라 사신을 통해 그의 조부인 김순정이 그랬듯이 가문의 명성을 쫓아서 일본에 供奉하려 했다고 언급한 것은 단지 외교적 수사에 불과한 것으로 판단된다. 왜냐하면 만일 그가 정말로 일본과의 관계개선을 위해 노력했다면 이와 관련된 그의 외교적 행보가 있어야 할 텐데 그러한 점을 전혀 발견할 수 없기 때문이다. 따라서 그가 과연 일본과의 관계개선을 위해 적극적으로 노력했었는지 매우 의심스러우며, 설령 김옹이 일본과의 관계개선에 대해 조금이나마 관심을 갖고 있었다고 해도 그가 대일관계개선에 적극적인 관심을 표명했다고 볼 만한 근거는 전혀 찾아볼 수 없다.

을 적극적으로 옹호했던 그의 정치적 입장과 궤를 같이한다.[315] 당시 신라의 정국은 어린 왕과 그를 둘러싼 태후 및 일부 외척들의 정국주도로 인해 민심이 이반되고 있었다. 또한 당시 정권에서 밀려나거나 불만을 가진 귀척들이 여러 차례 왕권을 위협하는 난을 일으키는 등 혼란이 계속되고 있었다.[316]

따라서 김옹이 혜공왕을 도와 이러한 흐트러진 정국을 수습하기 위해 여러 대책들을 강구하려 했고 여기에는 많은 비용이 필요했다. 경덕왕대에 주조하려다 왕의 죽음으로 뜻을 이루지 못한 大鍾의 주조도 바로 그러한 대책 중의 하나였다. 마침내 혜공왕 7년(771)에 성덕대왕신종이 완성됨으로써 전지전능한 불교의 힘을 빌려 왕권의 위엄을 드높일 수 있게 되었고,[317] 동시에 김옹의 정치행위도 자연스럽게 정당화될 수 있었다.[318]

이 신종의 명문 가운데 특히 주목되는 사실은 '所以 四方隣國 萬里 歸賓'이라는 구절이다. 이는 성덕왕 시절의 신라가 왕권이 신장되고 국가가 안정됨으로써 사방의 여러 나라가 이념적으로 신라에 조공했다는 의미를 담고 있다. 그런데 이 구절에서 표현하고 있는 시대가 비록 聖德王代라고는 하지만 神鍾을 주조해서 銘文을 새긴 시점이 惠恭王代이기 때문에 이 명문 속에 담긴 내용은 김옹을 비롯한 당대 지배

---

315) 김수태는 김옹의 정치적 성격을 반혜공왕파 내지 반전제주의 세력으로 파악하고 있다.(앞의 논문, 1983, 127~130쪽)

316) 『三國史記』 卷9, 新羅本紀 惠恭王 4年 秋7月 및 同王 10年 秋8月條;『三國遺事』 卷2, 紀異 惠恭王條

317) 이호영, 앞의 논문, 1974, 13쪽; 이문기, 앞의 논문, 1999, 823쪽.

318) 신종의 주조작업에는 물론 上相인 김옹이 최고책임자로서 참여하고 있었던 것이다. 신종의 명문은 4가지 정도로 요약된다. 첫째, 종의 본질로 보아 王者의 元功을 그 위에 새길 만하다는 것이다. 둘째, 성덕왕의 덕이 산하나 일월과 같고 치적이 훌륭해서 태평성대를 누렸다는 것이다. 셋째, 경덕왕은 부모의 정을 잊을 수 없어 대종을 주조하려다가 뜻을 이루지 못했다는 것이다. 넷째, 혜공왕은 경덕왕의 유언과 태후의 뜻을 받들어 선행을 베풀고 신종을 완성했다는 것이다.(『聖德大王神鐘銘』)

계층의 인식이 투영되었다고 볼 수 있다.

혜공왕 10년 무렵 일본에 파견된 김삼현이 자신은 調를 바치는 사신이 아니며 '聘問'을 말하고 '信物'이라 대답한 사실은 신라가 大國의 입장에서 일본의 朝貢國이 아님을 강조한 것이다.[319) 비록 혜공왕의 教를 빙자하기는 했지만 김삼현의 언급은 김옹의 정치적 입장을 어느 정도 반영했다고 볼 수 있다. 따라서 이들이 일본에 입국한 근본적인 목적 역시 김서정의 파견과 마찬가지로 200여 명에 이르는 인원수가 말해주듯이 일본과의 개인적 부탁을 매개로 일본 측에게 성의를 보여주면서 이들과 교역을 성사시킴으로써 왕실재정을 충족시키기 위한 것이었다고 생각된다. 이것은 신라가 명분과 실리를 동시에 추구한 대일외교의 단면이기도 하다.

3) 惠恭王의 親政과 金蘭蓀 · 金巖 등의 渡日

신라사 김삼현이 일본에 파견된 774년, 곧 혜공왕 10년은 혜공왕이 18세가 되던 해로서 母后의 攝政으로부터 벗어나 왕 자신이 親政을 시작하던 무렵이었다.[320) 이 해 10월에는 金良相이 上大等에 올랐다.[321) 그리하여 혜공왕은 친정을 시작하면서 김양상과 함께 본격적으로 정치개혁을 단행하였다.[322)

---

319) 이는 779년경 일본에 온 唐使 孫興進 등이 일본조정에 증여한 물품을 '信物'이라 한 사실에서도 엿볼 수 있다.[『續日本紀』卷35, 光仁天皇 寶龜 10年 5月條, "唐使孫興進 秦惢期等朝見 上唐朝書 并貢信物 (……)"]

320) 이문기는 진흥왕과 애장왕이 18세가 되던 해에 친정을 시작했던 사실에 의거하여 어린 신라왕의 친정개시 시점을 18세로 잡고 혜공왕의 친정시기도 18세가 되던 해로 보았는데 그는 혜공왕이 18세가 되는 시기로 그 다음 해인 775년으로 추정한 바 있으나(앞의 논문, 1999, 816쪽) 774년으로 해야 옳을 것이다.

321) 『三國史記』卷9, 新羅本紀 惠恭王 10年 10月條

322) 김양상은 후에 혜공왕대의 뒤를 이어 왕위에 오른 인물로서 내물왕의 10세손이다. 그는 경덕왕 23년 (764)에 시중직을 맡은 뒤 혜공왕 10년(774) 9월에 상대등직을 수행하였고 김옹의 뒤를 이어 上相으로서 집정자의 위치에 올랐으며, 혜공왕 16년(780)에 일어난 金志貞의 亂을 진압하는데 공을 세우기도 하

즉, 五廟制의 개혁과 百官號의 復古가 바로 그것이다.[323] 오묘제의 경우, 개혁의 명분은 무열왕과 문무왕이 고구려와 백제 양국을 평정하는 데 큰 공덕이 있었기 때문에 이들의 廟를 五廟에 포함시켜서 세세토록 '不毀之宗'으로 삼는다는 것이었다. 그러나 실제로는 무열왕계 내부의 동요를 무마하고 이들의 협조를 이끌어냄으로써 혜공왕 자신이 주도하는 정치세력의 연합과 이를 통한 새로운 정치의 추구라고 하는 정치적 목적에 입각하고 있었다.

또한 혜공왕 6년(770)에 일어난 김융의 모반사건 과정에서 가장 큰 피해를 입었던 김유신의 자손들에 대한 정치적 포섭이기도 하였다.[324] 이를 반증하는 사례가 혜공왕 15년(779)에 단행된 신라사 김난손·김암 등의 일본파견이다.[325] 이번 신라사절단은 혜공왕 10년(774)에 渡日한 신라사 김삼현이 일본조정으로부터 入京을 거부당한 이후 그로부터 5년이 지난 뒤에 파견된 사절이다.

그런데 신라사절단의 일원으로 渡日한 김암은 김유신의 손자인 允中의 庶孫으로 일찍이 唐에 들어가 宿衛를 한 바가 있었고 이때 그의 현명함이 당 조정에 널리 알려지기도 했다.[326] 또한 그는 김난손 일행과 함께 사절단의 일원으로 渡日했을 때 일본왕[光仁天皇] 역시 그의 현명함을 알고 억류시키려 하였다는 일화가 전해진다.[327]

였다.(『聖德大王神鐘銘』, "檢校使 肅政大令 兼 修城府令 檢校感恩寺使 角干 臣 金良相"; 『三國史記』 卷9, 新羅本紀 惠恭王 10年條, "秋九月 拜伊湌良相爲上大等")

323) 『三國史記』 卷9, 新羅本紀 惠恭王 12年條, "春正月 下敎 百官之號 盡合復舊 幸感恩寺望海"; 同書 卷 32, 雜志 祭祀, "(……) 至三十六代惠恭王 始定五廟 以味鄒王爲金姓始祖 以太宗大王文武大王 平百濟 高句麗 有大功德 並爲世世 不毀之宗 兼親廟二爲五廟 (……)"

324) 이문기, 앞의 논문, 1999, 837쪽.

325) 『續日本紀』 卷35, 光仁天皇 寶龜 10年(779) 冬10月條 "勅大宰府新羅使金蘭孫等 遠涉滄波 賀正貢調 (……)"

326) 『三國史記』 卷43, 列傳 金庾信(下)

327) 『三國史記』 卷43, 列傳 金庾信(下), "大曆十四年己未 受命聘日本國 其國王知其賢 欲勒留之 (……)"

이처럼 김암은 당에서 숙위한 경험이 있었고 이러한 측면이 고려되어 사신으로서 일본에 파견될 수 있었다. 여기에는 혜공왕대에 정치적으로 소외된 김유신의 후손들을 배려하고자 한 혜공왕의 정치적 고민도 깔려 있었다. 즉,『三國史記』卷43 金庾信 列傳에 의하면 김암이 일본에 가기 전인 大曆 14년(779) 여름 4월에 회오리바람이 뭉쳐 일어나 김유신의 묘와 시조대왕의 능에까지 이르렀는데 티끌과 안개로 캄캄하여 인물을 분간할 수 없었고 능을 지키는 자가 들으니 그 속에서 울고 슬퍼하여 탄식하는 듯한 소리가 났다고 한다. 그러자 혜공왕이 그 말을 듣고 두려워하여 대신을 보내어 제사드려 사과하고 이어 취선사에 밭 30결을 바치고 명복을 빌게 하였다는 일화가 전해지고 있다.

따라서 김암의 일본파견은 혜공왕과 그의 지지세력들의 정치적 고려가 크게 작용하였다고 볼 수 있다. 이러한 혜공왕의 결정에는 상대등 김양상의 적극적인 추천이 있었기에 가능했을 것이다. 김양상은 혜공왕 13년(777)에 상대등으로서 왕에게 시정을 극론한 바가 있다.[328]

그런데 김양상의 시정극론에 앞서 신라에서는 同王 11년(775)에 김은거·염상·정문 등의 모반사건이 연이어 일어났다.[329] 동왕 13년에는 京都에서 지진이 거듭 발생하고 있었다.[330] 이러한 신라 내의 사정을 감안한다면 김양상은 이러한 사태에 적절히 대처하지 못한 왕의 失政에 대해 왕을 보좌하는 측근이자 집정자의 입장에서 諫言할 수 있었을 것이다.[331]

---

328) 『三國史記』 卷9, 新羅本紀 惠恭王 13年條, "夏四月 又震 上大等良相上疏 極論時政"
329) 『三國史記』 卷9, 新羅本紀 惠恭王 11年 夏6月 및 秋8月條
330) 『三國史記』 卷9, 新羅本紀 惠恭王 13年條, "春三月 京都地震 夏四月 又震 (……)"
331) 이영호, 앞의 논문, 1990, 350쪽.
　　이기백은 김양상이 상소해서 시정을 극론한 기록에 대해 양상 일파의 정권 확립 및 견당사 파견의 중지와 관련이 있고 당 대신에 일본과 연결하려는 의도에서 나온 것이라 추정한 바 있다.(앞의 책, 1974.

이에 대해 혜공왕 역시 최고통수권자로서 여러 차례의 반란과 자연재해에 대해 책임을 통감하고 왕 11년에 侍中이 된 金順을 왕 13년에 金周元으로 교체했다고 볼 수 있다.[332] 이때 시중직에 오른 김주원은 무열왕의 제3자인 文王의 후손으로서 아버지는 경덕왕 시절 시중을 역임한 유정이며 조부 역시 경덕왕 시절 상대등이었던 김사인이었다. 김주원은 김양상과도 가까운 인물[333]이었기 때문에 두 사람 모두 혜공왕의 측근으로 파악된다.

이러한 신라의 정세 속에서 혜공왕과 그의 측근세력들은 왕권을 강화하고 국난을 해결하기 위해 힘쓰게 된다. 이는 일본과의 관계에도 그대로 반영되었다. 즉, 이보다 앞서 혜공왕 15년 2월에 일본조정이 下道朝臣長人 등을 遣新羅使에 임명한 바 있다. 일본조정이 이들을 견신라사에 임명한 목적은 그 전 해인 혜공왕 14년(778) 11월에 遣唐判官 海上眞人三狩 등이 표류하다가 제주도인 耽羅嶋에 도착하여 섬사람들에게 억류된 바 있었기 때문에[334] 遣唐判官 海上眞人三狩 등을 일본으로 무사히 귀환시키기 위한 것이었다.[335]

그리하여 일본의 견당사절은 신라조정의 도움으로 수개월이 지난 그해 7월에 이르러 일본으로 돌아갈 수 있었다.[336] 그리고 김난손·

235쪽) 이문기는 현실정치의 문제점에 대한 직설적인 비판으로서 혜공왕이 주도하는 연합정치에 대한 김양상의 반기이며 혜공왕이 시중을 김순에서 무열왕계인 김주원으로 교체하였던 사실을 근거로 김양상으로 대표되는 내물왕계 김씨세력들의 이탈을 보여주는 것이라고 보았다.(앞의 논문, 1999, 838쪽)

332) 『三國史記』 卷9, 新羅本紀 惠恭王 11年 및 13年條, "三月 以伊湌金順爲侍中"; "冬十月 伊湌周元爲侍中"

333) 박해현, 앞의 책, 2003, 169쪽.

334) 『續日本紀』 卷35, 光仁天皇 寶龜 9年(778) 11月條

335) 『續日本紀』 卷35, 光仁天皇 寶龜 10年(779) 2月條, "以太宰少監正六位上下道朝臣長人爲遣新羅使 爲迎遣唐判官海上三狩等也"

336) 『續日本紀』 卷35, 光仁天皇 寶龜 10年(779) 7月條, "太宰府言 遣新羅使下道朝臣長人等 率遣唐判官海上眞人三狩等來歸"

김암 등의 신라사절단은 일본의 遣新羅使 下道朝臣長과 동행하였다. 이는 신라사 김난손·김암 일행이 大宰府에 도착하자마자 일본조정에서 '通狀이 있더라도 다시 반복하는 것이 마땅하니 내조한 연유를 묻고 表函을 요구하라'라고 하는 지시를 내린 사실에서 알 수 있듯이 일본에서는 遣唐使 海上三狩의 무사귀국을 위해 미리 신라조정에 도움을 요청한 일이 있었기 때문에 신라와 일본 사이에 사전교섭이 있었지만 외교관례상 신라사에게 방문목적을 재차 물은 것이라 볼 수 있다.[337]

그런데 이들 일본 견신라사 일행의 귀국 시기는 그들이 신라에 온 시점으로부터 몇 개월이 지난 뒤였다. 즉, 그들이 몇 개월 동안 신라에 머물다가 떠났음을 알려준다. 이는 곧 인도적 차원에서의 일본 견당사에 대한 신라 측의 배려를 짐작케 하는 부분으로서 주목된다.

신라 측의 이 같은 태도는 회유적 측면이 강하다. 즉, 그보다 앞선 774년에 일본조정은 자국의 해안으로 표류해 오는 신라인들에 대해 일본조정이 인도적 차원의 송환을 명하는 조치를 내린 바가 있다.[338] 이에 대해 일본지배층이 의도하는 국제질서로부터 점차 이반하는 신라에 대해 어디까지나 上位의 입장에서 일본 측이 은혜를 베푼다고 하는 회유적 측면에 따른 것이고 동시에 일본이 국가주도하에 신라인에게 질서 있는 대응을 함으로써 신라와 불필요한 분쟁을 피하기 위한 것이었다고 파악하는 견해가 있다.[339] 그렇다면 신라가 섬에 억류된 일본사신을 송환한 조치 역시 신라에게는 자국의 국제질서로부터 이반해가던 일본에 대해 大國의 입장에서 은혜를 베푼다고 하는

337) 『續日本紀』卷35, 光仁天皇 寶龜 10年(779) 冬10月 및 11月條
338) 『續日本紀』卷33, 光仁天皇 寶龜 5年 5月條
339) 山內晋次, 앞의 책, 2003, 75~76쪽.

의미가 있는 것이며 일본과 불필요한 분쟁을 피하기 위한 것이었다
고 볼 수 있다.

이때 신라에 來朝한 일본사신이 혜공왕을 직접 알현했는지는 분명
치 않다. 다만 遺新羅使 下道朝臣長의 임무가 표류하던 자국사신을 무
사히 귀국시키기 위해 실무차원이란 점, 그리고 그의 직함과 관위가
大宰少監 正6位上으로 大宰少監은 중앙정부의 직함이 아닌 대재부 소
속이며 正6位上은 비교적 낮은 관위라는 점[340] 등에서 이들이 혜공왕
을 직접 알현했을 것으로 보이지 않는다.[341]

따라서 이들은 신라의 대외업무기구인 집사부의 담당관리들과 대
면했을 가능성이 크다. 그리고 여기에서 논의된 내용이 혜공왕을 비
롯한 신라조정에 보고되었을 것이다. 이때 일본의 견신라사에 대한
배려나 일본으로의 사신파견을 주도한 인물이 당시의 집정자인 김양
상이었을 것이다.[342]

그런데 일본조정이 신라사의 증여물을 '調'라 했으나[343] 김난손과
김암 등은 일본조정에 대해 새해 인사를 하면서도 그들이 요구하는
表函을 휴대하지 않았다. 이는 비록 혜공왕이 일본 견당사의 송환을

---

340) 일본 遺新羅使 下道朝臣長의 관위가 그 이전부터 통상 신라에 공식적으로 파견된 일본사의 관위, 5位
보다 낮다.(東野治之, 「『延喜式』にみえる遺外使節の構成」『遺唐使と正倉院』, 岩波書店, 1992) 그런
점에서 당시 신라와 일본 두 나라 사이에는 외교적 냉각이 형성되고 있었을 가능성도 상정해볼 수 있다.
하지만 779년 무렵 일본사신이 신라에 온 목적이 일단 자국 사신의 무사귀환을 위한 것이었던 만큼 이
같은 그들의 외교업무를 고려한다면 일본조정에서 일부러 낮은 관위의 견신라사를 보냈을 가능성이 오
히려 더 크다고 판단된다.

341) 東野治之에 의하면 일본 견신라사의 관위는 신라와의 관계가 냉각된 753년 이후에 현저히 낮아지는데 이
는 특히 대신라관계가 사실상 두절되는 779년 이후 견신라사의 성격이 견당사의 보호를 의뢰하는 사신으
로 바뀌었다고 한다.(「『延喜式』にみえる遺外使節の構成」『遺唐使と正倉院』, 岩波書店, 1992, 55쪽)

342) 전덕재, 앞의 논문, 1997, 13~14쪽; 平澤加奈子, 앞의 논문, 2006, 65쪽.

343) 浜田耕策은 김난손의 '賀正貢調'한 외교형식이 일본 측을 '亢禮의 隣國'으로서 聘問한다고 하는 신라의
외교방침으로부터 후퇴한 것일 수 있으나 이는 외교과정에서 보인 김난손의 일시적 자세이지 신라 외교
의 기본자세의 변경은 아닐 것이라고 보았다.(앞의 책, 2002, 390쪽)

계기로 신라사절단을 일본에 파견하긴 했으나 기존 외교정책에 변화가 없음을 일본 측에게 보여준 것이다.[344] 그럼에도 불구하고 그 이전에 일본에 간 신라사가 번번이 入京을 거부당한 것과 달리 이들은 일본조정으로부터 入京을 허가받고 극진한 대접을 받을 수 있었다.[345]

이처럼 일본조정의 입장에서 볼 때 신라 측의 대일외교자세에 대해 만족할 수 없었지만 이들 신라사 일행을 賓禮[346]로서 대우하고 入京시켰다. 그 배경에는 일본의 견당사 海上眞人三狩 등을 무사히 귀국 시킨 일에 대한 보답차원과 함께 혜공왕의 親政 이후 使行을 단행한 신라조정에 대한 유화적 조처였다. 이는 日本天皇이 780년 정월에 大極殿에서 새해를 축하하기 위해 唐使 高鶴林과 참석한 신라사 김난손 등에게 언급한 내용에서 알 수 있다.

> "신라국은 대대로 배와 노를 이어서 우리나라에 供奉을 해온 것이 그 유래가 오래되었다. 그러나 泰廉 등이 본국으로 돌아간 후에는 常貢을 닦지 않고 매번 일마다 무례하였다. 때문에 최근에는 그 사신을 물리쳐 돌려보내고 손님으로 접대하지 않았다. 그런데 이제 짐의 때에 사신을 보내어 朝貢을 하고 겸하여 새해인사를 올리며 또한 海上三狩 등을 찾아오는 사신 편에 딸려 보냈으니 이 수고로움을 짐은 가상히 여긴다. 이제부터 이후로 이와 같이 供奉하면 은혜로 대우함을 두터이 할 것이며 常禮로 대접할 것이다. 이러한 일을 너희 국왕에게 말하도록 하라."(『續日本紀』卷36 光仁天皇 寶龜 11年(780) 春正月)

---

344) 平澤加奈子는 779년경의 신라사파견은 견신라사의 요청에 수동적으로 응한 것이 아니라 신라사절단의 구성이 朝貢使인 大使·副使·大判官·小判官·大通事 및 學語生 등으로 이루어진 점에서 신라가 대일외교를 지속하겠다는 의식을 적극적으로 보여준 것이라 주장한다.(앞의 논문, 2006, 56~65쪽)

345) 『續日本紀』卷36, 光仁天皇 寶龜 11年(780) 春正月 및 2月條

346) 빈례란 외국사절이 來日하면 京까지 들어와서 접대를 받기 위한 과정을 말한다. 즉, 외국사절의 전송, 拜朝, 국서와 신물의 수납, 향연과 물품의 수여, 친서의 전달 등이 그것이다.(田島公, 「日本の律令國家の'賓禮'」『史林』68-3, 1985; 박석순, 앞의 책, 경인문화사, 2002, 28쪽)

이와 함께 일본천황은 780년 2월에 김난손·김암 일행을 귀환시키면서 신라국왕 앞으로 보내는 글을 통해 일본에 오는 신라사신들이 表를 지참하지 않고 올 경우 入京을 불허하겠다는 입장을 굽히지 않는다.[347] 그러나 뒤이은 혜공왕의 승하로 인해 혜공왕대의 공식사절이 끝나면서 일본 측의 요구는 사실상 유명무실화되었다. 그리고 이후 신라에서는 더 이상 공식사절을 일본에 보내지 않았다.

지금까지 살펴본 것처럼 혜공왕대에는 신라사의 일본파견과정에서 혜공왕의 친정과 김은거, 김옹, 김양상이라고 하는 정치세력이 정국을 주도하였다. 이들은 大國 또는 上國의 입장에서 상황에 따라 탄력적인 대외교섭은 물론이고 인도적 차원의 대일외교를 전개하였을 뿐 강경한 대일외교자세에는 큰 변화가 없었음을 알 수 있다.

3. 惠恭王代 對日外交의 특징

동북아 정세의 변화와 함께 혜공왕대 신라와 일본의 외교관계는 다음과 같은 내용으로 특징지을 수 있다. 즉, 앞장에서 이미 지적했듯이 혜공왕대 신라사의 일본파견은 모두 세 차례에 불과하며 일본사의 신라파견도 겨우 한 차례에 그치고 있어 매우 소원한 상태였다. 게다가 양국사신의 파견주기가 한차례에 불과한 일본은 논외로 하더라도 신라의 경우 5년에 한번 꼴로 나타나고 있었으며 그나마 한차례 신라에 파견된 일본사절은 혜공왕을 알현하지 못했다.

이는 혜공왕대 신라와 일본의 외교관계에 정치적으로 상대국을 필

---

347) 『續日本紀』 卷36, 光仁天皇 寶龜 11年(780) 2月條

요로 할 정도의 절실한 요인들이 사라졌음을 의미한다. 안사의 난 이후 혜공왕대 동북아 정세는 발해와 당의 관계가 더욱 돈독해졌고 신라와 발해 역시 평화적인 교섭이 진행되고 있었다. 또한 사신을 통한 공무역보다 사무역이 성행하던 시기였다.[348]

이러한 상황은 신라와 일본 간의 외교에도 영향을 주었는데 신라의 대발해접근으로 인해 일본조정이 더 이상 신라에 대한 침략논의를 할 수 없는 상황을 만들었다. 일본은 당과의 교통을 신라가 아닌 당과 긴밀해진 발해를 이용해 본격적으로 추진하였다. 이는 곧 일본의 賓禮儀式 대상이 신라에서 발해로 전환된 것을 의미한다.[349]

혜공왕대 신라와 일본의 외교관계가 소원해지면서 신라사에 대해 入京을 거부하는 경우가 많았다. 일본조정은 내일한 사절에 대한 처우의 분기점으로서 '入京'에 대해 각별한 주의를 기울이고 있었기 때문이다.[350] 예를 들면, 김옹이 집정하던 혜공왕 10년에 신라사 김삼현이 渡日하였는데, 그가 입국 배경을 묻는 일본 관리에게 국왕의 명으로 일본과 예전처럼 우호관계를 맺고 사신왕래가 빈번해지길 바라는 뜻에서 왔다고 대답했으나 일본 측이 신라사가 聘問을 말하고 國信物을 칭한 것은 전례에 어긋난다고 하여 入京은 물론이고 특별한 대우도 받지 못한 채 되돌아가고 말았다.

또한 신라사 김삼현이 일본조정으로부터 賓禮를 받지 못한 해로부터 5년이 지난 뒤인 혜공왕 15년(779)에 신라사 김난손과 김암 등을 일본에 파견하였다. 이때는 혜공왕의 친정과 김양상의 집정이 이루어

---

348) 강상택, 「8~9세기 신라의 산업구조」『장보고연구』 2, 1999, 13쪽.

349) 박석순, 앞의 책, 경인문화사, 2002, 277쪽.

350) 박석순, 앞의 책, 경인문화사, 2002, 109쪽.

지던 무렵으로 신라정세는 여러 차례의 반란과 자연재해 등으로 어려움을 겪고 있던 상황이었다. 그런데 이보다 앞서 혜공왕 15년 2월에 일본조정에서 下道朝臣長人 등을 遣新羅使에 임명한 바 있었다.

이들 견신라사는 그 전 해인 혜공왕 14년(778) 11월에 遣唐判官 海上眞人三狩 등이 표류하다가 耽羅嶋에 도착하여 섬사람들에게 억류된 바 있었기 때문에 遣唐判官 海上眞人三狩 등을 일본으로 무사히 귀환시키기 위해 특별히 파견된 사신이었다. 따라서 신라조정에서는 이들의 귀국 시에 임시사절로서 김난손과 김암 등을 동행시켰다. 일본조정에서는 김난손이 일본에 증여한 물품은 '方物'이었고 그가 表函도 휴대하지 않았음에도 불구하고 그 전에 일본에 간 신라사가 번번이 入京을 거부당한 것과 달리 김난손 일행에 대해 빈례의식에 맞춰 入京을 허가하였다.

혜공왕대에는 일본과의 우호관계수립과 공적 교역을 위해 신라사를 파견한다거나 일본 측의 공식적 개인적 차원의 부탁에 따른 인도적 차원의 신라사절단을 파견하면서도 일본 측의 무례한 외교의례요구를 전혀 받아들이지 않았다. 이는 신라가 명분과 실리를 동시에 추구한 대일외교의 단면이라 볼 수 있다. 더구나 혜공왕대가 신라사의 일본파견과정에서 혜공왕의 친정과 김은거, 김옹, 김양상의 집정으로 이어지는 정치세력의 교체에도 불구하고 여전히 신라의 대일고자세외교에는 큰 변화가 없었다.

김선숙 ──────────

서울 출생
세종대학교 역사학과 졸업
한국학중앙연구원 석·박사과정 졸업
한국학중앙연구원 동아시아역사연구소 연구원·영동대학교 강사 역임

『한 권으로 읽는 한국고대사 강의』
「신라 탈해왕의 출생지와 이주 배경」
「경주 황남동 제155호분 출토 障泥에 그려진 소위 ‘天馬’에 대한 再考」 외 다수

韓國古代佛敎外交史硏究
한국고대불교외교사 연구

초판인쇄 | 2012년 8월 10일
초판발행 | 2012년 8월 10일

지 은 이 | 김선숙
펴 낸 이 | 채종준
펴 낸 곳 | 한국학술정보㈜
주   소 | 경기도 파주시 문발동 파주출판문화정보산업단지 513-5
전   화 | 031) 908-3181(대표)
팩   스 | 031) 908-3189
홈페이지 | http://ebook.kstudy.com
E-mail | 출판사업부 publish@kstudy.com
등   록 | 제일산-115호(2000. 6. 19)

ISBN   978-89-268-3676-7 93910 (Paper Book)
        978-89-268-3677-4 95910 (e-Book)

내일을여는지식 ■ 은 시대와 시대의 지식을 이어 갑니다.